地方创生的浙江道路

Zhejiang's Road to Local Revitalization

余伟忠 俞宸亭 著

中国美术学院出版社
·杭州·

序一
深化"千万工程",建设未来乡村的生动实践

"千村向未来,万村奔共富"。建设未来乡村是浙江省委、省政府从高质量发展建设共同富裕示范区大场景出发而作出的重大决策,是深入推进"千万工程",推动农业农村现代化,打造共同富裕现代化基本单元,努力建设体现农业农村现代化先进方向,代表未来三农发展趋势,具有江南韵味的未来乡村浙江范例。

未来乡村建设就是以党建为统领,以人本化、生态化、数字化为导向,集成美丽乡村、数字乡村、人文乡村、善治乡村、共富乡村建设,体现农业农村现代化前进方向,彰显江南韵味的新时代美丽乡村的新样板。未来乡村建设源于"千万工程",是"千万工程"在共同富裕新场景下的深化版,是一张蓝图绘到底的红色传承:从当年的"千万工程",到"千村精品、万村美丽"的美丽乡村建设,再到今天的"千村向未来、万村奔共富"的新时代美丽乡村建设。未来乡村建设也体现了满足广大农民群众对美好生活的向往,建设体现农业产业现代化、农村社区现代化和农民素质的现代化于一体的农业农村现代化,是高质量发展、高品质生活、高效能治理、高标准服务和高水平安全的现代乡村社区。未来乡村建设也是高质量推进乡村振兴,加快农民农村共同富裕的先行探索。

未来乡村应体现五大特色功能定位:

第一,未来乡村是习近平总书记当年亲自谋划实施的"千万工程"的示范样板——富丽乡村。时任浙江省委书记的习近平在2005年"千万工程"现场会的讲话中创新性提出,"'千万工程'在实施过程中,要坚持把整治村庄和经营村庄结合起来,把改善村容村貌与发展生产、富裕农民结合起来。"(《人民日报》》2023年6月27日)

因此,共富美丽的富丽乡村就是"千万工程"的最佳示范样板,也是共同富裕新场景下美丽乡村的最新升级版。

第二，未来富丽乡村是习近平总书记和党中央赋予浙江的高质量发展建设共同富裕示范区的三大现代化基本单元之一，具有"一统三化九场景"的综合特色。"一统"是以人民美好生活向往为中心的新时代党建统领；"三化"是人本化、生态化、数字化三维价值坐标；"九场景"是未来邻里、教育、健康、创业、建筑、交通、低碳、服务和治理等九大场景创新。

第三，未来富丽乡村是全面展示中国特色社会主义农村基本经营制度优越性的重要窗口。习近平总书记在 2020 年考察浙江时要求浙江要成为全面展示中国特色社会主义制度优越性的重要窗口。浙江省委、省政府把忠实践行"八八战略"，奋力打造"重要窗口"作为浙江新时代发展总指引。因此，未来富丽乡村建设应该成为全面展示中国特色社会主义农村基本经营制度优越性的重要窗口。农业农村现代化在未来富丽乡村建设中以健全专业化、集约化的家庭经营为基础，实行村集体经济＋生产合作、供销合作、信用合作"三位一体"联合服务组织的新型统分结合双层经营体制。

第四，未来富丽乡村建设要体现高质量推进乡村振兴和一体设计、一并推进农业农村现代化建设前进方向。习近平总书记在 2018 年 9 月 21 日发表的《把乡村振兴战略这篇大文章做好》的重要文章中强调指出："农村现代化既包括'物'的现代化也包括'人'的现代化，还包括乡村治理体系和治理能力的现代化。我们要坚持农业现代化和农村现代化一体设计、一并推进，实现农业大国向农业强国跨越。"（《人民日报》2021 年 9 月 23 日）未来富丽乡村建设就是要体现农业农村现代化一体设计、一并推进的要求。

第五，未来富丽乡村建设中具体要按照"八村整体推进"的要求进行高水平建设，即整体推进：产业兴旺的特色乡村、美丽宜居的花园乡村、留住乡愁的人文乡村、睦邻和谐的善治乡村、城乡融合的开放乡村、智慧赋能的数字乡村、服务完备的无忧乡村、共创共享的共富乡村。

由中国美术学院城乡统筹综合研究院执行院长余伟忠和知名作家俞宸亭共同采访、研究、撰写的《地方创生的浙江道路》这本书，展现了浙江广大干部群众秉持习近平总书记提出的"干在实处，走在前列，勇立潮头"的浙江精神，在深化"千万工程"、推进乡村振兴进程中，描绘建设未来乡村的创新奋斗者群像。他们带领团队采取了用脚丈量土地的科学方法，走遍浙江十一个市、十万平方公里的绿水青山，采访各地亲历"千万工程"和未来乡村规划建设的实践者。最终形成了本书所编撰的二十四个案例，包括浙江在实施"千万工程"建设，推进乡村振兴、未来乡村建设中相关的集体经济、党建统领、产业集群、山海协作、现代农业、两进两回、文旅融合、基层治理、"两山"理论、飞地经济、灾后重建、特色小镇、乡村运营、国潮文化、艺术乡建、新质生产力、区域公共品牌等诸多案例。这些案例分别以1万字左右的长篇通讯形式来描绘事件的始末和进行主要叙事，以4000字左右的内容从几个不同的维度来点评案例发生的背景、模式、总结、启迪。在此过程中可以看到浙江的干部群众对中央政策的理解、执行、创新，对新时代的改革、新时代的思想的创造性转化和创新性发展。

比如：杭州下姜村作为浙江七任省委书记的基层联络点，犹如一滴水折射出浙江美丽乡村建设的整体状况，这一滴水不仅仅是阳光之水，同时也是一种先富带后富的精神，成为全国学习、借鉴的重要参照。采访真实记录了以下姜村为示范引领的"大下姜"，联合周边24个村并逐步辐射到63个村，覆盖5.9万人口的乡村建设的故事。2023年，下姜村农民人均可支配收入5.2万元，村集体经济总收入207.7万元，分别是2003年的19倍和115倍。还有开化县金星村、下淤村作为当年习近平总书记提出的"人人有事做，家家有收入"重要嘱托的坚定执行者，人人参与、人人尽力、人人共享，使得两地民宿经济迅速发展、文旅业态迅速丰富，艺术家迅速集聚。金星村村民年人均收入从不到6000元提高到现在的4.2万元，下淤村村民人均收入从1.07万元上升到3.7万元，翻了两番。两村均成为钱江源头的共富代表。还有杭州萧山大石盖村和余杭永安村通过整合乡村闲散土地，发展绿色生态农业，引进培育乡村CEO，发挥乡村职业经理人在强村富民中的重要作用，推动未来乡村建设，实现乡村的经济振兴和生态宜居。此外还有安吉余村在"绿水青山就是金山银山"理念指导下，变"靠山吃山"为"养山富山"，服务好原乡人、新乡人、旅乡人、云乡人，发展好新农业、新文旅、新经济三大产业，构建起青年人才大社区和余村大景区两大承载平台。通过建立乡村集体资产资源量化入股机制，实现生态资源、资产向租金、薪金、股金的高效转化，形成了共建共享共富的发展新格局。

通过这些生动的案例，我们能够体会到浙江当代青年人——原乡人、新乡人、归乡人、旅乡人、思乡人对新时代乡村的热爱，把论文写在中国大地上的拳拳爱国之心；能够感受到作为新探索群体的这些青年人在乡村运营、基层治理、数字经济、艺术乡建、职业经理人等方面的努力及对乡村的回馈，对他们建设家乡的激情和持续创新的成果由衷钦佩。这些创新的案例，让我们感受到他们建设未来富丽乡村的创新精神，展现了浙江未来富丽乡村的美好前景。希望通过这本书的发行，能够把浙江深化"千万工程"、全面推进乡村振兴的经验传播到全国各地，为全国各地推进乡村振兴、建设未来富丽乡村提供可借鉴、可学习的实践样本。

顾益康

（作者为浙江大学中国农村发展研究院特聘教授、中共浙江省委高质量发展建设共同富裕示范区咨询委员会专家委员、广东省"百千万工程"首席专家）

序二
乡村振兴，无问东西

我从没有问过余老师出生在城市还是乡村，只知道他对乡村的兴趣异常浓厚，而且为人十分的热情。不管促进会有何活动，作为副会长，他都是最积极的参与者之一。

他的装束有别于常人，更有别于那些地方官员。一项礼帽，一身白色休闲装，浑身散发出来的个性，都是艺术家气息。这与他的美院出身浑然一体。

余老师曾力邀我到萧山的大石盖村参观。那是他全力打造的一个乡村基地。除了设计的点睛，大石盖的出彩之处还在于，通过组织治理方式的变革，推动了蔬菜产业的兴旺发展，最终实现了整个乡村的振兴。余老师他们将其概括、提炼成"映山红计划"。这说明，余老师早早就已经悟到，乡村振兴是综合性很强的一项工作，任何一个乡村，都不可能仅仅凭着一个网红设计的出圈，实现全面的复兴。在设计之外，组织化、产业化方面的突破，也是不可或缺的支撑。

我也曾受邀参加他举办的"新时代乡村共同体白马湖论坛"，从运营的角度发表演讲，并主持"多元创新构建乡村共同体"，为八位行家里手的发言作起承转合。这让我体会到，余老师不仅有理念，还能通过平台的搭建，去传播、去放大理念。乡村振兴需要整合力量、通力合作，打持久战。这正是余老师高举"乡村命运共同体"大旗以作号召的初心所在。

我长期在《农民日报》浙江记者站工作，曾经报道过不少乡村典型。因此，余老师请我推荐几个运营业绩突出的村落。他说，他要去采访，然后结集出一本书。

说实话，我是姑妄听之、姑妄信之。尽管也给他推荐了数家，但那也只是顺手为之，出于一种基本的尊重，其实内心里并不抱什么期待。在我看来，采写、编辑、出版一本书，不仅要耗费大量时间成本，鞍马劳顿，折损精力，而且文无止境，你得天天惦念着、推敲着，总想着还有更为精确的一个词就在不远处等着你。我本人先后出版了五六本书，深知其中不为人知的甘苦。如此吃力不讨好的事情，一般人是绝不会擅入其中的。

因此我想，估计等不了多久，下次碰到余老师，他可能就已经偃旗息鼓了。

但且慢！看着他一篇又一篇稿子出笼，我的将信将疑也在一点点消退。这不，当他将与知名作家俞宸亭共同采访、研究、撰写的《地方创生的浙江道路》书稿放在我面前，并请我作序时，我已经没有任何借口加以拒绝了。尽管我深知，其实我是无德无能给余老师的大作做序言的。

"地方创生"的概念来自日本和我国台湾地区。其目的在于利用艺术的手段，激活乡村资源，引领其新的发展，让人口回流，让产业兴旺。

我曾说过，一千个乡村就有一千种发展方式。我们不能盲目希望每个乡村都发展农业产业，因为事实上，许多乡村并没有农业方面的特色资源。我们对乡村资源的理解，也决不能局限在农业的范畴。就此而言，通过艺术的方式激活乡村，何尝不是一种宝贵的探索？

乡村振兴的最终目标究竟在哪里？我曾无数次地问自己、问同道中人。你可以说是美丽乡村，也可以说是和美乡村……但这样的答案，显然不能概括乡村发展中诸多规律性、症结性问题。

我的思考答案从未如此清晰、如此明确。那就是乡村发展的未来，必定在于品牌。因为品牌是文化，是信用，是综合竞争力的体现。品牌也意味着乡村可持续发展的能力。而品牌之所以具有个性内涵，与乡村文脉的传承息息相关。

我的乡村品牌理念和余老师的地方创生做法，就此形成了一种互动。原来，我们之间早就"暗通款曲"，在"眉来眼去"了。

至于余老师出生在城市还是乡村，已经变得不那么重要了。倒推三代，我们谁不跟乡村有所瓜葛？

因此，无论你来自哪里，你的血液里，都流淌着农耕文明的基因。我们每个人都有着让乡村复活的梦想。

是为序。

蒋文龙

（作者为《农民日报》高级记者、浙江省人大常委会咨询专家、浙江省乡村振兴咨询委委员、浙江省乡村建设促进会会长）

目 录 /CONTENTS

序一 I

序二 V

第一章 杭州篇

  大下姜：梦开始的地方 002

  乡村 CEO 强村火车头 019

  未来社区 和睦方式 037

第二章 宁波篇

  向海图强 "两山"为径 058

  山海协作 鄞衢飞地 072

第三章 温州篇

  匠心正泰 知行合一 088

  泰顺最美：乡贤与青年的回归 104

第四章　嘉兴篇

东方雅莹：共创中国好品牌...................122

石门古镇　数智未来...................137

第五章　湖州篇

莫干民宿：偷得浮生两日闲...................158

湖笔小镇　妙笔生花...................173

绿水青山就是金山银山...................187

第六章　绍兴篇

政产学研　科创新昌...................204

诸暨四宝：土特产"新势力"...................220

第七章　金华篇

创客云集：李祖村与新光村...................250

横店筑梦　共创未来...................277

第八章 衢州篇

　　人人有事做　家家有收入 292

　　常来常山：一切为了U 308

第九章 舟山篇

　　嵊泗想念：小岛，你好！ 326

　　仙岛岱山：奔赴星辰大海 336

第十章 台州篇

　　黄岩橘灯　点亮希望 352

　　与时俱进　共富方林 366

第十一章 丽水篇

　　苏村复苏：大樟树的新生 378

　　古堰画乡：以文润富的乡建之路 393

后记 405

第一章 杭州篇

大下姜：梦开始的地方

制度优势与四治融合
绿色经济与生态发展
人才振兴与多元创新

乡村 CEO　强村火车头

一地创富带动千村共富
数智转型赋能乡村治理
乡村运营驱动持续发展

未来社区　和睦方式

渐进改造，完善社区功能
艺科融合，链接未来生活
未来社区，实践精神富裕

大下姜：梦开始的地方

群山巍峨叠翠，岛屿星罗棋布，淳山厚水，淳而易安。淳安历史悠久，建制始于东汉建安十三年（208年），历隋唐两宋七次改名，至南宋绍兴元年（1131年），方取"淳者还淳，安者新安"的古意，定名淳安。

淳安县地处浙江省西部、杭州西南部丘陵地区，县域总面积4427平方公里，辖23个乡镇361个村社，总人口45万人，是一个集山区、库区、老区于一体，特色极其鲜明的县，"普通的淳安县、特殊的千岛湖、特别的生态区"是对县情生动形象的表述。2023年，淳安县实现地区生产总值280.49亿元，城镇和农村常住居民人均可支配收入分别为57548元、27856元，分别增长4.2%和6.5%。下姜村隶属淳安县枫树岭镇，是走绿色发展之路的明星村。2023年，下姜村人均可支配收入54488元，增幅11.6%；低收入农户人均可支配收入28043元，增幅10.7%。经济总收入202.81万元，增幅32.2%；经营性收入129.46万元，增幅25.24%。这份亮眼的成绩单对于成长中的下姜来说极为不易。

淳安是古老的新县。淳安建县至今已逾1800年，素以"锦山秀水、文献名邦"而著称，是徽派文化和江南文化的融合地。淳安竹马、三角戏（睦剧）入选国家级非物质文化遗产项目。青溪龙砚、八都麻绣继承新安文化的多彩灿然。耕读传家，文脉昌隆。明代"三元宰相"商辂故里，清官海瑞任知县四载。瀛山书院因朱熹讲学并作"问渠那得清如许，为有源头活水来"而影响深远，也因创办者詹氏家族科第蝉联、人才辈出而声名历传。淳安有着光荣的革命传统，方志敏率领的中国工农红军北上抗日先遣队"四进四出"淳、遂两县，是杭州市唯一的革命老区。而现在的淳安县是1959年为建设我国第一座自主设计、自制设备、自行施工的大型水电站——新安江水电站，由原淳安、遂安两县合并而成。

淳安是最大的小县。淳安是浙江省地域面积最大的县，是生态大县、林业大县。县域生态环境质量处于全国前列，千岛湖水质为地表水Ⅰ类标准，为国内水质最好的大型湖库之一，是国家级生态县、国家级生态保护与建设示范区；森林面积和森林蓄积量全省第一。淳安又很小，经济总量很小。为建设新安江水电站，有29万人移居他乡、8万人就地安置，新安江水库淹没了2座县城、5个集镇、30万亩良田和绝大部分基础设施，境内只剩下12公里的"断头路"，255家企业外迁，淳安由建库前的"甲等县"变成建库后的"贫困县"，由一个向国家上交近3万吨商品粮的余粮县变为每年由国家供应2.5万吨商品粮的缺粮县，经济发展由此经历了十年倒退、十年徘徊、十年恢复的曲折历程，直到1977年才恢复到建库前水平。

淳安是后发中的先行县。"坚韧自强、大气开放、天人合一、奋楫争先"的淳安精神激励着淳安人不断前行。生态红线下，淳安走上了一条绿色发展之路。淳安精耕"4+1"深绿产业，做深做好做强健康水业、全域旅游、普惠林业、现代农业、生态敏感型产业五篇文章。2023年，淳安县在产业发展上全力奔跑，实现17个亿元以上项目精准落地、12个亿元级项目开工建设，农夫山泉清溪工厂、先芯科技三期、铂燕燕窝等重大产业项目先后投产，引进奥歌诗丹迪等4个威士忌项目及承德露露等链主型项目，水饮产业项目达10个，总投资48.7亿元。淳安正在共同富裕新征程上乘风破浪、永立潮头。

下姜村是淳安县千岛湖库区深处的一个偏远小山村，全村人口777人。电影《我和我的家乡》中"最后一课"就在这里取景。远山含黛、溪水潺潺，白墙黛瓦的民居依山而建，丰富的农产、优雅的廊桥、漂亮的民宿令人心驰神往，这就是"梦开始的地方"。

古时的下姜村有"雅墅"的别称，典雅而富诗意，这不仅代表这里有着山川灵淑的绝佳美景，还寓意着远古下姜耕读传家、文风卓盛、名人辈出的远古遗风，蕴含着下姜百姓勤劳淳朴的品质与散淡平和的生活气息。远古下姜美成了画，也美成了梦。

从"穷山村"到"绿富美"

藏在山窝里的下姜村，山川相缪，高低起伏，孤石重叠，土地瘠薄。直到20世纪五六十年代依旧十分贫穷落后,是一个典型的"穷苦村"。那时村里只有600亩凹凸不平的田地。下姜由于人多田少,土地贫瘠,村民曾长时间在饥饿中煎熬、在苦涩中奋争,当地曾流传着"土墙房,烧木炭,半年粮,有女莫嫁下姜郎"的民谣。20世纪60年代初,为了解决吃饭问题,大面积开荒种粮、毁山种粮、火耕刀种、向山要粮成为当时村民的唯一出路。有时一烧就是几百亩,数年时间,下姜6000多亩山林就被砍伐殆尽,变成"光头山"。直到80年代初,山林才逐渐恢复,但不久村民又开始向山要钱。由于长期在山上砍树烧炭,最多的时候有40多座木炭窑同时开烧,没几年工夫,树越砍越少,山越来越秃。20世纪末,下姜还是基础设施非常落后,村民基本在家务农,家庭收入极其低微。2000年村民人均收入只有1860元,只有全省平均水平的43.7%,贫困发生率达到50%以上。然而时光流转,20多年后这个小山村却带着关于人与自然和谐共生的梦想实现故事走上了世界舞台,曾荣获联合国"地球卫士·行动与激励奖",被选入2023年联合国"最佳旅游乡村"名单,向世界展示了中国乡村的美好图景和蓬勃生机。

2001年,下姜村被确定为浙江省委书记联系点,让下姜村从此迎来了千载难逢的发展机遇。

2003年4月24日,时任浙江省委书记的习近平第一次来到下姜村,那时候的交通十分不便,从县城到下姜,先要颠簸60多公里的"搓板路",再坐半小时的轮渡,接着再绕100多个弯的盘山路,这一趟下来路上就要3个小时。尽管舟车劳顿,但他却顾不上休息,一到就下田头、访农户。当习近平同志看到村庄周围光秃秃的山时,他语重心长地对当地干部说,"要给青山留个帽",话虽简单但却一语中的,乡村发展不仅要赚得金山银山,更要守护绿水青山。俗话说,治村先治心,改乱先改貌。有了总书记的点拨,支部决定就从环境面貌开始抓起。习近平总书记曾四到下姜、六次回信,亲切关心、亲自指导、亲身推动下姜村及周边区域的乡村振兴,帮助下姜理清发展思路、给予政策支持。总书记联系下姜村的4年多时间里,走遍下姜村的山山水水、乡间小路,他走访农户、体察民情、了解民意、访贫问苦,与下姜百姓建立了深厚的感情。

村两委决定从环境面貌开始改变。面对封山育林的决定,起初村民们疑虑重重:"不砍树,吃什么?""关了土窑不就等于断了收入?"面对质疑,村两委挨家挨户上门做工作,最终700多位村民纷纷响应,"严禁砍伐公益林"顺利写进村规民约。从那以后,下姜村规定承包林必须经村"两委"同意才能砍伐,违反约定的,按照情节轻重罚款,还要原地补种树苗,管护5年后再移交给村集体。这项举措起到了很好的震慑作用,盗砍树木现象在下姜村从此就消失了。之后,村两委带领村民大规模建设生态公益林,推进河道、裸露边坡和农业面源污染综合治理,并推行轮作、套种、休耕、统防统治等模式,在低山、荒山上种毛竹、茶叶、木本药材等经济作物,保护生态的同时拓宽收入来源。如今,下姜村群山环绕、松竹茂密,绿色成为下姜村最靓的底色、最大的财富。从"脏乱差"到"绿富美",这些年下姜环境面貌的"翻身仗",让大家都尝到绿水青山的"甜头"。

20余年来,七任浙江省委书记:张德江、习近平、赵洪祝、夏宝龙、车俊、袁家军、易炼红,一任接着一任把下姜作为自己的基层联系点,他们都多次到下姜调查研究、慰问群众、与基层党员干部和群众共商发展大计,对脱贫致富提出要求,指明方向,提供帮助。下姜村党组织和党员干部,最重要的是把省委书记们带来的思想理念、精神激励、作风示范、发展途径与工作方法,转化为下姜发展的具体思路与生动实践,带领着下姜人民群众创造了下姜发展的共富事业。

从出去到归来

功以才成,业以才广。2003年4月24日,时任浙江省委书记习近平同志到下姜村调研。当时,浙江省首批100名科技特派员已完成培训,并举办了出征仪式。俞旭平,成了特殊的第101位。

接到指令,俞旭平第一时间奔赴下姜。驻村的一个月,他转遍沟沟坎坎,有了新发现,"这里耕地少,但是山地多,适合种中药材黄栀子。"那一年春天播下的500亩黄栀子,两年后鼓了村民的钱袋子,药材种植给每户人家带来了每年4000多元的收入。和漫山遍野的黄栀子一样,科技特派员制度的初步探索结出了"第一批果子"。

曾经,对村里的年轻人来说,出去才有希望。但随着下姜村的不断发展,越来越多的年轻人正在不断归来。近年来，下姜回村创业就业的年轻人总共有 42 名，姜丽娟书记就是其中之一。

在担任村书记之前，姜丽娟曾经是民宿"栖舍"的经营者。2016 年，下姜村日新月异的变化让姜丽娟下决心辞职回乡，成为当时村里最年轻的返乡村创业青年。回村后，姜丽娟积极为下姜发展出谋划策，在经营好自家民宿的基础上，还义务担任了下姜村"美丽庭院"指导师，免费帮助村民提升庭院景观水平，并被村里推举为下姜民宿协会理事长。姜丽娟集思广益，带领村民一同打造美丽下姜，增收致富，同时还带动了 12 位与她一起长大的小伙伴们回乡村创业。

回忆起那段日子，姜丽娟感慨万分，那是她个人成长最为迅速的时期，也是她感受到人生的价值与意义最为深刻的时期。起初，姜丽娟的心愿简单而纯粹——既能陪伴在家乡的父母左右，又能有一份自己热爱的事业。随着时间的推移，她渐渐意识到，乡村亟需人，尤其是年轻的力量。在一次次帮助村民解决问题、排忧解难的过程中，姜丽娟感受到了"被需要"所带来的满足感。这不仅让她找到了个人奋斗的方向，也成为激励她不断前行的动力源泉。"我做一件事情，就会全力以赴，力求至善，"姜丽娟深信，精神上的富足远胜于物质的堆砌，"任何事情只要你花了所有的精力去做，就没有所谓的失败。或许结果未必尽如人意，但能够从过程当中总结出很多的经验方法，让未来的每一步可以走得更加顺畅和坚实。"在这个过程之中，政府的坚强后盾与平台搭建为她的梦想插上了翅膀。返乡村创业这几年间，姜丽娟凭借出色的成绩获得了很多荣誉，她认为自己很幸运，始终常怀感恩之心。

作为回乡村创业的代表，姜丽娟对青年回乡的看法是："要正确地认识自己，明白自己的初心。农村渴求年轻的血液，可农村的创业平台、创业空间是有限的，并不是所有的年轻人都需要去农村。年轻人可以不回农村，但当发现自己可以贡献智慧力量时，发现可以为乡村搭建一些空间和平台时，应当不遗余力。对于回到乡村的年轻人而言，至关重要的是要去了解乡村的在地文化。坚持村级组织的主体作用和村民的主体性，乡村运营一定要孵化在地村民，村民才是农村最持续、最重要的一群人。我们只是引领人和撬动者，要为他们做好支撑、做好服务。此外，如何留住这些怀揣梦想的年轻人，也是摆在村两委面前的一个重要课题。"

2020年，下姜村迎来了村支书换届选举的重要时刻。起初，姜丽娟并未将参选纳入自己的规划之中。然而在组织的殷切期望下，希望她能够"站在更高的平台上为村庄做更多的事"，姜丽娟决定接受这份沉甸甸的责任。选举会上，658位村民代表进行投票，姜丽娟获得了628票，这是乡亲们对她过往付出与未来承诺的高度认可与信赖。在高票当选村支书后，姜丽娟没有按照事先准备的讲稿发言，而是用一个深深的鞠躬表达了对大家的信任与支持的无限感激，同时也展现了她全力以赴、不负众望的坚定决心。

从解决温饱到美好生活

从乡村治理的视角来看，下姜村的发展总共走过了三个阶段。

第一个阶段是以解决温饱问题为中心的治理阶段。

下姜曾面临人多、地少、老百姓难以饱腹的现实窘境，只能在荒山、荒坡、荒地种粮（"百斤粮"）。这一定程度上缓解了老百姓吃不饱的问题，但造成了大面积山林被破坏、水土流失，生态受到了严重影响，代价高昂。这一解决问题的道路难以持久。于是下姜人转变思路，开始探索依靠科技解决温饱问题的道路。20世纪70年代，杂交水稻、玉米的引进与广泛推广应用，解决了吃饱肚子的问题，但是难以解决农民普遍富裕的问题。

"要想富，先修路"，大山褶皱里的下姜村对于改善道路实施提出了迫切要求。生活水平稍有改善后，下姜村在村支书带领下，集合全村之力，历时三年修建了一座石拱桥（惠民桥），解决了村民生产生活中的一个难题。改革开放后，通过实行家庭联产承包责任制、发展乡镇企业、发展产业化经营、减免农业税、实行粮食补贴等一系列富农政策，下姜村村民生活水平大幅提高，生活质量明显改善，村民增收渠道进一步拓宽，村民收入持续快速增长，农村面貌发生巨大变化。特别是2001年成为中共浙江省委书记基层调研联系点后，下姜村的党员干部和老百姓看到新的希望，也大大地激发了他们的奋斗热情，更把他们的精神状态提升到一个前所未有的新高度与新境界。下姜村党员干部行动起来了，他们振作精神，理清发展思路，跳出农田，拓展到了山地，跳出传统农业的束缚，注重综合效益，开始走上生态效益农业发展之路。

第二个阶段是以新农村建设为中心的治理阶段。

2003年浙江实施"千万工程"，统筹城乡经济社会发展，加快农村全面建设小康社会。针对前一阶段生态破坏严重的问题，推进生态环境治理、交通设施完善、垃圾收集、卫生改厕、河沟清淤、村庄绿化等村容村貌整治成为下姜村工作的重点。下姜村全面推进"三改一建"以及拆危拆旧等工作，大力改善村庄面貌，初步奠定了下姜村新农村雏形。同期，群众生产生活方式明显改善，以沼气池、太阳能等为代表的新能源投入使用，对山林覆绿、卫生条件改善等起了极大促进作用，如森林覆盖率从不足50%，增长到97%。村庄环境不断优化，"看得见山、望得见水、记得住乡愁"的愿景成为现实。

农业产业方面，下姜村引进社会资本，成立农业开发有限公司，流转土地近500亩，发展葡萄、草莓、桃子三大现代休闲农业产业，基本形成"七月葡萄腊月草莓三月桃花"的"四季果园"。推进乡村旅游，培育民宿，落地水上游乐、水上实景演出、石头画坊、狮城酒坊、打铁铺、打麻糍等业态，成功创建国家3A级旅游景区，成立下姜景区管理公司，对全村民宿实行"统一规划、统一管理、统一营销、统一分客、统一结算"的"五统一"运作。并推出下姜民俗文化节等节庆活动，不断打响下姜品牌。2017年，全村共接待游客16.1万人次，其中住宿游客3万余人次，旅游创收1200余万元。为了优化村庄治理，下姜村构建全科网格，进一步精细社会治理。探索网格党建，将社会治理的触角延伸到每一个家庭单元，实现村民信息动态掌握、矛盾纠纷动态管控，提高村庄平安指数，让"小事不出村、大事不出镇"。

第三个阶段是以乡村振兴为中心的治理阶段。

随着生活水平的提高，人们对美好生活的需求也日益增长。下姜发展进入一个新的阶段。村容村貌治理再上新台阶。下姜村及周边地区农村治污设施进一步提升，生态保护力度持续加大，凤林港被评为全省"美丽河湖"，枫树岭镇被评为全国森林文化小镇。镇村环境更美，全面完成下姜3个自然村环境整治，建成源塘和薛家源2个市级精品村，建起下姜村乡村振兴发展规划展示馆,成为展示习近平新时代中国特色社会主义思想的重要场所。"创建国家卫生乡镇"工作取得重大突破,以全县最高评价通过省级技术评估。

土地从"分散经营"走向"流转经营",亩均效益增高了。如下姜村三大农业园区每年能够为村集体带来数十万元的效益,远远高于农民"单兵经营"。在周边地区,省级现代农业园区项目也顺利推进,先后建成源塘猕猴桃园、枫林港精品水果园。同时推动"千岛湖下姜村"区域共用品牌建设,做强品牌农业。闲置房屋也流转起来,房屋从"闲置落灰"走向"流转开发",农民收入增多了。通过流转闲置房屋,落地麦浪、梦逸的院子、隐熙叠翠山居、淳和、抹茶庄园、凤林港旅游综合体等民宿项目,以及杭州书房、剪纸坊等业态纷纷建立。下姜村民宿达到36家、639个床位。2023年,下姜村共接待游客53.88万人次,完成旅游收入8710万元。

从下姜到大下姜

下姜村的故事,并未止于下姜村。与下姜村的发展相对照,周边区域的村落发展相对滞后,当地农民发展愿望迫切。如何让下姜村发展的经验与周边地区的村庄共享,它关系着下姜发展模式能否复制与推广,决定了下姜发展模式是否具备长期生命力。

从"下姜村"到"大下姜",从"一村富"到"村村富","一村之变"逐渐发展为"一域之变",下姜村正书写着"先富帮后富、区域共同富"的乡村振兴故事。2019年,为发挥下姜村的示范带动效应,淳安县按照"跳出下姜发展下姜"的思路,在不打破行政区划的前提下,以下姜村为核心,携手周边24个村庄成立"大下姜"乡村振兴联合体,设立"大下姜"联合党委,通过资源整合、产业连接,打造"共富联盟"。2022年11月,为深化"大下姜"全省共同富裕示范区第一批试点建设,"大下姜"乡村振兴联合体完成扩容,从25个村逐步辐射到63个村,覆盖5.9万人口。63个村协调联动、抱团发展,努力让"小富"变成"共富",让"盆景"成为"风景"。

综合实力更为强劲。2023年,"大下姜"63个行政村集体经济经营性收入4371.89万元,平均每个村68.31万元,农村常住居民人均可支配收入3.22万元,比全县平均数高出4000余元。大下姜的老百姓都说,"我们的日子就像春笋一样，感觉每天都在往上蹿"。

人民生活更显殷实。枫常公路、自来水厂、管道天然气等的建设，卫生、教育、文化等公共服务设施的逐步完善，大下姜群众获得感、幸福感和安全感进一步提升。通过培育壮大培训、乡村旅游、农林和文创四大深绿产业，村集体经济和低收入农户实现大幅增收。成立大下姜共同富裕基金，截至目前共惠及大下姜区域低收入农户2075人，总金额近140万元。

乡村面貌更具魅力。推进垃圾、污水、厕所"三大革命"，全面实施村庄洁化、净化、美化、序化工程，使得水更清、山更绿、天更蓝、村庄更美成为大下姜常态。2019年，枫树岭镇被评为浙江省美丽乡村示范乡镇，下姜村被评为"全国乡村旅游重点村落"，源塘村和孙家畈村被评为浙江省美丽乡村特色精品村。成功创建下姜国家4A级景区。新增源塘村和桃源凌家村2个浙江省3A级景区村庄。

产业发展更加兴旺。实施"128"农林产业振兴工程，省级现代农业园区顺利推进，竹林、油茶2个万亩产业基地和红薯、红高粱、葛根、中药材、水果、水稻、茶叶、蜂蜜等9个千亩产业基地初步建成，产业进一步丰富，增收渠道进一步拓展。2019年新增杭州书房、姜小馆、咖啡屋、新凯旋、下姜人家等时尚业态，开办"下姜红"纪念品展示馆、大下姜瑶记农特产品体验中心等购物点，招引落户莫之岛生物科技有限公司、下姜妙方农业开发有限公司等规上产业项目类企业4家，新增工商资本投资近4亿元。

特色品牌更有亮点。持续推进"四种人"首提地建设，建立党建消薄基地。积极开展"下姜感恩日"主题活动，形成"心怀感恩、励志奋进"的"大下姜精神"。继续举办"书记进城卖山货"系列活动，探索建设"书记进城卖山货"品牌馆。2020年3月，为加快产业发展、壮大村集体经济，区域内25个村联合成立了大下姜振兴发展公司，通过构建区域公用品牌，注册了"下姜村""大下姜""下姜红"等320余件商标，提升农产品的附加值，赋能各村产业发展。截至2023年底，公司经营性收入突破1500万元大关，实现利润300余万元，25个村集体依靠股份分红增收215万元。此外，招聘职业经理人、入股联营等创新做法在县内外得到推广。

党建引领更富成效。2019 年 9 月下旬，下姜村作为乡村振兴典型亮相"伟大历程　辉煌成就——庆祝中华人民共和国成立 70 周年大型成就展"。2020 年 2 月，大下姜联合体建设入选全国首批村级乡村振兴典型案例，成为浙江省新时代美丽乡村十大模式之一，被评为杭州市改革最佳实践案例，获得"品牌杭州·生活品质总点评"年度区块称号。"大下姜"通过党建联建，持续推进区域平台共建、资源共享、产业共兴、品牌共塑，诸多成果落地开花。

从先行到示范

"达则兼济天下"的传统价值观念是中国社会对乡村发展的价值追求之一。淳安县还进一步将乡村振兴联合体模式推广至淳北、淳西南片区，分别成立了淳北和淳西南两个新的乡村振兴联合体，以中药材产业和旅游产业为内核，带动区域协同发展，"一域之变"成为"全域之变"。从更大范围看，"区县（市）协作"成为杭州解决"东强西弱""城快乡慢"不平衡问题的"金钥匙"。2021 年，杭州进一步建立完善区县（市）协作、联乡结村、镇街结对、村社结对、干群结对"五大机制"。近年来，杭州市财政每年统筹专项资金，实打实的"真金白银"促发展。中国建设银行杭州分行下沉服务重心，聚焦"三农"，重修金融水利工程，与下姜村所在的枫树岭镇人民政府签署战略合作协议，整镇授信 5 亿元。

党的二十大报告中指出："建设人人有责、人人尽责、人人享有的社会治理共同体"。推进乡村振兴就要摒弃各区域、各乡村发展排他性和各自为战的思想，树立开放、包容、共享的发展理念，由过去的"单村独干"转向"多村联动"，着力在"大融合""大手笔""大治理"上下功夫，形成乡村区域间的"抱团"发展模式。

绿水青山就是金山银山，既要保护生态，又要绿色发展。"生谷之土不可尽垦，山泽之利不可尽出"，乡村特有的绿水青山和乡土文明禀赋，是最大的优势和最宝贵的财富。良好的生态环境是最公平的公共产品，是最普惠的民生福祉。实施乡村振兴战略，就应该积极践行"两山"理论，将自然生态环境优势转化为经济优势，不断提升乡村价值。乡村通过盘活集体资源资产、开发党建消薄项目、邻村特色产业抱团发展等开发模式的创新，增强集体经济发展的集聚效应和规模效应。单村所具有的资源往往有限，多个乡村基于地理位置、资源禀赋、文化传统等方面的相近性和互补性，通过宏观统筹规划、资源集约利用、产业联动发展等多种方式，成为结构清晰、分工明确、有机联系、系统发展的整体格局。"大下姜"乡村振兴联合体突出全员参与、抱团发展理念，鼓励村民以人口、现金、资源入股，形成利益共同体，通过折股量化、按股分红、利润返还等方式，鼓励农民在集体经济中创业创新和就业，形成全面惠农新机制，最大限度地调动了居民的积极性，走出"先富帮后富，区域共同富"的新道路。

从梦开始到梦想成真

下姜村一步一个脚印持续推进"千万工程"，先后实施了"美丽乡村，幸福下姜"和"富丽下姜"建设，再到 2021 年全面启动"未来乡村"建设。围绕"山水之源，梦启下姜"特色主题，以"党建引领、数字乡村、绿色发展、共同富裕"为创建路径，通过红色共建、乡愁共忆、品牌共创、数智共享等方式，选择 4 个自然村为实施单元，区域面积约 10.76 平方千米，项目总投资 2765.8 万元，改造提升村落景观，打造以交通、教育、服务、邻里等为重点的应用场景，系统写好"先富帮后富、区域共同富"新文章，全方位推进大下姜区域农文旅产业融合，努力打造产业兴旺、乡风文明、生态宜居、生活幸福的共同富裕示范区样板，并于 2022 年成功创建省级未来乡村。下姜村还先后被评为全国先进基层党组织、全国脱贫攻坚先进集体、全国文明村、全国民主法治示范村、全国生态宜居十佳村、中国美丽休闲乡村、世界最佳旅游乡村。

习近平总书记曾在下姜村调研时说："下姜村的发展，就好像一滴水，折射出全省农村发展的整体状况"。（《学习时报》2021 年 4 月 23 日）2023 年姜丽娟书记成功当选二十大代表，在提到下姜村为何是"梦开始的地方"时说道："这滴水不仅承载着下姜村村民饮水思源的情感，更是折射了太阳的光芒，是习近平新时代中国特色社会主义思想在基层的落地、践行和探索，是七任省委书记一任接着一任干，久久为功、水滴石穿的精神。乡村 20 多年以来的发展史是从解决温饱梦到解决小康梦，再到解决乡村振兴共同富裕的梦。这一历程一直是不断地逐梦和圆梦。下姜村就是中国梦发展过程中的一个农村缩影。作为一个示范先行的村庄，下姜村需要做好窗口、引领作用，满足所有老百姓对美好生活的向往以及对获得感、安全感、幸福感的追求。下姜村20多年拨款资金总共6700余万元，但下姜村的发展并不是靠钱堆出来的，总书记的思想指引是核心密码，一任接着一任干的实践探索、人才的智力支持都是下姜村的成功秘诀。我们希望下姜村'这个梦开始的地方'能够成为看到中国农村的梦实现的窗口。下一步，下姜将围绕品牌下姜、数字下姜、未来下姜、飞地下姜、总部下姜五个方面，以'心怀感恩、励志奋进'的下姜精神继续打造先行先试的下姜示范。"

2024年五一假期，大型水景生态演出《梦开始的地方》在下姜村首演，表演将下姜村的溪水、青山、河堤等实景山水都融合进了原生态行为艺术、水陆音乐节等多种节目形式，向每一位观看者讲述下姜这个小山村追逐和实现"人与自然和谐共生"的故事。

小小的村落承载了"共同富裕""乡村振兴"两大时代主题，培育原乡人在乡建设、吸引归乡人返乡乐业、引进新乡人赴乡共创、链接旅乡人到乡赋能，下姜村必将成为梦实现的地方。

//"大下姜发展"评论 /

滴水成涓，终成大海。七任省委书记一任接着一任干，空前地激发了淳安县下姜村党员干部的奋斗热情与精神力量，带领老百姓开始了改造村庄、追求发展的梦想。下姜村始终牢记"要做生产发展的带头人，要做新风尚的示范人，要做和谐的引领人，要做群众的贴心人"的嘱托，深入实施"千万工程"，始终践行"绿水青山就是金山银山"理念。下姜村已从一个远近闻名的贫困村发展成一个"农家乐、民宿忙、瓜果香、游客如织来下姜"的明星村、网红村。

新时代乡村共同体是将一个区域内的乡村作为一个整体，通过一个"共同联盟"，进行"共同规划""共同建设"和"共同运营"，从而打造出区域乡村的"共同品牌"，成为先富带动后富，实现多方共赢的三生融合发展共同体。2019年，围绕"大融合、大手笔、大治理"目标，淳安县创新组建了以下姜村为核心的大下姜联合体，扎实推进"平台共建、资源共享、产业共兴、品牌共塑"，积极促进大下姜乡村振兴发展，探索实践大党委和党建联盟机制，创新"四共"振兴举措，做好"八联"配套文章。乡村共同体建设与振兴是生态文明建设的具体化，其目的是实现农村经济社会发展的现代化、生态化、科学化和可持续化，主旨是实现人与自然的双重和解，走出一条可持续的生态文明建设路径。

制度优势与四治融合

下姜村的共富之路深刻体现了党的领导核心作用与基层治理创新的有机结合，这不仅是乡村振兴战略的生动实践，也是对中国特色社会主义制度优越性的有力诠释。把党的理论"转换"成为百姓可以感知的真实获得，需要在"中间环节"上，做好"理论与实际"的衔接联通工作。七任省委书记持续将下姜村作为基层工作联系点，这一制度安排体现了党密切联系群众、深入基层的优良传统。这不仅带来了政策的关怀和资源的倾斜，更重要的是通过面对面的交流，激发了村民的奋斗热情，明确了发展方向，构建了一种上下联动、内外协同的乡村治理体系，使得党的主张和意志能够迅速转化为村民的自觉行动。浙江省、杭州市、淳安县、枫树岭镇、下姜村这五个层级的党组织，通过一系列扎扎实实的"转化"工作，将党的宏观理论与乡村具体实际有机融合在了一起。

下姜村通过党建引领，创新实施"网格连心、组团服务"的治理模式，将党组织的力量下沉到最基层，实现了治理的精细化和高效化。同时，下姜村还积极推动"自治、法治、德治、智治"四治融合，形成了具有地方特色的乡村治理体系。这种治理模式的创新，不仅有效提升了乡村治理的效能，也为村民参与乡村治理提供了更加广阔的舞台，增强了村民的归属感和责任感。随着信息技术的飞速发展，下姜村积极引入数字化手段，提升治理效能。通过建立智慧乡村平台，实现信息的快速传递和资源的有效配置，为村民提供更加便捷、高效的公共服务。这种基于信息技术的治理创新，不仅提高了治理的智能化水平，也为乡村治理的现代化转型提供了有力支撑。

绿色经济与生态发展

下姜村在共富发展的过程中，深刻践行了"绿水青山就是金山银山"的发展理念，这一理念不仅引领了下姜村的生态治理和环境保护工作，更为其后续的绿色产业发展奠定了坚实基础。下姜村从一开始就将生态保护作为发展的首要任务，通过一系列科学规划和治理措施，逐步恢复了村域内的绿水青山。这不仅提升了村庄的整体环境质量，也为后续绿色产业的布局和发展预留了宝贵空间。

在生态优势得以恢复和巩固的基础上，下姜村积极布局和发展绿色产业。一方面，依托优美的自然风光和生态环境，大力发展乡村旅游和民宿经济，吸引了大量游客前来体验乡村生活。同时，下姜村还注重农产品的绿色化和品牌化建设，通过有机种植、生态养殖等方式提升农产品的附加值。这些绿色产业的兴起，不仅为村民提供了更多的就业机会和收入来源，也推动了村庄经济的多元化和可持续发展。下姜村在绿色发展过程中，逐步建立了一套生态优势向经济优势转化的有效机制。通过政府引导和政策支持，下姜村吸引了大量社会资本和优质项目入驻，为绿色产业的发展注入了强大动力。另一方面，下姜村注重强化品牌建设和市场推广，通过打造特色旅游线路、举办农业节庆活动等方式提升村庄知名度和影响力。这些机制的建立和实施，使下姜村的生态优势得以充分发挥和利用，实现了生态效益与经济效益的双赢。同时，下姜村需要探索如何将参观团队和旅行团队的"大流量"转化为"大留量"；将特色农副产品、地方名优特产的"大产能"转化为"大产值"。下姜村的绿色发展之路不仅惠及本村村民，还通过区域协同发展的方式带动了周边区域的绿色发展。通过组建大下姜联合体等方式，下姜村与周边乡村共享生态资源、共谋绿色产业、共塑绿色品牌，形成了区域绿色发展的良好氛围和强大合力。

人才振兴与多元创新

国以才立，政以才治，业以才兴，人才是第一资源。以党的二十大代表姜丽娟为领头雁的下姜村采取了"柔性引进为主，本土培育为补充"的人才政策，优引新乡人、提振原乡人、用好归乡人、善待旅乡人。一方面，通过优惠政策、良好的创业环境和广阔的发展前景，吸引了大批高素质人才回归乡村，他们不仅带来了先进的技术和管理经验，更为下姜村的发展注入了新的思想和活力。另一方面，下姜村高度重视本土人才的培养和激励，通过举办各类技能培训、鼓励村民参与继续教育、设立创业扶持基金等方式，不断提升村民的技能素质和市场意识，培育出了一批懂技术、会经营、善管理的新型职业农民和经营主体。下姜村在人才使用上注重发挥人才的创新潜力，鼓励人才在实践中探索、在创新中成长。通过建立完善的人才评价和激励机制，为优秀人才提供广阔的发展空间和晋升机会，激发了人才的积极性和创造性。同时，下姜村还积极与高校、科研机构等建立紧密的智力支持协作，推动产学研合作，促进科技成果的转化和应用，为乡村产业的发展注入了新的动力。下姜村构建了开放、协同、共享的人才生态系统，借助大下姜的政策优势最大限度发挥归乡人和新乡人的智慧才华。通过建立人才信息交流平台、人才服务机构和人才发展基金等方式，促进了人才之间的交流与合作，形成了良好的人才成长环境。

下姜村的产业创新是其共富之路上的重要驱动力。下姜村的发展壮大在于它实现农文旅商的深度融合。下姜村深植生态底色，不断做优环境、盘活资源。从最初的单一农业种植模式，逐步向现代农业、乡村旅游、民宿经济及文创产业等多领域创新拓展。这种从传统到现代的跨越，不仅丰富了产业类型，还提升产业链、重塑价值链，为村民开辟了新的增收渠道，为集体探索了新的发展模式。下姜村打造了一系列乡村旅游产品和文创产品，极大地丰富了游客体验。特别是民宿经济的发展，不仅为游客提供了高品质的住宿体验，还带动了周边农产品的销售，形成良性循环。同时，下姜村通过挖掘本土文化资源，开发出一系列具有地方特色的文创产品，积极争取善于变现的地方特色业态的入驻，形成特产文创"共富后巷"街区，增强了街区活力和可持续发展，从而进一步提升下姜乃至淳安乡村文化的影响力和经济价值。产业结构的多元化和生态化使得下姜村的经济实力不断增强，村民收入水平显著提升。丰富多元的业态为村民提供了更多的就业和创业机会，促进了劳动力的就地转化和人才回流。更重要的是，这种发展模式还带动了周边区域的经济社会发展，形成了区域协同发展的良好局面。

共同联盟与共同富裕

从单打独斗到联合发展，联合体"朋友圈"由下姜村扩展到核心区25个村社，直至扩大到了5个乡镇、64个村社，合力推进了乡村振兴的"抱团"发展，使大下姜走上了共同富裕之路，通过组建大下姜联合体，实现了区域内行政村之间的深度融合与协同发展。首创破除传统行政区划的壁垒，以党建引领为核心，构建起平台共建、资源共享、产业共兴、品牌共塑的紧密合作机制。这种区域协同模式不仅促进了生产要素的自由流动与优化配置，还通过统一规划与资源整合，有效避免了同质化竞争，形成了优势互补、特色鲜明的产业发展格局，为共同富裕奠定了坚实基础。

大下姜区域协同的实践，不仅体现在经济层面的资源共享与产业联动上，更蕴含了深刻的社会治理与文化传承价值。通过联合体的建立，下姜村及其周边乡村在基础设施建设、公共服务供给、生态环境保护等方面实现了协同推进，显著提升了区域整体的发展质量和居民的生活品质，增强了乡村社会的凝聚力与向心力，为乡村振兴注入了持久的文化动力和精神支撑。乡村振兴并非单一村庄的孤军奋战，而是需要通过区域协同来形成合力，共同推动区域整体的发展与进步。

乡村共同体是从村民主体出发，以政治治理为保障，经济建设为根本，文化传承为灵魂，社会治安为条件，生态文明为基础，是实施乡村振兴战略的具体体现。基于乡村现实需要与乡村振兴战略的相互联系，把赋能路径作为切入点，建成公平正义、互惠高效、兼收并蓄、安全幸福、和谐美丽的新型"乡村共同体"。为政府红利释放的政策赋能、中央相关文件和会议精神为构建乡村治理共同体、合力推进乡村振兴做好了顶层设计，党建共建，能够实现乡村全覆盖，成为撬动乡村振兴的支点；激活有效市场发展转变的投资赋能，乡村共同体建设投入规模巨大，需发挥财政资金撬动作用、创新投融资机制，加快形成财政优先保障、金融重点倾斜、社会积极参与的多元投入格局；助推有机社会协同共生的营造赋能，立足村庄基础搞建设，注重保护传统村落，保留村庄风貌、形态、肌理，留得住绿水青山，记得住乡愁；建设有利产业孵化共享的运营赋能，以"运营前置"思维，整合县级国有资产、乡村集体经济及社会投资方共同组建混合制乡村共同体运营公司，具体负责乡村共同体的运营，让"美丽乡村"能够转化为"美丽经济"；构建有用资源全面振兴的数字赋能，在乡村共同体建设过程中，应加强信息技术在农业生产领域中的广泛应用，加快农村电子商务、"互联网＋政务服务"等的推广力度；探索有益价值情感共融的艺术赋能，艺术赋能乡村共同体，作为产业的生活方式正确地处理了"乡愁"与"乡建"的关系，以身体力行的方式"融合"乡村，达成人与自然、人与社会、人与世界的和解，重建了乡村的情感共同体。

下姜村并不是像有些人想象的那样，是靠上级给予的人、财、物的支持，靠拨款堆出来的"盆景"，而是在"绿水青山就是金山银山"理念的指引下众志成城、凝心聚力干出来的"风景"。20多年来，下姜村的发展真正起作用的根本原因和起决定性作用的因素，是下姜村党组织和党员干部，把总书记和省委书记们带来的思想理念、精神激励、作风示范、发展途径与工作方法，转化为下姜发展的具体思路与生动实践。曾经偏居山乡、经济落后的下姜村，成了生态环境和乡风文明共生共荣的"网红村"，成了中国统筹城乡发展队伍中走在前列的"明星村"，成了带动乡村走上共同富裕的"示范村"，成了新时代乡村共同体的"头雁村"。

乡村 CEO　强村火车头

大石盖村的"映山红计划"

在戴村镇的云石群山上，上千亩野生映山红竞相绽放，一团团、一簇簇，越山而过的风淌过漫山遍野的红，是大山的恩赐。

山下的村庄仿佛呼应着这火红的美景，随着"映山红"乡村治理计划的开展，村民们也过上了越来越红火的幸福日子。大石盖村地处杭州市萧山区戴村镇北大门，因村中永兴河上有座石盖桥而得名，村庄依山傍水，环境优美。全村区域面积 2.6 平方公里，有水田 756 亩、山林 980 亩、杂地 88 亩、水面 51 亩。全村有农户 596 户，人口 2069 人，全村党员 102 人，村民小组 14 个，村民代表 56 个。

我们走进大石盖村，坐在孙国柱的办公室里，听他讲讲"映山红"的故事。这是一个与共同富裕，与乡村振兴有关的好故事。

说起启动"映山红"计划，那是孙国柱筹备已久又势在必行的一个行动。

时光要倒流到十年前的 2013 年。

当时，浙江省推行"三改一拆"，全省深入开展旧住宅区、旧厂区、城中村改造和拆除违法建筑行动。戴村当时经历了"三改一拆"和全域整治后，空出了 8.4 万平方米的新空间，但大部分仍然被原住户所占，村镇内土地资源使用率低，开展乡村治理与振兴工作，困难重重。

大约是在 2019 年 3 月，为保护云石群山被疯狂盗挖的映山红，由几名村干部带头，更多村民与志愿者加入队伍，每天上山巡逻，捡垃圾、护山林。民众的自主性、自发性，正是孙国柱他们在治理工作中所急需的。

乡村振兴工作不是单独一人的力量就能够承担的，它所需要的是众志成城，是万众一心。

在戴村镇振兴和富强的这条道路上，假如村里的老百姓能一同携手并进，每人都能为治理出力，每人都是一株映山红，这是可以乐见的好风尚。

生机勃勃的"映山红计划"，由此应运而生。

"对于我们创业者来说，乡村振兴是一个很大的商机。乡村有闲置的土地和老百姓，这是我们需要的生产要素。" 孙国柱表示，企业之于农户，带来的是先进的生产技术和管理经验，而农户之于企业，则提供了土地与劳动力。

走在戴村镇的农村里，原先房前屋后荒芜杂乱的废地，如今已经被改造成了大片整齐有序的菜地，每块田都会被相应的农户认领，插上写有自己名字的铭牌。在大石盖村，近 4 万平方米的"初心菜园"环抱着整个村庄，小番茄、茄子、花生、玉米、辣椒等蔬果的种植与丰收，成了村民们最为关心的大事。"初心菜园" 四周配有 40 厘米高的石台以保持水土，村民采用传统种植的方式，杜绝使用大棚温室种植。人们经常吃的小番茄，如果使用大棚种植，生长周期约 45 天到 55 天。如果采用传统露天种植方式，成熟大概需要四个半月时间。由此可见，自然种植和大棚种植差异巨大。

孙国柱说，激活村民自治主体意识和重塑乡村信用体系两方面实际上是相辅相成的。想要村民能够积极参与到乡村治理当中来，就得让他们看到参与其中对于大家共同的益处，让他们知道，只要能够参与其中，不仅能够保障自身利益，还能促进乡村前进，进而走向共同富裕，反过来亦是自身受益。这是一个良性循环。

在计划发起之初，戴村将试点设立在大石盖村，孙国柱就将"打造美丽菜园"作为重点工作。

农耕本身就是大石盖村的日常工作，在此基础上，如何将"种菜"发展成特色产业，美化菜园与乡村环境，是值得深入思考的。

单纯从美的角度来讲，瓜果蔬菜的可看性其实并不比景观苗木差。如果打理得当，反而更添乡味。

在收归集体的闲置土地的四周砌好石坎，看起来美观整齐，另一边则是试验田。前四个月免费种，此后按照 1550 元每亩"承包"。这个项目一经启动，就引来了很多参与者。

公司专门组建的映山红服务中心，对种多少、种什么、怎么种做出详细计划和规定，并提供种苗、化肥、薄膜等农资供应。最后的产出，由公司予以统一收购包销，老百姓只管按标种植即可。

屋前屋后整齐美观，种出来的瓜果蔬菜又有稳定销路，前期投入少、赚得多，老百姓看到了利好，当然愿意加入。

"要想变废为宝，激活农村活力，首先就要把土地用起来，要让农民看得到光明和希望"，杭州萧山映山红农业科技有限公司负责人孙国柱说，"在创办企业之前，我当过几年大石盖村的村书记，比较了解老百姓需要什么。"

映山红农业科技有限公司的创立初衷，便是想利用企业的市场优势，找到一条能与农村、农民携手致富的有效方法。"我和我的祖祖辈辈都生活在这里，以后我也要在这里待一辈子，我得为它做点什么，想看着它越变越好。"如果能以"授人以渔"的方式代替"授人以鱼"，用"造血"代替"输血"，乡村经济也将从企业"独乐乐"变成企业与村民"众乐乐"的积极局面。

"映山红"计划实行后，大石盖村500多户居民全部接入"映山红"平台，"映山红"治理平台的种植土地有600多亩。通过销售竹林、跑步鸡和绿色蔬菜，每家每户平均增收达到5000元。原来的绿植区变成了蔬菜地，每年可以节约30万元的保洁和绿化维护经费，减轻了村集体的压力。如何做到让没有退休金的农村老人"闲居在家，老有所为"？对于村里的身体状况良好又富有经验的老人，平台按照男劳动力20元/小时，女劳动力15元/小时的工资，以每年9个月农时常态，每个月工作20天的标准来计算，如果家庭两位60岁以上老人同时工作的话，每年每户人家可以增收46800元，这是非常可观的收入。

要想做到"众乐乐"，第一步就是做好乡村治理。孙国柱首先想到解决此问题的方法就是种菜。"种菜不是为了卖菜，种菜是为了更好的乡村治理，乡村治理有效提升后，种菜依旧是为了卖菜。"他强调，一定要让村民们发自内心地爱上自己的村庄，种菜这个切入点可谓一举多得，既能改善村庄的环境面貌，又能把闲置荒废的土地利用起来，还能增加农户的收入。

如何让农户充分发挥自身劳动积极性，避免敷衍了事，孙国柱指出了其中关窍："最根本的就是，要让农户们发自内心地愿意种菜。有些农户怕种了之后卖不出去，所以我们就会做一个托底。农户种了之后，企业以市场价把菜回收，然后我们来想办法卖掉。"这种运作模式，一方面可以有效消除农户们在销售问题上的后顾之忧，全身心无负担地投入种菜中去。"好人种好菜"，品质优异的菜品，需要辛勤的劳动去赋能；另一方面，农户种的菜是可以拿来自己吃的，大概每户会吃掉30%，这属于无偿提供给农户的部分。这样一来，农户为了吃上绿色健康的好菜，便会自觉地用心、用爱栽种，为菜的品质更添一份保障。

既是企业负责人，又是一个农民的孙国柱，他非常清楚地知道：在小农经济下，农户做不到集成，单个的量也不够，如果企业不为此"兜底"，农民还是会面临吃剩下的70%菜可能会卖不出去，只能烂在地里的局面。"老百姓用汗水辛辛苦苦种出来的东西，砸手里了，慢慢地他们就不愿意种了，农村又会变成以前那样。"

让农民们愿意种菜，仅仅只是创收增益的开始。新的问题接踵而来：作为非标化的农产品，如何进行品质检测，如何确立考核标准，是企业面临的难题。

"农户的自觉性有了一定保证，但这还不够，还是需要建立看得见、摸得着的信用体系。"孙国柱向随行的参观者们介绍了他们筛选农产品的过程。

首先是"村团长"职位的设立。目前，杭州萧山映山红农业科技有限公司在戴村的佛山村、枫桥村、尖山下村、张家弄村、大石盖村共5个村庄设置了"村团长"一职，企业通过党建联盟找到村委会与村党组织，选拔3—4人作为"村团长"候选人，再由企业选出1位，进行为期一月的考核测试，通过才可上任。

"村团长"作为每个村的"百晓通"，需要充分熟悉各家农户的农产品种类、数量、品质等情况，并由他负责收取。"'村团长'消息要非常灵通，谁家有好东西，谁家有土鸡蛋、笋干菜，都要搞明白。不仅如此，'村团长'一职也是责任制的，如果他收上来的农产品出现质检不过关的情况，哪怕只有一单货、两单货，也失去了信誉，我们会拒收这整个村的产品。"孙国柱表示。"村团长"一职责任重大，为了保障农产品的质量，需要经过两轮核验才能过关，

"村团长"处是第一轮，公司的专业人员检测是第二轮，整个过程必须严格按照检验标准进行。"要从非标化转变为标准化。"孙国柱斩钉截铁地说。

于是，每次农产品收取回来后，会随机挑选部分样品送到"映山红体验中心"，进行菜品制作，端上桌给专业测评员和员工们试吃，一定要确保合格才行。"这算是一轮附加的核验，但非常重要。"一位员工一边炒菜一边说。

据统计，2023年3月，杭州萧山映山红农业科技有限公司为700余户村民免费发放南瓜、茄子等优选种苗29500余株，玉米、毛豆等优质种子292.5斤。

全年可收购作物105吨左右，增收105余万元，户均增收超过1500余元；种鸡14525余只，种猪75余头，带动增收266万元左右。

"猪、鸡都有在养，比如我们的'映山红'跑步鸡脚环，也是建立信用体系的重要一环。"每天都在现场的孙国柱，展示了戴在跑步鸡上的第一代、第二代脚环。脚环用于记录鸡的步数、体温等数据。第一代MAD脚环传感直径只有15米，鸡稍微跑得离数据接收器远一点，数据就无法实现有效回传。据了解，现在的第二代脚环传感直径达到180米，2022年研制出来后，映山红用50只鸡做了先行试验，现在试验周期已过，第一批试验鸡已经可以拿去卖了。2023年5月份起正式投放第二代脚环。

"乡村治理的前端就是建立农村信用体系，只有把这个体系建好了，产品才会有市场，才能让消费者建立起对我们的信任。市场上每家卖土鸡的都说是农家自己的，没有差异化，也没有一个可视化、可信的数据，我们要做到'因为看见，所以相信'。"他补充说。

"鸡要养到跑满100万步才能卖，如果同样养7个月，这只鸡只跑了90多万步，我们就要去检测这只鸡了，是不是生病了，活动力不强"，孙国柱解释脚环数据的作用，未来映山红计划将跑步鸡的脚环发放给村民，尤其是一些山区的农户，"治理链和产业链是双轨并行的，只有村民们养的鸡好了，产业才能做起来，乡村治理也才有成效。"

"我们公司的出发点就是，得把老百姓的东西卖掉，得对我们的初心、承诺负责，在做产业的同时，不能忘记把百姓的东西变成钱。"孙国柱从未忘记自己办企业的初衷，乡村治理、农产品标准化、农产品市场化、企业带动农户增收共富，这些命题并不是一个个飘在半空中的空泛概念，而是可以通过企业的先行先试，真正能实施落地的事情。"企业的知名度并不是关键，关键是怎么样能拓宽销售渠道、打开市场、增益创收，如果最后没有把农户的东西带出去，是没用的。"孙国柱这番话抓住了问题的实际。

目前，"映山红"运用科技和互联网，加强产品销售与物流、生产追踪与溯源，使城里居民能够吃上健康安全的食物。比如用户通过扫二维码，可以清楚地看到菜是何时播种、何时施农家肥、何时浇水除草，"菜农＋码农"的模式使得农产品从田间地头到餐桌舌头全过程做到了溯源。

每一个企业，都会碰到成长的困难。聊到目前的困难时，孙国柱表示现在比较棘手的问题就是销售方面，如何打开消费市场，如何解决物流成本高的问题，是两个难点。"现在实行起来最有效的方式就是打通乡村'村团长'与城市'社区团长'之间的关节，一定要落实到有人买的地方去。"

为了尽可能提高销售额，映山红在韵味萧山、都市快报等 APP 上都进行了推广宣传，同时还设置了两个地推团队深入城市社区，长期在社区推广自己的农产品，一天最多能卖掉 2 万元，一星期最多能卖掉 35 吨农产品。

"2020 年 8 月，我一个月最多跑了五十几个局，去推销、介绍我们农户的东西。去跟政府谈合作，这是需要勇气的。说到底，其实我就是个卖菜的，只不过是把各个农户集合在一起了，由我来帮助农户打通与城市的关系，这就是企业的优势与价值。"孙国柱笑着说。

据了解，为了解决乡村物流成本高的问题，他与中国邮政建立了合作关系，把南片几个镇的物流做了整合，农产品可以通过中国邮政帮企业落地配送。

都说共富的桥梁不是一日而就的。近年来，"企业＋村集体＋农户"的农业产业经营模式越来越多，农业企业的担子也并不小。下一步，如何把小农户进行集成、把中农户进行整合，如何有效地走向市场化，如何把现在的产业链形成一个模式并良性循环，这些都需要企业去探索。

而其中，前端的农产品收取、产量的增加和后端的销售都是非常重要的。

说起未来前景，孙国柱依然把话放在了实处："关注两头，优化中间。两头就是前端的农户和后端的消费者，优化就是中间像我们这样的公司，要优化、把关。"

孙国柱常说，他会干事，但不会说话。但事实上，在一问一答，以及每天不少于 1 万步的现场踏察，孙国柱的成功之路，是眼睛可以看见的。

"映山红"计划使得大石盖村的自留地、闲置土地和村庄基地都得到了充分利用。真正让农村有了农村该有的样子，蔬菜有了蔬菜本来该有的味道，一个原本平凡的村庄逐渐向科技与农业相结合的富美乡村转变。"映山红"计划拥有小程序"映季"，通过小程序可以给城市居民配送乡村农产品。现在团体和居民会员数已达 15000 人以上，配送范围覆盖了杭州和周边地区。"映山红"计划也得到了中央电视台等众多媒体的高度关注和广泛报道，六次登上"学习强国"、《光明日报》《浙江日报》《农民日报》等。

每次去大石盖村，都会有新的发现。

每次都会惊叹，2019 年到 2023 年，这个全年无休的人，这个心里始终有家乡的一块田的人，在干事，在干实事。

"让我们的下一代能吃到爷爷奶奶种的菜。"

"把映山红计划的核心，辐射到更需要这种模式的村里。让当地的农民参与进来，让产出的产品走向市场，这才是活生生的农村产业。"

"把映山红品牌化，培育成一个有深厚农村感情的品牌。"

"所以我对乡村振兴的理解，本身就是一场农民运动，否则，就谈不上振兴两字。"

"用生产力去促进农民的生活。干了他自己喜欢干的事，用劳动的汗水得到他应有的回报，他的生活才会健康。"

这一句句朴实却有力的话，出自孙国柱的口中。

菜园子里，永远是那样的青翠欲滴。

展览厅里，永远是那样的人潮涌动。

2020 年，大石盖村成功通过区级美丽乡村提升村验收，成功创建省级 2A 级景区村庄，已经打造成为可居、可游、可观、可鉴的萧山南部乡村乐园和社区相融合的宜居村落。2022 年，孙国柱入围浙江乡村振兴共富带头人"金牛奖"。

村子的发展，农业的兴旺，就好比漫山遍野开放的映山红。

永安村的"禹上稻乡"

风吹稻花，遍地金黄，岁物丰成。

稻，已经成了永安村的符号。

永安村位于杭州余杭区余杭街道，紧邻良渚古城和未来科技城，是传统与现代完美结合的美丽乡村。全村村域面积 7.09 平方公里，30 个村民小组，农户 89 户，人口 3135 人，下辖 30 个村民小组。拥有耕地 5259 亩，主要生产水稻、小麦、油菜等，另有水域 984 亩、林地 96 亩。

曾经的永安村，村民世代从事农耕作业。在传统社会，村民们安居乐业，鱼米之乡、土地肥润，这是上天恩赐的自然禀赋。可渐渐地，随着城镇化的发展，杭州民营经济迅速崛起，农民守着一亩三分地，用尽全力却只能从中收获温饱。并非村民不愿求新求变，永安村属于滞洪区和基本农田保护区，97% 的土地属于永久农田保护区的范畴。不大拆、不大建，要发展集体经济，只能在农田上做文章，这极大地制约了永安村的经济发展。于是不少村民选择走出村子，外出淘金，自己的土地便抛荒长草了。

因为没有足够的空间发展其他产业，永安村集体经济的"家底"很薄。为了突破困境，永安村先后进行了"土地集中流转""美丽乡村"等工作，硬化了所有田间道路，为日后的发展打下了第一个基础。

2017 年，永安村村集体收入只有 28.5 万元。在同年 GDP 达 1695.13 亿元的余杭，永安村已经成了一位"后进生"。

变化开始于 2018 年。

2018 年，余杭区农业农村局和余杭街道共同推动了以永安村为核心的"永安稻香小镇"建设，有意通过打造"稻香小镇"的区域公共品牌带动苕溪以北全域的农业产品发展。

2019年，永安村设立全资子公司——杭州稻香小镇农业科技有限公司，由村党委书记张水宝任董事长。同年，杭州余杭区农业农村局发布了《关于加强余杭区农村职业经理人培育工作的实施办法》，广发"英雄帖"，开始公开招聘农村职业经理人。45岁以下，18万元底薪（区农业农村局出资15万元，按年度拨到村庄，乡镇出资3万元，含五险一金、福利费、工会费等），上不封顶。

农村职业经理人又被称为"乡村CEO"，指的是"爱农业、懂技术、善经营"的专门人才。浙江"千万工程"实施20余年以来，造就万千美丽乡村，造富万千农村。如何将美丽乡村转化为美丽经济？如何让乡村建设的成功持续产生效益和价值？对未来乡村而言，"乡村经营"至关重要，对经营人才的需求也最为迫切。乡村CEO，正是是人才与乡村的双向奔赴，一方提供广阔的天地，一方提供运营的思维。

2020年10月，来自安徽的刘松成为余杭区的第二批、永安村的第一任乡村"CEO"，这是一位来自浙江大学、有着资深农产品企业运营经验的"CEO"，他说："以前是为农业企业工作，现在是为村集体打工。乡村职业经理人是个新的探索模式，作为一个职业农人，我一定要尝试一下。"

刘松刚到永安村，做了两件事。

第一件，他参与了开镰节。每年11月的开镰节，是永安村的大日子，不仅是传统节日中的庆祝丰收，更是村里增收致富的一个活动日。还在工作交接期的时候，村委书记张水宝就让刘松提前参与开镰节的前期筹备工作。刘松算过一笔账，村里种粮每亩地的收入实际上只有555元，他认识到，想要赚钱，光卖稻米远远不够。稻米电商周、稻田艺术季、稻田体验节、稻田美食节……方案布局在他的脑海中形成。最终，开镰节当天，游客数量超过2万人，有27家企业来认购稻田。

第二件，他制定了《永安"稻香小镇"战略规划》。未来三到五年，永安"稻香小镇"将通过平台化运营，开展现代农业、农业旅游、乡村社区等"三大业态"，并利用"永安大米"等自有农产品品牌。在他的规划中，2025年，永安村将成为"全国乡村振兴样板"，稻香小镇公司全年实现主营业收入1亿元。直到现在，这个规划仍然没有更改过。

刘松开始策划农旅活动，通过首团免费的模式，快速吸引大量渠道客户。渐渐的，零基础、零粉丝的永安村有了流量。

为了从同质化活动中脱颖而出，刘松将农事劳作变为了一场场农事节庆，不仅有开镰节，还有开春节、插秧节等等，人气一年四季不断。"认养一亩田"则让城里人走进了田间，通过共享菜园模式，消费者可以花1380元在永安村认养一块15平方米的菜地，在一年的使用期中自行耕种，最多可收获两季八种蔬菜。若采用代种代管的全托模式，价格还将翻一倍。此外还有针对企业用户的共享农场模式，8万元一年可认养10亩耕地，并向企业提供商务、团建、福利相关的农旅服务，实现了长期的经济效益。围绕这些新的销售方式，乡村建设也作了相应的调整，儿童游乐园、长桌宴、稻田婚礼、草垛乐园，彼此形成配套。村里有了自己的业态，村民们也逐渐参与了进来，农家乐、民宿、非物质文化遗产工坊纷纷成立，此外庭院经济也逐渐起步。

永安村是如何一步步实现就地创富的？

永安村充分发挥组织优势，打造在草垛下进行"众人事情、众人商量"的"草垛议事"机制。专业的人做专业的事情，永安村招聘"乡村CEO"，专业化运营项目，组建了以刘松为首的31人组成的农村职业经理人团队。作为村集体资产的经营者，"外乡人"的刘松需要面临信息不对称、代理人激励、权责分配等制度问题。经协调探索，逐步形成了由村书记主抓村庄治理、协助经营思路、协调乡村内部矛盾，由刘松专注村庄经营、发挥村里耕地资产的价值，各司其职、默契配合模式。

"以前，我们村集体收入是垫底的，有了职业经理人打理和品牌化运营，乡村发展理念为之一新，村集体和村民的收入节节攀升。"说起村里的变化，永安村党委书记张水宝喜不自禁。2022年，永安村全国首创招聘"乡村造梦师"，形成"组织+人才"双赋能的发展模式。

永安村的成功也让周边村看到了出路。为实现抱团发展，永安村牵头联合7个乡村，共同成立八村共富总公司，共同强产业、兴品牌。随着乡村开放的日渐深入，单个行政村无法满足消费者吃、住、行、游、购、娱的综合需求。打破行政村边界障碍，在更大范围进行资源、资产整合，共同面向市场予以变现。同时整合禹上稻乡运营经验和浙江大学专家资源，成立专注乡村运营模式输出企业——浙江千村运营有限公司。

品牌化经营的本质，是以市场营销为手段，以品牌资产积累为目的，实现乡村价值的超常规递增。这种经营并非满足于物质产品的溢价销售，而是通过文化创意，给予消费者更高的精神层面的满足。刘松深入挖掘大禹文化、苕溪文化传统内涵，与具有本地优势的"稻米文化""蓝染文化"相结合，创意开发"禹上稻香"品牌，以大米为元素，打造吉祥物"米多多"标志性IP。以谷绿农品公司为运营商，开设全新天猫旗舰店，同步入驻新零售渠道盒马鲜生。2021年"双十一"首日，永安大米电商销售额超过永安道香小镇2019年全年销售额，成为单品首日天猫粮食类目第一名。围绕大米产品，刘松团队还开发大米衍生品，并且充分结合苕溪以北8个村各自的特色农产品推出共富礼盒"出类八萃"。

刘松说："未来的乡村，必然是数字化的乡村，乡村CEO经营乡村，用上数字化的工具，才会为无中生有增添更多成功的可能。"永安村利用地理区位优势和生态环境优势，着力打造数字经济产业，开辟初以"稻"为核、全民参与的一二三产业融合发展创新模式。"稻梦空间"数字农业平台凝聚了刘松及其团队成员的众多心血，他们在消费端打造"智慧认养小程序、智慧短视频剪辑系统、全程可追溯系统、智慧大屏"等场景和应用，提供消费者体验；在生产端打造"智能虫情报测系统、土壤气象传感系统、水稻全生命周期管理系统"等场景和应用，以新质生产力赋能农业生产。永安村已构建起八村统一的数字化运营平台，通过线上直播、线下活动，采用AR、VR等最新技术手段，实现了统一用户流量、统一活动营销、统一宣传推广。

历经两年的时间，"禹上稻乡"品牌项目成功将百姓们带上了"共富"列车。禹上稻乡整个片区水稻总产量增加12%，核心区块水稻亩均产值由2000元提升至 6000 元左右。同时，余杭街道与该项目联合举办"开春节""开镰节"等品牌活动，持续提升了"禹上稻乡"品牌项目的影响力。

近三年，永安村累计申报项目和荣誉数量 176 项、接待游客 38 万人次，其中省内外考察团超过 1200 个，开发了 4 大主题研学 48 个课程，衍生品和周边产品整合 30 多款，累计实现销售收入 3500 多万元，招引入驻创客团队 40 多个，组织村民素质培训 25 场次，引导本地创客 14 个，带动农户增收预计 1900 万元，村级集体经营性收入由 2019 年的 73 万元提高到 2023 年的 557 万元，村民人均收入由 2022 年的 60922 元提升至 2023 年的 6.3 万元。核心区块水稻产值由 2000 元 / 亩，提升至 6000 元每亩、省级以上媒体报道超过百次以上，其中中央电视台报道 14 次。刘松立足基层，不懈探索乡村振兴新路径，先后被评为"2016 全国智慧新农人""2017 年余杭区农业经济人才""2021 年余杭区乡村振兴人才""2022 年杭州市新农匠""2023 年浙江好人·'千万工程'耕耘者""2023 年杭州好人"等。

2023 年 9 月，浙江省农业农村厅主办，腾讯、浙江省农学会、浙江省乡村振兴促进会承办的"浙江省千名乡村 CEO 培养计划"启动，浙江千村运营有限公司是此"培养计划"的执行公司之一。"培养计划"启动以来，有的学员之间已经合作创立了公司，有的则为其他学员的村庄提供服务，学员之间已经自发形成了合作的氛围。刘松认为，"培养计划"正在推动更大范围内的抱团发展。永安村的样板经验也开始走出杭州，走出浙江。目前，千村公司累计对接项目共 15 个，已完成整村运营签约项目 2 个。

乡村"CEO"的永安探索，只是开始。

乡村运营，未来已来。

//"乡村 CEO"评论/

乡村 CEO 肇始于淳安县下姜村，是浙江乡村振兴过程中的一大创举，是"千万工程"二十年发展历程中的组织振兴、人才振兴的重要成果。作为乡村经营的领头羊，乡村 CEO 在村两委的支持下唤醒沉睡千年的资源，组织闲散在家的村民，引导市场长期资本，运用现代科技的力量，传承地方文脉，发展优势产业，创建区域品牌，全力打通地方发展的任督二脉。

一地创富带动千村共富

从杭州萧山区戴村镇大石盖村的"映山红"成功实践可以看出，乡村振兴与保护自然环境、发展绿色经济可以并行不悖。这一案例为我们提供了一种可行的模式，即通过整合乡村闲散土地，发展绿色生态农业，实现乡村的经济振兴和生态宜居。当地政府因势利导，推出的"映山红计划"充分激活了乡村的自然资源、人力资源和社会关系。这种以自然保护和乡村治理为基础的乡村发展计划，有助于提升村民的归属感和责任感，推动乡村的可持续发展。大石盖村的乡村建设采取了智慧实践的方式，将房前屋后的垃圾地转变为绿色生态蔬菜地，进而流转大面积闲散土地，按照现代农业规律，通过销售绿色蔬菜系列农产品，村民的收入得到了显著提高，实现了产业振兴。同时，这种模式还有助于修复污染土地，唤醒乡村本质，和谐邻里关系，重现生态宜居，实现乡风文明。大石盖村还推行了"菜农 + 码农"的模式，利用科技和互联网加强产品销售与物流、生产追踪与溯源，使得从田间地头到餐桌舌头全过程有效监控，保证了食品的安全和健康。同时，也为村民提供了更多的就业机会和增收途径。对于没有退休金的农村老人，通过参与"映山红计划"中的农业生产活动，他们可以实现"宜居宜业，老有所为"。这种模式不仅为老人提供了可观的收入来源，增加了获得感和幸福感，还让他们能够在参与乡村建设中发挥自己的经验和智慧。

稻香小镇公司作为杭州余杭区永安村的村属企业，自 2019 年成立以来，始终致力于在保护基本农田的前提下，推动永安村的经济发展。在实现乡村振兴的过程中，永安村的农村职业经理人刘松用三个关键词归纳运营永安村的核心思想：一是就地创富。永安村自然禀赋相对较差，通过组织化的创新、品牌化的运营、数字化的赋能得以发展，开展稻田认养、利用数智手段，助力人才引进，使生产更高效、更安全，塑造品牌化运营，从数字乡村成为未来乡村。二是周边带富。通过组织＋人才＋平台这种方式带动周边7个村，成立合股公司，形成8村抱团共富。三是千村共富。8村联盟形成样板，与社会资本合资成立公司，专注做乡村运营人才的培养和体系化服务，将永安村模式推广到市外、省外。永安村成立专门的组织，负责协调和管理乡村振兴的各项事务，积极引进和培养人才，为乡村振兴提供智力支持。同时，永安村还筛选和引入了一系列具有潜力的项目，搭建了各种平台，如电商平台、文化旅游平台等，为乡村产品的推广和销售提供了便利。农业作为国家的基石，特别是在外部环境复杂和新质生产力的背景下，农业强国的建设对经济发展和民生福祉至关重要。农业领域新质生产力，包括创新科技、绿色环保和信息智能化等方面的应用。通过推广先进的农业技术，如精准农业和智能农机，可以大幅度提高农业生产效率和农产品品质。同时，绿色发展理念有助于实现农业的生态永续，减少环境污染。而信息化则能优化农业产业链，有效提升农产品的市场影响力与竞争力。农业产业链是一条包括种业、土壤、种植、施肥、除虫、灌溉、间苗、维护、管理、收割、分拣、包装、储藏、冷链、销售、客服、反馈全过程的农业区域链。健全现代农业体系，优化产业结构，使农业生产更加生态化、专业化、精细化。大力推动农产品深加工产业发展，提高农产品的附加值和市场竞争力。加强与世界各国在农业领域的合作与交流，共享资源、共拓市场，也是提升我国农业国际地位的重要途径。

大石盖村和永安村作为两个典型的城郊乡村，正积极融入新质生产力，推动农业的全面升级和现代转型。

数智转型赋能乡村治理

"映山红计划"通过重建乡村诚信体系、激发村民参与意识等措施，改善了乡村治理结构。通过成立合作社、引入社会资本等方式，实现了农业生产的规模化、集约化经营。这种组织模式不仅提高了农业生产效率，还加强了农民的市场议价能力，有效保障了农民的利益。同时，大石盖村在治理结构上注重发挥村民的主体作用，通过建立健全村民自治、德治、法治、智治，推行村务公开，增加家庭收入等制度，增强了村民的参与感和归属感，提升了乡村治理的民主化水平。这种以村民为主体、市场为导向的组织模式和治理结构，为大石盖村的农业现代化提供了坚实的组织保障。这种以村民为主体、数字技术为支撑的四治模式，体现了新时代乡村组织模式和治理结构上的创新。

永安村通过"一地创富、周边带富、千村共富"计划，将自身发展与周边地区紧密联系起来，形成了良好的区域合作与共享发展格局，实现了资源的优化配置和共享。在组织模式上，永安村积极引入外部资源和力量，与龙头企业、科研机构等合作，共同推动农业产业的升级和发展。在治理结构上，永安村注重发挥政府、企业、社会组织和村民等多方主体的作用，形成了多元共治、协同发展的治理机制。这种以区域联动和共享发展为核心的组织模式和治理结构，为永安村的农业现代化注入了新的动力。以永安为核心的"八村联盟"以地域为单元、以共同富裕为目标的组织模式，既体现了新质生产力在区域经济发展中的重要作用，也展示了新型乡村治理结构的优越性。

大石盖村"映季"品牌在技术创新与数字化应用方面表现尤为突出。"映季"运用区块链大数据、云计算技术，对农业生产、管理、销售、传播等各个环节进行了全面优化。通过引入先进的农业技术和管理模式，大石盖村实现了农业生产的智能化、精准化，极大提高了生产效率和产品质量。"工分宝"的适用使乡风文明从愿景变成可验证的现实。同时，借助数字化平台，大石盖村将农产品与市场需求紧密对接，拓宽了销售渠道，提升了市场竞争力。这种将技术创新与数字化应用深度融合的做法，不仅推动了大石盖村农业的现代化转型，也为农业可持续发展提供了新的路径。

永安村在技术创新与数字化应用方面同样取得了显著成效。该村通过引入现代农业技术和管理模式，对传统农业进行了深度改造。利用科学选种、物联网、智能农机等先进技术，永安村实现了农业生产的自动化、智能化，降低了劳动强度，提高了生产效率。同时，永安村还注重数字化技术在农业产业链中的应用，通过建设数字化农业平台，将农业生产、加工、销售等各个环节紧密连接，实现了资源的优化配置和高效利用，打造未来数字的未来乡村典范。

乡村运营驱动持续发展

"映山红计划"在乡村治理领域的深入实施，不仅显著提升了乡村的治理效能和水平，更在无形中促进了乡村文化的深厚传承与有力保护。该计划巧妙地运用了数字技术的力量，通过搭建数字平台，广泛而深入地记录和传播了丰富多彩的乡村文化。这一创新举措极大地增强了村民们对自身文化的认同感和自豪感，激发了他们保护和传承乡村文化的积极性。数字平台的广泛传播也让更多人欣赏、体验到乡村文化的独特魅力，为乡村的可持续发展注入了新的文化活力和动力。与此同时，永安村通过精准定位和发展特色农业，通过大数据进行客户画像，充分挖掘区域企业需求和乡村旅游资源，成功打造了一条经济效益和社会效益并驾齐驱的发展道路。数智赋能特色农业的发展不仅提高了农产品的附加值和市场竞争力，打造工业反哺农业的渠道，更为村民们提供了多样化的增收途径，有效提升了他们的生活水平，打造了米浆、米乳、锅巴等一系列的衍生品，围绕文化和特色推出"稻"上加"稻"共富礼包、你想我"莓"草莓礼盒等。乡村旅游和线上传播的兴起，则让永安村的美景和文化得以走出农田，吸引了众多游客前来观光体验，进一步拉动了乡村农文旅的增长。这种以产业兴旺为引擎，带动乡村全面振兴的发展模式，不仅与农业新质生产力的发展要求高度契合，更深刻体现了可持续发展的核心理念。

乡村 CEO 的余杭实践，无疑为浙江农村带来了新的发展机遇。在理论层面上，乡村 CEO 被视为具备专业知识和实践经验，能够推动乡村经济转型升级、乡村治理走向现代的关键角色。他们既是乡村发展的领导者，又是执行者，负责策划并落地各种创新项目，以实现乡村的全面发展。萧山大石盖村的孙国柱和余杭永安村的刘松，作为新时代乡村振兴的强村领头雁，正是浙江乡村 CEO 计划的生动实践。这两个村庄的发展都经历了从传统农业到现代农业、多元运营的转型，而这一转变过程正是得益于乡村 CEO 的引导和推动。大石盖村和永安村在乡村 CEO 的领导下，实现了经济结构的优化，治理能力的提升，乡风文明的实现，农文旅的融合发展。通过引入新技术、开发新产业、激活新能量，这两个村庄成功地从单一农业生产转向了更加多元的现代农业。大石盖村利用本土资源，整治土地，实现村民在家门口就业创收，并在"映季"品牌汇聚全省范围内山区海岛的优质农产品；而永安村则大力发展农产品深加工，提高了农产品的附加值，走进现代服务业的产业链，吸引了大量游客前来体验乡村文化。在乡村CEO的推动下，大石盖村和永安村也注重品牌建设。他们认识到，在竞争激烈的市场中，要想脱颖而出，就必须拥有自己的特色品牌。因此，这两个村庄都积极申请地理标志产品、注册商标等，并通过各种渠道进行宣传推广，不仅提高了村庄的知名度，同时把先进理念和实践经验广泛传播，国家及省市媒体蜂拥而至持续报道。近年来，投身乡村运营的"农创客"队伍日渐壮大，相关数据显示，自2021年浙江启动实施"十万农创客培育工程"以来，截至2023年底，已累计培育"农创客"超6.8万名，其中"90后""00后"超55%，本科及以上学历占43.14%。"农创客"已经成为领跑浙江乡村全面振兴的生力军。随着乡村振兴战略的深入实施，"千万工程"学习践行推向纵深，全国各地的村庄将在村两委和乡村CEO的引领下实现全面振兴。

  乡村运营是乡村振兴的必由之路，乡村通过运营前置，激活沉睡资源，激发内生动力，正在形成共识。乡村运营在浙江主要表现为产业培育型、科学运营型、乡村激活型、政策转化型等多种形式，通过市场经济的手段来整合、调配、运营乡村的各种资源要素，实现乡村的可持续发展。在乡村规划与运营的实践中，对于在地文化的挖掘和转化、产业的识别和培育等需要重点突出、主次分明，在明确各个建筑、场地功能的基础上再进行功能的多元、叠加、聚合，避免对于土地指标、财政资金的浪费。大学生人才团队进村推动在地化运营也势在必行，在年轻人新消费观下，不断放大新价值概念和植入新业态场景，针对业态策划缺乏调研、主观臆断等问题，变"以我为主"为"以客为主"，并通过多元、新颖、系统的营销宣传，吸引原乡人、归乡人、新乡人、游乡人，实现价值变现、村民增收、集体增值，让美丽乡村变为美丽经济的理想照进现实。

浙江乡村 CEO 的实践证明，大石盖村与永安村的实践成果展现了重要价值和现实意义，它们不仅实现了自身的蜕变，带动周边抱团前进，更为乡村的未来发展描绘了新时代的"富春山居图"。现代农业必须聚焦市场化、规模化、机械化、现代化、国际化，强化科技、机械的双强赋能，发展高效农业，延伸农业产业链，丰富乡村业态，全域培育乡村旅游、乡村民宿、农村电商、健康养生、运动休闲等新兴产业，推动农业产业振兴。这两个村庄的蜕变，是对传统农业生产方式的深刻变革，是对乡村治理结构与发展模式的创新探索。它们以乡村运营为引擎，推动了农业现代化与乡村社会的全面进步，实现了经济效益、社会效益与生态效益的和谐统一。浙江乡村 CEO 的实践证明，只要坚持创新驱动、真心投入，乡村就能够焕发出新的生机与活力，就能够成为农业强、农村美、农民富的坚实基石与重要支撑。大石盖村和永安村的成功经验，将激励更多的乡村地区积极实践乡村运营，探索符合自身实际的未来乡村发展之路。

未来社区　"和睦方式"

"不废江河万古流"，绵延千年的大运河是流淌着的记忆，见证了两岸的兴衰沉浮。拱墅区位于京杭大运河最南端，北依半山，南望西湖，群河环绕、山水相映，因"拱宸桥""湖墅"两个古地名而得名，是杭州的中心城区。全区总面积119平方公里，下辖18个街道，54个（村）经济合作社，174个社区，常住人口118.8万人，其中户籍人口89.47万人。

碧水蓝天，山水融城。 拱墅坐拥京杭大运河和"半山立夏习俗"两大世界级文化遗产，拥有欢喜永宁桥、龙兴寺经幢等市级以上文保点37处23群，杭州大河造船厂建筑群、杭氧杭锅等工业遗存17处，张小泉刀剪锻制技艺、制扇技艺（王星记）等市级以上非物质文化遗产68项，以中国京杭大运河、中国刀剪剑、中国伞、中国扇、杭州中国工艺美术等五大国家级博物馆，浙江省博物馆、浙江省自然博物馆、浙江省科技馆等省级博物馆为代表的博物馆群，是杭州运河历史底蕴最深厚、文化遗产最丰富、文旅价值最优越的核心段。

繁华十里，澎湃发展。 拱墅是杭州城繁华的原点，自古是南北水陆交通要道和繁华商埠，享有"十里银湖墅""东南财赋之乡"的美誉。武林商圈入选首批国家级智慧商圈，新天地活力街区获评国家级夜间文化和旅游消费集聚区。全区现有上市公司26家，省级以上金融机构总部62家；28家企业入选浙江省服务业领军企业，居全省前列；45家企业入选杭州市总部企业，其中7家获评百亿级；5家企业入选中国民营企业500强，上规模民营企业69家，数量居全省第三。

大运河畔，幸福家园。 辖区内拥有文澜、育才、卖鱼桥、安吉路、长寿桥、华师大等知名基础教育品牌，浙江省人民医院、浙江大学邵逸夫医院大运河院区等三甲医院9家。连续数年将养老托育项目纳入政府民生实事工程，着力打造"阳光老人家""阳光小伢儿"服务品牌，被授予"全国智慧养老示范基地""全国婴幼儿照护服务示范区"等称号。拱墅连续3年入选中国最具幸福感城区。

作为浙江省近代民族工业的发源地，拱墅书写了杭州工业史的辉煌，千年运河文化与百年工业文明交相辉映。曾为漕运副线的西塘河，不仅为杭州城带来了八方物资，也润泽了沿岸的村落和城镇，和睦便是其中之一。和睦街道位于杭州市拱墅区西南部，街道面积1.66平方公里，下辖4个社区，截至2023年年末，户籍人口11498人，流动人口9433人。和睦街道2023年实现财政总收入20.95亿元、地方财政收入12.77亿元，同比增长114.4%和181.9%。

"老"小区和"新"生活

从莫干山路文一路口一直往北，是杭州市原有的化工区块。20世纪七八十年代，现在的和睦新村一带聚集着杭州油漆厂、杭州油墨厂、杭州塑化一厂等等。为了解决职工住宿问题，各企业陆续在附近建起了职工宿舍。1981年，和睦新村应运而生，接着还配建了中小学、卫生院、小商店等等。当年能住上这样的房子成了让不少人羡慕的事情。但随着时代的发展，小区的面貌越来越陈旧。改造前和睦新村屋顶渗漏、管网堵塞、管线杂乱、停车混乱、道路坑洼、立面陈旧、墙皮剥落、杂草丛生、火患严重、人居混杂，老旧小区的各种通病全都具备。"房子老、老产业工人集聚地、老年人口占比36%"，和睦社区党委书记、居委会主任周呈介绍。

2018年，和睦社区启动老旧小区改造。面对众多缺项和不足，在有限的政府资金中，如何解决老百姓最迫切的需求，满足群众最急切的愿望，是和睦街道负责人在脑海里思考的首要问题。

花钱要花在刀刃上，旧改要改到心坎里。要满足人民群众美好生活需要，就必须坚持人民至上，走好新时代党的群众路线。和睦社区坚持"要不要改"问需于民、"改什么"问情于民、"怎么改"问计于民、"改得怎么样"问效于民，让老百姓充分享有知情权、参与权、选择权、监督权，充分发挥居民积极性、主动性、创造性，在推动共建共治共享中把好事办好、把实事做实。和睦社区以美好环境与幸福生辉共同缔造为宗旨，以老百姓需求为导向，从老百姓需求最强烈、困难最明显、改造最迫切的项目入手。坚持花小钱办大事，力求小投入产生大绩效、小干预实现大变化、小空间呈现大环境。

旧改的目标是基础到位、环境优美、功能完备、特色鲜明、群众满意。不追求高档豪华，而追求经济实用、美观耐用。和睦在实践中提出：老旧住宅"顶层不漏、底层不堵、管线不乱、楼道不暗、上楼不难"的"五不"目标；公共空间"安全保障好、停车秩序好、绿化环境好、养老托育好、特色文化好"的"五好"目标。这就体现了以人民为中心的发展思想。而不像有些地方，一提起老旧小区改造，首先就想到"穿衣戴帽"（刷外墙、修门面）的办法。同时和睦严格控制造价，道路改造"最多挖一次、最多铺一次"，屋顶改造"哪里漏就补哪里"，楼道改造"哪里空鼓就铲哪里"，绿化改造"大树乔木修枝剪叶，小草灌木补种梳理"，避免一切浪费。和睦在改造顺序上提出"先地下后地上，先里子后面子，先减法后加法，先硬件后软件，先雪中送炭后锦上添花"的"五先五后"的做法，体现了科学举措和务实作风，具有一定的创新意义。为了减少旧改施工对居民正常生活的干扰，避免交通、停车、出行的困难，也为了避免多工种争抢工作面的矛盾，和睦坚持分块推进、统筹安排，各施工单位、设计、监理、居民代表每日开简短晨会，及时沟通，确保小事不出社区，大事不出街道，问题不过夜，矛盾不上交。在质量控制方法上，推选居民代表成立工程质量监督小组，各施工班组互相检查点评、互相学习促进，甲方和监理检查出来的问题列出清单逐一销号。在老旧小区空间资源不足的情况下，提出"低小散脏乱差业态能退就退，散落在小区内的国有闲置房产空间能借就借，边角闲置地块能建就建"的三条资源整合方法，并嵌入式建设养老、托育设施，很好地满足了群众对"一老一小"赡养照护的需求，有效解决了老旧小区的难点、痛点。

和睦新村改造的内容分为基础类、完善类、提升类，涉及公共区域和住宅楼的方方面面、角角落落。全域实施了屋顶修缮，杜绝了"室外下大雨、室内下小雨"现象。全域实施了雨污分流、管网疏浚，彻底解决雨天积水、化粪池满溢现象。将全域10千伏的高压线入地埋设，弱电通信线缆入地埋设，彻底解决了蜘蛛网般的"空中飞线"问题。全域实施自来水管道翻新、天然气管道翻新、路灯照明翻新、治安监控翻新。在不移动一棵大树、仅补种灌木草坪的基础上,"道路能拓尽拓、车位能挖尽挖",拓宽修整了小区道路,增设了 106 个汽车泊位,还在化粪池顶上增设敞开式非机动车停车棚,变出了 500 余个自行车泊位,缓解了停车问题。改造了垃圾房,取消原来不分类投放的 26 个垃圾房,改为分类投放的 10 个垃圾房,为全域实施生活垃圾分类奠定基础。增设微型消防站点 3 处,保障 5 分钟内消防应急救援需要。所有楼道都进行了粉刷,安装了扶手、转角休息椅,增设了消防应急照明,添置了灭火器材。

运用群众喜闻乐见的大白话作宣传,"保笼拆光光,紧要关头可逃窗""全域监控有依靠,保笼防盗没必要""告别铁笼子,才算好房子""拆除保笼改善颜值,美化环境房价升值",说动人心,平稳、顺利、无偿拆除了 6500 多个"保笼"。外立面整治主要是统一安装雨棚、底层防盗窗、空调格栅、阳台晾衣架等"四件套",外墙立面优化、景观环境提升,由中国美术学院望境创意统一规划设计。外墙颜色由原来的灰色系改为深浅咖啡系列搭配的暖色调,被居民形象地比喻为"巧克力蛋糕色",深受居民喜爱。经过 50 项细分项工程的综合改造提升后,旧貌换新颜,和睦"新村"名副其实,老破旧乱的面貌一去不复返。

功夫不负有心人,"老"小区迎来了"新"生活。和睦把所有可以腾出的空间都腾出来了,整合资源,物尽其用。打造了养老服务一条街和功能完备的托育中心,补齐了养老托育居民最需要的功能设施。做到了花小钱办大事,旧改性价比很高。零补偿拆除了所有的保笼,小区面貌焕然一新。社会资本参与力度较大,投资机制多元化。水电管线迁移基础设施改造争取社会各界力量支持,养老、医疗、托育、助餐,引进社会资本和节省造价约 2000 万元。和睦新村的一系列改造理念和方法,被《拱墅区老旧小区综合改造提升工作实施方案(2019—2021)》采纳,成为全区标准;应邀赴云南昆明输出和睦新村旧改经验,支持新疆阿克苏进行中西部合作旧改模式输出。全国各地政府考察团络绎不绝。

2019 年 6 月 12 日,时任国务院总理李克强视察和睦新村,对老旧小区改造和居家养老服务工作予以高度肯定。2021 年 6 月 11 日,住建部主导课题"城镇老旧小区改造组织实施机制研究"在京召开课题验收会，邀请饶文玖作为全国唯一基层单位代表参与专家组评审并介绍相关做法成效。2021年7月6日，和睦新村作为"学习样板"在住建部建设司举办的"城市社区美好环境与幸福生活共同缔造"专题活动培训班上再次成为典型代表并介绍经验。

电梯加装，和睦经验

电梯加装是老旧小区改造的重要一环。但说起加装电梯，认知统一难、牵头推动难、资金筹措难、技术实施难等"难题"经常堵住加装电梯进程，其中最难的是居民意见如何达成统一的问题。和睦社区是如何破解的呢？

热心人牵头，群众做群众工作，做左邻右舍、楼上楼下住户意见的协调统一工作；成立加装电梯帮帮团、办公室、党支部，有组织推动；团队参与招标听证会，降低加装价格，保证电梯质量；成立售后服务站，加强运维管理；等等，桩桩件件、扎扎实实悉数落实。近年来，和睦社区加装电梯工作势如破竹，成效显著，为居民破解了上下楼难题，创造了便利舒适的生活。刷脸识别、一键直达，自从楼栋加装电梯后，五层住户徐大伯总算能推着90岁行动不便的老母亲下楼晒太阳了，"以前母亲只能坐在家里看看窗外，现在下楼方便了，生活品质提高不少。"徐大伯说。如今，社区符合电梯加装条件的120个单元中，已成功加装68台。

2017年11月，杭州首台加装电梯落地，有加梯需求的老旧小区居民有了新解法，但随后的工作推进却遇到困难。"过去受限于一票否决制，只要一户不同意，工作就无法推进。"和睦街道加梯办负责人汪国平说。2021年4月开始，杭州在国家政策指导下，出台了电梯加装新举措，参与人数超过三分之二、表决同意也超过三分之二后，即可加装电梯，促进了加梯工作的快速平稳推进。

不过周呈坦言，想要顺利加装电梯，"自上而下"推进真不如"自下而上"配合，"初期由社区上门做工作，老百姓有时会有顾虑，后来我们转变思路，社区负责搭建平台，让居民中的热心人去做群众工作，社区做好配合，效果反而更好。"

和睦还有一个加装电梯的顺口溜：关爱老人从加梯做起。

美好生活加装电梯，实现梦想加装电梯，同心同向加装电梯，互谅互让加装电梯，守望相助加装电梯，邻里和睦加装电梯，下楼不远加装电梯，上楼不难加装电梯，负重若轻加装电梯，老有所依加装电梯，儿女孝顺加装电梯，亲朋羡慕加装电梯，出行方便加装电梯，住有所居加装电梯，房价升值加装电梯，有效投资加装电梯，民心所盼加装电梯，齐心协力加装电梯，未来社区加装电梯，共同富裕加装电梯。

念着念着，仿佛是当代的《三字经》《千字文》；念着念着，感慨于所有的成功都不是天上掉馅饼的幸运。

在和睦社区，说起电梯加装，就不得不提葛秀英。

2019年6月，社区的第一台加装电梯在葛阿姨居住的54幢175单元落地投运，背后全靠她忙前跑后。因为右膝积水，每天上下六层让葛秀英感到不便，"那时医生就告诉我，第一不要爬山，第二要住带电梯的房子。"她回忆道。那时，她在电视上看到政府支持老旧小区加装电梯的新闻，还能补贴20万元，当天便拉着家里人去实地探访。回来后，葛秀英迅速萌生了加装想法，又领上邻居们实地探访。在她担任30年楼道长的这个单元，大家心很齐，电梯加装几乎没遇到什么困难。"我们楼道也有特殊性，一、二层是沿街商品房，因此少了不少阻碍。"葛秀英说。

与她相比，47幢156单元的毛菊珍可就没那么顺利了。她所在的单元是社区第二幢加装电梯的，由于结构问题，一楼住户担心电梯落成会挡住视线、影响通风，迟迟不愿签字。毛阿姨摸清了症结，提出建议，为此，电梯公司特意更换成透明玻璃，这才最终促成了电梯加装。"要学会换位思考，互相理解。"毛阿姨说。"说到底，加装电梯还是要群众满意"，周呈坦言，多亏了葛阿姨和毛阿姨这些热心人，加装电梯才能这么顺利，"社区要做的，就是尽全力配合保障好。"

回看和睦社区前3部电梯加装的成功案例，背后都有热心人带头，社区也专门为他们搭建了平台，2021年10月，加装电梯工作室顺势成立，成员有老党员孙章才和陈海平，以及葛阿姨、毛阿姨，他们各司其职、分工明确，被居民亲切称为"小区加梯帮帮团"。"葛阿姨是社区加装电梯第一人，对政策、流程格外熟悉，因此她负责政策解读；毛阿姨负责电梯试乘体验，打消邻居对噪声、采光、安全等的顾虑；孙章才本就在社区调解矛盾纠纷方面有一手，因此他负责召集协调会解决矛盾；陈海平是化纤厂技术工匠退休，对工程质量格外上心，他主要负责工程监督，"和睦社区三方办副主任董钰介绍，"4名骨干用接力棒式服务，分工协作，跑出了和睦社区加梯的'加速度'。"不仅如此，有意愿加梯的单元还会单独成立小组，在"帮帮团"指导下完成单元加梯工作。由此，社区形成了"党员带动群众，群众做群众工作"的"和睦加梯经验"。2022年2月，社区迎来了电梯加装的一波小高潮，一下子有12个单元签约加梯。

推进是顺利了，可新的问题又摆在眼前。社区一窝蜂涌进来六七家电梯公司，如何选择成了难题。"加装电梯既要考虑价格，也要保证质量"。周呈说。为此，社区费了不少心思。

每部电梯的招标听证会，"帮帮团"成员肯定都在场，"连廊玻璃是单层还是双层""电梯用的是钢带还是钢绳"……成员屡屡抛出专业问题，让电梯公司很是吃惊。"有些报价低的主要是工艺上的差别，帮邻居们问清楚，也方便他们决策。"葛秀英说。"我们要求实地参观工厂流水线，这是前提条件，"周呈介绍，"经过层层筛选后，留下来的电梯公司实力强、技术佳，不仅避免了'烂尾梯'，也保证了质量。"

在和睦社区，这几年，加装一部电梯的总价从55万元降低至50万元，根据社区规定，政府补贴的20万元先由电梯公司兜底，这样算下来，居民只需平摊30万元左右，而对电梯电费、运维费用等，社区也想出了好办法。

"做电梯广告。"周呈说，商品房小区常见的电梯广告，在老旧小区加装电梯中并不常见，是不是也能利用起来？"起初我们联系做商品房电梯的广告公司，都吃了闭门羹，最后找到了做回迁房电梯的广告公司。通过开源，现在平均每户一个月的电梯电费在六七元左右，比之前节省了至少一半。"他计算道。

保障售后，加强运维管理。前不久，一场加装电梯售后服务站揭牌仪式在和睦街道举办，背后考量是能为加装电梯提供"全生命周期"的服务。

随着老旧小区的电梯投运越来越多，后续运行管理问题也随之而来。对此，做过社区内多台电梯加装的杭州德胜电梯公司负责人林胜深有体会。

几年前，由他负责的某老旧小区加装电梯就出现了突发情况，大热天有老人被困在电梯里，拨打了梯内的应急电话，20分钟后才被解救，"老旧小区电梯外置，受天气影响更大。"老旧小区的电梯使用者往往是老年人，安全问题不容忽视，尤其遇到突发情况，救援更不能错过黄金期。多方探讨下，加装电梯售后服务站成立，由社区出场地、电梯公司提供售后服务，能做到24小时全天候、15分钟内及时响应。

随着社区加装电梯工作的顺利推进，工作重心不仅要关注前台"营销推广"，更要注重后台"售后服务"，"建管一体化"的电梯管理模式应运而生。

在和睦社区，一部电梯的质保期往往是3年，过期后该如何延保？林胜为社区提供了专属方案，"我们按每部电梯最高不超过一年9000元的收费标准，根据使用户数均摊，不管后续有多少人续签，只要缴纳自己平摊的费用即可，剩下的由公司兜底。"

通过电梯加装工作，周呈也有新发现，"加装电梯工作让社区里的热心人越来越多，一支基层治理新队伍逐渐壮大起来。"去年杭州亚运会期间，"帮帮团"成员和许多的社区热心人组成了基层治理的骨干队伍，出了不少力。

如今，和睦社区加装电梯进展顺利，还有一些意向单元正在对接。而从这里发起的"帮帮团"也为杭州加梯工作打开了新思路。和睦社区书记周呈成为杭州市加装电梯宣讲团成员，在全省加装电梯推进会上作了多次经验交流。《中国建设报》刊登了和睦街道书记饶文玖的《浙江杭州和睦新村小区：统筹多重资源，优化工艺技术》加装电梯经验介绍。

智养银龄，共享和谐

数字化生活的推广与普及，需要物的数字化与人的数字化同步推进。经过未来社区数字化建设，和睦已经彻底"鸟枪换炮"，从手工操作时代，进入了数字赋能时代，数字化应用已经完全融入了未来教育、未来健康、未来邻里、未来服务、未来治理等九大场景的方方面面。可是，物的数字化建设好了，如果人的数字化认知、数字化思维、数字化能力未跟上或者未适应，再好的数字化设备都等于零。因此，人的数字化是极其重要的。特别是对于60岁以上老年人占三分之一的老年型社区来说，适应数字化生活更是一项严峻的挑战。不过，和睦社区未雨绸缪，早在2022年底就已经意识到这个问题。

未来社区数字化建设验收后，社区马上开始对老年人进行数字化培训，每周至少培训一场，每场参加人数30人左右，截至目前，已经培训了70余场次，累计受训人数2100余人，不重复受训人数大约有300余人。教育培训的内容，主要是如何玩转智能手机，例如教他们发微信、收发文件、摄影、录像、玩短视频等等，让他们初步掌握数字化工具。接受培训的群体主要是刚退休5年内的活力老人，他们年富力强，对数字化本来就有基本的认知，培训效果较好。70岁以上的老人，有智能手机的占少数，大多数用老年手机，这些人的数字化认知和数字化能力就相当薄弱了。对参训人员，还重点培训"阳光和睦"小程序正确使用、避免添加陌生人微信、禁止点击陌生人链接，防止电信诈骗。培训的老师既包括业余学校老师、未来社区运营团队，也有专职职工。有意思的是，社区邀请了启航中学8位初中生来给爷爷奶奶上数字化课——黑发少年给白发老人上课也是一道亮丽的风景。

经过一年半的培训，许多老人对数字化设备有了较高的认知，其中一半老人保持每天报到领积分的状态。去年底，各类积分累计达到20万分，按照12积分=1元人民币来计算，有上万人次得到了兑换的实物。目前，和睦活力老人都乐于参加"银龄班"，这部分人培训完后，再由他们逐步传导给邻居，社区数字化使用水平明显提升，老年人可以充分享受到数字化带来的红利。

习近平总书记指出，城市的核心是人，关键是十二个字：衣食住行、生老病死、安居乐业。（2015年12月20日，习近平在中央城市工作会议上的讲话）城市治理的"最后一公里"就在社区，要及时感知社区居民的操心事、烦心事、揪心事，一件一件加以解决，为社区居民提供家门口的优质服务和精细管理，让群众生活更方便、更舒心、更美好。坚持问题意识，紧盯政策落实中的"堵点"、民生领域的"难点"、群众关注的"热点",是社区民生服务的主要任务。和睦社区通过老旧小区改造,持续迭代未来社区建设,着重在适老化改造无障碍建设方面发力,解决群众生活最贴近的"医、养、护、吃、住、行、文、教、娱"九件事,保障老年人老有所医、老有所养、老有所依、老有所学、老有所为、老有所乐,建成颐乐和睦养老服务综合街区,首创街区式养老、没有围墙的养老院、5分钟生活圈,成功创建全国示范性老年友好型社区典型案例,被列入适老化改造全国十大案例。

和睦社区建成养老服务综合街区后,继续深入构建为老服务,不断优化可感可及的"家门口幸福养老"模式,为老人管好"一顿饭"、建好"一张床"、办好"一张卡"、守好"一扇门"、用好"一中心",全方位支持社区养老需求。2019年以来,和睦社区积极开展智慧健康养老平台的建设试点,实现医养康护全方位融合。引入浙江慈济医院管理有限公司,成立全日医康康复中心入驻和睦社区,成为杭州首批街道级康养示范点,为居民提供康复训练指导、中医诊疗等服务,2020年9月,结合居家养老建床政策,进一步丰富家庭康养场景,普及家庭康复养老理念,增加基础医疗服务内容。至此,和睦街道建成集居家、康复、护理、医疗于一体的,全方位、多维度、深领域的全周期健康为老服务体系。

"草木葱茏花满墙,韶华依旧醉夕阳。阳光照护闲暇好,守望相携日月长。"近年来,和睦社区聚焦民生需求,秉承居家即养老的理念,围绕"环境适老、医养康养享老、服务惠老、文化润老、智慧养老",以社区为依托、以数字化赋能,整合社会资源,探索居家照护和社区机构相协调、医养康养相结合的养老服务体系,加快构建独居老人探访、失能老人照护、活力老人乐养的"大社区养老照护"新格局,为全社区老人提供方便可及、价格可负担、质量有保障的养老服务。

婴幼托育,阳光相伴

和睦社区以降低生育养育托育成本、激发婴幼儿发展潜能、促进人口高质量发展为宗旨,积极探索0~3岁婴幼儿照护模式,形成"阳光小伢儿"驿站、"阳光小伢儿"和睦托育中心、和睦幼儿园托班三种托育形态。截至目前,和睦社区托育中心托位使用率达 80%，街道 3 岁以下婴幼儿入托率达 25%，"阳光小伢儿"驿站全年免费开放，受到辖区居民特别是双职工家庭的一致好评，极大地减轻了家庭养育负担。

挖掘资源，健全普惠托育服务供给体系。和睦社区积极腾挪辖区资源打造托育中心，保障托幼空间最优化，着力构建 5 分钟托育圈。通过整合辖区内有限资源，与党建共建单位区住房和城乡建设局协商合作，将和睦公园内 1 处配套用房提升改造为"阳光小伢儿"和睦托育中心一期，面积共 216 平方米，地理环境、通风、采光条件较好，室外活动及绿化面积充足，能够保障婴幼儿身心健康，为辖区婴幼儿提供静谧、舒适的环境。托育中心二期结合和睦街道老旧小区改造工程，收回街道配套用房，清退 15 家商铺，建成面积达 750 平方米的综合性服务场馆，包括 3 个班额的托幼所、培训课堂、亲子空间、小剧场、阳光屋顶花园等，能较好地开展托幼服务、亲子服务，将普惠托育服务辐射到辖区内所有婴幼儿。同时和睦托育中心收费标准低于市场价，且师资队伍均有保育资格、安全保障资质证书，解决了家长不放心托、托不起的困扰。目前，辖区托育园托位数共 80 个，100% 覆盖全街道 4 个社区。此外，和睦社区结合实际，在充分调研的基础上，拓展多渠道资源，满足居民多元化需求，推出拱墅区首家社区嵌入型的普惠型托育机构，引入社会知名教育机构，以公建民营模式开展普惠托育。通过"普惠+市场"的运营模式，可以将高端运营理念与社区普惠项目结合，让每个孩子都能享受到高质量的托育服务，全力打造"家门口的好托幼"，点亮"杭州美好幼教版图"。同时，鼓励社区公办幼儿园开设托育班，推动"托幼一体化"的公共服务体系建设，最大限度满足家长对普惠优质托育照护服务的多元需求。

科学养育，助力打造"幼有善育"金名片。和睦社区引入优质机构，开展高质量的普惠托育服务。和睦托育园一期和二期的运营机构是杭州日报报业集团旗下的杭州华媒一米国托育有限公司，公建国营性质，不仅有效吸引优秀师资，而且管理有章法，优育理念有体系，即：提倡生命、生长、生活"三生"融合，健康、营养、安全、回应性照护、早教"五维"并进，让每个孩子能享受到高质量的托育服务。

同时，和睦社区推进"医育结合"的模式，提升婴幼儿健康水平。依托于辖区社区卫生服务中心、站点，打造婴幼儿保健与托育服务之间的互通渠道，提供辖区婴幼儿生长发育情况评估等服务，指导、帮助家长掌握婴幼儿保育支持的"枢纽"。目前，0～3岁婴幼儿发育监测筛查率达86%以上。卫生服务中心儿保医生与托育园、婴幼儿成长驿站保持紧密联系，针对家长在育儿过程中遇到的痛点、难点问题，及时提供专业技术指导，做好婴幼儿发展评估，不定期联合托育园、驿站开展育儿咨询、儿童心理辅导、沙盘游戏等，为辖区婴幼儿提供优生优育指导服务。目前共开展"医育结合"活动50余场，服务1500余人次。

家园共育，营造生育友好社会环境。依托婴幼儿成长驿站提供"家门口的守护"。和睦社区在家门口开设一站式照护驿站，实现"阳光小伢儿"驿站的全域覆盖。"阳光小伢儿"驿站是和睦托育中心全日托之外的空间延展，对辖区家庭免费开放，提供由家长陪同参与，由专、兼职人员主管的短时托育服务。每月开展自助式亲子活动和公益养育指导课堂，实现养育服务"进家庭"，为家长提供家庭养育技能实操指导课堂，包含家长讲座、父母沙龙、亲子活动、网络课堂、个性答疑等养育服务，帮助和引导家长树立正确的家庭教育观念。

同时，驿站具备互助式家庭微托育功能，以邻里互帮互助的形式，向家庭提供免费的、自助式、互助式亲子互动空间。截至目前，驿站已实现全域覆盖，各驿站全年共举办养育课堂25场，服务1200余人次，深受辖区群众欢迎。其中李家桥社区"阳光小伢儿"驿站被评为杭州市示范型驿站，每月联合华媒维翰、和睦医院，开展公益科普育儿活动。其他三个社区的阳光小伢儿驿站每2个月开展一次公益科普育儿活动，实现辖区内"生育养育教育"三育一体。

和睦普惠式托育依托于社区自身资源，联合社会力量，健全以普惠为主导的托育服务体系，打造"浙有善育"金名片，健全积极建设发展社区普惠托育点、婴幼儿成长驿站，高质量推进普惠托育服务体系建设，最大限度满足家长对普惠优质托育照护服务的多元需求，解除双职工育儿的后顾之忧，缓解当代年轻人恐生恐育的问题，营造出浓厚的生育友好型社会氛围，积极助力优生多育新国策。2023年，原第九届全国人大常委会副委员长彭珮云考察和睦社区阳光小伢儿托育中心，对托育工作予以高度评价。

住有安居，心向未来

为聚焦居民对品质生活的新期待，念好"深、实、细、准、效"五字诀，推动党员进网格听民意访民情，和睦社区坚持量体裁衣整合资源、及时回应群众关切，坚持民有所呼、我有所应；民有所呼、我有所为，持续擦亮"民呼我为"金名片，秉持"螺蛳壳里做道场"的精神，打造"一站式"党群服务中心。由社区牵头、党员群众群策群力，将原来时有投诉的垃圾集置点改造为口袋公园，腾挪电动车库建成百姓健身房。引进党建联建资源、采用联动机制，打造"共富集市"街区，建成集办事服务、文体休闲、议事培训等多重功能于一体的社区党群服务中心——现代社区标志性成果——大运河幸福家园。

和睦党群服务中心以党建统领、党心凝聚、党风清朗、党群融合为灵魂，以倾听民意、汇集民智、发扬民主、改善民生为宗旨，以文化铸魂、文明传承、文体健身、文艺怡情为定位，以社工奉献、社团参与、社区和睦、社会和谐为特色，2023年创建成为浙江省首批示范性党群服务中心。

坚持运用协商议事的治理方式，全过程人民民主在和睦社区服务与治理中得到真实体现。在改造过程中，注重动员和凝聚群众的力量，成立"六和议事港""工程督导团""现场投诉办""加装电梯办"等群众议事办公的载体，听取民意"三上三下"，保障群众"四问四权"，既尊重民情民意，又巧妙地汇聚群众的智慧和力量，啃下几个硬骨头。

和睦社区党委以党建引领搭平台，积极推行"党员带动群众、群众做群众工作"的"群众工作法"，依托"六和议事港""工程督导团""加装电梯工作室"等特色工作机制，形成的"加梯工作七步法"等经验被住房和城乡建设部等多层面表彰推行。和睦积极培育少儿演艺社团、银龄民乐社团、和声歌舞团、青年宣讲团等，激发群众参与社区治理的热情，释放群众的力量。这几年，和睦社区在老旧小区改造、未来社区创建、现代社区建设过程中，解决了许多年来一直想解决又解决不了的难题。"街头巷尾家长里短、儿女情长、人间百态；沿街商铺油盐酱醋、酒菜面饭、衣食百货；党群中心琴棋书画、诗词歌赋、吹拉弹唱；健身中心舞蹈瑜伽、有氧无氧、乒乒乓乓；养老中心鹤发童颜、茶亭叙忆、谈笑风生；托育中心呀呀学语、阳光雨露、茁壮成长。"烟火人间、市井生活、阳春白雪，都在和睦。

和睦新村这样一个房龄 40 余年的老旧小区，通过未来社区建设，从"三老型"社区变成了"旧改好样板、养老好街区、托育好乐园"的"三好型"社区。

走进生态养生园，发现了和睦议事厅，也发现了公益组织的工作人员。走进养老中心，老人们沿长廊在慢慢走动，也有的坐在床上休息。工作人员说，这也是一个托老中心，时间可长可短。走进"阳光小伢儿"托育中心的二楼，满目可见孩子们的玩具。特别是那小小的餐具、萌萌的卫浴设施，总会让你不自禁地说出"哎呀呀，恨不能又重新回到童年"的傻话来。走进阳光客厅，从杭城室外 30 多度的炎热走入室内 20 多度的凉爽，好比吃了一支雪糕般的舒畅。三三两两坐着的老人家，有的在聊天，有的在下棋。还见过老师在上课，老人们在台下认真学做手工的场景。走进和睦剧场，每到周五、周六和周日，都会播放一本电影。平时，一有重大活动，这个剧场经常会座无虚席。走进和睦书阁，楼上楼下的书，会让人想起博尔赫斯那句著名的话：如果有天堂，天堂应该是图书馆的模样。周五的下午，还能看见和睦小学放学的孩子们在书阁里做作业。走进双创中心，大数据在当代的模样，可以在这个小区里找到正确的开解方式。

那一排排原来是自行车车棚的地方，现在改造成了一个一个便民场所。你看，这是助浴室（专门为行动不便的老人家提供的浴室）；你看，这是一间缝纫室，衣服少了个扣子，裤子拉链坏了……都可以在这里解决；你看，这是理发室，一看价格，比市场上起码便宜一半。

和睦公园里，推着童车的人，在长廊里打牌的老人，在健身屏幕前读数据的人，奔跑着的学生们，串起了人生的长度和宽度。

和睦小学前的大幅壁画上，绘着银杏叶，而那首《青玉案·和睦》，定格了和睦的春："春风又绿新和睦，小院落，花千树。水榭歌亭香满路。粉墙黛瓦，绮窗朱户，大隐安居处。童颜鹤发韶光度，诗酒年华燕莺舞。丽日和风兼雨露。阳光老幼，社区养护，多少人倾慕。"

//"和睦方式"评论 /

和睦新村是曾经杭州城北工业区产业工人聚集地,在纷繁复杂的老旧小区改造进程中,和睦街道实践总结出老旧版未来社区创建秘诀:一个中心:党建统领,以人民对美好生活的向往为中心。两大品牌:阳光老人家、阳光小伢儿,做好"一老一小"。三感兼具:归属感、舒适感、未来感。四维价值:健康、安全、便利、快乐。五养同修:休养、健养、乐养、康养、膳养。六和文化:家庭和顺、邻里和睦、环境和美、民风和畅、百姓和合、社会和谐。七优享:幼有善育、学有优教、劳有所得、住有宜居、老有康养、病有良医、弱有众扶。八应用:银龄跨越数字鸿沟:适老化小程序+一键呼叫;互助式养老机制:时间银行+阳光积分;空间治理模型:三维建模+物联感知;独居老人安居守护:智能守护+贴心服务;智慧停车系统:停车诱导+车位腾挪;健康运动方式:智慧医疗+趣味健身;绿色环境监测:智慧环保+生活美好;安全秩序监护:智能监测+快速处置。九件事:医、养、护、吃、住、行、文、教、娱。和睦新村不断迭代升级未来社区,荣获老旧小区改造全国示范样板、全国示范性老年友好型社区、中国计生协婴幼儿照护服务示范等国家级荣誉,成为各方协同、共同营造幸福邻里坊的"和睦方式"。

渐进改造,完善社区功能

对于许多老旧小区来说,加装电梯是一项复杂且耗资巨大的工程。在和睦社区,这项工程面临的挑战尤为突出。加装电梯需要大量的资金投入,包括电梯的购买、安装、维护等费用。而和睦社区的居民多为老年人或低收入家庭,他们很难承担这部分费用。由于社区建筑年代久远,很多楼房的结构并不适合直接加装电梯。这需要进行详细的结构评估和改造设计,增加了工程的难度和成本。尽管加装电梯对大多数居民来说是好事,但仍有部分居民对此持反对意见。紧靠加装电梯井的住房居民担心电梯会影响房屋的采光和通风,底层的居民担心电梯的噪声会影响生活甚至影响房价。除了加装电梯,和睦社区还需要进行全面的环境改造。然而,这一过程中也遭遇了居民的不理解和抵触。一些居民认为，社区虽然老旧，但生活功能尚可，没有必要进行持续的改造。他们担心改造会破坏社区原有的生活氛围和人际关系。部分居民对改造后的效果持怀疑态度，他们担心新设施、新环境无法适应他们的生活习惯，担心改造后的社区会变得商业化、失去原有的特色。在改造过程中，施工噪声、安全问题、小区泊车、道路封闭等不可避免地会对居民的日常生活造成较长时期的干扰。除此之外，完善社区功能也是一项重要的任务。这包括医疗、养护、托育、娱乐、教育、文化等各个方面，这些都是居民生活中不可或缺的部分。然而，完善这些配套设施也需要大量的投入和时间，如何平衡各种需求，以满足所有居民的需要，也是一项挑战。在和睦街道有力指导、靠前指挥，和睦社区干部发动群众、创新方法、持续发力下，直面诸多困难，专班人员和加梯帮帮团克难攻坚，通过更新效果展示、举办居民大会等方式，多方征求居民的意见和建议，让他们直接参与到改造的过程中来，让大家感受到自己的力量和影响力，从而获得居民理解支持，同心协力，加梯破题。根据2023年初的数据显示，近5年，我国共改造16.7万个老旧小区，而截至2023年10月底，全国既有住宅加装电梯近10万部，平均每个小区加装电梯不足1部。与此形成鲜明对比的是，截至2023年底，和睦新村已成功加装电梯70台，落地台数占可加装电梯楼道数的58.3%，在全国加装电梯社区更新中占据绝对领先的地位。

以加装电梯为突破，居民由抵触、观望转变为支持、赞赏。和睦社区以其渐进式的改造方式，"小步快跑"的改造策略，不仅让社区环境焕然一新，更让居民们感受到了实实在在的幸福。和睦社区的改造思路非常清晰。他们没有选择大刀阔斧地改建，而是采用了渐进式的方式，逐步对社区进行微改造。这种方式的好处在于，既能保证改造效果，又不会给居民带来太大的生活干扰。每一步的改造都经过精心策划和实施，确保了改造的质量和效果。和睦社区进行了全面升级和功能完善。设施完善充分考虑了不同年龄层次居民的需求，无论是年轻人、儿童还是老年人，都能在社区内找到适合自己的活动场所和服务设施。服务升级注重了便捷与高效的结合，这种全面而细致的考虑，让居民们感受到了社区的温暖和关怀。和睦社区聚焦党建引领，凝聚干群力量，因地制宜、提质升级来解决群众"急难愁盼"问题，找到了一条老旧小区改造迭代未来社区建设的有效路径，致力于实现老旧小区既要"好看"又要"好住"的终极目标。

艺科融合，链接未来生活

随着城市更新的步伐不断加快，和睦社区也迎来了它的靓丽蜕变。中国美术学院望境创意团队以艺术赋能的方式，将原本的老旧小区设计营造成一个充满活力和创意的艺术空间。挪威城市建筑学家诺伯舒兹提出"场所精神"的概念，是指通过一个特定的空间，使得以往的生活经验、城市记忆被唤醒、展示、传承。它不仅仅是构筑物，同时包含了更广阔的物理空间，包含环境和氛围的营造，通过这一独特"场所"，能够使在地居民产生认同感和归属感。设计团队利用更新"四件套"、建筑色彩、庭院小品等元素，将原本单调的公共空间变得丰富多彩。他们还注重景观的实用性和互动性，让居民在欣赏美景的同时，也能参与到景观的创造和体验中来。景观的升级不仅提升了社区的整体环境品质，还为居民提供了一个充满艺术氛围的休闲场所。设计团队在结合由社区热心居民搭建养护的铁树群落和锦鲤池塘等园林景观的基础上，在社区内布置了许多造型别致、寓意深远的艺术小品。这些小品不仅与社区环境相得益彰，还为居民带来了家园的温馨和互动的乐趣。

为了让艺术更加贴近居民生活，和睦社区还定期举办各类艺术活动，让居民有机会亲身参与到艺术创作中来，感受艺术的乐趣和魅力。同时，这些活动还促进了邻里之间的交流与互动，增强了社区的凝聚力和向心力。这种将艺术融入日常生活的做法，不仅提升了居民的艺术素养和审美能力，还丰富了他们的精神文化生活。同时，这些活动也增强了居民对社区的认同感和归属感，让社区变得更加和谐美好。

随着数字化浪潮的推进，和睦社区也紧跟时代步伐，通过数字赋能，为居民链接了一种更加便捷、智能的未来生活。和睦新村是第三批省级"未来社区"创建点，以"老幼常宜、阳光和睦"为主题，力求通过"物理改造＋数字赋能"的方式，推进"空间再利用、景观再提升、场景再应用"，打造一个更加人性化、生态化、智能化的社区生态。在数字赋能下，和睦社区实现了数据化治理。社区通过收集和分析居民的行为数据、需求数据等，为居民提供更加精准的服务。如"阳光老人家"智慧医疗、健康管理、安全监护、居家养老，"阳光小伢儿"智慧教育、亲子课堂、幼儿监控、共享书房等。这种深入人心的服务升级，让居民们对社区的满意度和归属感得到了进一步提升。数字平台的搭建，将社区的各项服务串联起来，形成了一个便捷、高效的服务网络。居民只需轻点手指，就能享受到全方位的服务，真正实现了"让数据多跑路，让居民少跑腿"。

未来社区，实践精神富裕

和睦新区渐进改造、有机更新、数字赋能、链接未来的改造取得了一定的成绩，但也面临一些问题和挑战。在社区有机更新过程中，硬件设施的建设虽然可以通过投入资金来解决，但软件服务却需要干部的付出和群众的参与。他们勤于工作、更善于工作，具备高度的责任心和使命感，时刻将居民的利益放在首位。同时还善于调动群众的积极性，通过广泛的宣传和动员，使更多的居民参与到社区改造中来，形成了强大的合力。只有与群众产生互动，才能获得他们的认可和信任。和睦社区正是通过殚精竭虑、务实办事，让群众相信政府、相信干部的能力和决心。未来社区的可持续运营中，面临着银龄跨越数字鸿沟的挑战。一味依赖数字化无法取代贴心服务和真情关怀。尤其是在老年人口占比高的情况下，他们的数字化适应能力较弱，需要更多的时间积累。另外，和睦社区也面临着规模发展后劲不足、融合治理路径多元化等挑战。只有通过不遗余力地推进自治和智治，才能够跨越数字鸿沟，分享数字红利，综合考虑技术和人性化服务的平衡，提供高效温情的服务。从一个个居民有感的"小确幸"中，找准精神富有过程中的问题与需求，成为在共同富裕中实现精神富有的重要突破口。

和睦街道遵循住建部倡导的"美好环境与幸福生活共同缔造"理念，率先于浙江各地建成"旧改版未来社区"的示范，成为大民生示范的浙江担当、高质量共富的社区表率。和睦社区围绕着未来社区建设"一心三化九场景"融合创新，形成幸福邻里坊的生活方式：活化宋韵文化 × 更新场所肌理 × 美好生活，共同创建以"幸福"为标尺，以"邻里"为主体，以"坊巷"为空间，以"生活"为核心,以"服务"为主线,以"共富"为目标,深受群众欢迎认同的共建共享生活共同体。和睦街道有效增强群众获得感、安全感和幸福感,率先于浙江各地在高质量发展、高品质生活先行区方面做成和睦示范,形成幸福邻里坊的精神世界:社会美育中心＋精神共富学院＋党群服务中心,共同推进普惠、品质、人文、生态的社会美育、先进文化、社会治理、时代风尚、公共服务等精神富裕领域的全面建设,使得人民群众增强更多归属感和幸福感,成为社区成员荣辱与共、心心相印的精神共同体。

第二章 宁波篇

向海图强 "两山"为径

生态保护与经济发展并重
政策引领与全球视野同频
美丽经济与生态价值共融

山海协作 鄞衢飞地

政策创新与机制构建
资源配置与协同发展
社会影响与模式互鉴

向海图强　"两山"为径

象山县位于象山港和三门湾之间，三面环海、两港相拥，陆域面积 1415 平方公里，辖 10 镇 5 乡 3 街道，常住人口 57.4 万人。先后荣获首批国家生态文明建设示范县、国家卫生县城、全国文明城市提名城市、全国双拥模范县"六连冠"、国家农产品质量安全县、"四好农村路"全国示范县等荣誉称号，入选全国首批乡村振兴示范县创建名单。

初步核算，2023 年全县地区生产总值 770.15 亿元，比上年增长 5.8%。分产业看，第一产业增加值 100.11 亿元，增长 4.4%；第二产业增加值 293.02 亿元，增长 6.9%；第三产业增加值 377.02 亿元，增长 5.2%。全部工业增加值 220.89 亿元，增长 5.8%。三次产业之比为 13:38:49。按常住人口计算，全县人均地区生产总值 133590 元（按年平均汇率折合 18958 美元），比上年增长 5.5%。

象山，是一个以"万千百"来概括的城市。

象山的"万"，就是全域美丽的"万象山海城"。 象山是海洋大县，素有"海山仙子国"之美誉，拥有海域面积 6618 平方公里、海岸线 988 公里、海岛 505 个，分别占全省的 14.6%、14.8%、11.6%，占全市的 84.7%、59%、82.7%。

北部象山港为著名深水良港，南部石浦港是国家中心渔港。海洋旅游资源冠绝长三角，拥有金色沙滩 25 处，总长 15.1 公里。拥有韭山列岛国家级自然保护区、花岙岛国家级海洋公园和渔山列岛国家级海洋生态特别保护区，"神鸟守护""巨鲸救援"案例在联合国《生物多样性公约》第 15 次缔约方大会上分享展示，获评首批国家级海洋生态文明建设示范区。森林覆盖率 51.1%，空气质量优良率达 98.9%，每立方厘米大气负氧离子含量 7600 个，环境治理指数全省第一，被称为"天然氧吧"。

象山的"千"，就是风情独特的"千年古渔乡"。全县拥有捕捞渔船2522艘，占全省18.6%、全市63%，渔业年产值134.6亿元，被称为"中国海鲜之都"。6000多年文明史、1300余年立县史孕育了渔文化等海洋特色文化，拥有徐福东渡传说等国家级非物质文化遗产项目7个、省级非物质文化遗产项目16个，是全国唯一以县域为单元的国家级海洋渔文化生态保护区。全县18个镇乡（街道）都临海，每个角落都有浓郁的渔乡风情，"城在港上、山在城中"的石浦渔港古城，被余秋雨称为中国唯一活着的古渔镇，连续举办25届的"中国开渔节"被列为全国十大民俗节庆。

象山的"百"，就是未来可期的"百强活力县"。位列中国综合竞争力百强县、中国创新百强县、全国县域旅游综合实力百强县、全国渔业强县。

国家级宁波海洋经济发展示范区建设扎实推进，象山经济开发区、浙台经贸合作区、宁波象保合作区、宁波市影视文化产业区、大目湾海洋青创城等五大平台支撑加强，海洋经济生产总值超220亿元。

"才能兼备、余生有幸"八大海洋产业赛道集聚壮大（才：功能材料，能：绿色能源，兼：船舶建造，备：临港装备，余：现代渔业，生：海洋生物，有：滨海旅游，幸：海洋信息），汽模配、纺织服装等传统制造加快转型，拥有规上工业企业747家、上市企业8家、"单项冠军"企业25家，规上工业产值893.8亿元。"青年与海"人才工作品牌持续打响，近三年大学生引进数保持两位数增长、增幅居全市前列，拥有人才资源总量17.6万人。

地处东海之滨的象山县，三面环海，两港相拥，在北纬30度区域内，坐拥988公里长的海岸线，具有"山、海、湾、滩、岛"优越的自然生态系统。

近年来，象山依托国家生态文明建设示范县建设基础，深入践行"绿水青山就是金山银山"理念，创新实践"碧海银滩也是金山银山"发展之路，全力锻造海上"两山"实践地金名片。

走进象山，在黄避岙乡采风调研象山海洋新发展模式。蓝天白云下，蔚蓝的海水，在一长排展板前，党委书记郑波波介绍着象山海洋经济的新做法。

黄避岙乡是象山北部门户乡镇，北靠象山港，南依西沪港，陆域面积

43.6平方公里，海岸长28.6公里，滩涂面积820公顷，浅海面积553.33公顷。

全乡海产资源丰富，以海水网箱养殖、海藻类养殖、贝类养殖为主，渔业养殖面积13200亩，年产值超3亿元。网箱养殖规模达3800只（6×6米标准网箱），是浙江省最大的网箱养殖基地；"西沪三宝"——海带、紫菜、浒苔养、产面积达5500余亩，年产量（干重）2030吨；贝类等养殖面积达4700余亩，年产量346吨。

黄避岙乡大力推进海洋经济与海洋生态协同发展，不断引导海洋传统产业转型升级和新兴产业培育。乡内企业象山港湾水产苗种有限公司、象山引种育种有限公司两家规模育苗场，育出各类苗种近6亿尾，用于网箱养殖和东海海域放流，充实海洋"蓝色粮仓"。

海洋是黄避岙乡最大的特色、最大的优势、最大的潜力，为了将这个"特色、优势、潜力"转化为促进经济社会可持续发展的动力，黄避岙乡将把握好"双碳"新风口和蓝碳经济发展新机遇，创新海洋经济发展新模式，在加强海洋生态保护的同时，探索发展蓝碳经济，提高海洋生态化利用水平，并以此推进乡村振兴，助力共同富裕，书写海洋生态文明建设篇章。

2023年2月28日，全国首单蓝碳拍卖交易在黄避岙乡最终落槌。这是象山黄避岙乡的闪亮时刻。

本次拍卖的是西沪港渔业一年的碳汇量，总计约2340.1吨，起拍价为30元/吨，共吸引了全国各地20多家企业和机构参与竞拍。经过多轮竞价，最终以106元/吨的单价、24.8万余元的总成交价竞拍成功。

可以这样说，全国蓝碳首单拍卖这个创举，对下一步国家加强蓝碳产业链的布局规划，利用碳汇交易激活海洋经济，走向渔业碳汇，具有重要的里程碑意义。

都说"靠山吃山，靠海吃海"。海洋经济在当代浙江的纵深发展，也是新时期的一个伟大命题。象山推出的这个成功举措，无疑可以列入海洋经济发展模式的浙江版块里。

什么是养殖用海域的"三权分置"？这是继宅基地"三权分置"后的又

一重大制度创新，包括海域所有权、海域使用权和海域经营权。

我们所讲的海域使用权，是通过公开招拍形式出让给国有公司。由国有公司作为一级发包主体，将养殖用海发包给村集体，再由村集体承接二级发包职能，出面将养殖用海发包给村集体或企业、个人，养殖户享有经营权。

2019年，象山县以黄避岙乡为试点，实行养殖用海"三权分置"改革，明确养殖用海所有权属于国有，并在总结黄避岙乡试点的基础上，全县推行这一"三权分置"模式，以推进养殖用海海域规范化管理、促进海洋资源合理利用、增加村集体经济收入。

黄避岙乡高泥村位于象山县北部，村域面积3.4平方公里，共有村民253户792人。

目前，黄避岙乡浅海滩涂养殖用海在内的7宗海域成功挂牌出让，总面积313.553公顷，收取出让金5907万元。

他们通过探索全乡滨海旅游发展的新场景、新消费、新业态，全方位燃动斑斓海岸活力，在原有民宿经济主导的基础上，引进并运营南铂酒店、大渔心宿酒店等投资亿元、拥有百间客房的星级酒店，推动全乡旅游朝着高品质、高效益、高满意率方向发展。

尤其是2023年以来至国庆假期，共吸引游客45.2万人次，实现旅游收入6570万元，同比增长近15%。

让时光回到从前。

原先的高泥村位置偏僻、交通落后、经济薄弱，人均年收入不到5000元，是典型的贫困村。

1997年之后，高泥村在村党委的带领下，转变思路、靠海吃海，大力发展大黄鱼养殖产业，走出了一条因村制宜、富民强村的特色发展之路。

目前，该村为"全省大黄鱼网箱养殖第一村"，养殖面积3000余亩，年产值1.4亿元，全村超过60%的村民从事网箱养殖，户均年收入超30万元，带动村集体经济年均增收20万元，大黄鱼为村民铺就了一条金色致富路。

近年来，高泥村坚持以"红色党建"引领"绿色发展"，通过科技强农、人才兴村、改革惠民，绘就了一幅富有地方特色的"未来渔村"新图景，先后荣获全国文明村、市美丽乡村示范村等荣誉 30 余项，入选全省首批未来乡村建设试点名单。

2021 年 4 月 28 日，原浙江省委书记袁家军赴高泥村调研，充分肯定了高泥村产业兴村促共富模式。

如今的高泥村，全村有 160 户从事网箱养殖，其中黄鱼、鲈鱼养殖年产值超 1.4 亿元，村集体经济收入超百万元，养殖户户均年收入逾 30 万元。

高泥村的成功，在于引进了"一家公司"。他们招引了象山港湾水产苗种有限公司，并以此为平台，先后与中山大学、宁波大学等 16 家科研院校建立合作机制，建有省级院士专家工作站，攻坚突破岱衢族大黄鱼苗种繁育"卡脖子"技术，苗种年生产能力超 7000 万尾，整体水平领跑全国，获评"国家级宁波象山大黄鱼良种场"。

他们依托海上生物多样性保护实践基地建设，通过电子围栏技术，规划黄鱼放流区，以点带面开展"育苗归海"增殖放流活动。

高泥村的成功，在于升级了"一个网箱"。从 2010 年起，通过"市里奖一点、县里补一点、个人出一点"模式，不断迭代升级养殖网箱。

2022 年为进一步推进网箱养殖产业发展，黄避岙乡党委政府经调研谋划，计划由国有公司投资 9679 万元，分三年对西沪港海域内的网箱及作业平台进行统一绿色化改造和整合提升。2023 年投入资金 3132.96 万元，完成改造 1035 口，预计 2025 年全面完成。

网箱改造后将削减 20% 的海上网箱养殖面积，但鱼苗成活率提高 30% 左右，网箱亩均效益从约 600 元／平方米提高到 1000 元／平方米左右。

同时，结合浅海滩涂养殖"三权分置"改革，明确大黄鱼养殖户的养殖范围坐标，实行村集体和养殖户两级经营体制，有效保障养殖户的养殖经营权。

高泥村的成功，在于建好了"一个合作社"。组建海韵合作社，采取"合作社＋农户"模式，推行订单生产、赋码管理、统一销售，同时举办大黄鱼美食节，通过"直播带货""现场卖货"等多元营销方式，进一步拓宽销售渠道、降低经营成本、提高议价能力，大黄鱼销售实现量价齐升，价格普遍高于市场 3～5 元/斤，近三年销量年均增长 5%。同时，为拓展产业链，2021 年合作社成立黄鱼加工厂，年加工能力 60 万尾，预计年产值超 1800 万元，推动村集体增收约 200 万元。

高泥村的成功，在于带活了"一村人"。高泥村注重产业、资源、风景、人文的整体考虑和集成包装，发挥生态环境优势，探索农文旅融合模式，持续推动一二三产业联动发展。

如何引才引资激发活力，是高泥村的决胜关键。高泥村深入"浙商回归，青年进乡"理念，于 2008 年引进了以留日博士朱文荣为带头人的农业专家团队，不断发挥专家人才的带动效应、放大效应和乘数效应，不断推进现代农业数字化、经济化、市场化全方位发展，实现"既有商家乐，也有农家乐，更有集体乐"多方共赢。同时，大胆引入社会资本，投资鱼排经济，发展海钓、捕捞、水上民宿等旅游项目，实现市场化运营。

如何盘活用活闲置资源，是高泥村的制胜法宝。土地是农村最重要的生产要素，但每年村里都会有不少土地变成"沉睡的资本"，制约了村庄的发展。

为解决大量土地闲置等问题，村里将废弃的村小学 1.65 亩土地以及其他 600 亩闲置土地对外承包，分别打造具有江南传统院落特色的民宿"安澜别院"，以及集观赏、旅游、休闲等多种功能于一体的"里海荷塘"农旅综合项目，带动了周边民宿等产业的发展。

建成以来，安澜别院年营收超 40 万元，获评省"银宿"；"里海荷塘"年接待游客超 5 万人次，带动高泥村村民年增收近百万元、村集体年增收 10 万元。

里海荷塘艺术田园占地约 600 亩，是集生态种植、观赏、体验、休闲为一体的农旅综合体。除了生态稻米种植区、"水稻+青蟹"综合种植区外，还有七彩田园、荷塘营地、田园烧烤、儿童乐园等功能区域，充分利用现状稻田和丰富多样的农作物，开设认领种植和户外课堂，让游客可以深入田园进行趣味体验互动。

斑斓海岸艺术中心项目临近黄避岙乡北黄金海岸度假村，三面环海，一面靠山，具备优异的地理环境。项目设计利用海洋视野，达到建筑与环境充分融合交流目的，包含斑斓海岸艺术中心主体项目（地上三层、地下一层，总建筑面积1080平方米）、帐篷营地（占地面积5994平方米）、房车营地（占地面积616平方米）以及星空舱民宿7个。

艺术中心建成后，将进一步深化黄避岙渔、文、旅融合发展格局，推动全域旅游事业繁荣发展。

"时尚东海岸、潮隐西海岸、风情石浦港、斑斓西沪港"是象山新近打造的4条标志性岸线。其中，黄避岙乡西沪港沿线岸线总计长度6.55千米，其中有标准海堤3条，分别为鸭屿海塘（1.54千米）、高泥海塘（1.23千米）、东塔海塘（1.38千米）。在3条标准海塘提标建设中，重点推动海堤修复、绿道打造及景观平台建设，高品质打造"安澜+"海塘。除发挥海塘基础性安全防护功能外，通过亮化提升，进一步开发产业发展、风景旅游、生态海岸、主题文化等功能，从而实现从"防御线"到"共富带"的蝶变。

如何做亮做响文化 IP，是高泥村实现经济文化齐头并进的独特绝招。他们开展黄鱼文化基因解码工程，充分发挥新媒体作用，利用黄鱼直播、黄鱼文化节等方式推广黄鱼文化品牌，探索研发高泥黄鱼伴手礼、文创产品等周边产品，全力打造高泥"田园渔歌"IP 形象。

2022年以来，黄鱼养殖被中国国际电视台以6种语言向全球观众播报，乡视频号推出黄鱼宣传相关短视频7个，被《人民日报》、新华社等央媒转载，累计观看量超200万人次，点赞量超5万人次。

高泥村的成功，在于升值"一亩田"。提升土地"含金量"是算好农村经济账、资源账和环境账的关键。高泥村牢固树立"绿水青山就是金山银山"的理念，持续推进生态产业化、产业生态化，探索种养结合的高效生态农业新模式，发掘当地良好生态中蕴含的经济价值，推动生态与经济双赢。

变"废物"为"好货"，是高泥村变废为宝的良方。浒苔是一种理想的天然营养食品原料，但一直以来在渔民眼中是废弃物，其过度繁殖还会严重影响生态环境。

为解决村庄浒苔利用价值不高等问题，高泥村引进成立象山旭文海藻有限公司。旭文海藻致力于藻类的苗种选育、养殖、加工一体化研究，其海藻陆基化的养殖模式，在藻类固碳领域具有较强创新引领作用。他们创新浒苔养殖技术，缩短浒苔生长周期，扩大浒苔产量品种，开拓浒苔销售渠道，将无人问津的农村"土货"变成了热销海外的"抢手货"。

目前，旭文海藻有限公司已成为国内最大的浒苔生产企业、国家藻类技术标杆，年产量可达83吨、年产值2000万元，占据国内75%以上市场份额，直接带动村民就业30人、周边村民年增收700万元、村集体年增收20万元。

变"单产"为"混种"，是高泥村实现从单打变成混合组拳的奇迹。为解决农田亩均效益不高的问题，专门成立村海农业团队，在原有"里海荷塘"农旅综合项目的基础上，创新打造"里海农业"，联合市海洋与渔业研究院、县农技中心等专家机构，摸索实践"水稻+青蟹""水稻+鸭子""水稻+虾"等不同生态综合种养模式，极大提高了稻田的综合效益。

通过实施混养模式，村农田亩均产值增加9500元、减少化肥农药等成本430元，"里海农业"也获评省级高品质绿色科技示范基地、宁波市多彩农业美丽田园示范基地。

未来的象山，将迈入海洋时代、轨交时代、双碳时代、亚运后时代，坚持立足宁波"滨海大花园、都市新空间"的功能定位，大力实施"海洋强县、美丽富民，都市融入、变革驱动"发展战略，加快建设社会主义现代化滨海花园城市，奋力推动共同富裕和中国式现代化示范引领的县域新实践。

未来的黄避岙乡，锚定"斑斓海岸·田园渔歌"特色，深化渔、文、体、旅等多产融合，形成"旅游业态多元化、旅游产品多样化、旅游IP品牌化、旅游营销全国化"旅游业态发展格局，奋力打造环西沪港最富宜居魅力、最有发展活力、最具动人色彩的乡村旅游共同富裕示范区。

未来的高泥村，将紧抓海洋经济新机遇，深耕渔文旅融合发展新模式，持续讲好"一条鱼"的共富故事，做大做强黄鱼全产业布局，积极探索产、育、供、销、游一体化链条，聚力"青年与海"主题打造滨海消费新场景、新业态，推动产业增质、产品增值、百姓增富，实现乡村共同富裕。

//"海上两山"评论 /

象山县位于浙江省的东海之滨，拥有得天独厚的自然禀赋和丰富的海洋资源。县内的象山港和石浦港是天然的深水良港，为海洋经济和渔业发展提供了优越的条件。

近年来，象山深入践行"两山"理论，积极探索海上"两山"发展之路，牢记习近平总书记"以海为伴，力促人与自然和谐相处"的嘱托，将"碧海银滩"转化为"金山银山"，打造了海上"两山"实践创新基地，形成了海上"两山"转化模式。象山以海洋生态保护和可持续发展为核心，通过发展海洋旅游、休闲渔业、海洋文化等产业，实现了经济效益和生态效益的双赢。

伴随着现代化进程的不断深入，气候议题的重要性已经上升到国家战略和国际安全的高度，推动能源绿色低碳转型逐渐成为世界共识。习近平总书记在第 75 届联合国大会上正式提出中国二氧化碳排放力争于 2030 年实现碳达峰、2060 年实现碳中和的目标。象山积极响应国家双碳战略，开创性地举行蓝碳拍卖交易活动，通过蓝碳拍卖交易等市场机制实现生态产品的价值提升，不仅促进了碳减排与生态保护的有机结合，也为推动绿色发展提供了重要示范。象山县通过深化生态文明建设、探索海上"两山"价值转化和推动高质量绿色发展，成功描绘出现代版"万象山海图"。

生态保护与经济发展并重

象山的改革与建设在生态保护与经济发展之间找到了一个可持续的平衡点，这正是对"绿水青山就是金山银山"理念的生动诠释。象山的做法凸显了生态环境在经济发展中的基础性作用。生态环境与经济发展内在联系、相互促进，没有良好的生态环境，经济发展就会失去根基和支撑。象山注重生态环境的保护和修复，不仅是为了维护生态平衡和生物多样性，更是为了保障经济的可持续发展。这种以生态优先的发展理念，体现了对自然规律的尊重和对经济规律的深刻理解。

在乡村振兴和共同富裕的战略背景下，象山结合旅游业的兴起，在闲置农房利用上进行了大胆探索和创新。通过宅基地"三权分置"改革，象山明确了宅基地的确权、流转、鉴证、登记等全流程实施办法，为乡村振兴注入了新活力。同时，象山还充分利用美丽乡村建设成果和全域旅游发展态势，推动民宿产业提档升级，实现了乡村旅游收入的快速增长和吸纳农、渔民转产转业的目标。象山注重科技赋能和多元共享，通过引进先进技术和合作机制，推动了水产养殖业的转型升级。近年来声名远播、广受欢迎的"象山柑橘"红美人成为柑橘中的"爱马仕"，亩产值10万元左右，单价一度稳定在60元/公斤。这是长期研发、培育、品牌、传播的结果，是充分运用山海相间的自然环境、绿色生态的发展理念以及政府统一构建区域公用品牌，实施"母子品牌"模式的综合成果，从而使"红美人"长盛不衰，"橘生山海间，味道自然甜"。高泥村作为全省大黄鱼网箱养殖第一村，通过引进优质苗种、升级养殖设施和拓宽销售渠道等措施，实现了大黄鱼养殖的量产和质效提升。象山的实践证明了经济发展与生态保护可以相辅相成、和谐共生。通过发展绿色产业、实施环保措施等方式，象山成功地将生态优势转化为经济优势，还为当地居民创造了更好的生活条件和发展机会。

象山的改革与创新提供了一种全新的发展思路。在传统的发展模式下，经济发展往往以牺牲生态环境为代价。象山的实践论证了只有坚持生态优先、保护优先的原则，才能实现经济的长期健康发展和人与自然的和谐共生。这种以生态文明建设引领经济社会发展的做法，不仅符合当前全球绿色发展的潮流和趋势，也为我们未来的经济社会发展指明了方向。

政策引领与全球视野同频

象山的成功得益于政策引导与市场机制的有机结合、科技创新与人才培养的并重策略。这些要素相互交织、相互促进，为象山的经济发展注入了强大的动力。通过制定一系列具有前瞻性和针对性的优惠政策和规划指导，政府为市场的健康发展提供了有力的政策支撑。这些政策不仅为企业创造了良好的营商环境，更为市场的公平竞争和有序发展奠定了坚实的基础。而市场机制则通过其灵敏的价格信号和竞争机制，推动了资源的优化配置和产业的创新发展。在象山，政策与市场并不是孤立的，而是相互补充、相互完善的。

政策的引导为市场指明了方向，而市场的反馈又为政策的调整提供了依据。这种政策与市场相结合的模式，不仅确保了象山经济发展的正确方向，更为其提供了源源不断的内在动力。在科技创新与人才培养方面，象山同样展现出了坚定的决心和高效的行动力，通过建立完善的人才培养体系和激励机制，为新兴产业的发展提供了坚实的人才保障。科技创新为经济发展提供了技术支撑，而人才培养则为经济发展提供了智力保障。这种双轮驱动的发展策略，不仅提升了象山的产业竞争力，更为其长期发展奠定了坚实的基础。

象山以其深入挖掘的地方特色和资源优势，成功打造了独具特色的海洋经济品牌，向全球展示了其独特的魅力和价值。中国美术学院设计团队对象山国际城市品牌形象的营造更是锦上添花，强调了全球化与本土性的和谐共生，城市品牌形象赋能城市发展。设计团队在塑造城市品牌形象时，注重挖掘和提炼城市的独特文化元素，使其在全球化的背景下更加鲜明和具有吸引力。与此同时，象山作为杭州第 19 届亚运会帆船帆板与沙滩排球的举办地，其海洋特色与赛事的完美结合，进一步彰显了全球化与本土性相互融合的魅力。亚运会的国际影响力为象山提供了一个展示自身海洋文化和经济实力的绝佳机会，而象山的地方特色和资源优势也为赛事增添了更多的看点和亮点。这种相互融合与共同发展不仅为地方带来了经济上的繁荣和社会进步，也为全球化进程注入了更多的活力和色彩，以推动自身的可持续发展和品牌形象提升。

美丽经济与生态价值共融

象山在资源转化与价值链提升以及市场导向与创新驱动两个领域表现得尤为突出。在资源转化与价值链提升方面，象山深刻认识到自身丰富的海洋资源是经济发展的重要基石。通过积极的科技赋能和多元化的资源共享，象山成功地将这些独特的海洋资源转化为可观的经济价值，显著提升了当地产业的附加值，使得产业链得以进一步拉长和完善，也为当地居民创造了大量稳定且高质量的就业机会。象山的实践表明，只要找准自身的资源优势，通过科技创新和市场拓展，就能够实现资源的高效利用和价值的最大化。

在市场导向与创新驱动方面，象山的改革步伐更是坚定而有力。市场机制在这里被赋予了新的角色，通过引入更为激烈的市场竞争和创新的激励机制，象山成功地推动了传统渔业的现代化转型以及新兴产业的蓬勃发展。这种以市场为导向、以创新为驱动的发展模式，不仅大大提高了经济运行的效率，更为经济增长注入了源源不断的新动力。特别是象山在蓝碳拍卖交易方面的创新实践，更是将市场对生态价值的认可提升到了一个新的高度，展现了绿色发展理念的强大生命力和广阔前景。2024年6月，宁波产权交易中心–象山蓝碳交易分中心与数智蓝碳研究院揭牌，象山在蓝碳交易及科研领域的布局迈出实质性步伐。象山发布蓝碳数字地图和工业互联网数智双碳管理平台，通过开放共享的数据资源和服务功能，推动实现海洋碳汇资源的资产化、产品化和市场化。推动蓝碳交易市场的规范化建立和可持续发展，有助于激励更多企业和个人参与到海洋碳汇的建设中来，从而推动全球碳中和目标的实现。黄建钢教授指出"经济政策"能够触动"政策经济"，通过蓝碳政策的制定也可以让海洋碳汇在政策端和产业端迎来共振。

"万象山海、千年渔乡、百里银滩、十分海鲜、一曲渔光"，作为中国综合竞争力百强县，象山将这五道风景转换化为共同富裕的创造路径，把美丽资源转变为美丽经济。象山抢抓海洋时代、轨交时代、双碳时代、亚运时代的重大机遇，聚焦新产业、新技术、新业态，持续加快探索以海洋经济为底色的发展模式。

天地与我并生，万物与我为一。碳达峰、碳中和作为中华民族伟大复兴的一次历史机遇，通过实现经济社会发展的全局性、系统性变革，以技术优势、产业优势和规模优势向全球输送清洁能源，为全球生态文明建设贡献积极力量。生态产品价值实现是生态文明建设领域的重大创新举措，它意味着要把生态产品转化为生产力要素，用发展经济的方式，使人与自然的关系由和谐升华到共生，保护环境就是发展经济，发展经济就是保护环境。在审视象山的发展历程时，我们看到的不仅是一个地方的经济崛起，更是对生态价值的生动实践。因海而兴的象山，始终以勇立潮头的锐气和一往争先的劲头，深化生态文明建设，探索海上"两山"的价值转化，全面推动"十四五"规划高质量绿色发展。念好时代"山海经"，走好时代"共富路"，充分发挥海洋、生态、文化集成优势，描绘出一幅水清、岸绿，滩净、湾美，物丰、人和的现代版"万象山海图"，为沿海地区深耕海洋、经略海洋，推进"碧海银滩"向"金山银山"转化提供了示范经验。

山海协作　鄞衢飞地

"十字港通霞屿寺，二灵山对月波楼。"以拥有西子风韵、太湖气魄的东钱湖为中心的方圆814.2平方公里的地域，便是宁波市鄞州区。鄞州，原为鄞县，具有千年悠久历史。早在新石器时代的母系氏族公社时期，境内就有原始人类居住。约在原始社会末期，至迟在夏朝初，"鄞"已成为确定的地名。秦灭楚后，于公元前222年置鄞、鄮、句章三县。隋初三县合一，总称句章县。唐时改为鄮县。五代初改为鄞县。直至2002年2月，国务院批准撤销鄞县，设立宁波市鄞州区，实行"区级体制、县级权限"。

鄞州地处中国长江三角洲南翼、浙江省东部沿海，是计划单列市宁波市的核心城区，也是宁波市的行政中心、经济中心、科教中心、金融中心、航运中心、会展中心、商务中心所在地。区内资源禀赋丰富、空间形态多样，既有繁华城区、又有美丽乡村，既有江河湖海、又有山林田园。鄞州区下辖10个镇、15个街道办事处，常住人口169万人。2023年地区生产总值2803.3亿元，总量位居宁波市各区县首位，浙江省第2位。

文献之都，经济重镇。 鄞州以"文献之邦"盛称于世，名家迭出。宋代大儒王应麟的《三字经》被誉为"蒙学之冠"，启蒙历代中华儿女；"宁波帮"自鄞地开埠走向世界，足迹遍布天南海北；"红帮裁缝"成就近代第一个服装流派，匠心精神薪火相传；鄞籍院士耀如星河，数量居全国县级行政区之首；天童寺、庆安会馆等历史地标，诠释中国海丝文化之乡的丰厚底蕴。

宜居名城，诗意栖居。 "人间未有归耕处，早晚重来此地游"，970多年前，担任鄞县知县3年的王安石写下此诗。鄞州拥江揽湖滨海，兼具山水林田之美。东钱湖国家旅游度假区风光旖旎，东部新城、南部新城交相辉映，"水在城中、城在绿中"的生态城区与"一村一品、宜居宜游"的美丽乡村相得益彰，获得联合国人居奖优秀范例奖等多项荣誉。

工商名埠，创新引领。鄞州自古工商皆本、四业同举，商贾巨擘代有所出。第八批国家级制造业单项冠军企业名单近日公示，鄞州新增 4 家，累计 25 家，总数位居全省第一。此外，在国家级专精特新"小巨人"企业方面，鄞州现有 73 家，同样排名全省第一。2023 年该区地区生产总值已突破 2800 亿元，位居宁波市第一、浙江省第二；国家科技型中小企业累计达到 1008 家，省科技型中小企业 3665 家，数量均居全市第一。

善治名区，和美家园。自治、法治、德治、智治融合发展，作为"365 社区服务工作法"发源地，鄞州坚持标准化推进、项目化服务、数字化赋能，持续擦亮"鄞和"社会协同治理品牌，擘画出便民、利民、安民的和谐民生画卷，获评全国社会治理创新示范区、最具幸福感城区。

人人战略，山海协作。之江大地呈现了山海共生、绿蓝泼墨的自然之美，但区位导致的发展落差一度较大。浙江山海之间，将杭州临安清凉峰镇与温州苍南大渔镇相连，就出现一条有特殊意义的"山海"分割线——"清大线"。线的西南侧，群山绵延，分布了包括丽水、衢州全境以及杭州建德、淳安，温州苍南、泰顺等县市的部分区域，是浙江省发展相对落后区域；线的东北侧，水系纵横，集聚着自古繁华的杭嘉湖、宁绍平原及甬台温等地，经济社会发展总体较好。"清大线"不仅勾勒了自然景观的分野，也显示了经济发展水平的差异。

"山"代表省内山地、林地、海岛等欠发达市县，"海"代表沿海发达地区和经济社会发展较好的市县。作为建设共同富裕示范区的探路者，浙江的破题，从"山""海"结亲开始。

2001 年，浙江省召开全省扶贫暨欠发达地区工作会议，首次提出"山海协作工程"，旨在鼓励省内发达地区帮扶省内欠发达地区。

2002 年 4 月，"山海协作工程"正式实施。

2003 年，时任浙江省委书记的习近平同志高瞻远瞩，作出"八八战略"重大决策部署，提出"进一步发挥山海资源优势，大力发展海洋经济，推动欠发达地区跨越式发展，努力使海洋经济和欠发达地区的发展成为浙江经济新的增长点"。

同年，为保护千岛湖生态环境，习近平总书记提出通过"域内保护、域外开发，拓展发展新空间"支持杭州市淳安县异地发展工业平台，至此拉开了浙江省"飞地经济"创新发展的序幕。

山与海，遥相呼应；山与海，携手并进。"山区不是我们的包袱，而是发展的希望所在"。2012 年，宁波市鄞州区和衢州市衢江区成为山海协作结对地区。山海协作的"序幕"在衢州与宁波的青山蓝海间展开。鄞衢两地在产业合作、乡村振兴、消费帮扶、社会民生等多领域展开深度合作，结出了共同富裕的累累硕果。将"海"边的资金、技术、人才与"山"边的资源、生态、劳务等优势结合，开拓互动式的双赢发展之路。这是鄞衢两地的成功探索。

荷鹭牧场是衢江一家知名的乳制品企业，它的创办人阮国宏是一位积极响应山海协作政策号召、回乡村创业的杰出乡贤。衢江区虽拥有得天独厚且保护良好的农业资源，但由于缺乏具有影响力的项目，这些资源未能得到充分开发和利用。2014 年，鄞州方面了解到衢江区的需求后，随即牵线搭桥，引荐了在宁波发展的衢江籍企业家阮国宏。

阮国宏 1968 年出生于衢江区杜泽镇庙前村，大学毕业后在一家奶牛场工作，从基层技术员做起，逐步成长为场长、总裁办主任，并最终担任宁波牛奶集团的副总经理、"涌优"品牌创始人。"我一直有个梦想，建一家漂亮的奶牛场，养'最幸福'的奶牛，生产出最好的牛奶。"阮国宏说。尽管阮国宏已经在宁波扎根，但在家乡的召唤下，他又回到了衢江。阮国宏便带着荷鹭牧场农旅综合体项目回到老家衢江。荷鹭牧场在衢江区高家镇选址建设，总投资 5.7 亿元。2016 年，牧场从澳大利亚引进第一批 200 头荷兰奶牛，2018 年 9 月正式对外营业。

项目落地后，如何依托山海协作项目致富于民是首要问题。作为衢州宁波商会会长的阮国宏，利用参与宁波、衢州两地商会工作之机，积极发动在甬衢州人融资过亿元，尝试扩大项目建设版图，从项目周边农村承包流转土地近千亩，不仅促进了土地的有效利用，也为周边农户带来了实实在在的经济利益。

如今，荷鹭牧场已成为集奶牛观光、挤奶体验、亲子活动、家庭聚会、田园采摘等功能于一体的现代农旅综合体，先后获评全国奶牛休闲观光牧场、浙江省农业产业融合示范园、国家 AAA 级旅游景区。累计吸纳衢江当地就业人员 500 余名，其中 70% 的工作人员是附近的待业村民，周边 50 余户低收入农户每年增收逾 5000 元。未来，阮国宏希望，继续推广荷鹭模式，为乡村振兴、共同富裕贡献力量。

这样的创业故事不断在衢江上演，鄞州源源不断地将"海"边的技术人才、优质项目输送到"山"里。鄞州区近年来累计投入援建资金 1700 万元重点帮扶打造了衢州市衢江区莲花镇西山下村、湖南镇蛟垄村、高家镇盈川村等一批乡村振兴示范点。这些示范点的建设不仅提升了当地的基础设施水平，也增强了乡村自我发展的能力和可持续性。

"2022 年，我们建成了星空房车营地，引进'90 后''海归'专业人才运营管理，一经推出就成为网红打卡地。""90 后"新乡贤陈凯跃说的正是衢江区莲花国际未来乡村的路溪社房车营地。衢江区西山下村为省定鄞州区结对帮扶乡村。这个占地 1000 多平方米的房车营地项目，是鄞州区与衢江区在山海协作中的又一次探索。在鄞衢两地干部通力协作下，该项目于 2022 年 7 月开始建设，总投资 400 多万元，其中鄞州区提供部分资金支持，衢江区、莲花镇出资建设基础配套设施。

户外露营是近年来兴起的全新业态，聚焦乡村振兴缺乏产业支撑的薄弱点，鄞州区充分发挥产业门类多的优势，为衢江区未来乡村建设寻找突破口。通过"山海协作"平台的牵线搭桥，衢江区与位于鄞州区的宁波耐克萨斯专用车有限公司达成合作，有效推动了房车营地建设。房车营地采用"固定保底租金＋收益提成"的模式运营，为村集体经济增收注入源头活水。西山下村集体经营性收入突破 100 万元，同比增长超 400%。

从鄞州到衢江，从"输血"到"造血"，山与海的携手不断催生出新业态、新模式。为进一步丰富产业新业态，衢江区着力"回引"新乡贤、青创客等创新经营人才，盘活乡村资源，拓宽群众增收渠道。"90 后"海归夫妻姜路、季彦铭正是"回引"的新乡贤代表，他们回乡投资 600 余万元建立了全国首个"共享餐厅"主题民宿，游客住民宿可以通过小程序下单吃到附近农户的拿手菜，村民各自烹饪后端至民宿餐厅。"食材都由村民们准备，菜金也都归村民们所有。"姜路说，每个人只做自己的拿手菜，一桌子菜可能由10多个不同村民们共同完成。2023年，"共享餐厅"带动全村十多位村民人均增收2万余元。

"鄞衢一家亲，山海奔共富。"衢江区委统战部负责人表示，新业态的兴起对村集体来说"造血"功能提升了，对周边的村民来说也有带动作用，除了可以在家门口就业，村民还可以摆小吃摊、带动农副产品销售。截至2022年底，莲花国际未来乡村共吸引980人归乡兴业，引进新乡人198人，带来项目28个，投资2200余万元。

曲径通幽处，群山环抱中，蛟垄村山路弯弯，层层叠叠的群山让这座小村落有了世外桃源的气质。沿着衢州市衢江区湖南镇蛟垄村的沥青马路一路前行，清新宜居的乡村画卷徐徐展开，这个曾经破败散乱的小村庄在山海协作中迎来了一场令人瞩目的绿色蝶变。在这里，绿水青山不仅是风景线，更是宝贵的财富。

鄞州区和衢江区在实施乡村振兴工程过程中，选定蛟垄村作为乡村振兴示范点。变田园为景区、农家为客舍，把农产品变成旅游商品，通过几年来的环境打造，蛟垄村已经从一个不起眼的小村庄变成了一个充满了魅力和活力的旅游目的地。

在第二轮山海协作中，鄞州区将以近600万元援建资金对蛟垄村进行全面改造，"一村六美"精品村项目已于2019年顺利完工，累计给予120万元资金补助。"农房改造提升项目的实施，既盘活了存量宅基地、缓解农民建房指标紧缺问题，又美化了乡村环境，拓宽乡村振兴发展空间，让旅游观光和乡村居民相链接、打造舒适美丽、主客共享的乡村旅居空间成为可能。"蛟垄村党支部书记温泉洪说。鄞衢双方携手打造的山海协作乡村振兴省级样板——蛟垄村，入选全省山海协作工作15个典型案例。

"千年古渡，唐风盈川。"盈川文旅的兴盛，同样离不开山海协作的帮扶。盈川自唐设县，村落形成、地名沿用已逾千年，"初唐四杰"之一的杨炯是盈川的第一任县令。在杨炯的善治下，盈川官风清正，百姓安居，杨炯也因此被称为"杨盈川"。"下滩一日抵三程，到得盈川也发更。两岸渔樵稍灯火，满江风露更波声。"诗人杨万里夜宿盈川，留下了细腻动人的诗句。盈川是衢州市唯一一个入选浙江省首批千年古镇（古村）的村落。走进盈川村，街巷古朴、石阶依旧，恍若置身大唐，看灯火阑珊、游人如织。如今这里已成为城乡居民竞相探访的旅游打卡地，仅 2024 年春节盈川村游客接待量就突破 25 万人，村集体经济和村民收入成倍增长。

2021 年，盈川村被列为衢江—鄞州山海协作乡村振兴示范点。"山海协作项目给我们村里带来了 450 万元的资金投入，建设了清廉文化馆、民宿、游客集散中心等援助项目，每年能为村集体带来三四十万元的收入，不仅壮大了村集体经济，也能为老百姓增收。"盈川村党支部书记占小林介绍，盈川村成立衢州盈川农文旅发展有限公司（强村公司）来推进民宿建设、产业培育等工作。通过"整村经营"，统一流转闲置农房 100 余间、闲置土地 300 亩，盘活了全村旅游资源。自 2022 年 12 月正式开园以来，共接待游客 35 万人，成为全市景区村"人气王"，实现旅游收入 800 余万元，带动村集体增收 80 余万元、群众增收 200 余万元。2023 年，盈川村还将推进农房改建民宿，新建木屋民宿和高端民宿区，增加床位约 300 个。参与改建的村民姜利甫算了一笔账，他家中有一栋三层楼房，预计每年的租金就有 22500 元，再加上成为民宿管家，一个月的收入约 3000 元，这样他一年在家中就能增收 5 万多元。盈川村依托千年文化底蕴和美丽生态资源，打造初唐特色的民宿风情文化未来乡村，通过文旅的发展致力于拓宽乡村振兴的道路，并以此推动共同富裕目标的实现。

自 2012 年省定山海协作结对以来，鄞州与衢江在产业园区、乡村振兴、社会事业等领域开展了深入的合作。在各类飞地建设上，鄞州也成为宁波唯一同时落地"产业""科创""消薄"三大飞地平台的县（市、区）。"飞地"是一种特殊的人文地理现象，指隶属于某一行政区管辖但不与本区毗连的土地。当然，它也可以是一种经济现象。所谓"飞地经济"，是指相互独立、经济发展存在落差的行政地区，打破行政区划的约束和属地化管理原则的限制，通过跨区域的行政管理和经济开发，破解土地、资金等要素资源的利用瓶颈，实现两地资源互补、分工协作、互利共赢的一种区域合作发展模式，是国家推进城乡一体化发展、实现共同富裕的重要举措。"山"的一方叫飞出地，"海"的一方则叫作飞入地。为驱动鄞衢产业高质量协同发展，两地政府共同投入大量资源，鄞衢三大飞地平台均已产生实际效益，为衢江输送了源源不断的资金、项目、科技、人才等产业发展动能。

以"产业飞地"打造衢江新的经济增长点

2021年1月，浙江省政府办公厅出台的《关于进一步支持山海协作"飞地"高质量建设与发展的实施意见》提出，到2025年，在大湾区新区、省级高能级平台等相关产业发展平台为山区26县布局以先进制造业为主的"产业飞地"。

2022年5月，浙江出台了《关于加强自然资源要素保障助力稳经济若干政策措施的通知》，明确规定统筹安排山区26县每县1500亩建设用地规划指标，且定向为飞入地核减750亩永久基本农田保护任务。

为了促进山区26县的发展，浙江要求"山海协作"中作为"海"的一方必须拿出一块区位较好的土地来作为山区的"飞地"，双方共同运营、共同获益。

鄞衢"产业飞地"坐落于鄞州经济开发区，以鄞州特长的新能源、汽车零部件、高端制造为主要内容，由宁波鄞衢开发建设有限公司运营，鄞州向衢江税收分成让利额度达14%。"产业飞地"结合鄞州产业发展规划布局，突出横向配套和产业链上下游延伸，将鄞州的新能源、新材料等高端制造业定向外溢到衢江，帮助衢江在创新型、引领型等重大产业项目布局上获得发展新机遇。2024年经鄞衢两地协商，就鄞衢"产业飞地"四至范围做适当调整。将主区块（900亩）迁至启动区（601亩）周边成熟区块，同时将总用地规划调整至1518亩。截至目前，"产业飞地"启动区块已布局亿元以上产业项目2个（易田、舒鑫）、制造业园区项目3个（甬科产业园、乐鄞产业园、智鄞产业园）、"产业飞地"主区块已布局亿元以上产业项目4个（杉杉硅基、汽车关键零部件、共盛能源、维佳新能源），2024年1—5月完成固定资产投资6.81亿元，历年累计完成固定资产投资29.075亿元。

2023年，位于宁波市鄞州经济开发区的浙江易田精工机械股份有限公司搬进了新厂房。从老厂房到新厂房，搬迁路不过5公里，却是一次跨越300多公里的"牵手"。因为新厂房虽然地处宁波，但这块地却是宁波市鄞州区和衢州市衢江区共有。这正是鄞州区和衢江区"产业飞地"的一部分。

易田精工是一家从事高端装备制造的企业，成立5年来一直租用着一片不大的厂房。随着订单量不断增加，扩大生产规模也变得日益迫切。然而，在宁波地区寻找合适的土地或租赁更大的厂房却成了难题。企业对于厂房有着特殊的要求：层高需达到27米，且配备能够承载150吨重物的行车。由于产能亟需扩大，订单量也在不断增加，这一问题让企业倍感焦急。

企业的困境在2019年有了转机。当时，宁波鄞州经济开发区管委会工作人员来到企业，向企业推介"飞地"政策。按照"产业飞地"的政策，由宁波鄞州提供用地，衢州衢江提供用地指标，双方共同出资1亿元注册成立合资公司负责"飞地"运营，其中鄞州方投资占股49%，衢江方投资占股51%。落地项目企业正常运营后，双方还将按约定比例对税收进行再分配，其中鄞州得35%，衢江得65%，收益再次向衢江方倾斜。有了这块产业飞地，让工业发达、土地供应又紧张的宁波，可以留住企业。同时，鄞州的招商引资也变得更容易。

以"科创飞地"增强衢江科技产业孵化后劲

"科创飞地"同样是鼓励飞出地和飞入地开展联合建设，入驻企业以科技初创型企业为主，孵化在飞入地，产业化在飞出地。

在宁波南部商务区泰康中路499号的大海大厦四至六层的4871平方米楼宇空间里，有这样一个孵化平台——衢江—鄞州"科创飞地"。2021年，锚定"技术在鄞州、产业在衢江"的发展目标，鄞衢两地合力投入近6000万元创新打造科创飞地，深耕新材料、高端装备、信息产业孵化与培育。平台两端，一边是鄞州在高新产业和高端人才资源方面的优势，另一边是衢江在人才引进、产业投资等方面的良好政策环境，两地优势复合叠加下，这一特色众创空间的创业创新氛围日益浓厚。宁波中物光电所受委托对科创飞地进行运营管理，陈洪勇作为具体负责人，正引领着这个充满激情与活力的团队不断前行。

通过园区综合管理平台,可以一窥这里的勃勃生机。园区实时的运行情况,当前入驻率、人才分布情况、各级创业创新政策等都跃然眼前。陈洪勇介绍,平台运营以来,园区内有院士1人,博士6人,硕士7人,高新技术企业3家,引进宁波大学阮殿波院士团队的储能系统集成项目并成功在飞地园内落地注册银贮(宁波)科技有限公司,截至目前已申报8项发明专利,3项实用新型专利,并在2023年12月与上海铜程新材料科技等7家企业完成5000万元融资。

衢江—鄞州"科创飞地"是衢江在鄞州展示科技要素的重要窗口,聚焦导入高端项目要素,着力提高产业化率,不断推动两地科技、人才等要素协作高质量发展,逐步形成"鄞州研发+衢江制造"的发展格局。2024年1月,衢江—鄞州"科创飞地"被认定为省级众创空间。

以"消薄飞地"推进衢江村级集体经济发展

"消薄飞地",顾名思义,就是消除薄弱村。导向更为明确,就是要壮大飞出地的村集体经济,促进农民增收,它主要以发展物业经济、楼宇经济等快速见效项目为主。

"消薄飞地"由衢江区新农投资、鄞工集团和万洋众创城投资集团三方协议共建,在鄞州万洋众创城谋划总建筑面积约3.5万平方米的"消薄楼",引导优质产业项目入驻。前5年鄞州方根据衢江区实际投资额的10%予以返利,再由衢江区新农投资分红给经济薄弱村,5年之后根据实际收益商议。依托"消薄飞地",衢江相对薄弱村的经济收入就不再受限于衢江区内的经济走势,能够搭上鄞州经济发展的快车,有了新的稳定收入大后方。项目已于2022年12月完工并于2023年7月份办理完毕44套厂房产权证,截至目前,该栋厂房已出租32套,面积为24558.46平方米,出租率达到70%(以五金机械、电动工具、新能源配套为主)。衢州市衢江区新农投资有限公司实际总投资额为1.138亿元。2020年该项目已产生返利,带动了衢江160余个村集体增收,截至2023年底,衢江区已收到消薄返利3142余万元。

2023年,全省共同富裕试点推进暨最佳实践推介会在鄞州召开。

鄞州,再次吸引全省的目光。会上,浙江省高质量发展建设共同富裕示范区最佳实践（第三批）名单公布，鄞州入选。

鄞州产业飞地至今已招引易田精工、鄞智产业园等亿元以上项目 5 个，成为浙江省首个投产的产业飞地；科创飞地吸引高科技企业 23 家，孵化项目 18 个，在浙江省县级科创飞地中位居第二；消薄飞地带动衢江 162 个村集体平均增收 18 万元，惠及 13.5 万人，受益人口居浙江省消薄飞地首位。

2002 年至 2024 年上半年，衢州全市累计实施"山海协作"产业合作项目 3400 余个，到位资金超过 2800 亿元。华友钴业、吉利三电、金瑞泓、中财管道、杉杉股份、申洲针织、健盛产业园等一批科技含量高、经济效益好、税收贡献大的产业项目花落衢州。

志合者，不以山海为远。在山海协作的推动下，鄞州与衢江的共富路将越走越宽。

//"鄞衢飞地"评论/

宁波鄞州区与衢州衢江区在山海协作框架下，通过加大"产业飞地""科创飞地"和"消薄飞地"的建设力度，以对飞地经济理念的深度理解与高效执行开展了一系列创新性合作。十余年来，两地从最初的资源要素合作到深化各类产业合作，围绕工作机制、产业平台、乡村振兴，不断完善协作机制、扩展合作领域、提升合作层次，工作成效不断显现，有力助推衢江区实现跨越式发展。通过中心城市的核心引领作用，将科技创新资源延伸至相对欠发达地区，实现高端人才、技术和项目的有效导入，从而推动区域间的均衡发展和产业升级，带动城市与乡村之间的有机联动。鄞州区重点聚焦统筹有联动，构建了科创孵化—产业升级—消薄提能的三级有机联动体系，实现了各类飞地从"几条线"到"一张网"的蝶变，激发了"1+1+1＞3"的经济效益、生态效益、社会效益放大效应。

政策创新与机制构建

近年来，国家不断出台政策支持飞地经济发展，飞地经济作为一种新兴的空间重构策略得到重视，其中浙江"飞地经济"最具特色、成效最好，成绩背后离不开政府一以贯之的创新支持。浙江省20余年来，环环相扣，探索制定了全面、系统、清晰的政策体系，为飞地的运行提供了坚实的保障。在这样的基础下，鄞州与衢江的山海协作工程在合作机制上实现了精准对接与高效执行，为区域协同发展树立了典范。

随着交通运输、产业配套和生态治理成本的不断提升，单纯转移生产的传统飞地发展模式逐渐式微。科技创新成为经济高质量发展的核心驱动力，以"科创飞地"为代表的反向飞地模式进入加速发展阶段。科创飞地是从科技创新资源异地使用的角度所构建形成的一种飞地经济新模式，是科技创新资源要素相对不足的"飞出地"结合自身需求，打破行政区划界限，在科技创新资源要素相对密集的"飞入地"布局的一种跨区域创新合作飞地形态。"鄞州研发＋衢江制造"的发展模式构建了"创新研发—成果孵化—产业化落地"

创业生态链条，这种模式不仅促进了科技成果的转化应用，还为衢江区的企业提供了接触前沿科技的机会，加快了其产业升级的步伐，扩大了两地产业合作的领域。科创飞地运营以来，依托鄞州优质的科技资源，多家科创类企业入驻飞地平台，涉及领域包括3D打印、智慧系统、新材料研发等，为衢江的产业发展提供了更多选择，同时也打造了衢江在鄞州的交流平台。通过科创飞地的平台交流作用，更多的鄞州高端人才来衢江考察调研，走进衢江、投资衢江，衢江的科技企业依托平台的阵地作用，能够更好更便利地在鄞州推广产品，不断拓展新兴市场。

资源配置与协同发展

飞地经济打破了行政区划壁垒，实现了资源的灵活配置与互补。发展飞地经济能够通过统筹飞出地和飞入地双方的资金、人才、科技、管理、土地等优势资源要素，实现区域互利共赢和协调发展。对于飞出地而言，可以为"飞地"带来资金、项目、先进管理经验等资源要素，"飞地"可以破除其土地资源限制，从而拓展其发展空间，缓解环境压力，优化产业布局，完善产业链条；对于飞入地而言，可以为"飞地"带来土地、劳动力等资源要素，"飞地"可以避免其土地资源闲置，为其引入项目、资金、管理等匮乏资源，增加区域就业和税收。双方通过飞地经济合作实现双向发展、互利共赢。

在鄞州与衢江的山海协作工程中，产业合作与协同发展是推动两地经济一体化进程的关键环节。通过构建产业飞地、科创飞地与消薄飞地，两地实现了产业互补与协同发展，有效促进了经济结构的优化升级。产业飞地的布局和建设，不仅扩大了两地产业合作的领域，还通过产业项目的引进，推动了两地产业链的延伸和完善。这一模式不仅促进了鄞州的产业升级，也为衢江引入了更多的先进制造业项目，提升了两地在制造业领域的竞争力。通过举办各类推介活动，促进了衢江高新技术的落地转化及农特产品的推广销售，实现了"衢货入鄞"的目标，累计销售额达到了6000万元。此外，通过产业飞地与消薄飞地的联动招商，不同规模的科创飞地孵化项目得以有效承接，从而实现了科技成果向产业化的快速转化，进一步增强了两地产业的互补性和协同性。截至2023年底，衢江区已收到消薄返利3142余万元。2024年预计投资收益为 1138 万元。在产业飞地与消薄飞地之间建立起的联动机制，确保了不同规模的项目能够得到合理的分配。大项目进入产业飞地，而小项目则可以进入消薄飞地。随着消薄飞地项目的能级提升，还可以直接进入产业飞地投产，形成产业发展的良性循环。这种联动机制不仅有助于提高项目的成功率，还促进了资源的高效利用和优化配置。通过产业飞地、科创飞地与消薄飞地的建设，鄞州与衢江实现了产业合作与协同发展的深度融合。通过这种模式，两地不仅加强了经济联系，还促进了社会进步和民生改善，为实现共同富裕的目标迈出了坚实的一步。

科创飞地作为创新要素汇聚的重要载体，凭借其独特的优势和吸引力，成功吸引了大量高端科技企业和顶尖人才的入驻。这些企业和人才的聚集，不仅丰富了区域的创新资源，还营造出一种浓厚的创新氛围，激发了更多的创新活力和潜力。鄞衢山海协作工程与飞地经济成为推动区域科技创新和经济发展的重要引擎。通过精心搭建科技成果转化平台，这一协作模式有效促进了产学研的深度融合，实现了科技成果的高效转化和广泛应用，为产业升级注入了强劲动力。与此同时，鄞衢两地政府也加大了对科技创新的支持力度，出台了一系列丰富的创新资源和优惠政策，为科技企业的成长和发展提供了坚实的政策保障和优越的环境。这种全方位的支持体系，进一步激发了科技企业的创新热情，推动了它们在技术研发、产品升级和市场拓展等方面的不断突破。

社会影响与模式互鉴

浙江省乡村振兴研究院首席专家顾益康表示，"山海协作"准确把握了促进城乡融合发展和区域互补发展的规律性，并以创新举措落到实处，补短板的过程也是创造新优势的过程。如今，浙江城乡居民可支配收入比缩小到 1.9，地区居民收入最高最低倍差缩小到 1.58，农村居民人均可支配收入连续 38 年位列各省区第一。

通过山海协作工程，鄞州与衢江两地不仅在经济上实现了协同发展，还在教育、医疗、文化和人力资源等方面加强了合作。两地共同开展了就业培训、支教交流、医师互访等活动，促进了人员交流和知识传播，提升了两地居民的生活质量。此外，消薄飞地的建设还带动了相关村集体增收，为改善村民生活条件、缩小城乡差距做出了贡献。这种模式不仅有助于改善民生，还有助于形成更加和谐的社会氛围。通过"山海协作"机制，有效推动浙江区域协调发展水平走在全国前列。鄞州与衢江的山海协作工程，不仅在经济领域取得了显著成效，还在社会层面产生了深远的影响，并为其他地区提供了宝贵的经验和示范。

浙江在"山海协作工程"战略的推动下，较早探索发展"飞地经济"，并使之成为产业分工合作、区域均衡发展的普遍共识和有力抓手。随着"山海协作工程"深入推进，浙江深度结合产业转型、创新驱动，以及脱贫攻坚、生态保护的实际需求，不断推动"飞地经济"蝶变升级，在顶层设计、合作模式、运营机制、利益分配和支撑保障等各方面形成高效的经验做法，为全国范围内寻求区域合作和共同富裕途径的地区提供了重要的参考案例和政策依据。

发展飞地经济有利于破解土地、人力等条件制约，更好地调配资源，实现"飞出地"和"飞入地"均衡发展，互利共赢。但在实际操作层面，关于飞地管理权力和责任划分，"飞出地"和"飞入地"政府之间、企业运营之间都面临着税收、GDP统计、人才落户、子女入学、政绩考核等复杂问题。受行政管理边界等限制，鄞衢产业合作多停留在双方合资成立运营公司、互派干部任职等初始层面，需要在项目共引、产业共育、园区共建等方面进行实质性突破。培育产业从招商投产到产生税收的周期较长，税收收益不能当期立即体现，对衢江的反哺效应有待增强。在产业合作过程中，受空间局限和高端资源要素供给制约，飞入地与飞出地之间容易产生利益矛盾。上述改革创新中出现的问题必将在进一步深化改革中逐步解决。

飞入地和飞出地的矛盾都是客观存在的，但区域发展着眼的应该是长远和未来，而不是一时的得失，需要双方抱持合作共赢的信心。飞入地和飞出地不应抱有"既要、又要"的心态。从长远来看，"飞地经济"的积极探索是有利于合作双方的。短期而言，需要飞入地具有更大的胸襟和格局。当前飞地模式改革所倡导的双向飞地模式，更能平衡双方利益，减少分歧。对于后发地区，向发达地区建立科技创新中心和孵化项目，不仅服务本地企业，还能引入新产业；而对发达地区来说，后发地区的研发中心和新兴科技项目总部将留在发达地区，进一步增强其研发和总部功能，两者达到资源互补、利益共享的目的。通过飞地经济，企业也可以将部分业务或生产环节转移，从而分散风险。飞地经济创新区域之间的合作模式，推动了新兴产业的发展。

　　大海无垠，群山常青，"飞地经济"在浙江已经蔚然成势。浙江是全国率先完成脱贫攻坚任务，是城乡居民收入差最小的省份之一，20余年的久久为功，"飞地经济"在浙江从1.0一路更迭，已经发展到3.0版本，4.0的新一轮改革也正在酝酿当中。通过"链式效应"——延链、补链、强链，加快产业集聚，以生生不息的"链式效应"推动产业链纵向延伸、横向发展、深度融合，为经济提供持续强劲动力。联动产业链、资金链到生态链、价值链、政策链的跃升，促进山海协作向全方位、全过程、全天候的方向迈进。"山"与"海"的双向奔赴，充分发挥了中国特色社会主义的制度优势，鄞州和衢江在遵循市场规律的基础上，以可持续发展为基础，探索出了一条先发达地区与欠发达地区互惠双赢、协调发展的新路子。

匠心正泰　知行合一

本土深耕与全球拓展
创新驱动与产业蝶变
经营哲学与开创思想

泰顺最美：乡贤与青年的回归

资金科技双驱动
乡贤青年同筑梦
文化生态共守护
政策制度聚合力

第三章　温州篇

匠心正泰　知行合一

乐清地处东南沿海，西拥雁荡山脉，东临乐清湾，南与温州市区隔瓯江相望，是温州大都市区北翼副中心，也是"温州模式"的主要发祥地和民营经济的先发地。

全市陆地面积1395.5平方公里，海域面积284.3平方公里，下辖14镇8街道3乡，常住人口145.3万人。

拥有乐清湾港区、七里港两大避风良港，104国道、甬台温铁路、沈海高速公路三条交通动脉贯通全境，8个高速出口和3个动车站为全市交通提供了充分便利。

乐清是一座历史悠久、底蕴深厚的人文之城。 东晋置县距今1600余年，历代名人辈出，古有王十朋、翁卷、李孝光、赵士桢、章纶、高友玑等杰出代表，近代以来有版画家野夫、国画家周昌谷、国学大师南怀瑾、中国科学院院士杨焕明等一批杰出人物，拥有黄杨木雕、细纹刻纸等一批国家级非物质文化遗产，是中国民间文化艺术之乡。

乐清是一座实体发达、实力强劲的工业之城。 作为"温州模式"的主要发祥地、民营经济的先发地，电气产业集群是全国唯一以县域为主导命名的国家先进制造业集群。数据显示，截止至2024上半年，规模以上工业企业2046家，实现增加值430.25亿元，增长12.7%，其中大中型企业实现增加值183.92亿元，增长13.1%。规上工业销售产值2168.62亿元，增长7.3%，其中出口交货值183.08亿元，增长3.2%。全市实现地区生产总值（GDP）1663.53亿元，按可比价格计算，同比增长8.4%。全年经济增长更趋均衡，综合实力稳步提升，产业结构持续优化，创新动能加速积蓄，民生事业扎实推进，高质量发展取得新成效。

乐清是一座活力迸发、潜力无限的创新之城。 数字经济综合评价居全省第四，截至目前，乐清累计拥有工信部单项冠军企业 4 家，浙江省单项冠军培育企业 12 家，国家级"小巨人"企业 36 家，省专精特新中小企业 394 家，省创新型中小企业 739 家。布局有赛宝东南实验室、正泰物联网传感器产业园等一批高能级创新平台，成功入选"科创中国"省级试点县市、国家知识产权强县建设试点县市，获评全国首批创新型县市。

乐清是一座大气包容、四方通达的开放之城。作为改革开放先行地，创造了全国第一家低压电器企业集团等诸多"全国第一"，40 余万乐清人活跃在全国全球各地、60 余万新乐清人在乐工作创业，境内有 8 个高速出口和 3 个动车站，正在全力打造辐射浙南闽北赣东的海公铁联运港口枢纽，构建"5 小时到北京、3 小时到广州、2 小时到上海、1 小时到杭州福州"的"5321"高铁时空圈。

乐清是一座山海相映、风景秀丽的旅游之城。坐拥素有"东南第一山"美誉的国家首批 5A 级旅游景区雁荡山，以及国家 4A 级旅游景区中雁荡山、铁定溜溜乐园，中心城区成功获评省 4A 级景区城，尽显"建筑可以阅读、街区适合漫步、城市富有温度"的独特魅力，乐清湾内海、岛、涂、景、渔等生态资源禀赋独特，拥有亚洲分布最北的红树林，是国家园林城市、中国优秀旅游城市。

乐清是一座共富共享、民生优享的幸福之城。全龄友好社会、全域和美乡村深入推进，邻里食堂、邻里书房等"幸福邻里场景"遍布城乡，打造了"书香乐清·读书之城""浙江有礼·孝行乐清"等一批城市金名片，"人的一天、人的一生"更加幸福可感，按常住地分，乐清城镇和农村居民人均可支配收入分别增长 5.8% 和 7.9%，城镇和农村居民人均消费支出分别增长 8.8% 和 12.5%。乐清连续三年获评中国最具幸福感城市。

尤为值得一提的是，经过多年打拼奋斗，乐清手握"中国电器之都""中国断路器产业基地"等 20 余张国字号工业产业金名片，先后列入国家首批创新型县（市）、浙江省首批数字经济创新发展试验区。

改革开放以来，乐清民营企业敢闯敢干，勇于创新，生产出种类繁多、品质优良、物美价廉的产品，有效满足了全国乃至全球人民的不同层次需求。

在主导产业方面，乐清是全国最大的低压电气产业基地，是电气全产业链发展最完善的区域。

2022年，工信部最新公布的45个国家先进制造业集群，乐清电气产业集群名列其中，同时也是全国唯一以县域为主导的制造业集群，以电气产业为例，乐清电气产品门类覆盖输电变配电等200多个系列、6000多个种类、25000多种型号，占据全国市场份额达65%以上，其中，作为龙头企业的正泰集团，通过从发电到用电全系列产品的创新，截至目前，累计授权专利9000余项，满足了用户电气设备的需求。

如今，随着电网智能化和双碳时代的到来，正快速地产业迭代发展，成为全国最集中的输配电产业基地。

值得自豪的是，为加快搭建国家电气先进制造业集群展示展销平台，促进温州乐清电气产业对外交流，推动电气产业与数字经济融合发展，提升电气产业国内外影响力和品牌名誉度，助力加快建设更具活力的"千年商港、幸福温州"，第23届中国电器文化节暨数字经济发展大会，由中国电器工业协会、中国机电产品进出口商会、乐清市人民政府、浙江省电气行业协会主办，中国信息通信研究院、乐清传媒集团承办，于2023年11月7日至9日在浙江温州乐清成功举办。

活动以"数智赋能 智享未来"为主题，聚焦数字经济"一号发展工程"，大力推进电气产业高端化、智能化、绿色化、国际化。

大会取得的重大成果，是值得铭记的。

大会在国内首次发布4项权威报告和信息，正泰全球总部、赛宝（东南）实验室、雁荡山电气研究院等平台揭牌投运，促成签约39个总投资262.17亿的项目。

大会聚焦电气产业转型升级，一批电气产业领域全国性标志成果在乐清首次发布或解读，如中国电器工业协会国内首次发布《中国电器100强》、中国赛迪研究院解读《温州乐清电气先进制造业集群培育提升三年行动方案》、中国信通院发布《智能电气产业发展研究报告》、全国低压电器标委会发布低压电器标准修订信息，为温州电气产业转型升级提供路径指引和前沿资讯。

同时，乐清市政府与中国西电集团签订央地合作项目，中国西电将乐清设立电气产品委托采购基地、研发基地等，帮助乐清电气企业拓展市场。

大会聚焦数字经济主题主线，中国信通院国内发布《打造具有国际竞争力的数字经济产业集群，做强做优做大数字经济》，清晰地呈现国内数字经济产业集群发展现状，为温州数字经济发展提供对标方向。

大会作为一场国际性的专业盛会，有力地促进了电气产业国际开放交流合作。来自马来西亚、泰国、菲律宾、秘鲁等国家驻华外交官及贸易机构代表参加大会，举行多场国际采购对接洽谈会，助力企业拓展海外市场，链接全球。

乐清的电气产业、数字经济，自此，走上了腾飞发展的道路，是一次称得上里程碑的盛会。

正泰集团股份有限公司（以下简称"正泰"）始创于1984年，是全球知名的智慧能源系统解决方案提供商。

创立40年来，正泰始终聚精会神干实业、一门心思创品牌，深入践行"产业化、科技化、国际化、数字化、平台化"战略举措，深耕电力新能源行业，业务遍及140多个国家和地区，拥有4大全球研发中心，建立6大国际营销区域，制造基地遍布超23个国家和地区，全球员工4.5万余名，2023年集团营业收入1550亿元，连续20余年上榜中国企业500强。旗下正泰电器（股票代码：601877）为中国首家以低压电器为主营业务的A股上市公司。

本章以正泰为"藤蔓"，发展"地瓜经济"为典型案例，将其智能电气与光伏新能源这两大优势产业在乐清的跨越式发展，作为乐清篇章在地方创生的典型案例。

"地瓜经济"是"向开放要空间"的发展模式，更是"跳出浙江发展浙江"的战略思路，为广大浙商高水平"走出去"闯天下与高质量"引进来"强浙江提供了重要指引。

浙商行天下，敢想敢闯敢拼。正泰在浙江是最早一批跳出浙江、接轨上海，立足长三角、面向全国，进而走向全球的民营企业，是积极打造中国民营经济"走出去"样本。

多年来，正泰积极践行"地瓜经济"理论和国际化战略，深度参与全球产业分工合作，将企业自身发展与国家社会发展紧密结合，立足智能电气与光伏新能源产业优势，不断开展国际产能合作。

目前，正泰业务已遍及全球 140 多个国家和地区，与 80% 以上的共建"一带一路"国家建立了不同程度的合作关系，设立了北美、欧洲、亚太、北非等全球研发中心以及 6 大国际营销区域，国内外制造基地 26 家、国际物流中心超 20 家、经销商超 2300 家，在新加坡、泰国、越南、马来西亚、柬埔寨、埃及和乌干达等国家设立智能制造工厂。公司连续多年居中国低压电器出口收入规模首位和增长率前列，光伏组件全球出货量名列前茅，逆变器产品在北美三相组串逆变器市场拥有超高占有率。从西北大地到地中海，从东南沿海到非洲东海岸，正泰在世界各地投建了 700 多座大型地面光伏电站和 100 多万户分布式光伏电站，持续助力全球碳中和愿景。

在"全球化"发展实践中，正泰不断追求"全球区域本土化"，持续深化"地瓜经济"理念在全球范围内的落地，推进亚太、欧洲、拉美、西亚非洲等区域总部建设，并建立与国际标准接轨、与当地相适应的管理体系，依托国内大本营建立强大的中后台支撑体系，"让听到炮声的人做决策"，逐步实现研发、生产、销售、物流和服务的区域本土化。

在全球区域本土化过程中，正泰通过项目合作或投资并购，建立区域研发、制造、物流"根据地"，导入绿色智能等技术、产品与服务，持续推进品牌、技术与产品、服务"走出去、走进去、走上去"。

让产品走出去，以质取胜赢得市场口碑，这是正泰的成功做法。正泰深耕全球市场，持续实施全球本土化战略，伴随着业务覆盖范围的扩大，不断把优质的产品和项目带到全球各地。正泰与国企联合投资建成的柬埔寨达岱河水电站 BOT 项目，全套输配电装备均使用正泰 GIS、开关柜等产品，该电站年平均发电量达 8.58 亿千瓦时，连续多年超额完成发电任务，成为柬埔寨国家电网具有支撑性作用的主力电源点，也是"一带一路"中柬合作的典范；2020 年，正泰电器签约沙特智能电表项目一体式断路器供货合同，供应总价值超过 1 亿元人民币的外置塑壳断路器产品，用于沙特所有智能电表项目中断路器的更换，凭借该项目，正泰成为国家电网"一带一路"重点供方名单；在马来西亚，正泰与合作伙伴紧密合作，为当地首条 MRT 提供全线地面 25 个站的电器产品，还可以在进出站车票上看到正泰的身影。

让服务走进去，创新模式提效扩能收获赞誉认可，这是正泰的成功之处。进入新时期，我国企业开展国际化经营既面临愈加严峻的国际形势，同时也面临新的历史机遇，不主动求变、转型提升，则难以把握时代机遇，在激烈的国际竞争中突围而出。正泰聚焦发展模式创新和产品模式创新，重点优化生产效率和产品效能，引领服务水平和质量产生蝶变，不仅为企业创造了更多效益，也收获了市场的赞誉认可。

当前，正泰已成为系统解决方案、EPC 总包"交钥匙"工程服务商，并提供从开发、投资光伏电站到 EPC 工程建设，从收购出售光伏电站到供应一揽子电力能源解决方案。

正泰下属新华公司为中巴经济走廊首个能源项目萨希瓦尔电站，提供全套自动控制系统，项目投产后一直维持高负荷稳定运营，填补了巴基斯坦全国四分之一的用电缺口。在刚果金，从配电室设计，到电气设备的供货，到完成第一个数字化仪控系统总包，正泰通过全产业链优势为客户提供了一条龙服务。

让技术走上去，聚力研发引领行业发展，这是正泰的成功之路。创新是引领发展的第一动力。正泰积极响应"中国制造"、数字化转型等高质量发展要求，聚力研发，夯实企业的发展地基，以"一云两网"战略为龙头，牵引技术革新，并整合学界业界资源，在全球构建综合研发体系，布点未来智能工厂，不断强化核心技术、原创技术研究，努力提升发展质量和效益，努力实现从规模扩张向创新驱动和价值链中高端迈进，成为电力新能源行业中技术驱动型企业的引领者。

当前，正泰设立了北美、欧洲、亚太、北非等全球研发中心，在全球共有 24 个研究院，参与 48 个国际及国家标准化技术委员会，与清华大学、浙江大学、上海交通大学、西安交通大学、中国科学技术大学、中国香港中文大学（深圳)、新南威尔士及美国、欧洲等地院校、研究机构探索"产学研"融合模式，整合全球创新资源，推动企业研发创新和人才培养。截至目前，正泰集团累计获得授权专利 9000 余项，商标 2000 余件，主导及参与 550 余项国际、国家及行业等标准制修订。

充分汲取养分，探索国际产能合作发展模式，这是正泰的全球化思路。在全球供应链本土化、区域化、分散化趋势更加凸显的形势下，数字化是赋能全球化高质量发展的重要力量，已逐渐得到各国的高度重视。通过打造数字化、智能化、本土化产业链，正泰促进当地产业升级，获得了当地政府的认可与肯定，赢得了更多发展机会。

正泰持续把近年来在高质量发展中形成的产能优势、技术优势、产品优势等向国际市场输出。通过打造数字化、智能化、本土化产业链，促进了当地产业升级，更在合作共赢中持续获得当地客户的青睐与政府的尊重，赢得更多发展机会。

正泰在泰国逐步建成光伏组件、逆变器工厂等产业集群，并依托正泰工业互联网云平台，导入"产业大脑＋未来工厂"智能制造技术，实现国内外生产线同步管理，构筑起全球智造体系。泰国工业部原部长 Uttama Savanayana（乌塔玛·萨瓦纳亚那）曾表示："正泰泰国工厂不仅向泰国输出先进技术，也输出一系列先进的建设、运营和管理经验，不仅有效带动了当地的就业，同时也促进了泰国经济向着更加智能的模式转变。"

我们可以看到，正泰在全球化发展中，通过海外并购和投资入股，掌握新兴产业的前沿技术、提升智能制造水平，并反哺到电力与新能源产业链，引领行业实现更好发展。

正泰收购新加坡日光电气工厂，跻身新加坡三大数据中心供应商之一，实现从传统行业向高端数字行业转变。收购了德国老牌知名光伏企业的组件业务，不仅兼并融合了优质的客户群、高度自动化的生产线、先进的实验室测试设备等，也有力提高企业整体智能制造水平，实现了光伏组件生产的国际化。

正泰在全球布局中持续携手合作伙伴、深耕电力能源领域，将合作共赢的理念播撒五洲。与当地市场合作伙伴携手推动合资工厂投建投产，与海外优秀合作伙伴强强联合，建设国际销售、研发、生产、物流"根据地"，打造互利共赢"生态圈"。

2017年，正泰与埃及当地合作伙伴共同建设了海外第一家低压电器工厂，销售实现大幅突破；2022年，CHINT携手柬埔寨当地合作伙伴在菩萨省兴建的合资工厂正式开业，成为正泰响应"一带一路"倡议、共搭合作之桥的又一精品工程；2023年，正泰与沙特当地优秀企业成立合资公司并将建立本土工厂，以正泰的技术及研发能力，促进当地产业发展，培养更多电气能源领域人才，助力沙特实现"2030愿景"中提高工业制造本土化及能源转型的战略目标。

伸展"绿色"藤蔓，探索生态友好型发展模式。这是正泰依托自身的品牌、技术、渠道以及全产业链系统集成优势，投资建设新能源光伏电站，将创新、绿色、开放等理念融入国际化项目选择、实施、管理的方方面面。

在泰国、西班牙、美国、保加利亚、土耳其、印度、罗马尼亚、南非、韩国、日本、荷兰、越南和埃及等多个国家开展光伏电站建设与EPC服务，实现了项目与当地更好地融合和可持续发展，赢得了沿线国家更多信任与合作。

正泰在新能源海外电站发展，一直遵循因地制宜原则。在深刻理解属地政策的基础上，高度重视项目与当地自然环境有机融合、全面考虑对周边居民日常生活的影响，力求从单纯的开发建设到与风土人情相融，为项目发生国创造"1+1＞2"的效益，受到当地政府与各级部门的高度认可与大力支持。

在荷兰，正泰将已废弃的污染土地转变为"可持续的能源发展"地标。2017年，位于荷兰格罗宁根省的Veendam光伏电站顺利完工并网。该项目所在地原本是工业区中心，土地长期处于被污染后的空置状态，正泰新能源通过建设光伏电站将原本无法利用的土地转变为该地区可持续性经济发展的地标，为土地赋予新的价值。

2019 年，正泰新能源荷兰 Midden Groningen 103MW 光伏电站成为第一个并入荷兰 TenneT 电网的光伏电站项目，该项目从建设之初就重点考虑与人文景观、周边环境相融合，建成后，板下和板间的草可供羊群啃食，电站和周边房屋由一片花草绿地隔开，受到当地政府全力支持。

2019 年，正泰投资建设世界最大的光伏电站之一：埃及本班 165.5MW 光伏项目。该项目地处沙漠深处，极端高温可达 50 度，施工条件十分恶劣。此外，埃及的清关效率低、物流成本高、供应链配套弱、劳工技能不足，给项目的进度管理、成本管理、人员管理、采购管理、质量管理和风险管理带来巨大的挑战。

对此，正泰组成包括商务、技术工程、项目融资、工程管理等在内的专门团队，与开发商 ACWA 进行紧密配合，顺利完成项目融资关闭，并提供所有的技术支持及方案，从设备到系统等多角度通过了客户及银行专家顾问团的严苛审核，最终顺利并网移交，获得客户认可。该项目图片被印制在埃及当地钱币上，成为"国家名片"。正泰投建埃及光伏项目的经历成为献礼主题剧《我们这十年》中《沙漠之光》单元的原型，生动演绎光伏新能源点亮埃及沙漠夜空，中国"一带一路"倡议惠及沿线千家万户的故事。

正泰库布其 310MW 沙光互补项目入选联合国工业发展组织（UNIDO）"可持续土壤治理"方案。该项目将防沙、种植、农业、发电和扶贫相结合，实现经济、社会和环境三效益统一融合，为绿色发展输出中国方案。

正泰在"走出去"实践中，全力助力合作伙伴向绿色企业转型升级，共筑未来能源可持续发展的新态势。例如，正泰为拉美重点地区创新发展出工商业分布式光伏 EPC+F+O&M 模式，为当地农副产品深加工、食品加工、工业制造以及零售商超等行业用户累计装机超 200MW。在当地知名商业集团综合体屋顶光伏电站的建设中，正泰作为总承包方，为其提供了项目融资、全产业链产品集成及供应、本土进口及安装服务以及电站运维服务。同时，正泰与多地相关政府部门签署了合作框架协议，共同推进居民屋顶分布式光伏电站项目开发。

在菲律宾，正泰深度参与菲律宾马尼拉 MNL1 T3 级数据中心的方案设计与投标。MNL1 为菲律宾最大的数据中心园区，PUE 值低至 1.3 也使其成为该国首个绿色数据中心。

ENEL 是全球第三大电力公司，也是全球电力和可再生能源市场的领先综合企业。在过去十年间，正泰和 ENEL 在意大利、西班牙、巴西、智利、哥伦比亚等多个国家，就 18 个项目达成合作，产品涉及变压器、绝缘子、互感器等。

正泰携手 ENEL 共同推动世界绿色能源和电力的可持续增长，加速能源转型，保障电力系统安全稳定运行。

正泰积极响应浙江省委、省政府实施"315"科技创新体系建设工程、"415X"先进制造业集群培育工程的决策部署，培育壮大新兴产业、前瞻布局未来产业，积蓄发展新动能。正泰在开放融合发展，推动"地瓜经济"提能升级上，走出了坚实有力的道路。

2023 年，正泰加大投资力度，继续在温州、义乌、海宁、杭州滨富特别合作区等地投建智能制造示范工厂、高效光伏电池／组件生产基地、智能化能源量测基地、工业电器关键零部件先进制造基地、绿色低碳智能居家产业基地等。

正泰在杭州滨江打造户用光伏投资总部，持续推进光伏项目建设，推动绿色低碳发展。在杭州下沙和滨江、乐清、松江等多地投资建设科创孵化园，批量孵化创业创新公司，助力打造创新策源地。

同时，正泰承接了工信部大尺寸常温高导石墨烯铜复合材料重大专项，在温州落地石墨烯新材料创新中心，引领行业创新变革发展。通过"招投联动"引进核芯智存、芯象等半导体项目，提升温州半导体芯片设计领域的核心能力，丰富产业链生态。围绕"氢电＋交通、氢电＋能源"，联合投资布局关键氢能技术，构建氢能全产业链。

未来，正泰将持续深化全球区域本土化布局，充分利用我国市场、科创、金融、人才、机制等方面优势，以更高能级的开放，在更大的格局当中获取源源不断的发展动力。

同时，正泰还将携手广大行业伙伴，共同做强做大"地瓜经济"，实现更高水平地"走出去、走进去、走上去"，为推进高水平对外开放和高质量构建"双循环"新发展格局作出新的更大贡献。

//"匠心正泰"评论/

  浙江正泰集团经过 40 年的迭代升级、跨越发展，是在"八八战略"的指引下，成为一家全球知名的智慧能源系统解决方案提供商的历程，凭借其卓越的技术创新、稳定的产品质量和良好的市场口碑，在电气行业中独树一帜。正泰集团始创于 1984 年，从一家小厂发展成为业务遍及 140 多个国家和地区的国际化企业集团，2023 年销售收入达 1550 亿元，连续 20 余年上榜中国企业 500 强。这离不开其始终坚持的"产业化、科技化、国际化、数字化、平台化"战略举措。正泰的创新发展历程，正是新质生产力的生动诠释，是生产力经由量变积累发生的质态变化，是由技术革命性突破、生产要素创新性配置、产业深度转型升级而催生的一种更高水平的生产力。作为电气产业的领军企业，正泰集团始终坚持技术创新和品质至上。通过不断引进先进技术和设备，加强研发投入，正泰集团的产品在市场上具有极强的竞争力。从低压电器到高压设备，从智能电网到新能源领域，正泰集团的产品线涵盖了电气产业的多个领域，满足了国内外市场的多样化需求。此外，正泰集团积极参与慈善事业，捐资助学、扶贫济困，以实际行动回馈社会；积极推动慈善文化的普及和提升，倡导企业履行社会责任，为县域共同富裕注入了新的动力。正泰集团的成功离不开其始终坚持的创新、合作、共赢的发展理念，以及不断推进的绿色低碳、高质量发展战略。

  本土深耕与全球拓展

  地方创生概念是一个地区通过创新、产业升级和集群发展等手段，实现经济增长和社会进步的过程。"块状经济"和"地瓜经济"是两种各具特色的经济发展模式，但在正泰集团的发展历程中，这两种模式都得到了巧妙的运用和融合，共同推动了正泰的快速成长和乐清地区的经济繁荣。乐清作为浙江省的一个重要经济区域，经济崛起的过程中正泰集团的发展具有显著的代表性。正泰集团从块状经济到产业集群，再到全产业链发展的跃进，不仅展现了企业自身的成长轨迹，也反映了乐清地区产业升级和集群发展的成功实践。块状经济是指一种以地域为单位，同行业企业高度集中、产业特色明显的经济形态。在这种经济形态下，企业之间虽然存在一定的竞争关系，但也能够通过相互模仿、学习和合作，共同推动地区产业的发展。正泰集团在起步阶段，正是依托乐清地区的块状经济环境，通过不断的技术创新和市场拓展，逐渐在低压电器领域崭露头角。随着正泰集团等龙头企业的崛起，乐清地区的低压电器产业开始呈现出集群化发展的趋势。乐清地区拥有高低压电气和电子元器件等10多个优势特色产业集群、"中国电器之都"等20多张"国字号"金名片，乐清现有规上工业企业数2046家，其中年产值超亿元企业384家、超5亿元企业59家，已形成以电气产业为主导产业，数字经济（电子信息）、高端装备、新能源、新材料等四大新兴产业协同发展的"1+4+N"的产业体系。目前在乐清创业、就业、生活的新居民有68.5万人，从事电气相关从业人员居多，为乐清提供了丰沛的人才储备。低压电器产业集群的形成，不仅提高了整个产业的竞争力和创新能力，也为正泰集团等龙头企业提供了更加广阔的发展空间和资源支持。在产业集群的发展过程中，正泰集团通过积极参与产业链的分工与协作，不断拓展自身的业务范围和市场份额。同时，正泰集团还注重与上下游企业的紧密合作，共同推动整个产业链的升级和发展。这种合作模式不仅提高了整个产业链的效率和竞争力，也为正泰集团等龙头企业带来了更多的商业机会和利润空间。随着市场竞争的加剧和产业结构的调整，正泰开始意识到单纯依靠产业集群的发展已经无法满足企业持续成长的需求。因此，正泰运用地瓜经济开始积极向全产业链的方向拓展和升级，体现了正泰领头人的首创精神、坚强毅力、前瞻意识。全产业链是指企业通过整合上下游资源，实现产品研发、生产制造、市场营销等环节的全面覆盖和协同作战。在全产业链的发展过程中，正泰集团通过投资、并购和战略合作等手段，不断拓展自身的业务范围和产业链深度。同时，正泰还注重技术创新和品牌建设等方面的投入和提升，以提高整个产业链的附加值和竞争力，并且带动区域经济的整体可持续韧性。

创新驱动与产业蝶变

正泰集团不断深化"一云两网"战略，将"正泰云"作为智慧科技和数据应用载体，率先构建能源物联网、工业物联网平台，致力于实现绿色低碳、高质量发展。同时，正泰集团也注重创新引领，从低压元器件、高压输配电设备到光伏产业，不断迭代创新，逐步成为光伏领域的领先企业。正泰集团还积极探索"光伏+"环境治理模式，结合当地区位特点发展特色产业，拓宽增收渠道，改善生态环境，提升群众生活品质。在自身发展的同时，正泰集团始终牢记社会责任，积极参与共同富裕事业。正泰集团将产业上下游作为命运共同体，促进合作供方管理能力提升，凝聚起产业链上下游供应商、经销商和销售网点，带动数十万人就业。同时，正泰集团还打造产业孵化平台，助力创业创新，实现共创共享共富。通过构建和谐劳动关系，提高员工福利待遇，正泰集团为员工创造了一个良好的工作环境和发展空间。

新质生产力是以技术革命性突破、生产要素创新性配置、产业深度转型升级为核心驱动力，推动产业升级和经济增长的新型生产力。新质生产力的优势发挥，使企业能够更高效地利用资源，更快速地响应市场变化，更深入地挖掘客户需求，从而实现持续、健康的发展。正泰集团作为一家在新能源、智能电气等领域处于领先地位的企业，其发展策略和实践与新质生产力的要求高度契合。正泰注重技术创新，不断推出新产品、新技术，引领行业发展。这种技术革命性突破不仅提升了企业的竞争力，推动了整个行业的技术进步，也是推动产业升级和经济增长的重要动力。正泰集团通过技术突破，实现了从传统制造业向高新技术产业的转型，为行业的发展树立了典范。正泰积极生产要素创新性配置，运用大数据、云计算等先进技术提升运营效率。数字化配置不仅提高了企业的生产效率和管理水平，也为企业提供了更多的数据支持，帮助企业更好地洞察市场需求和客户变化。正泰集团产业转型秉持绿色可持续发展理念，致力于为社会创造更多的清洁能源价值。这种发展理念不仅符合当前社会对环保和可持续发展的要求，也为企业带来了更多的商业机会和社会声誉。通过技术突破、数字化配置和产业转型等手段，正泰实现了从传统制造业向高新技术产业的转型，为同行业的发展乃至中国制造业实践新质生产力树立了时代典范。

经营哲学与开创思想

在正泰集团的发展过程中，董事长南存辉的经营哲学和思想起到了至关重要的作用。他坚信"以人为本、科技兴企"的理念，注重人才的培养和引进，打造了一支高素质、有凝聚力的团队。他的企业家精神体现在前瞻性的市场洞察力和创新精神，不断弘扬企业家精神，承担环境责任、经济责任、社会责任，增强创业、创新、创造的责任感和使命感，以昂扬姿态奋进新征程。尤其在社会责任方面，他强调企业要为社会创造价值，积极参与公益事业和慈善活动，树立良好的企业形象。这些经营哲学和思想不仅为正泰集团的发展提供了指引，也为企业文化的形成和传承奠定了基础。正泰集团积极采用环保技术和设备，降低能耗和排放，既是企业履行社会责任的表现，也是实现可持续发展的必然选择。面对复杂多变的市场环境，民营企业还需加强风险管理和防范，确保企业稳健发展，通过不断创新和努力，提升品牌在全球市场的地位和影响力，实现企业与员工、社会、环境的和谐共生。在此过程中，技术革命性突破、生产要素创新性配置、产业深度转型升级应成为企业发展的重心。通过加大研发投入、引进高素质人才和塑造品牌形象，形成自身的竞争优势，提升市场地位，进一步树立成为世界级领军企业的雄心。南存辉作为正泰集团的掌舵人，他的探索精神和领导才能是企业成功的重要因素。在接受各路采访时，他多次强调创新的重要性，认为只有不断创新才能保持企业的竞争优势。同时，他也注重与员工的沟通和交流，倾听员工的意见和建议，营造了一个开放、包容的工作环境。新儒学思想强调人的内在修养和道德品质的提升，这与企业管理中的人文关怀和团队建设有着密切的联系。在企业管理中，正泰集团注重员工的成长和发展，提倡和谐共赢的经营理念。通过加强员工培训、提供良好的职业发展通道和营造积极向上的企业文化氛围等措施，激发员工的创造力和工作热情。这些实践与新儒学思想中的"仁爱""和谐"等理念相契合，共同推动了正泰集团的持续发展。

面对百年未有之大变局，经济持续低迷、环境深刻变化是共同困境。中国需要培育自己的生态主导型的链主企业，组织中下游产业链水平分工，实现垂直整合的制造业龙头企业，以产业链招商打造产业链集群：空间上高度集聚、上下游紧密协同、供应链高效集约。进一步补链、扩链、强链，实现更高水平分工、更深层次整合。民营企业应顺应国家发展战略，大力践行新质生产力，积极投身于新能源、环保、智能制造等未来产业，同时加快数字化转型步伐，提升信息化水平，以应对市场变化。认识创新在现代化建设全局中的核心地位，把创新贯穿于现代化建设各方面全过程，不断开辟发展新领域新赛道，持续塑造发展新动能新优势。为实现持续健康发展，民营企业还需采取合作共赢、绿色发展和风险管理的策略，与产业链上下游企业紧密合作，实现资源共享和优势互补，有助于提升整体竞争力。正如南存辉强调面对新时代、新机遇和迈进"双千亿"的新阶段，正泰人要因时乘势、抢抓机遇，始终不忘创业时的谦卑，保持居安思危、空杯归零、整装出发的心态，力争在守正创新上实现新突破，在绿色发展上激荡新气象，在以高质量发展促进共同富裕上展现新担当。

泰顺最美：乡贤与青年的回归

泰顺县位于浙南边陲，隶属温州市，明景泰三年（1452年）置县，取"国泰民安，风调雨顺"之意。泰顺枕山近海，山脉逶迤、溪谷纵横。县域总面积1768平方公里，辖12镇7乡，截至2023年底，总人口36.79万人，其中常住人口26.94万人。2023年，全县实现地区生产总值157.6亿元，增长7.8%；财政总收入27.35亿元，增长5.5%，其中一般公共预算收入16.02亿元，增长6.1%；社会消费品零售总额71.87亿元，增长8.6%；城镇和农村常住居民人均可支配收入分别达52696元、26603元，分别增长7.2%、9.1%。

泰顺有纯美自然的风景。 好山、好水、好空气，处处是美景。山峦和溪涧、廊桥和民居，浓郁的乡土风情、人间的世外桃源，"浙南明珠、最美山城"的画卷徐徐铺展，进一步打响了"走走泰顺，一切都顺"文旅品牌。2023年共计接待游客182.62万人次、实现旅游总收入23.57亿元，均同比增长15%。泰顺凭借得天独厚的生态环境和地理优势，秉持"绿水青山就是金山银山"理念，推进全域旅游发展，走出了一条人与自然和谐共生的生态文明建设之路。

泰顺有厚重鲜明的积淀。 泰顺是乡风纯朴、文化底蕴厚重的地方，独特的山区地理环境，造就了厚重鲜明的人文积淀，拥有廊桥文化、茶文化、泰顺石文化、竹木文化、红色文化、民俗乡土文化等丰富的非物质文化遗产资源。被誉为20世纪三大篆刻大师之一的方介堪、温州首位状元徐奭等都是泰顺著名的历史人物。泰顺共有市级以上非物质文化遗产129项，其中人类非物质文化遗产1项、国家级非物质文化遗产6项、省级非物质文化遗产16项、市级非物质文化遗产106项。

泰顺是活力四射的城。 泰顺在全省共同富裕示范区建设首批试点、全省跨越式高质量发展"一县一策"样本县等政策加持下，不仅成功入选了国家农村产业融合现代园和省级现代农业产业园，还创新推出了"订单农业""企农融合"等农业发展模式。目前,泰顺的农业发展已经初步形成了"一罐茶叶、一篮水果、一瓶蜂蜜、一包干菜、一笋薯芋、一服草药"的"六个一"特色农业体系。近年来,泰顺坚持"生态县也要发展生态工业"的理念,以装备制造、新能源、大健康三个产业为主导,以竹木、酒水、石材三个产业为特色,全力构建"3+3"生态工业体系。

泰顺有跋涉向前的人。 一代代泰顺人从偏居一隅的大山深处走出来,逢山开路、遇水架桥,历经四十余载,成长为中国市场著名商帮,创造了"千市万亿"的泰商传奇,不仅展现了"四千"精神的深刻内涵,更凝结出"泰而不骄、顺而不止、商行天下、仁泽故里"的泰商精神。泰商通过"外出一人、致富一家;外出几家、带动全村"的帮带效应,以"支起一个点、撑起一个面、带动一大片"的帐篷效应,带动泰顺人开拓市场、创业致富。

习近平总书记在《之江新语》中提到"地瓜理论",以地瓜为喻,生动阐释了一种发展哲理。地瓜的藤蔓向四面八方延伸,为的是汲取更多的阳光、雨露和养分,但它的块茎始终是在根基部,藤蔓的延伸扩张最终为的是块茎能长得更加粗壮硕大。藤蔓再长,也终将瓜落故土。泰商回归,不仅仅是一种经济现象,更是一个地区文化和情感的回归。这不仅为泰顺注入了新活力,也正在形成一股可持续发展的磅礴力量。在"浙商回归,青年进乡"理念的指引下,泰顺正以前所未有的激情和活力,描绘乡村振兴的新画卷。

"九山半水半分田",泰顺素来便被称为山城。自然环境使得可利用资源相对有限,许多泰顺人为了谋生不得不离开故乡,走出大山闯荡天下。但也正是这样独特的自然环境,塑造了泰顺人民坚韧不拔、果敢奋勇的气质。

林小冬,这位出生于泰顺县凤垟乡西溪村的杰出女性,是全国工商联旅游商会副会长,也是浙江云朵生态旅游发展有限公司掌舵者,是厚积薄发的典范。追溯至青春芳华,林小冬的智慧与魄力已悄然萌发。17岁,林小冬便实现了自幼时的梦想,在老家创办了越剧团。林小冬身兼数职,既是越剧团的团长,也是当家的名角。19岁那年,面对父母辛勤的劳作,林小冬深深感受到了生活的不易与家庭的责任,这激发了她骨子里的韧劲与担当,决意以实际行动为家庭分担经济重任。她和姐姐携手离家,共同踏上了前往厦门的打拼之路。

厦门的鼓浪屿，这个闻名遐迩的海上花园，成了林小冬商业智慧的启蒙之地。她敏锐地捕捉到了海外游客在岛上购物的热情和潜在的商机。林小冬在景区摆设地摊销售鞋服，生意如火如荼，迅速累积百万资产。

1997年香港回归祖国的荣光时刻，林小冬亦载誉回乡，带着"百万富翁"的光环投资100万元开设超市，希冀以此实现富贵闲人的生活。然而，在经营过程中，她逐渐意识到这并非她的兴趣所在。短暂的两年运营后，她就将超市转让了出去。

时光流转至2001年，林小冬目睹了朋友们在杭州、厦门、上海等地将服装品牌代理生意做得风生水起，这让她跃跃欲试。跑遍长三角市场后，她选择了合肥作为开拓市场的起点。然而成功的模式并非放之四海而皆准，林小冬虽有朋友们的成功案例为鉴，却在实践中忽视了地域消费差异的影响，导致服装在市场遭到了冷遇。面对满屋堆积的库存，她并未气馁，一句"没关系，不做服装还可以做别的，今天失败了，明天还可以挣钱"的豁达之言，翻篇过往。

转眼到了2004年，林小冬决定从商场撤出转做服装批发。她斥资50万元在合肥市购置了一间门面，可短短几天后竟有卖家愿以60万元高价买她的商铺。生意未起，她却从中窥见了商业地产的巨大潜力，林小冬果断转向，全力投身商业地产领域。恰逢其时，合肥市三里庵的旺城国际大厦招商困难，林小冬审时度势，倾尽所有，筹集数百万保证金，和一位关系甚好的姐姐合作买断了旺城国际大厦的销售权。这次精准的商业判断为她带来了丰厚的回报，林小冬赚得盆满钵满。伴随地产事业的蒸蒸日上，林小冬顺势而为，成立了安徽林氏投资集团，业务版图横跨多元领域。

商业市场瞬息万变，2013年房地产行业遭遇寒流，林小冬却并未因行业低谷而退缩，反而以敏锐的商业嗅觉，做出了从房地产向农业电商跨越的战略决策。2014年10月，"安徽胜利欢乐购电子商务有限公司"在安徽省叶集区应运而生，以大别山特色农产品和中国中部家居产业为核心竞争力，以叶集为支点，推动大别山区经济结构的转型升级。林小冬，这位从大山走出的巾帼英雄，实现了从乡村少女到商业巨擘的华丽转身。

一个人无论走得多远，家永远是深情回望的方向，永远是前进力量的源泉。作为浙商、温商的代表，林小冬始终秉承温商创业精神和服务宗旨，"弘扬温州文化，团结温州商人；服务两地经济、促进共同发展"，投身温商回归的浪潮。

2012 年，林小冬就与泰顺县政府签订了回乡投资意向，计划投资 20 亿元，回乡建设一个旅游文化产业度假村，希望家乡泰顺的山水风光为更多人知晓。

2020 年，浙江云朵生态旅游发展有限公司成立。这是林小冬投资的一家以农业和旅游为主的开发企业，致力于生态旅游文化的发展、农业大健康产业投资与研究。

2022 年，林小冬引入古文化产品，开展博物馆文化旅游产业链投资开发，并在浙江和厦门进行文化艺术交流，先后与多个地方政府达成博物馆文化旅游产业投资协议。同时，公司旗下大健康品牌"子茉"能量养生舱系列产品，先后荣获国家多项技术专利，目前在上海、深圳、合肥、温州设立分支机构，进行品牌运营和文化旅游投资，并于多项领域取得瞩目成果。

云上凤垟，长寿之乡。泰顺县凤垟乡，位于泰顺东部，境内山涧高、瀑布多，独特的地理条件孕育出千姿百态的"凤垟云海"奇观，具有丰富的旅游资源和鲜明的地域特色。2021 年，浙江云朵发展旅游有限公司完成垟云海休闲农家乐有限公司收购，并创新推出"云海·凤凰谷"品牌，利用独特的云海景观助力环境提升优化。已完成规划的云朵康养度假酒店未来将成为凤垟的文旅新地标，从居、养、展、集、游等维度入手，融景、寓情、塑形，致力于以旅游文化健康产业促进乡镇振兴。

田园诗画，人文之韵。 已经完成开发的云海农庄，充分利用凤垟的绿水青山、生态净土，展现了无尽生机与文化底蕴。其占地约 300 亩的广袤空间，巧妙融汇了农业休闲与观光度假功能，构筑起一座集自然生态与人文风情于一体的乡土乐园，游客既能沉浸于大自然的宁静致远与秀美风光之中，又能深度探寻与感知凤垟独特且深厚的乡土文化脉络。漫步云海山庄，那些承载着岁月痕迹与地域特色的文化符号如画卷般徐徐展开。古朴典雅的廊桥横跨溪流，以悠长的历史诉说着往昔的故事；碇步石阶错落有致，奏响人与自然的和谐乐章；古民居群落静谧而庄重，砖瓦木石间蕴藏着岁月的醇厚与生活的流转。

此外，传统艺术瑰宝更是引人入胜：陶艺家指尖下的泥土幻化、石雕匠人的以刀代笔；木偶戏台上，提线之间演绎着生动传奇；悦耳动听的畲族民歌则如山涧清泉般流淌；红色文化遗址更似历史的烙印，赋予云海农庄一份庄重而激昂的精神底蕴。丰富的文化传承，共同构成了极具特色的地方旅游资源。

多元融合，生态康养。着眼未来，"云海·凤凰谷"项目将以凤垟周边千亩旖旎自然景观为依托，匠心独运地擘画出集多元体验于一体的综合康养服务蓝图。在这片蓝图中将构建书画中心、禅修中心、疗养中心、国学书院、康养学院等文化与艺术殿堂，将打造婚礼基地、浪漫花海、养生餐厅、夜光森林、外拓天地等活力与浪漫交织的点位，将融合康养公寓、度假公寓、养生营地、健身步道、四季果园等综合康养服务。致力于塑造一个集生态涵养、文化滋养、身心疗愈、休闲娱乐于一体的全方位、全年龄、全天候的旅游度假胜地。

绿色引擎，多赢格局。"云海·凤凰谷"项目充分认识到周边丰富的林业资源所蕴含的巨大潜力，并积极倡导践行绿色发展理念，携手各方力量，大力推动农林种植、林下经济、农科研究、农蔬贸易等多元产业的协同发展，旨在构建一个集生态保护、经济发展、社区参与、文化传承于一体的绿色生态圈，实现区域经济转型升级，提升本地百姓福祉，带动当地百姓共同致富，同时吸引国内外休闲康养老人群体共享这一独特的人文与自然交融之地。通过系统性、创新性的发展策略，有力推动乡村振兴战略实施，创造出显著的社会、经济与生态价值。

除了投身于实业发展，林小冬还希望以自己的力量回馈社会，贡献一份微薄之力。每到佳节之时，她总是不忘向家乡的低收入农户送去关怀与慰问，并为172位60岁以上的老人和97位10周岁以下的儿童购买了"温州益康宝"保险，以实际行动守护着他们的健康与平安。

林小冬希望能探索更多创新文旅融合发展模式，挖掘独特文化内涵，打造有品质、有温度的旅游目的地，为区域经济的可持续发展，凝聚力量。她说，"要将把全身心的事业投向泰顺，将在泰顺完成我的使命，要把泰顺做成最有特色的生态康养县。"

身处澎湃的时代浪潮中，中国青年不仅是与新时代同频共振、携手前行的弄潮儿，更是勇立潮头、锐意创新的先锋力量。曾秋，就是这样一位怀揣梦想、学成返乡的海归青年，在她的努力下，小小的栀子花，在泰顺彭溪成为撬动乡村振兴的主导产业。

"色疑琼树倚，香似玉京来。"栀子花，又名栀子、黄栀子，古称卮茜。中国人偏爱栀子花。栀子花清芬弥远，无"过"与"不及"之弊，契合"中庸之道"，雅俗共赏。李时珍《本草纲目》中曾阐释："卮，酒器也，卮子象之，故名，今俗加木作栀。"栀子是一种常见中药，《神农本草经》称其："主五内邪气；胃中热气，面赤；酒疱渣鼻、白癞、赤癞、疮疡。"栀子除整个果实可以入药外，仁和皮也可单独入药，花和根亦可。至迟到汉代，栀子的药用、染色价值已被发现和应用；南朝时期，栀子进入人们的审美视野，也成为男女之间的传情之具；唐朝时期，栀子的花色、花香开始成为重要的审美对象；宋朝时期，栀子又成为文人的参禅之友，也具备了"比德"意蕴。

浙闽边界的群山峻岭中盛产温栀子，温栀子又称黄栀子，是温州道地的药材，药食两用，享有"全国农产品地理标志"称号。在春日的暖阳里，在雨雾的滋润下，栀子花树孕育新一年的绽放。每逢初夏，花色素白，花气清芬，微风拂过，栀香沁人。温栀子在此栽培已经有250余年的历史，彭溪是泰顺的东大门，也是浙南重要的黄栀子产区。目前彭溪的种植户约有3500户，种植面积8000亩，约占温州市的1/5、泰顺县的2/3。

从英国留学回来后，曾秋就进入了银行工作。在外人看来稳定又体面的工作，却是她的"围城"："我从小到大都不是特别安于现状的人。在银行工作，其实我大概就能看到自己的未来了。"但不安于现状，往往是为了追求更卓越的自己。

在银行任职期间，曾秋因工作需求频繁下乡，深入了解了温栀子产业与农民的收入情况：当地的温栀子花是农户家庭吃的菜，栀子果主要有两个销售渠道，一个是作为天然色素的原料，另一个是用于中药材的制备。然而，随着水栀子的出现，其低廉的价格占领了原本属于栀子的色素市场，导致了温栀子价格的大幅下跌。大量温栀子无人问津，山乡农民的收入也受到了严重的影响。

曾秋的父亲是泰顺当地一个商会的会长，每年都会去当地的贫困家庭探访。一次归家后，父亲提及了一个孩子。孩子家中以烘干栀子果为业，果实铺满了地面。然而这份自然的馈赠未能抵挡住生活的苦涩，家里老人卧病在床，父母因生计远赴他乡。孩子年龄虽小，却要自力更生，操持家务、炊煮洗濯。父亲嘱咐母亲买些物品、拿些钱款去探望一下。这件事给了曾秋很大的触动。孩子父母背井离乡务工在外，根本原因在于家庭收入的微薄以及当地就业机会的匮乏。面对现实的困境，他们不得不离开家乡，去寻求更多的工作机会和收入来源，来改善家庭的经济情况。

曾秋注意到家乡丰富的温栀子资源，这片翠绿之中蕴含的潜力犹如尚未雕琢的璞玉，理应成为带动地方经济繁荣的引擎，却因缺乏对栀子高附加值的研究应用，也没有相关深加工企业，而停留在原料初级烘干阶段，时常面临滞销的问题。曾秋认为生物科技提升栀子的附加值是破局的关键。与此同时，曾秋也密切关注到了家乡泰顺的政策导向。泰顺推出泰商创业创新"1+12"等一系列政策，旨在吸引在外人才回流，推动优质项目落地生根。这些政策为曾秋心中孕育已久的创业种子提供了理想的土壤，内心深处的创业梦想被彻底点燃。她做了一个大胆的决定，毅然辞去工作，告别了看似安稳实则束缚梦想的银行职业生涯，义无反顾投身于栀子创业发展之路，创办浙江康鸿生物科技有限公司，矢志于温栀子产业的深度开发与创新。

曾秋选择温栀子产业主要有两个原因。一方面，栀子花是地地道道的中国花，是中华大地孕育的独特花卉，它的原产地就在中国。全球各地现今栽培的栀子花，都是从中国直接或间接引进的。但在当时，围绕栀子花展开的研发与产业化进程却几乎是一片未经开垦的处女地。面对这片空白，曾秋看到了前所未有的机遇和挑战。她深知做第一个吃螃蟹的人，既需胆识，亦需智慧。填补栀子产业的空白，打造具有中国特色的栀子产业链，是一项充满意义的事业，也是一场值得投入激情与智慧的有趣冒险。另一方面，驱动曾秋投身栀子产业的是一份难以割舍的乡土情怀与回馈乡梓的赤诚之心。"不忘初心，回报家乡。"她的初心便是那片滋养她成长、赋予她力量的故土。发展栀子花产业，不仅关乎商业的成功，更关乎家乡的振兴与乡民的福祉。曾秋坚信，科技赋能栀子花可以激活本土资源，带动产业升级，让更多家乡人可以在家门口实现就业，过上更好的生活。

依托留学期间对天然护肤品和环保的关注和崇尚，以及中国近年来对科技、环保事业的支持，曾秋坚信，温栀子是最佳的天然色素提取物及生物医药制造的珍贵原材，利用温栀子的天然优势提高附加值，必定能创造一个新型产业。

2016年8月，康鸿生物科技集团有限公司成立。公司成立伊始，曾秋便不辞辛劳地穿梭于河南、湖南、云南、安徽包括浙闽边界的家乡泰顺等地。她跑遍了盛产栀子花的地方，对目前栀子产业的发展了然于胸。同年，为突出黄栀子的天然属性，曾秋联系了有着多年黄栀子研发经验的中国林科院和南京中医药大学，并与两家研究院达成合作，由他们提供科研技术支持，深度研发黄栀子及栀子花系列高附加值产品。"你只有有核心的技术壁垒，这样走向市场，才会有自己的核心竞争优势。"

在2017年的时候，曾秋带着栀子花海报参加了上海的一场国际博览会，借力这场汇聚全球视野与多元文化的博览盛会，精准探查国际市场对栀子相关产品的潜在需求，为后续的战略布局谋篇蓄力。在博览会上，许多外国友人纷至沓来，向曾秋抛出一个个饶有兴趣的问题：从栀子花的种植历史、品种特性，到栀子香氛制品的制作工艺、功效应用，乃至原料采购合作的可能性。问题之广泛与深入，无不映射出海外市场对栀子香氛产品及原料的强烈兴趣与殷切需求。同时在国内的市场搜索和调研中，消费者对栀子产品也表现出了明显的青睐。然而，尽管市场需求旺盛，市面上的相关产品却凤毛麟角，供需之间的巨大落差，使得消费者的购买意愿长久以来处于无处安放的境地。

历经两年潜心钻研，康鸿生物倾注心血对黄栀子原料展开深度探索，完成了超过一百种配方的反复试验与优化。最终，这一执着努力结出了硕果——以黄栀子为核心原料的冷凝皂生产工艺横空出世，使得康鸿成为国内唯一掌握冷凝皂核心技术的企业。随着冷凝皂的上市推广，"品栀"这一承载着康鸿匠心与黄栀子魅力的品牌也逐渐进入了大众的视野。然而，正当"品栀"品牌蓄势待发，一场突如其来的新冠疫情席卷全球。面对严峻形势，曾秋展现出敏锐的洞察力与强大的应变能力，带领团队迅速转变思路，2020年果断布局搭建直播团队，线上推广栀子花冷凝皂、栀子花保湿水等"品栀"系列产品。曾秋通过人、货、场三维创新模式，目前已累计百万粉丝，为"品栀"品牌赢得了忠实的客户群体和稳定的销路。

曾秋把对于将来康鸿的规划分为三期。

第一，日化线，通过市场差异化细分赛道结合科技，优先开发一系列具差异化竞争优势、筹备短周期、高附加值的产品战略，是公司拓宽市场疆界、提升品牌声望的先锋力量。它们凭借自身的技术先进性、市场需求契合度以及生产效率优势，在短时间内打入目标市场，赢得消费者的青睐，从而迅速将研发投资转化为丰厚的销售收入。这种高效的资本循环，不仅确保了研发资金链条的稳定流畅，为科研创新构筑了坚固的经济后盾，更是在市场博弈中步步为营，稳步拓展商业版图，巩固品牌的影响力与竞争力。

第二，原料端，致力农户增收。栀子花不仅可以提炼为食品原料，在大健康领域更有着广阔的应用潜能。源自栀子花的高品质原料，不仅可以填补市场对天然、高效健康保健成分的需求，更是架起了一座链接农户与市场的桥梁。农户辛勤培育的栀子花得以转化为高附加值的商品，从而创造出远高于传统销售模式的经济效益，实现了生态效益、社会效益与经济效益的和谐共生。

第三，大健康，发展银发经济。随着人口老龄化趋势的加剧，健康养老市场需求不断增长，而栀子果多样的药用价值，为这一市场提供了巨大潜力。栀子果在中医药领域有着悠久的历史和广泛的应用。汉代名医张仲景的《伤寒杂病论》中应用栀子有12次之多。经历千余年的沉淀，栀子果清肝明目、凉血解毒、清热利湿的传统功效早已深入人心，在现代研究中被发现具有降血脂、抗抑郁等良好作用，进一步拓宽了其在医药保健领域的应用边界。这些药用价值使得栀子果在大健康产业中具有广阔的应用前景。

曾秋立足乡村振兴，以花为媒，推动产业链"以大带小、以小促大、以优助强"，实现"高颜值、高价值"的华丽转身。

保价机制助农户增收。一人富，带动地方富。曾秋采取"农户种植＋企业收购"的助农惠农模式，与种植户签订长期的收购协议，既稳定了企业原料的来源，又赋予了黄栀子更高的经济价值。这一助农策略极大地带动农户种植积极性，实现企业与农户的互惠互利。近年来，温栀子种植面积增加近 2 倍。以前没人要的栀子花，如今每斤的收购价 2 元，几毛钱一斤的栀子果，现在收购价也涨了 20 多倍，最高的时候达到每斤 5.2 元。这一变革为浙闽边界的 5000 余农户带来了可观的收益，户均年增收 1 万元。

直播电商带农户创收。康鸿生物是全国首家以栀子花为核心主题的产业化企业，也是泰顺最大的生产型电商企业。深耕栀子花致富事业，围绕"以人为本、追求卓越、共同发展、共同富裕"的发展理念，扎根农村、服务农民，依托直播与短视频手段，推动温栀子产业三产融合发展，带动产业链企业协同共进，助力农民增收致富。公司融合品牌特色和产品制作工艺场景，打造"巾帼直播"团队，培训 100 多名女性，以"小团队多账号"的运营模式，通过运用古装剧情等创意玩法提升直播新颖度，直播超 1000 场，成功孵化百万粉丝账号，完成订单销售额 3000 多万元。公司创建的栀子花"共富工坊"还荣获了温州市首批三星级电商直播式"共富工坊"、浙江省第二批电商直播式"共富工坊"典型案例、浙江省直播电商大赛直播新秀金奖等荣誉。

文旅融合促农村共富。为满足生产和研发需要，曾秋经招标获得了彭溪工业园 60 亩的土地使用权，厂房整体规划建设 6 万多平方米，开始打造一家集旅游观光、农业、工业联动发展的特色创新农旅工厂，建设全国首个栀子花深加工观光项目，促进温栀子种、产、销、研、游全产业链融合发展。积极构筑"一园三区"产业发展空间，创新"厂区"联结"景区"发展新思路，打造"旅游工厂"新模式。同时开展栀子花旅游嘉年华，以"基地花海＋工厂观光＋旅游研学"形式，累计接待游客 10 万人次以上，带动周边农户就业 2000 余户，推动区域旅游增收 5000 余万元。实现山区农村从"空心村"到"网红村"的华丽变身。

经过长期实践，曾秋探索出了"要素保障、龙头带动、浙闽联动"三大可复制、可推广的"康鸿经验"。她的公司成功认证发明专利 2 项，实用新型专利 13 项，获得省级科技型新产品认证 2 项，拥有核心冷凝技术；2021 年通过国家高新技术企业认定。年均可收购当地黄栀子1.5万吨以上，创造全产业链年目标产值2亿元。曾秋和她的团队不仅为村集体和农户带来直接经济收益，也让栀子产业真正成为浙闽两地一大强村富民的特色产业。

"栀子花开，如银山；栀子秋实，似金山。科技赋能发展，火了栀子，富了山乡。"这是2023年度浙江乡村振兴共富带头人"金牛奖"组委会给曾秋的颁奖辞。在颁奖仪式上，曾秋带着泰顺彭溪镇的栀子花栀子果走上舞台，向全省观众展示来自深山的共富花、共富果，并在舞台上许下了愿望："自己会用一生去守候栀子花产业，去扎根，把栀子花产业做强做深，希望未来可以带动更多的人共同致富。"

林小冬和曾秋两位杰出女性，以各自的人生轨迹和事业抉择生动诠释了"浙商回归，青年进乡"的理念。林小冬以敏锐的商业触觉和深厚的爱乡情怀谱写了一部跨越艺术、商业与生态康养的跨界传奇，致力于将家乡打造成具有独特魅力的生态康养县；曾秋以生物科技赋能传统产业，激活本土栀子花资源，带动产业升级，拓宽致富渠道，切实提高了农户收入。两人皆以个人智慧与拼搏精神，成功对接政策导向，将自身事业发展与家乡振兴紧密结合，实现了人才、资金、技术与项目的高效回流，生动演绎了"浙商回归，青年进乡"在泰顺的落地实践与丰硕成果。

泰顺县文化和广电旅游体育局局长沈海青在采访过程中讲到了泰顺的独特魅力："泰顺坐拥'山、茶、花'之秀美，'矿、泉、水'之灵韵，'红、桥、村'之底蕴，'泰、顺、人'之积淀。"她进一步强调，泰顺将始终坚持"生态立县、旅游兴县、产业强县"发展战略，以绿色生态为基底，以文化旅游为引擎，以特色产业为支撑，全力推进县域文旅融合，奋力推进山区全域度假新实践。

月是故乡明，人是故乡亲。饮水思源，是游子和故乡的双向奔赴。

乡村和美，大有可为。

//"泰顺最美"评论/

改革开放以来,浙闽交接、崇山峻岭中的泰顺人以"四千精神"和泰商精神为引领,勇敢地闯荡世界,恰如地瓜藤蔓的向外延伸。他们在全球范围内寻求商机,积累财富和经验,但家乡始终是根基所在。近年来,泰顺大力实施科技进乡村、资金进乡村,青年回乡村、乡贤回乡村的政策举措,作为实施乡村振兴战略的重要内容,使得体系化、组织化程度明显提升,初步形成了重融合、强链接的资源要素城乡流动通道,打造了一批机制性、模式化成果。这是破解乡村要素制约、加速资源要素流向农村、推动农业农村高质量发展的重要途径。泰顺依托 14 万在外泰商的庞大体量,深入推进"浙商回归,青年进乡"行动。通过统筹整合政策、产业、资源、队伍等关键要素,积极促进资金回流、人才回归、总部回迁。自 2012 年首届泰商大会召开以来,泰商回归项目已达 100 多个、协商总投资额超 1000 亿元。泰顺县全年完成项目谋划 46 个以上、新签约产业项目 32 个以上,落地开工亿元以上项目 12 个以上。除在家乡投资创业之外,泰商累计为家乡各类公益慈善事业捐赠超 3 亿元。一代代泰商怀揣着深厚的土地情怀,紧跟时代发展脉搏,将一系列极具代表性的泰商项目落地泰顺,在秀美山水间创造了一颗颗亮眼的明珠。

资金、科技双驱动

资金与科技,在乡村振兴的道路上扮演着至关重要的角色,共同助力乡村的蜕变与飞跃。资金的引入,如同为乡村的发展注入了源头活水,为乡村的各项建设和产业升级提供了必要的物质基础;而科技的赋能,则像是为这潭活水加入了催化剂,使得乡村的发展潜力得以充分释放,将原本的可能性转化为切切实实的发展成果。在"浙商回归,青年进乡"理念的指引下,资金与科技成为泰顺乡村振兴的两大引擎,为乡村注入了强大的动力。林小冬的爱乡情怀和商业眼光使她能够洞察市场机遇,聚焦农文旅,资金回乡,产业回乡,推动了乡村文旅的发展;曾秋的海外深造和敏锐视角通过科技赋能,深耕栀子产业,提高黄栀子的附加值,拓宽市场销售渠道,实现精品农业深度开发。林小冬和曾秋的成功实践，是浙江泰顺"浙商回归，青年进乡"行动的生动诠释。

资金与科技的协同效应在推动乡村发展中显得尤为关键。资金的精准投放，离不开科技的引领与助力。正是科技的指引，使资金能够更为高效地投入最需要的领域，发挥最大的作用；而在资金的支持下，科技创新可以更快地转化为先进生产力，通过开发乡村旅游、精品农业、艺科融合等方式，推动乡村产业的升级和多元化发展。总体而言，面向农村的资金为科技创新提供了坚实的物质基础，而科技的每一次突破都吸引着更多的资金和资源向农村地区汇聚，从而拉长产业链、增强价值链。这种双向的促进与补充，为乡村的持续发展提供源源不断的动力。

乡贤青年同筑梦

在乡村振兴的伟大征程中，乡贤与青年的力量不可忽视。他们带着知识、技能和情怀回到乡村，共同筑起了一个个美好的乡村梦。林小冬和曾秋作为乡贤和青年的杰出代表，以实际行动为乡村振兴点燃了希望之火。青年，作为社会的中坚力量，他们的回归为乡村带来了前所未有的发展机遇。新时代充满活力和创造力的青年们，不仅拥有丰富的知识和视野，更有着对家乡深厚的情感。他们投身于乡村建设，运用所学所能，为乡村的农业发展、产业升级、文化传承等方面做出了积极贡献。同时，青年下乡也为泰顺带来一批拥有"六边形"生活姿态的数字创客。"数字创客"概念上是指利用互联网和数字技术、创新思维进行远程工作、创新创业，追求自由、灵活和自主的生产生活方式的群体。泰顺紧盯数字创客新兴群体，高规格举办2024年数字创客大会，集聚资源建设好13个数字创客基地，吸引数字创客来泰留泰创意转化超8000人次，以实实在在的举措，解码数字创客"何处是吾乡、何以是泰顺"。一个个数字创客基地，成为激活乡村发展的新引擎。与此同时，乡贤的引领作用也不容忽视。乡贤们深知乡村发展的痛点与难点，他们带着丰富的经验和资源回到乡村，为乡村的发展出谋划策，引领乡村走向更加美好的未来。他们的回归，不仅为乡村带来了资金、技术和人才等方面的支持，更为乡村的发展注入了强大的信心和动力。乡贤、青年必须共同努力，真正做到上接天线，下接地气，与基层组织积极磨合、协同共进，以先进的理念、创新的思维和务实的行动，推动了乡村产业的升级和转型，为乡村发展注入了新的活力。

"抓住了'关键的少数'，才能引领'大多数'。"而在乡村振兴的事业中，拥有新知识、新观念、新技能的青年与乡贤，无疑成为引来未来乡村发展的新兴力量。他们自带流量、自带不断追求创新超越的内生动力，更自带对故乡深植于心的情怀。乡贤和青年的回归与引领，为乡村振兴注入了强大的动能。更展现了乡村振兴事业在新的历史阶段所焕发出的勃勃生机与无限潜力。

文化生态共守护

乡村的全面振兴不仅仅是经济的提升和物质的丰富，更涵盖了文化的繁荣和生态环境的改善。这体现了对乡村发展的全面思考，也是实现可持续发展的重要一环。文化的传承与保护在乡村振兴中扮演着至关重要的角色。乡村是中华优秀传统文化的根基所在，蕴藏着丰富的历史文化遗产和独特的民俗文化。在推进现代化的进程中，必须注重保护和传承这些宝贵的文化遗产，让它们在新的时代背景下焕发出新的生机。

泰顺响应国家战略，坚持以文塑旅、以旅彰文、以农辅商、以商惠农，推进文化、旅游、农业、商业的深度融合发展。林小冬在投资开发、酒店运营、生物科技、绿色农业、康养旅游等领域具有丰富经验，她聚焦文旅，深挖文化内涵，以旅游文化健康产业，相生共兴，促进乡村振兴；曾秋通过文化赋能，以花果为媒，以知识为桨，以创新为内生动力，带动当地农业特色产业链协同发展，助力共同富裕。

乡村是中国人的精神故乡，文化是乡村的灵魂所在，它根植于土地，承载着丰富的历史和传统。乡村旅游以乡村文化为内涵，天然具有保护乡村文化基因的作用，无疑也可以成为生态保护的屏障。重塑现代农业，推动文化、旅游、产业、商业多维融合。这种融合不仅能够将优美的自然环境转化为经济价值，更能为乡村带来可持续的发展动力。实践证明，这是一条加快绿水青山向金山银山转化的有力路径。

政策制度聚合力

政策是推动乡村振兴的重要保障。泰顺县政府高度重视"浙商回归，青年进乡"行动的实施，制定了一系列具体政策措施，确保各项要素能够有效进入农村，支持乡村发展。政府通过扩大政策优惠度、提升政策普及面、强化政策兑现力，优化公平、高效、透明、开放的营商环境，增强浙商、青年返乡驱动力。引导和鼓励资金、科技、人才等资源向农村流动，为乡村振兴提供了有力的政策支持。

产业的振兴是推动乡村振兴的核心动力，但要实现这一点，必须有适宜的土壤和环境来培育，倘若缺乏科学的顶层设计、坚实的产业基础，乡村振兴难以为继。政府投巨额资金建设的设施最终沦为闲置资产，造成资源浪费，正是因为缺乏政策引导和产业振兴的支撑。运营前置解决了这一困境，随着步入新一轮的乡村振兴推进阶段，传统的政府强力主导投资和建设的模式亟待变革。运营前置强调从乡村整体发展高度出发，在规划、设计、建设等环节充分考虑运营需求，更好地实现资源优化配置，提高乡村建设的整体质量。政府应从主导者逐步过渡为引导者，将更多的空间和机会让给企业和创客等市场主体，让他们在广阔农村发挥更大的创新和创造力。此外，地方需要制度创新使得"进得来，留得住"，促使项目和产业在乡村稳定扎根，进而推动乡村振兴的稳步发展。

进入新时代，在我国乡村发展面临许多困境和实施乡村振兴战略的背景下，泰顺县通过充分发挥新乡贤在地缘、亲缘和血缘方面的独特优势，主动构建起乡愁乡情桥梁纽带，通过实施"乡贤+联谊""乡贤+阵地""乡贤+产业""乡贤+慈善"四个方面的机制改革，坚持把"下得来、稳得住、富得起"作为山区发展最基本的指导方针，聚焦共建共情，构建"乡贤+产业+农户"模式，助力"共富大搬迁"乡村集成改革推动共同富裕。县政府坚持"政府引导发展、乡贤引领、情感引路"的方针，充分发挥新农人的智慧和经验，把乡愁乡情转化为助力打造"浙南明珠、最美山城"的磅礴力量。

新乡贤是我国农村建设发展的重要力量，其不同于传统意义上的企业家、政府工作者，乡贤大致分为技能型、治理型、产业型、资源型，适应于新时代发展潮流，在乡村社会地方创生中具有重要的引领和示范作用。正如学者王院成对于乡贤的定义：乡贤是乡村社会教化的启蒙者，是乡村内外事务的沟通者，是造福桑梓的引领者，是重塑传统村落共同体的"聚合者"，是复兴传统村落文化的"燎原者"。新乡贤通过返乡村创业、推动产业链转型、链接资源、升级农业价值链、改善乡村的生态环境等多种方式，在农村共同富裕的进程中发挥关键性作用。

泰顺有序引导大学毕业生到乡、能人回乡、农民工返乡、企业家入乡，加速了城乡融合发展，推进了区域协调发展，增强了乡村振兴内生动力。以林小冬和曾秋为代表的浙商和青年全力以赴的探索和践行，职能部门和基层组织发挥"最多跑一次"的改革精神营造了良好的营商环境，共同绘就了新时代地方创生的"泰顺篇章"。

东方雅莹：共创中国好品牌

风雅之韵，至善之美，东方美学润泽现代时尚
绿色生态，和谐共生，自然本源创生美好品质
知行合一，国际视野，艺科融合铸就行业翘楚

石门古镇　数智未来

智储绿养，粮安乡兴
特色产业，链式升级
文化赋能，美美与共
数智发展，和美乡村

第四章　嘉兴篇

东方雅莹：共创中国好品牌

烟雨入江南，山水如墨染。江南水乡，蕴藏了丰富的文化内涵与得天独厚的自然条件，孕育了一段绵延千年的锦绣传奇。在这一片白墙瓦黛的天地间，拥有织造锦衣罗衫的技艺犹如天赐之礼，代代相传、生生不息。

嘉兴，自古为繁华富庶之地，桑蚕业发达。唐代中期，"语儿巾"以其精湛工艺与华美质地名震吴中，声名远播至南粤大地；至北宋，秀州丝织品已贵为皇家贡品，其品质之优可见一斑；明清两朝，"收不尽的魏塘纱"流传坊间，成为嘉兴丝绸产业兴盛的生动写照；而"日产万匹"的濮院绸与被誉为"衣被天下"的王江泾，则见证了嘉兴丝绸业的鼎盛辉煌。桑蚕城市，四方商贾，云集于此，素有"丝绸之府"的美誉。时光荏苒，步入现代社会，嘉兴的服装行业依旧熠熠生辉，五县两区各具特色，形成鲜明的产业集聚效应。市区以真丝绸、丝针织为主导，展现典雅华贵的江南韵味；嘉善则以棉毛针织与植绒产品为傲，凸显实用与时尚的完美结合；平湖以职业装、休闲服加工享誉业界，尽显现代都市的潮流风尚；桐乡则以蓝印花布、羊毛衫为名片，传承着古老手艺与现代工艺的交融之美。四地各展所长，共同铸就了嘉兴纺织服装业的多元魅力与强劲实力。

纺织服装是我国国际竞争力的优势产业，也是传播中华文化、讲好中国故事的重要载体。而纺织服装产业恰恰是嘉兴市第一大传统制造产业，其产业基础雄厚，经多年培育发展，形成了从原材料生产到纺织染整、加工设计、品牌经销等较为完整的产业链。2023年，嘉兴时尚产业规上工业企业共计2055家，约占全市规上工业企业总数的30.6%，实现工业总产值约1644.1亿元，约占全市规上工业总产值的11.58%。

块状经济是浙江经济特别是工业经济的显著优势和重要特征。许多区县将块状特色产业集聚优势作为立县之基、强县之本，通过发挥体制机制、区位和环境优势，推动产业集群向技术密集、资本密集、人才密集的高端产业升级，打造富有区域特色和竞争力的现代化产业集群。

未来，嘉兴力争到 2025 年基本建成先进化纤、高端纺织、绿色印染、时尚服装"四位一体"现代纺织产业体系，提升产业竞争力和影响力；现代纺织产业产值接近 5000 亿元，培育一批细分行业龙头骨干企业，形成一批具有国内国际影响力的纺织服装品牌，建设一批国家级、省级企业创新研究平台，融入长三角一体化建设，打造世界级的现代纺织产业集群。这将成为嘉兴市域经济高质量发展的主导力量和增长极之一。

作为嘉兴高质量转型发展的典型示范，雅莹是传统产业求新求变的典型代表。成功并非一蹴而就，从 1988 年的嘉兴洛东红政服装厂创业启航，如今逐步发展为拥有近 5000 名员工、近 800 家门店，零售网络遍及中国北京、上海、澳门、香港，美国新泽西等全球 210 多个城市的现代时尚集团。雅莹可谓是时代大变局的一道缩影，是乡镇企业创新发展的典范，也是浙江经济腾飞的生动实践。

服装是一种语言、一种记忆，也是一种文化，雅莹发展道路上的一串串足迹，是中国时尚行业的发展历程的探照，见证着女性衣着的变化——从"绿蓝灰黑"单一服饰到多彩绚丽的当代华服，人们的衣着需求也从遮体保暖的基本需求发展为承载更深层次的精神文化追求。

走进雅莹时尚艺术中心，这是一座集文化、艺术、匠心、创意于一体的"江南合院"。无论是文化复兴还是走向世界，首先都需要"知己"——深刻理解自己的历史和文化。时尚艺术中心的"雅莹·美述"馆，记录、保存、呈现展示了雅莹创业三十多年的发展成果，容纳了实业振兴的精粹，呈现了创业、革新的感人故事，讲述了一个鲜活多彩的中国民族时尚品牌故事。

《诗经》中雅即正，代表德行雅正，如宝玉般天然宝贵、晶莹剔透。这种雅正之美，不仅是时尚的象征，更是对女性美的至美诠释，也是雅莹二字的初衷与出处。而雅莹对生活美学的探求，萌芽于 1979 年。在改革开放的春风中，中国的纺织行业也迎来了前所未有的发展机遇。雅莹创始人张宝荣率先迈步，在家乡（今嘉兴市新塍镇洛东乡）参与组建了当地第一家集体服装企业——洛东服装厂，从一名丝厂厂医转型为服装厂的厂长。张宝荣超前意识到商标和品牌的重要性："有自己的商标和牌子，商品就会跟人不同，就会更有价值。"1980年4月8日，张宝荣获得了原国家工商行政管理总局核发的"商标核准通知书"，"洛丰"是我国第5339号商标，而此时距离新中国第一部商标法《中华人民共和国商标法》出台，尚有两年的时间。1988年，张宝荣再次踏出关键一步，带着18台家用缝纫机和34名员工，在新塍镇的红庵里艰苦创业，承包经营了洛东红政服装厂。

"我跟纺织服装行业的缘分始于小时候的耳濡目染。"回想起父亲的服装厂，雅莹集团董事长张华明很是感慨。从小在丝厂长大的张华明，对服装行业有着天然的亲近感。父亲的教诲和母亲的辛勤工作，让他深知服装每一个细节都承载着匠人的心血和汗水。这种对服装的敬畏之情，成为他日后在服装事业上不断追求卓越的动力源泉。

1990年，张华明开始跟随父亲学习办厂与经营，逐渐从一名家族事业的旁观者，变成了参与者和经营者。

1991年，张华明和妻子戴雪明前往北京开拓市场，在走访商场的过程中，他发现北京消费者很喜欢丝绸面料的女士时装，"我们就用江南的好丝绸设计成北京消费者喜欢的款式，一下子火了。"由此，张华明找到了企业的发展方向，发展高品质女装时尚品牌。

1994年，有了资本积累的张宝荣实施跨越式的发展宏愿——将当时已经更名为洛东制衣厂的红政服装厂改为时装有限公司，申请成立了嘉兴市永利来时装有限责任公司。自此，工厂升级为初具现代企业管理模式的民营企业，拥有自行设计、自主生产和自主销售的产供销体系。短短数载，从投身服装行业到承包办厂，再到成立时装有限公司，张宝荣实现了企业早期发展的关键三部曲。

1995年，张宝荣因身体原因电函远在北京开拓市场的张华明回家接班。离京之前，张华明坚信女性对美与时尚的追求将创造更广阔的市场，于是，他申请注册"雅莹"商标。"雅"，高雅美丽；"莹"晶莹纯真，以此确立品牌的初心——立志用好的材料做好的衣服，为女性顾客带去美。

1996年，张华明带领公司全面启动女装品牌发展战略。他在上海设立了产品设计研发中心，与国际大都市接轨。同时，引入专业设计师和版师，以丝绸为原料，打造出时尚且具有品牌特色的女装系列。其中，"雅莹丝绸系列"一经推出便受到市场热烈追捧，奠定了雅莹高端优质的品牌形象。

张华明的改革举措不止于此。他升级沈阳经营部为分公司，在北京投放广告，赢得众多合作机会。1997年，他将公司总部迁至当时嘉兴市区最高档的写字楼，建立了雅莹商业运营中心。同年10月18日，公司更名为"嘉兴雅莹服装有限公司"，实现了公司名称与品牌名称的统一。

尽管在改革过程中遇到了一些阻力，包括来自父亲张宝荣的节俭观念的碰撞，但张华明坚持自己的理念，通过耐心的沟通和解释，逐渐获得了父亲的理解和支持。他的改革举措取得了显著的成效，依靠新的产品和价格体系，1996和1997两年，"雅莹"品牌女装累计创造了将近2000万元的销售额，在北京、上海、天津、太原、南京等市场都大受欢迎，创造了新的业绩纪录。这也标志着两代人的努力终于换来了丰硕的回报。

2003年，非典来袭。当时服装行业市场环境低迷，雅莹坚持工厂不减人不降工资，组织全员进行百天学习，并领悟到"产品"的精义。

2005年，雅莹受邀首次登上中国国际时装周，绽放品牌四季时尚的现代女性之美。

2007年，公司将工业化与信息化提升到新的战略高度，时尚园现代生产物流中心正式启用。公司携手美国翰威特梳理人力资源战略，建立国内领先的人才开发体系，打造最佳雇主品牌。

2009年，雅莹新品牌标志"EP"启用，开启品牌新世纪的优雅升级。同年，旗下年轻高端时尚品牌贝爱DOUBLOVE创立。

2011年，雅莹对女性如何成就美好事业、家庭与生活，提出"平衡·爱·幸福"的品牌价值主张，令品牌别具魅力，并逐步深化成为集团发展的经营哲学。

2012年，雅莹手工坊成立，专注对中国传统工匠技艺的传承与创新。

2013年，雅莹提出了"美丽中国梦"的概念，并在产品开发、品牌建设、人才建设中积极融合，将环境、艺术、文化建设上升到集团战略层面，致力于建设代表中国的民族时尚品牌。同年，旗下当代设计师品牌恩派雅 N.Paia 创立，其设计以"简约、针织情怀"为主张，大胆坚韧时尚轮廓为显著风格。

2015 年，雅莹时尚艺术中心奠基建设，集团致力于在文化与艺术产业的多方投入，通过艺术交流、文化传承等多方面努力，推动时尚文化事业长远发展。设立循环创意部门，通过回收生产过程中的零料余料，进行再创造，回馈予自然。同年，雅莹成为米兰世博会中国馆全球合作伙伴，为中国国家馆设计并定制馆服。

2016 年至 2020 年，雅莹连续 5 届成为世界互联网大会志愿者服装的独家设计、制造和赞助企业，向世界展示来自中国的东方之美，以时尚连接世界。旗下新概念集合店品牌大雅家 DA YA JIA 正式创立，品牌以衣为本，精选好物，将"衣食住知"融为一体，满足消费者从时尚产品到生活方式的全方位消费体验。

2017 年，秉持美丽中国儿童的愿景，旗下雅莹童装 EP KIDS 品牌及 LITTLE SPACE 小雅童装名品集合店品牌创立。

2018 年 10 月 18 日，雅莹集团 30 周年励志庆典在乌镇盛大举行，确立了"此心庄严，优雅而立"的新使命和"志为本、顾客为本、产品为本、文化为本、以人为本"的责任战略。雅莹首家东南亚海外店马来西亚吉隆坡 KLCC 店启幕。

2019 年，雅莹新 30 年开局之年，首次发布《雅莹集团 2018 社会责任报告》，呈现雅莹作为中国民族时尚品牌，在文化、服务、环境、人文、公益五大方面，矢志不渝践行的社会之责。集团主品牌以"EP YAYING"的全新形象优雅转型，确立全新产品风格：更年轻，更有趣，无龄感。

2020 年，面对突如其来的新冠疫情，雅莹展现出了强烈的社会责任感和快速响应能力。集团积极响应政府号召，迅速调动资源，支援生产医用防护服，捐款捐物，以实际行动诠释了民营企业在危难时刻的责任担当与家国情怀。同年，雅莹集团在环保与可持续发展领域的长期耕耘获得了认可，雅莹生产供应链荣膺国家级"绿色工厂"称号。这一荣誉不仅是对雅莹长期以来坚持绿色制造、节能减排、循环经济等先进理念与实践的高度肯定,也标志着集团在构建绿色产业链、推动行业绿色发展方面新的里程碑,进一步强化了其作为行业绿色转型先锋的形象。

2021年,经历五载精心筹备与精雕细琢,雅莹时尚艺术中心建成投入使用,与智造物流中心、子品牌园区,以及之后的创意研发中心形成四园并秀之布局,相互赋能,加快构筑现代时尚产业新格局。同年,作为集团卓越人才发展平台的雅莹书院设立并运作,立德树人,致力于不断提升员工的心灵品质和专业技能,增强业务内核精进发展,培育良知良能的雅莹人。这一年,雅莹集团社会责任事业更进一步,浙江雅莹公益基金会正式成立。这一公益平台的设立,标志着雅莹在履行社会责任、参与公益慈善事业方面迈出了更为系统化、专业化、长效化的步伐。"长久成功的事业都是正心奉道、自强不息、厚德载物的结果。一切学问、修养归结到一点,就是要为善去恶,即以良知为标准,按照良知去行动。经营事业也是一样,致其良知,自强不息先要守住良知"。

三十而立,"此心庄严,优雅而立"是雅莹30周年确立的使命,寄寓了品牌对自身发展道路的深刻反思与前瞻愿景,昭示了其在时尚领域内独特的价值定位与精神追求。雅莹,不仅是一个品牌符号,更是一种深入人心的生活方式、一种独具魅力的艺术精神、一种深植于血脉的中国文化载体。她以其独特的品牌语言,诠释着当代中国女性的自信、独立与优雅,塑造着与时代同频共振的时尚风貌。

步入35周年的雅莹,再度深化并确立了"此心庄严,共创中国好品牌"的美好愿景。对于"共创中国好品牌"的前提,雅莹集团董事长张华明给出了八个字"惟精惟一,止于至善"。"'人心惟危,道心惟微,惟精惟一,允厥执中。'人们常常说一个人,一个公司多么有策略和方法,但真正关键的是你安的是什么'心',用的是什么'心'在做事。"张华明说,从父亲当年强调的"想要做好事,先要做好人",到自己创立雅莹时提出"用好材料做出好衣服,为女性朋友带来美",再到其夫人、雅莹集团常务副总裁戴雪明提出"平衡·爱·幸福"的经营哲学,雅莹人的发展,正是来自守住了自己的一颗"好心",这是品牌30多年来高质量发展的关键。惟精,只做精致，只做精品；惟一，不仅是第一，更是惟一。突破商品同质天花板，以"惟精"功夫贯彻落实"惟一"，格物致知，坚定不移地将对顾客的良知、美好，致在产品上，格物而后知，共创中国优秀乃至卓越的国际时尚品牌。

"大学之道，在明明德，在亲民，在止于至善。"语出儒学经典《大学》，蕴含着深远的人生哲理与道德理想。这一信念同样被引申至雅莹品牌和企业发展的脉络中。"止于至善"是矢志不渝的目标和追求，犹如一盏明灯，照亮了雅莹在做人、做事上的至善之路，赋予雅莹耕耘这份美丽事业的强大创新动力、真心诚意的精神底色。"止于至善"的根本是拥有一颗"明明德、亲民、止于至善"之心，在做人、做事上，永不停止地知善、改善、至善，在每根纱线、每块面料、每件衣服、每个店铺、每个内容、每个人上，随时致其良知，实现从好到很好，再到非常好的跨越。这不仅是品牌发展的生动写照，亦是人生的意义所在。

35年的专注、创新与用心，使雅莹成为以品牌运营为核心的现代时尚企业，以强大的技术创新研发为依托，创新升级商业模式，立足中国，走向世界。在张华明看来，要实现从"高原"到"高峰"的突破，始终要坚持以人为本，本在人心。"一路走来，雅莹始终秉持美丽初心，带领全体雅莹人、合作伙伴在高质量发展的道路上，持续加大在各业务领域的文化艺术创意投入以及科技创新研发，激发时尚的中国心，让雅莹在时尚行业成为文化自信、文化复兴、民族复兴的实践者。"

这些年，雅莹坚定深耕中国市场，积极融入长三角一体化发展战略，大力推进"嘉兴—上海"同城化建设，以优势互补、资源共享，推动时尚产业关键要素有效落地。同时稳步推进国际化进程，沿"一带一路"的指引，描绘中国品牌的国际时尚蓝图，与全球华人及消费者分享来自中国的当代时尚。

是什么成就了今天的雅莹？

文化传承，旧艺新光。美之于时装，讲究用料与工艺，而工艺总是与民族和文化相生相伴。传统服饰作为中华民族传统文化的重要组成部分，它的复兴有利于文化自信的建立与增强。雅莹以文化为本，致力于中华优秀传统文化的传承与创新，将东方美学与传统元素进行解构，以更艺术的形式呈现出来。2012 年 9 月，雅莹建立了以具备几十年技艺的手工艺匠为核心的手工坊，秉承对传统工艺的尊重、保护、传承和创新，逐年将刺绣、宋锦、锻银、蜡染等非物质文化遗产技法巧妙融入其设计和产品中，推动中华优秀传统文化的可持续发展。千百年华夏智慧传承下来的不仅是一门手艺，更是一种匠心、一份责任，雅莹在深耕中华传统文化与民族文化的同时，将当代时尚与传统工艺相结合，向世界递上一张独具民族风韵的东方名片。

从中华优秀传统文化中汲取营养，是雅莹最深厚和可持续的动力源。主品牌的中国雅莹系列自 2016 年诞生以来，不断从文化、美学、材料、板型和工艺方面，回溯传统文化本源，持续开展对中国皇家美学的探究。自 2017 年开始，中国雅莹设计主题及灵感先后经历桃花源记、山海经、五行理论、敦煌文化、南巡图、扇文化、故宫、唐宋文化等，从不同历史朝代的文学、建筑、器物、服饰、生活方式入手，撷取牡丹、如意、龙纹、十二章纹、海水江崖纹、门钉、华扇等诸多代表性元素，以当代设计语言，创作出既有文化底蕴，又体现时代精神的产品。雅莹对中国文化的尊重和传承，并非只停留在对美学文化的溯源与致敬，也将大国的工匠精神融入刺绣钉珠、褶艺编织等传统工艺之中。

作为民族时尚品牌，雅莹以产品为本、顾客为本。结合顾客需求展开高级定制业务，为顾客量体裁衣的同时兼顾其对文化的理解认同，形成文化认知与美学素养的交流碰撞，让高定服装的成品构成可以行走的艺术品。每一件高定产品的背后，是雅莹手工坊匠人们的至诚用心，雅莹将民族责任感和可持续理念，通过产品、服务、内容，展现中国时尚精神、文化自信。

绿色时尚，有机生活。随着政策对可持续发展的不断加强与大力支持，尤其是"十四五"发展规划和 2035 年远景目标对绿色、循环、低碳发展的明确导向，可持续发展已经成为中国时尚产业发展的重点方向。雅莹集团生产工业深耕创意研发中心和智造物流中心两大基地，扎实推进追本溯源，持续共创四川阿坝牦牛毛绒、南宁大凉山桑蚕丝、阿拉善羊绒等中国天然好材料。

以匠心臻品助力绿色时尚一直以来是雅莹集团可持续发展的核心理念之一。雅莹深度融入消费者对穿衣场合与持久度的考量，在快节奏的时代中以"慢"精神诠释匠心精神，坚持高品质时尚精品背后对产品精雕细琢、匠心制作的精神，坚持生态友好设计，从创意、材料和产品全生命周期角度出发，在探索与演绎东方美学的同时，创作实穿、耐穿、温暖有情感的时尚服饰，为女性顾客带去四季舒适的服饰。

雅莹对文化的传承和创新，不仅体现了企业的社会责任感，也为消费者提供了美好体验。在全媒体时代的今日，雅莹通过更加多元立体的渠道向公众展示传统文化传承和艺术创新成果。通过企业与高校、科研院所和地方广泛进行战略合作，联名开展品牌传播活动，打破圈层跨界共创，链接多层次全方位受众群体，进一步扩大品牌影响力，助力中国民族品牌走向世界。

时尚作为现代生活方式中不可或缺的元素，其影响力已经超越了单纯的审美范畴，承载起更为广泛的社会与环境责任。雅莹集团深谙此道，以时尚为载体，积极传播有机生活理念，倡导人与自然和谐共生的大爱情怀，致力于为顾客缔造高品质的生活体验与时尚产品。在雅莹，"绿色有机"的发展理念体现在方方面面，集团将员工食堂升级打造为健康餐厅，优选自营或联营农场的有机食材，践行"食材好，食才好"的膳食哲学，不断追本溯源健康有机食材，为顾客、合作伙伴等利益相关方提供绿色有机的味蕾品鉴。这不仅是雅莹对健康生活方式的深度关注，更彰显了其致力于构建全链条有机生活的决心与行动力。在专注有机食材，建立"惟飨雅萃"健康食材集合店品牌的同时，集团积极参与山海协作、乡村振兴，从源头关心当地农业生态的改善与农民生活水平的提高，实现经济、社会、环境效益的共赢。

文技双驱，融合创新。作为国家高新技术企业，雅莹以文化与科技为"两翼"，深入实施创新驱动发展策略。通过探索领先数智化手段打通研发设计、生产制造、零售服务、战略管理等各业务环节，雅莹重点围绕产品研发信息化、采购生产信息化、终端零售信息化、经营管理信息化四个方面，展开以"天网"和"地网"为发展主轴的体系。"天网"以消费者为中心，深化线上线下深度融合，引入私域运营技术，围绕企业设计、多元链接、精准营销及商品运营构建更加敏捷、精准的数智化能力，为消费者提供优质、智能的消费服务体验；"地网"则将以 SAP ERP 为数智化底座，构建商品、供应链、财务等综合经营管理平台，实现高效协同管理。

为了推动文化艺术与时尚产业高度融合，雅莹一直以来重视与高校合作开展具有前瞻性和应用价值的课题研究合作。集团已与东华大学、浙江理工大学、北京服装学院等专业院校开展产学研项目，在材料研究、创意设计、工艺技术、智能制造等不同领域开展深度研究与共创；雅莹联合当地高校开展定制化培养课程，为企业输送专业人才。从 2020 年起，雅莹与嘉兴职业技术学院开展校企合作，开办"雅莹班"，3 个班级合计人员 109 人，青年学子在工作岗位上展现自己的才华与技能，为时尚产业注入全新的活力。同时从 2020 年至今也荣获了多个校企合作省级奖项，获得多项专利，包括嘉兴市产教融合"五个一批"工程等多个育人项目，不断细化人才培养的多重方向。

企业的发展进步需要新鲜血液，雅莹自 2009 年启动"英才计划"，多年来为企业发展输送了一大批优秀人才，同时在人才晋升、经营管理、薪酬福利等方面进行优化提升，以不断完善的人才体系实现引育人才、留住人才，人尽其才、才尽其用，为企业发展注入新动力。2021 年，雅莹书院设立并运作。秉持"立德树人、止于至善、建设自己、成就他人"的初心，书院以中华优秀传统文化为引领，以雅莹领导力模型为发展标尺，深度发展商品经营、创意设计、品牌视觉、零售管理、生产工业五大分院平台，关注、研究企业未来所潜在的挑战和机遇，展开具战略性、未来性的项目研究与人才建设，培养一批批德才兼备、良知良能的经营者，全力推进企业和品牌可持续发展战略。

5000 年的文化底蕴造就中国消费者发自内心的对美、对时尚的追求，庞大的内需群体将成为中国时尚产业发展的源动力，最终推动中国时尚产业伴随民族的伟大复兴而真正腾飞。雅莹在潜心创造"中国美"与"女性美"的新征程上，初心永挚，行而不辍，惟精惟一，止于至善，共创中国好品牌，共创"平衡·爱·幸福"的美好生活。

中国服饰，源远流长。

雅莹之美，生生不息。

//"东方雅莹"评论 /

自农耕时代深厚的历史积淀中脱胎而出，中国大地上荒芜的商业逐渐萌发出勃勃生机。20 世纪随着乡镇企业的蓬勃兴起，以及现代企业制度的逐步建立，浙商以其敢为天下先的拼搏精神和筚路蓝缕、披荆斩棘的创业精神，成为推动时代发展的重要力量。雅莹以其独特的魅力与强大的实力，于众多企业中崭露头角，成为时尚界的常青树。

新世纪以来，随着中国崛起和民族自信的提升，不少本土品牌在经历过单纯模仿西方品牌模式的阶段后，开始重新反思中国品牌的身份认同及如何深耕中国原生的东方文化。古往今来，东方美学深刻影响着人们对美的理解和向往。东方美学是一种独特的审美理念，围绕着东方文化和哲学传统价值观展开，强调的是和谐与平衡、简约与留白、自然与流动、内敛与含蓄。它的美学范畴不仅包含了东方人的人生智慧，更是一种付诸实践的"现世传统"，不仅是时尚的、消费的元素，更是生活的艺术。民族品牌的出圈在充满西方符号的环境中重构了文化审美，激发了大众艺术共识，真正拉近了传统文化与当代大众的距离，这是一场东方美学回归的文艺复兴，静水深流，势不可挡。1995 年，张华明注册了"雅莹"商标，取意"高雅、晶莹、自然、高品质"，寓意着美好的未来，确立了品牌初心，并正式接管企业。雅莹集团以传承中国传统文化为己任，推动文化艺术与时尚产业融合发展，通过发扬优秀中华传统艺术美学、手工技艺、工匠精神，力求糅合东方美学与当代时尚，不断赋能女性之美，为中国人的精神世界和生活方式提供雅莹方案。

风雅之韵，至善之美，东方美学润泽现代时尚

文化之于时尚的意义无可替代，雅莹以优雅之姿立于行业和时代的前沿，脱颖而出，靠的是对文化的根植。雅莹诞生于文化丰厚璀璨的江南地区，带有强烈的东方美学基因。从悠久的历史文化中追根溯源，设计、制版、手工艺等不同版块的骨干在各自创作领域从文化情怀、艺术创新、匠心传承三个角度不断深挖、深耕，丰满细节下的美学内涵，向世界展现了东方语境之下的高级时装。

雅莹并没有在每一件产品中都叠加上属于东方的表征和符号，却将中国文化的特征和内涵渗透到品牌的根源中，如中国红、团扇、钉珠等元素。尤其是在皇家文化中，雅莹融合了盛唐时期的卷草纹样、女着男装立翻领、胡风大袖等唐代服饰，以及牡丹、如意、龙纹、十二章纹、海水江崖纹等代表性元素，与当代的设计语言糅合，呈现出强烈的东方美学基因。雅莹对中国少数民族文化与技艺的探索也是无穷尽的，在多民族的彩云之南、圣洁壮丽的川藏高原、豪放爽朗的内蒙古草原中深入探究，从不同民族服饰中汲取灵感，在保留其民族特色的同时，加入现代设计元素，融入符合当代人的设计理念，满足现代社会的发展需求。苗族的蜡染、锻银是珍贵的非物质文化遗产，将其独特的制作工艺应用到现代化制衣中，提升了服饰的艺术性与审美价值，使民族风不再局限于特定的区域，而能在现代化的都市中大放光彩。

国潮是指将中华传统文化与现代艺术设计相融合，并将其赋予到服饰、文创等各类载体，表达独特审美主张，传达生活新态度。国潮席卷市场，背后是民族自信、文化自信的增强，是中国制造、中国设计的升级，更是品牌塑造和营销技巧的跃升。雅莹在传统文化与技艺中上下求索，将品牌服装与东方美学相融合，形成了独特的中国风潮流。

绿色生态，和谐共生，自然本源创生美好品质

生态与气候的变化与人类生活息息相关，时尚行业对环境造成的影响尤甚。雅莹集团深知绿色是高质量发展的底色，深入学习贯彻习近平生态文明思想所强调的"做好碳达峰碳中和工作，推动经济社会发展全面绿色低碳转型"，从绿色采购、绿色运输、绿色产品等环节入手，着力推动从原材料采购到产品销售全生命周期的低碳转型，成功入选国家级"绿色工厂"。雅莹结合自身业务实践，积极联合产业链上下游企业，从对好材料追本溯源到环保科技应用，充分运用"雅莹三宝"之桑蚕丝、羊绒、牦牛毛绒，将可持续理念融入更长效的日常创作。雅莹针对绿色环保制造，合理利用资源，创立循环创意部门，利用剩余的零料、余料、边角料创造出一件件以爱为名的艺术生活小物，包括丝巾、发饰、腰带等品类，向消费者传达环保生活理念，展现可持续时尚的更多可能性。

时尚的表达不是一蹴而就，包含社会发展、绿色生活、可持续发展的设计也不是在一次探索中就可以完整呈现的。从源头开始重新构思现有资源的使用，成就全新的设计品，在延续其生命周期的同时，发掘持久陪伴的温度与情感价值——这便是雅莹"可持续设计"。雅莹聚焦"文化、创意、材料、品类、工艺"引领，构建多方面的坚守与创新，不断扩充"可持续设计"的定义，助力时尚产业永续发展。

雅莹以"用好材料做好衣服"的初心，探索外在之美；秉承"平衡—爱—幸福"的生活之道，追求内在之美。内外兼美，是一种可持续的生活方式，也是雅莹希望表达的由内而发、健康积极的时尚态度。旗下健康食材集合店品牌"惟飨雅萃"以"找寻健康本味，分享美好自然"为理念，传播有机、绿色的生活方式。同时，雅莹积极响应浙江省"千企结千村，消灭薄弱村"专项活动，以"智志"双扶帮扶乡村，共建有机农场实现有机种植，促进产业增收、农民增富，实现生态效益、经济效益、社会效益的多赢。扎根东方土壤，雅莹怀真诚初心与优秀的合作伙伴责志而行，以大美中国，传递大爱；以深化协同，助力绿色产业；以助推共同富裕，共创可持续社会。

知行合一，国际视野，艺科融合铸就行业翘楚

王阳明先生的思想对浙商群体影响深远。浙商发展研究院院长王永昌指出，阳明心学可以用"圣贤之道"提升浙商，用"心即理"塑造浙商，用"致良知"润泽浙商，用"知行合一"锤炼浙商。雅莹在企业经营、管理、创作、创新的方方面面中体现"知行合一"，以"惟精"功夫贯彻落实"惟一"，不断在"不善""善"以及"至善"之间找差距，带着"良知良能"这一个永不熄灭的发动机，不断格物致知，固本强基，创新突破，全力精进。知行合一，首要在于"立志"，继而获得"真知"、践履"笃行"。"用好的材料做好的衣服，为女性顾客带去美"是雅莹品牌的初心，也是经历多次成功和挫折之后愈加坚定的信念。面对市场的风起云涌，雅莹从未停止过前进的步伐，始终保持着敏锐的洞察力和强烈的进取心。雅莹的时尚不仅是外在美好，更在于其背后蕴含的精神、情感与生活哲学。无论外界如何浮躁，别人如何跨界，雅莹从未离开自己热爱和选择的服装行业，而是塑造更优渥的时尚生态，不断深化雅莹独特的经营哲学，为社会发展创造可持续价值。雅莹就像一颗顽强的种子，不断挑战自我、超越自我，向内耕耘、向外共创，在市场的沃土中生根发芽。

新世界是属于创造者和开拓者的。从服装加工起步到如今多元品牌的现代时尚集团，雅莹从未停止创新：从产品设计到生产，从渠道到品牌，从人力到管理，从整体发展战略到一针一线……方方面面，点点滴滴，都在与时俱进、求新求变。作为国家高新技术企业，雅莹以"数智升级"持续对研发设计、生产智造、零售服务、战略管理等多重领域进行重塑，致力于实现科技与业务的深度融合。当时尚产业与科技创新相结合，创美之路打开全新的视角与广阔的世界。科技赋能时尚，实现柔韧兼备的高动能生产供应链，创造更高品质的时代产品，链接触达更多消费群体，探索研发领域中具有更多可能性的未来。雅莹不断融合顾客生活新方式，转型升级，创新全渠道融合模式，实现服务增值增量，全面助推消费向现代化、绿色、健康的方向发展。在上海旗舰店创建的同时，正在布局巴黎、伦敦、米兰雅莹旗舰店。

雅之韵，至善之美，现代时尚里的东方美学。传统服饰作为中华民族传统文化的重要组成部分，它的复兴有利于文化自信的建立与增强。相较于当下大多数自动或被动打上"潮""中国风"等标签的品牌，雅莹以文化为本，致力于中国传统文化的探索与创新，将中国美学与传统元素以更抽象的艺术形式呈现出来。雅莹并没有在每一件产品中都叠加上属于东方的表征和符号，却将中国文化的特征和内涵渗透到品牌的根源中。如果说科技创新是品牌的硬实力，那么艺术设计、企业文化，则是一个品牌的软实力。企业不能只有名字，却没有品牌。品牌力的缺失，会造成高度同质化的竞争，使企业陷入内卷的泥潭。品牌是长期效益的体现，企业需要有其不可代替的核心竞争力。品牌的增值源泉在于消费者对品牌载体的独特印象与情感联结，这构成了品牌效应的强大力量。目前，国内许多品牌正在面临直播时尚产业模仿、低价、低质的市场冲击，需尽快构建起品牌"护城河"，以品质、新颖、设计传播来对抗各路模仿者的"分割市场"。

东方美学的复兴，民族品牌的崛起，折射出"中国制造"向"中国智造"和"中国质造"迈进，也塑造着消费者的审美和文化追求。古老的东方美学经过千百年来的锤炼，酝酿出专属国人的美学艺术，东方美学不仅是时尚的、消费的元素，更是生活的艺术，贯穿于衣食住行。张华明强调，"作为民族品牌应担当使命和社会责任，以中华优秀传统文化为指引，全力深耕我们这一美丽事业平台，全心服务顾客美好生活，全面推进产业创新和现代化发展，坚定文化自信，促进民族合作，将社会责任全方位落到企业品牌核心业务实处"。中国时尚品牌雅莹，以"此心庄严，共创中国好品牌"为目标，在"品质即人品""品牌即品德"中国式现代化发展的新时代，传递人们对于精神层面富足的向往，对于自然和谐生活方式的追求，从中国文化、民族文化、自然文化中汲取精髓与灵感，主动创新，不断创造。

石门古镇　数智未来

石门镇位于浙江省桐乡市中北部，地处杭嘉湖平原腹地、京杭运河畔，地理位置优越，交通便捷。

全镇总面积63.23平方千米，辖18个行政村、1个社区，总人口6.4万人（其中常住人口5.2万人）。

2023年，实现地区生产总值48.51亿元、规上工业总产值98.7亿元、固定资产投资8.54亿元，新增规上企业3家，亿元以上企业2家。年末共有规上工业企业86家，其中亿元企业17家（含建筑业企业1家），规上服务企业38家。

石门镇具有2500多年历史，与乌镇镇、濮院镇、崇福镇并称桐乡"四大古镇"，用四句话来概括石门的四大IP便是：

一粒千年 —— 石门是农耕文化的源头，石门罗家角遗址发掘的炭化稻谷是当今世界上发现的最早的稻谷遗存，证明7000多年前先民已经在此地栽种稻谷，将稻作文明提前了300多年。

一步吴越 —— 石门是春秋时期吴越争霸之地，当时越王垒石为门，以此为界限，后来两边以此为界各建民居，所以当时老百姓跨一步就是吴越之别。垒石为门，也是"石门镇"的由来。

一舟京杭 —— 石门镇沿运河而建，千里古运河独独在这里拐了一个120度的大弯，清朝康熙、乾隆两帝在巡视江南时，多次在此登陆，大弯处自古都是个商贾云集的大码头，石门镇因此又名石门湾。

一笔人生 —— 石门是丰子恺先生的故乡，他是中国现代受大家景仰的漫画家、散文家，被国际友人赞誉为"现代中国最像艺术家的艺术家"，他用漫画的形式道尽人间喜怒哀乐，作品深受人们的喜爱。

下文以墅丰村、石塘村、春丽桥村为例，将石门镇乡村振兴产业的新模式、新探索、新发展进行综述。

墅丰村的"数字养老"

墅丰村位于桐乡市石门镇北部，总区域面积为4.92平方公里，全村有32个村民小组，共883户，是一个集红色文化、农耕文化、子恺文化于一体的乡村体验区。

近年来，墅丰村坚持党建引领，围绕"桐乡党史教育基地、子恺漫画研学基地、现代农业示范基地"建设目标，大力推动"产业＋文旅"融合发展，先后获得国家森林村、全国乡村治理示范村、省级特色精品村、浙江省文明村、浙江省卫生村、浙江省金3A级景区村庄、浙江省善治示范村、浙江省民主法治村、省级优秀未来乡村、省数字乡村"金翼奖"百优村、省首批共同富裕现代化基本单元等荣誉。

墅丰村红色资源丰富。是桐乡市第一个党组织——中共石湾组织的诞生地。2022年，墅丰村抢抓基层党建示范点建设契机，大力推进红色美丽村庄建设，乡村面貌进一步提升。

墅丰村地理位置优越。处于桐乡市农业经济开发区核心区，区域内水陆交通便捷，崇练公路、果园路、白马塘港穿境而过，是典型的平原水乡风貌。墅丰村农业产业兴旺。依托桐乡市现代农业创新服务中心，建成多新天泽庄园、华腾石湾未来猪场、甜柿园、蓝莓园、黄桃基地、葡萄园等多个现代农场。墅丰村文化资源丰富。全力打造以丰子恺文化IP为文脉、乡村文创艺术为底色的子恺漫画村"网红村"。

墅丰村村委会作为未来乡村领航中心，具备一系列现代服务模式，建设"云上乡村"，将村民关心的内容集成在云端。全力推进"桐乡党史教育基地、子恺漫画研学基地、现代农业示范基地"建设，着力打造红色资源丰富、文化底蕴丰厚、生态环境丰美、产业发展丰实的共同富裕样板村。

墅丰村现在主要依托新尚文旅作为全村运营主体，以学生研学、政务接待为主，2024年上半年累计接待人数1.5万人次。

现有旅游项目有桐乡市红色教育中心、农创中心、浙江展铁航空基地、子恺漫画村、石湾华腾猪舍及 4 个家庭农场的水果采摘和野火饭。

其中，沈家墩是墅丰村下辖的一个自然村落，地势高，且居住的人都姓沈，所以称为沈家墩。进门口第一眼就看到的牧童骑牛的雕塑，这个雕塑的原型出自丰子恺先生笔下作品。

村庄以子恺文化 IP 为文脉，以乡村文创艺术为底色，打造一个漫画创作研学为主题的活力乡村。

石门镇（桐乡市）人杰地灵，红军著名女将张琴秋就是石门人，曾就读于振华女校，乡村书院命名为振华书院，既是对先烈的缅怀，又是对后辈的激励。

而桐乡红色文化教育中心落户墅丰村，立足桐乡境内最早的党组织——中共石湾组织活动地点，全景展示桐乡从新民主主义革命到新时代的发展历程，回顾桐乡籍革命英烈、党史人物的革命事迹。系统展现以沈雁冰、沈泽民、张琴秋、王会悟为代表的桐乡"红色四杰"革命事迹，突显他们的为民情怀和清廉作风，打造具有鲜明桐乡特色的党史教育基地。

最近，石门镇墅丰村捧回了一张"证书"——墅丰村智慧养老云平台三维建模数据的产权证。

"这张证书，代表着智慧养老平台上的墅丰村模型，从一份数据变成村集体的资产了。"墅丰村党委书记、村委主任窦国勇说。这是桐乡首张智慧养老领域的数据资源持有权证书，也是桐乡探索智慧养老数据"创收"的第一步。

什么是数据资源持有权证书？这相当于虚拟数据的"产权证"。持有者能对数据进行获取、存储、使用、更新、共享和保护等，也是"数据"变"资产"，"创新"到"创收"的前提。

这个"桐乡首张"保护的是墅丰村智慧养老云平台中的墅丰村三维建模。起初，墅丰村为老人手腕上都佩戴了智能手环，一旦手表感应到老人跌倒，就会发出警报。为了快速定位老人所在位置，墅丰村邀请第三方机构对辖区进行测绘，通过三维建模的方式，建起了一座虚拟的"立体微缩墅丰村"。

在这张三维建模上，老人的位置会以"亮点"的形式呈现。但这张地图的"能耐"可不止于此。它还包含着墅丰村的地形地势、房屋布局、农田分布等地理信息数据，对三农产业也具有参考价值。

"墅丰村是数字经济确权认证的第一个实践村，又生根在农业大镇石门，发展农业数据产业，探索三农数字产业，我们当仁不让。"窦国勇说。

经过半年多的努力，墅丰村建立了全省首个家保云智慧养老云健康监测云平台系统，并成功申请了数据资源持有权证书。它的"产权人"是全体村民，是墅丰村的集体财产。这为探索农村数据要素流通和交易提供了前提，也为下一步集体经济创收作了铺垫。

未来，墅丰村将结合乡村振兴发展形成的数据产业基础，探索实践农村数字化项目的引进与运用，将这份数字资产与软硬件相结合，为三农数据产业的发展提供支撑。发挥数字经济在农业、农民、农村三大领域的作用，构筑成为数字经济发展新动能新优势的重要抓手。

华腾猪舍里·石湾

走进华腾参观的几十分钟里，所有观者的感觉是震撼的。

成立于 2007 年的浙江华腾牧业有限公司，是一家从事生猪养殖、肉制品加工、原料贸易、饲料加工、养殖机械供应以及文化旅游等于一体、产业链完善的省级骨干农业龙头企业，先后荣获全国农业农村信息化示范基地、浙江省省级骨干农业龙头企业、浙江省知名商号、浙江省十大美丽牧场、2021 年度浙江省农业农村厅技术进步奖一等奖等荣誉。

华腾猪舍里·石湾位于桐乡市石门镇，是华腾集团旗下第二个绿色生态循环牧场，成立于 2021 年 5 月 1 日，总占地面积 214 亩，其中 38 亩为特色生猪养殖区域，设计存栏生猪 5000 头，农旅融合区占地 176 亩，集智慧养殖、果蔬种植、休闲旅游、科研教学于一体。

华腾猪舍里·石湾为周边地区提供就业岗位 600 余个，2023 年度接待游客 4 万人，旅游收入 400 万元。

华腾猪舍里·石湾建有购物厅、科技展示馆、未来猪场展览馆、石湾有机餐厅、儿童乐园、湖泊咖啡屋、野炊区等馆舍，是一个以"猪文化"为主题的特色庄园，也是一个集生猪养殖、肉产品销售、亲子旅游、环保科技等于一体的一二三产业深度融合发展的绿色生态循环牧场。2021年成功创建省级数字牧场，2022年入选全省首批"未来农场"。

华腾猪舍里·石湾全域采用智能化管理，以农业农村部颁发的《农业部耳标规范》为标准，自主研发智能生物耳标，对动物行为感知、动物生命体征信息检测，实现猪只体温、运动量等信息实时上传监测数据，实现每一头猪从保育到育成直至售卖运输屠宰的全生命周期的管控。养殖场配备智能喷雾消毒控制系统、自动饲喂系统、物联网智能控制系统等多项数字智能系统，用环保理念与智慧养殖赋予养猪新定义。

第十三届全国人大常委会副委员长、党组成员张春贤，浙江省农业农村厅党组成员、省畜牧农机发展中心主任陈良伟等领导曾到华腾猪舍里·石湾调研考察。

沈梦佳是一位年轻的"95后"，华腾集团执行总裁。作为一名先后荣获2017年桐乡市青春创业榜样（提名奖）、2017年桐乡市优秀旅游（涉旅）项目建设者、2019年度桐乡市十佳青年标兵等荣誉称号的年轻老总，在她的带领下，华腾集团在2016年、2017年先后成立了中国工程院华腾院士专家工作站、浙江省重点农业企业研究院。

正像沈总裁在接待时所讲的一样，进入猪舍里产品展厅，可以了解华腾生态化产品；移步进入华腾科技厅，可以了解企业及数字养殖情况；走进未来猪场，可以了解华腾特色生猪智慧化养殖；而进入猪舍里农业园区，可以考察农旅结合相关情况。

每位进入展厅的人，都会购买一些华腾的产品。有的买了新鲜的猪肉，有的买了肉松。祝福华腾，走向了农旅结合的新赛道，跑得越来越快，跑得越来越顺。

丰同裕，专注于蓝印花布

位于桐乡市石门镇的桐乡市丰同裕蓝印布艺有限公司，成立于2003年5

月，是一家综合型的蓝印花布生产企业，历史悠久、工艺独特，是"中华老字号"企业。

作为浙江省非物质文化遗产生产性保护基地、首批浙江省成长型文化企业，丰同裕在桐乡，在石门，几乎人人都知道。

说起丰同裕这家老字号，原为著名漫画家丰子恺先生祖上传下来的一家染坊店，大约创建于1846年。

由于石门当时的染坊店多，加工的布绸数量有限，从创办开始到成立丰同裕蓝印布艺有限公司以前，规模一直没有扩大。2003年，桐乡市丰同裕蓝印布艺有限公司成立，哀警卫是公司的掌门人，他带领着团队，改变了传统作坊的经营性质，在继承传统的基础上不断创新，使这一百年老字号重放异彩。

目前，公司产品系列多达几十个，产品品种多达数百种，弥补了以往蓝印花布产品种类单一的不足，现已成为全国最大的蓝印花布生产基地之一。

丰同裕蓝印布艺有限公司拥有的蓝印花布技艺在同行业中属于领先水平，具备较强的创新活力和发展动力。

在2019年"文化和自然遗产日"优秀案例发布会上，入选国家级非物质文化遗产代表性项目优秀保护实践案例，"专注于蓝的深度开发"项目入选传统工艺振兴优秀案例。

丰同裕蓝印布艺有限公司一直崇尚自然，坚守匠心，成立了浙江省文化和旅游创新团队以及嘉兴市首批创新团队，打开了创新设计、文旅融合之路，推动传统工艺振兴，使非物质文化遗产真正地融入现代生活。

掌门人哀警卫，担任浙江工商大学本科生实务导师、北京服装学院硕士生导师、沈阳大学硕士生导师、传统工艺与材料研究化和旅游部重点实验室客座研究员。

作为一名正高级工艺美术师、高级技师，他先后成为中国工艺美术大师、浙江工匠、省非物质文化遗产代表性传承人、浙江省"万人计划"传统工艺领军人才、浙江省"百千万"高技能领军人才培养工程"拔尖技能人才"。

经过岁月淘洗的"丰同裕"，正焕发着越来越迷人的魅力。

专注于蓝，让蓝印花布，犹如海水，慢慢变蓝，越来越蓝。

白马塘村的乡村振兴产业

白马塘村位于石门镇东部，南靠京杭大运河，西邻白马塘港，地理位置优越。全村区域面积3.96平方公里，总耕地面积4770亩，现有25个村民小组，全村农户613户、人口2348人。现有耕地面积3161亩。

白马塘村近年来分别获得省级全面小康建设示范村、省级中心村、扩面提升村等荣誉。

白马塘村自2005年开始大力开展村庄整治工作，拉开了新村建设的序幕，同年荣获桐乡市全面小康整治达标村，2007年成功创建"省级全面小康建设示范村"，2009年开展了村庄整治扩面提升工程。

通过新农村建设的整治、提升，全村村庄环境显著提升，人居环境明显改善。

尤其是从2016年开始，白马塘村美丽乡村建设进入了高速发展期，规划两个新村集聚区，加大基础设施建设投入力度，集聚区内道路、路灯、绿化、污水处理、天然气等设施全面完善，村民建设美丽乡村的积极性高涨。截至2023年年底，白马塘村已有543户农户完成易地迁建，集聚率达到了88.7%，市级美丽乡村精品线穿境而过，市级未来乡村如火如荼建设中。如今，新村别墅林立，村民安居乐业，村党总支书记朱一鸣也被授予2022年度"浙江省社区工作领军人才"。

近年来，白马塘村的产业发展迅猛。由于白马塘村位于桐乡市省级农业开发区内，农业产业主要以发展杭白菊、有机葡萄、蜜梨等产业为主，特色较为明显。其中代表桐乡特色的杭白菊产业，更是白马塘村的一大亮点。

现有省供销社旗下浙农集团、桐乡市缘缘食用花卉专业合作社等两家主体，其中浙农集团基地面积500亩左右，缘缘食用花卉专业合作社110亩左右，建立了一整套杭白菊种植、管理、加工规范体系，成为桐乡杭白菊规模最大、品质最优的示范性基地。

近年来通过土地流转，促进产业扩大。有效通过基地带农户的模式，进一步推动农业产业发展。在解放农民双手的同时，将剩余农村劳动力转移到农业基地，实现了农户土地租金与劳动薪金的双重收入，既促进了产业发展，又带动了农民增收。

对白马塘村近年的投资发展情况进行分析可见，近年来，白马塘村着眼新时代美丽乡村建设要求，大力发展美丽乡村事业，在基础设施投入、村级创收等方面做了很多工作，实现了全村经济的健康有序发展。近年来，共实现农民集聚新增146户，村级美丽乡村发展支出5128万元，其中：文化礼堂、村委会建设1030万元，市级美丽乡村精品线建设980万元，新村点基础设施投入支出1658万元，村民建房补助约1460万元。

在大力发展美丽乡村的同时，白马塘村一手抓建设一手抓创收，在村级经济壮大方面，通过盘活村级存量资产、购置经营性物业、参加村级抱团等方式，村级经济逐年递增，分别为：2019年39.8万元，2020年41.2万元，2121年70.5万元，2022年75.4万元，2023年93.1万元，实现了年年增长。

未来，白马塘村仍将继续坚持将发展作为第一要务，把改善民生作为出发点和落脚点，继续加大美丽乡村建设投入，优化产业结构，擦亮白马塘品牌，把美丽乡村与优势产业深度融合，形成新的发展模式，在推动乡村发展、带动农民致富方面，增强乡村的内生动力和活力。

浙农杭白菊产业

杭白菊是"浙八味"之一，桐乡的地标产品、文化符号。

为推动桐乡杭白菊产业高质量发展，打造我省为农服务共富样板地，2021年10月，浙农集团股份有限公司与桐乡市石门镇政府签订合作协议，共同出资成立桐乡市浙农杭白菊科技有限公司，共同探索桐乡杭白菊产业发展中品质控制难、农残控制难、产业提升难、同类竞争难等问题的解决路径，重塑杭白菊品牌价值。

2021年12月，由浙农集团旗下农业、医药板块企业，与石门镇下属"抱团公司"共同出资成立，以浙农集团为经营管理主体，石门镇落实相关配套扶持政策，发挥"政企合作"主体在技术、政策、资源、销售方面的优势，市场化运营，以石门镇"桐乡杭白菊产业园"为基础、500亩基地园区为试点样板，按照GAP要求，科学应用现代农业技术，"六统一"规范化种植生产，示范带动周边地区，推动桐乡杭白菊产业提质升级。

杭白菊项目是浙农集团股份首个探索中药材全产业链与农业综合服务融合发展试点项目，围绕"标准化种植、质量可追溯、全产业链发展"的目标，取得了可喜可贺的成绩。

全产业链发展有了基础。在技术支持方面，引入浙江省药检院、浙江大学生物所、浙江省中药研究所、嘉兴市农科院等科研院所，开展杭白菊品质专项研究、健康种苗育繁推、杭白菊种质资源保护开发等项目，形成产学研一体发展引擎，通过建设种质资源圃、健康种苗繁育及种植示范区与杭白菊指标性成分研究，逐步制定杭白菊全产业链技术标准，为构筑杭白菊优质要素提供科学依据。

在设施保障方面，通过"双强项目"，完成2000平方米温室大棚建设，实现优质种苗繁育功能；采用水旱轮作，解决杭白菊连作障碍，实现可持续绿色种植生产；建设3000平方米产地加工厂，实现采收、蒸汽杀青、控温干燥、低温仓储等流水线生产。同时，用数字化手段集成管理园区内杭白菊种质资源圃、温室育苗大棚、田间试验区、规模种植、产地加工、包装储运等杭白菊各环节，配备相应的物联网设施设备，归集相关数据，为种植生产管理提供科学决策依据，形成统一的种植技术规程，可延伸覆盖农户订单基地。

农民与村集体经济实现了双增收。由于种杭白菊赚不到钱，当地农民对此提不起兴趣。于是，从2022年起，杭白菊公司通过常年聘用劳务工30余人，农忙期用工每天100余人的举措，同时，又通过向村集体租赁土地、厂房、购买服务等，实现了村集体经济增收70余万元，实现农民就近就业与村集体经济双增收的良好社会效益。

特别是通过规范化种植标准统一、"共享车间"加工设备先进技术统一，所产出的杭白菊产品质量较优，每公斤较市场高出15%以上，部分效益通过提高鲜花收购价格反哺给杭白菊种植户，经测算可提高亩均收益1200元左右，促进了农户种植杭白菊的积极性，同时提高了农户的质量意识，有利于杭白菊产业在种植端的高质量发展。

公司影响力得到广泛提升。由于杭白菊项目的实施得到了王文序副省长及省市相关部门主要领导、地方政府、行业组织与科研院所的高度肯定。

作为我省规模最大的自营杭白菊基地，行业影响力不断扩大，享誉海外。

杭白菊农事服务有了开展基础。浙农杭白菊农事服务中心的建设完成，既为周边种植户提供了必要的农资、农技、农机等农业社会化服务，实现了订单基地规范化种植生产；同时，借助基地示范优势，通过农事服务中心，展示、展销各类杭白菊产品，有助于推动销售。据不完全统计，2023年桐乡市杭白菊常年种植面积4万余亩，占全国白菊花类总面积的60%、杭白菊总产量的90%以上，干花总产量5000余吨，平均亩产值达6000多元。全市有杭白菊加工企业40多家，其中农业龙头企业7家、示范性专业合作社1家，年加工能力达8000吨左右。

桐乡市石门湾发展势头正旺的大米产业——石门生态大米

春丽桥村位于石门镇北，紧靠湖州练市镇。距镇区位置较偏远，早期交通不便，长期以传统种植业为主，经济基础一度非常薄弱。

显然，要说自身条件，春丽桥村不占优势。如何让资源禀赋一般的乡村加快发展，带动老百姓增收致富一直是个难题。

探路途中，不乏发展轻工业、转型服务业的。但春丽桥村的选择看上去很土——深耕老本行，"靠田吃田"。

2007年，以省级千亩粮食高产示范区创建为契机，春丽桥村建起了石门镇兴农粮油农机专业合作社，动员村民把土地流转给合作社统一管理，为村民提供统一的虫害或病害防治服务。

说起春丽桥村的致富之路，就会讲到石门生态大米。

石门生态大米的原料，产于古运河旁的桐乡市石门省级现代农业综合示范区的桐乡市石门镇罗家角遗址。

罗家角古遗址几千年以来形成的原生态地貌、良好的自然生态环境，可采用纯天然的旱地种植，不灌水、不施肥、不用药，确保生产的稻谷原生态。

所产的大米颗粒饱满，质地坚硬，米粒半透明，色泽青白有光泽；蒸煮时可闻到特有的米香味，做出的米饭洁白光润，晶莹透明，营养丰富，品味香醇，略有韧性，不回生，口感极佳。

大名鼎鼎的石门湾粮油农业发展公司，是一家为了石门发展生态大米而专门成立的公司，是由桐乡市石门镇9个村抱团入股组成的。公司集粮食生产、加工、销售、社会化服务和技术培训为一体，现已成为桐乡市服务功能最全、规模最大、农机农艺结合最紧密的粮油公司。

目前，集机耕、种子催芽、育秧、机插、机植保、机收、烘干、技术培训等服务为一体，建有数字化大米加工厂1个、秸秆综合利用中心1个，经营流转面积1.5万亩，占全镇90%，作业范围覆盖全镇。

曾进入全国首批农民专业合作社示范名录，获评全国农机合作社示范社、浙江省示范性农民专业合作社、省级示范性植保服务组织、浙江省现代农业科技示范基地。

2019年，还承办了全省农合联春耕支农服务活动启动仪式暨提升农业社会化服务现场会。

2022年承办了省级农业现场会。

2023年4月11日，接待中共中央政治局委员、国务院副总理刘国中。

说起种粮业的发展历程，石门湾粮油农业发展公司也是桐乡产业发展的一个典型案例。

公司前身为桐乡市兴农粮油农机专业合作社，曾进入全国首批农民专业合作社示范名录，获评全国第一批农作物病虫害专业化统防统治示范组织、全国农机合作社示范社、浙江省示范性农民专业合作社。

公司拥有固定资产1亿，拥有收割机、插秧机、直播机、烘干机、种子催芽器等大中型农机设备108台套，建有农事服务中心、智能化集中育供秧中心2个、粮食烘干中心4个、粮食加工中心3个、自动化加工米厂1个、秸秆综合利用中心1个，承担了石门镇90%左右的农机作业服务。

据统计，2023年小麦、稻谷销售20000吨，稻谷库存1800吨。大米销售

3150 吨；对外加工秧盘 12 万余盘，种子催芽 3 万多亩，机械化插秧 4000 多亩，机械化直播 1.5 万多亩，机耕、统防统治 1.7 万多亩，稻谷烘干对外 5 万多亩，机收 1.7 万多亩。

种粮公司发展壮大的成功经验，是现代农业企业发展的一个缩影。

他们通过制度化建设，不断提高现代农业生产水平。

他们通过双层化经营，确立"生产在家，服务在公司"的双层经营体制。

特别是农机推广部门，发挥在技术和管理层面与合作社的统筹协调，提供产前、产中、产后服务。各个成员单位独立开展生产经营活动，自负盈亏。成员、社员单位之间有了较好的发展空间，既不损伤利益，又能相互学习，加速现代农机社会服务的进一步开展。

他们通过统一化标准，统一制定粮食标准化生产技术规程和无公害标准化粮食生产技术，打造农机社会化服务品牌，以最低的生产成本、最优质的服务保证农作物在最佳时节进行耕、种、收、管，以促进农业生产方式规模化、专业化、标准化。

他们通过人性化服务，通过提供"机耕－机播－机插－统防统治－机收－粮食烘干－大米加工"的一条龙服务，让社员、农户们可灵活选取部分环节的"菜单式"服务，或托管的"全程式"服务。

他们通过科学化调度，充分发挥合作社优势，根据发展规划和供需，因地制宜安排生产计划和资产调度，保障农业生产的安全有序和安全，有效平衡农机作业需求。

事实证明：

公司化的运作，助力粮食安全生产。公司社会化服务面积提升至 10 万亩，覆盖全镇。通过与大专院校、科研机构、农技部门合作，引进先进机械和优良品种，使水稻良种覆盖率达到 100%，种子供应率达 100%。通过适度规模经营，促进了粮食的生产稳定，全面实行生产标准化管理，确报粮食质量和保障粮食安全。

公司化的运作，推动现代农业发展。公司的组建，提高了本地对新型农机的购买力和新技术的示范推广应用能力。实现了机耕、种子催芽、育秧、机插、机植保、机收、烘干、粮食加工的全程机械化，促进了全镇机械化综合水平的提高。

公司化的运作，建立多赢合作局面。公司通过资源整合，为各合作社、农户提供服务，为农机大户搭建桥梁，提升农机社会化服务水平，以"托管式""机械化式""套餐式"等服务，减少生产成本，加快新品种、新技术的引进与推广，延伸产业链，让农民省心省力、让公司增加效益。

公司化的运作，推进政策落实落地。整合公司运作，让各项政策能落到实处，提高资产设备利用率，使得政策处理畅通，政府购置项目创效创收，同时也有效解决了政府在土地流转上的一些难题。

参观生态大米的仓库、展厅，公司负责人张卫兴亲自作陪。说起他的生态大米，说起他们办的几场现场会议，神采飞扬，这是一个村的高光时刻，也是一个镇的高光时刻，更是桐乡发展农业产业的高光时刻。

深耕在希望的"稻田"里，这个资源禀赋一般的村庄，一边续写着7000年的稻米史，一边推陈出新念出"转"字诀，"抱"定新模式，"壮"大村集体，"靠田吃田"，"吃"出了一条独具特色的共富路。

把粮食的饭碗捧在自己手里，这是需要底气和实力的。春丽桥村，显然实现了这个目标。

众所周知，桐乡市石门镇荣誉众多，先后获得全国卫生城镇、全国环境优美乡镇、中国女鞋名镇、浙江省现代农业园区（综合区）标杆示范区、浙江省休闲农业与乡村旅游示范乡镇、浙江省森林城镇、浙江省历史文化名镇、小城镇环境综合整治省级样板镇、农业特色美丽城镇省级样板镇、省级果菊特色农业强镇、森林浙江建设工作突出贡献集体等殊荣。

石门镇作为农业大镇，2019年4月，桐乡市农业经济开发区在石门成立以来，始终坚持以二产的理念发展农业，以三产的思维经营农业，紧紧围绕"一心两带七区多园"构建现代产业格局，建成了现代农业创新服务中心，引进了隆宸食用菌、三新实验基地等优质项目，农业实现了高质量发展。

2023年农业成果实现新突破：成功入选国家级农业产业强镇（杭白菊）创建名录，粮油全产业链工作获国务院刘国中副总理肯定，新时代种粮经验获李岩益副省长批示，墅丰村入选全国学习运用"千万工程"经验现场推进会考察点，春丽桥村党总支书记张卫兴获评全国农业农村劳动模范。

石门镇依托红色、运河、名人等特色文化金名片，不断加快农文旅融合步伐，实现美丽乡村不断向美丽经济蝶变。高标准建成了"果菊飘香子恺路"市级美丽乡村精品线，成功打造墅丰"子恺漫画村"和周墅塘"国际蘑菇村"，在嘉兴市评比中获评一等奖，并获评浙江省美丽乡村风景线。子恺漫画村、桂花村朱家埭、杭白菊基地等成为网红打卡地。依托桐乡市红色教育中心，链接全镇资源，引进共富咖啡、航空研学基地等新业态，打造"红、文、农"三条精品线，探索党建＋国企＋美丽乡村新模式，塑造高品质乡村旅游胜地。

石门镇作为丰子恺的故乡，近年来一直致力于弘扬和传承子恺文化，高质量举办丰子恺散文奖，将子恺文化元素融合城乡建设中，成功打造子恺漫画村。不断搭建子恺文化交流平台，将子恺文化作为提高市民文明素质与文明创建的出发点和落脚点。全力奏响"吴越石门"文化乐章，推进"子恺·家＋课堂"，举办首届乡土漫画展和子恺阅读节，建成子恺漫画村思政教育示范点，"子恺家风好传承"项目获全国"终身学习品牌项目"称号。

近年来，石门镇立足新发展阶段，贯彻新发展理念，融入新发展格局，坚持以创新驱动为第一动力，高质量推进工业强镇、农业重镇、文旅名镇、共富美镇建设。即坚定不移工业经济首位战略，全域谋划现代化特色园区建设，全力构建以智能家居为主的智能制造、以智能汽车关键零部件为主的精密制造、以高分子材料为主的新材料三大兴业产业，以高端鞋业、高端纺织两大传统产业，以农文旅结合的服务业的"3+2+1"产业体系，构建先进制造石门湾区；坚持依托农业经济开发区主平台优势，实施农业蝶变"1215"工程，全力争创国家级农业园区；坚持融合发展思路，发挥文化、农业独特优势，建设宜居、宜业、宜游品质城镇，打造桐乡金西翼；坚持以人民为中心理念，以公共服务均等化为原则，大力推进民生事业建设，让人民群众共享发展成果。乡村振兴的路很长，石门的共富之路亦很长。

祝福这片古老的土地，在新时代，走出了产业振兴的新路子。

//"石门古镇"评论/

大运河波光潋滟，石门湾古韵绵长。在这片古老而又年轻的土地上，岁月轻抚过每一寸青砖黛瓦，历史的低语与现代的活力交鸣共响，谱写一阕时光交错的时代郦歌。桐乡市石门镇，正以一场多维持续的演进，书写一部生动的乡村振兴篇章。

在习近平同志亲自谋划、亲自部署、亲自推动下，2003年的春天，"千万工程"拉开帷幕。一场由表及里、深层变革的乡村革命由此开启。从农村环境整治到两新工程，从美丽乡村建设到新时代和美乡村建设，"千万工程"在代际更迭中不断深化。数字乡村建设应运而生，在智慧治理和推进现代农业进程中，提建起全产业链生态场景，探索现代农业与多元服务之路。石门镇作为数字乡村建设的创新实践者，始终坚持以"千万工程"为引领，统筹推动城乡融合发展，持续提升乡村风貌，不断丰富乡村产业，逐渐形成了一幅幅数字创美、产业富美、环境秀美、文化尚美、村庄和美的新时代江南水乡画卷。

智储绿养，粮安乡兴

"农为四民之本，食居八政之先"，对于中国这样的大国来说，粮食安全和重要农产品的稳定安全供应始终是头等大事。石门镇在粮食收储领域的革新，正是对这一根本任务的积极响应与创新实践。创新领头雁——石门湾粮油农业发展有限公司总经理、石门镇春丽桥村书记张卫兴是农业技术推广的践行者，共同富裕粮油产业的先行者，荣获2023年浙江省"金牛奖"。公司构建的"生产在家，服务在公司"的双层经营体制是粮食生产和农机社会服务化的精髓所在。这一模式保留了农民的生产自主性，同时通过公司提供专业的社会化服务，解决了个体农户在技术、资金、信息等方面的短板，推动了农业生产的标准化和规模化。不仅加强了农业的社会化服务功能，还通过统一化标准、人性化服务和科学化调度，实现了农业生产的精细化管理，为粮食生产提供了全方位的支持。石门镇粮食收储体系的创新，体现政策导向与市场需求的精准对接，促进农机资源的优化配置和高效利用，为农户提供了多样化的服务选择，激发了农户的生产积极性，推动了农业产业链的延伸和升级。公司通过发挥"党建联建、村村联建、产业互建"的优势，持续优化"大米抱团"，经营面积达2.3万亩，辐射带动8000余户农户发展现代农业，户均增收1870余元。

在华腾猪舍里·石湾，智慧养殖与绿色生态循环的理念贯穿始终。这里采用了自主研发的智能生物耳标，实现了生猪养殖的全生命周期智能化管理，真正做到了自动化、数字化、无人化。养好1万头猪，在华腾未来猪场仅需要3人。

此外猪场还通过绿色生态循环模式，将养殖与乡村旅游巧妙结合，打造了集智慧养殖、果蔬种植、休闲旅游、科研教学为一体的综合性绿色生态循环牧场。把"生产"变为"产业"，将"资源"转化为"生产力"，"田园经济"正在重塑乡村。华腾牧业已经发展为依托猪文化及产业，开创生猪生态养殖全产业链新模式的现代养猪企业。不仅提升了养殖效率和猪肉品质，还促进了乡村经济的多元化发展，成为现代农业发展的新方向。

特色产业，链式升级

乡村振兴，关键在产业振兴。缺乏坚实的产业基础，乡村振兴和共同富裕都是空中楼阁。唯有产业兴旺，农民收入才能稳定增长，乡村振兴才有了坚实的根基，高质量发展才有了动力之源。石门镇以"一乡一业""一村一品"作为引擎，凭借对自然禀赋与文化底蕴的精准挖掘，大力推进农业从传统、单一、分散化模式向高效、现代、数字化的递进。采取"产品创新＋应用服务＋运营服务"相结合的发展模式，实现产品应用与运营服务的统一，充分调动在地新农人的参与性与创造力。石门科学组织与配置在地资源，打造了一系列具有地域标志性的特色品牌，做优产业特色、做大产业规模、做强产业集群，实现了从传统耕作向多元产业矩阵转型的蝶变。

石门镇的杭白菊产业，作为国家级农业产业强镇创建的典型代表，充分体现了特色产业在乡村振兴战略中的推动作用。浙农桐乡杭白菊基地生产的"浙农耘·杭白菊"获评2023年浙江中药材博览会优质产品金奖。桐乡市浙农杭白菊科技有限公司的成立，标志着政府与企业共同参与农业现代化建设的新模式的诞生。双方通过资源共享、优势互补，实现了产业的高效、可持续发展。这种合作模式不仅促进了产业内部的技术革新，还推动了产业链的整合与优化。全产业链的构建是石门镇杭白菊产业发展的关键。从种苗繁育到田间种植，从日常管理到生态加工，从市场营销到品牌传播，每一个环节都得到了精细化管理。通过"六统一"规范化种植生产，杭白菊品质得以保障，市场竞争力显著增强。农民与村集体经济的双增收是乡村振兴的直接体现。通过土地流转、常年聘用和季节性用工，杭白菊公司为当地农民提供了稳定的就业机会，增加了农民的收入来源，进一步激发了农户的种植积极性，真正实现强村富民，由杭白菊串起的共富产业链正在形成。

文化赋能，美美与共

乡村文化是中华民族文明史的主题，村庄是中华民族文明的载体。美丽乡村的构建，不仅是视觉的艺术呈现，更是文化深度的娓娓道来。阡陌纵横，田园牧歌，核心更在于文化与生态的精妙融合，让自然与人文和谐共生。通过传承保护与创意创生，让历史文脉在当代语境下重焕生机。石门镇在乡村振兴的文化实践中，展现了一种深刻的文化自觉与创新智慧，将历史与现代的交融演绎得淋漓尽致。作为大运河保护中的一个重要节点，石门镇以大运河国家公园的建设为契机，实施古镇有机更新，不仅保留了古镇的历史韵味，更强调生态文化、历史文化与民俗文化的深度融合和创新演绎，丰富和提升美丽乡村的内涵和品质，旨在构建一个文化氛围浓郁、生态和谐、历史鲜活、民俗独特的乡村新貌。

"中华老字号"丰同裕作为石门镇蓝印花布技艺的卓越守护者与创新先锋，其发展历程深刻揭示了非物质文化遗产在现代社会中的适应性与再生力。丰同裕对传统工艺的坚守与创新，彰显了对文化遗产的尊重与传承，更体现了对市场需求敏锐洞察的能力。通过融合传统工艺与现代审美，丰同裕成功地将蓝印花布这一传统艺术形式转化为兼具文化价值与市场潜力的商品，展现了非物质文化遗产在当代社会中的生命力。丰同裕的经营模式，尤其是其文化传承与商业运营的融合，为非物质文化遗产的保护与传播提供了新思路。

数智发展，和美乡村

民生无小事，枝叶总关情。基层治理要实现"致广大而尽精微"的治理哲学，既需要通达广大之境，也需要极尽细微之处。实现和美乡村的可持续发展，不仅是要营造宜人的居住环境，更要通过细致入微的治理和服务，确保每一项惠民之策都能如同涓涓细流精准渗透每一个家庭、每一位农民。这意味着，基层治理既要胸怀大局把握乡村发展的大方向，又要躬身细微聚焦群众的急难愁盼，将宏观的愿景细化为每一次服务、每一份福祉。

石门镇墅丰村的智慧养老模式，以其前瞻性的视野和创新性的实践，在数字化转型的浪潮中，给出了居家养老兼具科技与关怀的新可能。创新优化智能化的业务办理流程，提升乡村针对老人的公共服务、公共管理、健康安全等保障能力。"墅丰村智慧养老健康检测预警云平台"以智能穿戴设备和三维建模技术为核心，构建了智慧养老云平台，实现了对老年人健康状态的实时监控，在紧急情况下能够迅速响应，保障老人安全，彰显了科技在提升人文关怀水平方面的重要作用，墅丰村朝着智慧养老"墅丰样本"的方向不断努力。三维建模技术的应用，不仅创建了虚拟的"立体微缩墅丰村"，而且使这一数据模型成为村集体资产的一部分，包含了详尽的地形地势、房屋布局和农田分布信息，为农业产业的精细化管理和未来发展提供了坚实的数据基础，推动了乡村振兴进程中的农业现代化和产业结构优化。智慧养老云平台的建设和全国首张"智慧养老领域数据资产持有权证书"的取得，无疑是制度创新和技术突破的双重成果。它意味着数据资源从无形资产转化为实体财产，为农村数据要素的市场化流通和交易提供了合法依据，为集体经济的壮大开拓了新的空间，预示着农村数据资产时代的来临。墅丰村依托数字技术打造村域智治融合体，系统对接智慧养老、农文旅融合服务、数字图书馆、互联网学校、生活垃圾智慧监管云等 15 个应用，建设无人超市、智慧停车、云问诊等数字场景，让村民尽享数字文明时代下的未来乡村共富新生活。数字化乡村建设是乡村在千万工程演进中智能化发展的必由之路，通过重构乡村与地方发展的关系形成更具智能化的未来乡村，通过重塑乡村内部主体与多元功能发展创新业态，率先应用智慧治理的方法，积极迈向新时代乡村共同体的未来。

　　石门镇在"千万工程"的创新实践中，走出了一条数智绿色的乡村振兴之路。"一粒千年"的历史沉淀，"一步吴越"的文化跨度，"一舟京杭"的资源禀赋，"一笔人生"的人文写意正在合力塑造着石门的四大IP，绘就百姓安乐、产业兴旺、文化繁荣、生态宜居的和美乡村新画卷。这不仅是石门镇当下的真实映像，更是和美乡村理想愿景的绚烂预演。城乡发展不再是以往的二元对立，而是守望相助的均衡发展，乡村地区拥有完善的公共服务设施和公共服务体系，借助数字化的智慧治理能力，形成生态宜人的美丽乡村以及和谐发展的乡村社区，成就人们向往的美好生活。在美丽的石门湾，一颗颗种子正在积蓄向上的力量，一个个奋斗的身影正在谱写水乡名镇的未来篇章。

第五章 湖州篇

莫干民宿：偷得浮生两日闲

休闲经济的发展与变迁
民宿兴起的渊源与底蕴
民宿经济的困惑与出路
永续运营的生存与探索

湖笔小镇　妙笔生花

特色小镇与历史经典
政策红利与产业振兴
传承创新与品牌战略

绿水青山就是金山银山

余村农耕与绿色发展
青年进乡与全球计划
党建联盟与社会创新
文化自信与余村模式

莫干民宿：偷得浮生两日闲

德清县位于长三角腹地、浙江省北部，是杭州都市区的重要节点县。总面积 936 平方公里，辖 8 镇 5 街道，截至 2022 年底，户籍人口 44.32 万人，常住人口 55.38 万人。

近年来，德清县依托生态、文化、区位、交通等优势，深入践行"绿水青山就是金山银山"理念，围绕"原生态养生、国际化休闲"品牌，积极发展休闲度假旅游，大力发展以"洋家乐"为代表的民宿新业态，走出了一条独具特色的乡村振兴、共富发展之路。

截至目前，拥有 1 个国家级旅游度假区（莫干山国际旅游度假区）、1 个国家级风景名胜区（莫干山风景区）、1 个国家级湿地公园（下渚湖）、4 个 4A 级景区、14 个 3A 级景区，民宿总量已达 858 家。

德清底蕴深厚，是历史人文的沃土。县名取"人有德行、如水至清"之义，建县至今 1800 年，留存有中初鸣制玉作坊、千年古刹云岫寺等历史文化遗迹，是中国原始瓷器、珍珠人工养殖技术等重要发源地，孕育了孟郊、沈约等历史文化名人，形成了防风文化、游子文化等独特地域文化。历史上的德清拥有防风之力、制玉之技、铸剑之法、制瓷之艺、育珠之术、修史之才、赋诗之能，今天的德清，将"德文化"千年传承，在新时代焕发新机，不仅有山水田园风光，又有历史文脉绵延，更有现代城市繁华，厚重的历史文化在这里迸发新时代力量。

德清见山望水，是生态优美的净土。德清整体呈现"五山一水四分田"的地域风貌，是全国生态文明建设示范县。西部的莫干山被誉为"江南第一山"，同时又被称为"一生一定要去的地方"，这里遍山竹海，日本冷杉和宋代银杏挺拔，流泉飞瀑随处可见。在这片山里，创新培育"洋家乐"休闲度假新业态，举办首届美丽中国田园博览会，开辟了将"绿水青山"变成"金山银山"

的转化新路径，紧密联动了中部生态湿地和东部千年水乡古镇，打造了"莫干山世界级旅游度假区＋下渚湖湿地水域旅游区＋大运河诗路文化体验区"全域文旅综合体，成为践行联合国 2030 年可持续发展议程的典范样本。

德清开放包容，是改革创新的热土。 从首创科技创新"德清模式"到发展研究院经济，从"产学研"结合到"产学研用金、财政介美云"十联动，始终坚持举改革旗、走创新路、打开放牌。目前，德清承担省级以上改革试点 144 项，"三块地"改革 5 条创新举措被新《土地管理法》吸纳，"标准地""农业供给侧结构性改革""新型城镇化综合试点"等改革经验在全省全国复制推广，在全国县域率先推出"人才码"，创新实施"微改革"被央视《新闻联播》点赞。

"办好联合国世界地理信息大会"写入《长江三角洲区域一体化发展规划纲要》，杭德城际铁路纳入《长江三角洲地区交通运输更高质量一体化发展规划》，纳入城西科创大走廊规划和运行机制取得实质性进展，全国县域唯一的国家新一代人工智能创新发展试验区落地，全省唯一的自动驾驶与智慧出行示范区加速建设，成功举办全球未来出行大会、第 41 届亚洲遥感大会等全球性重大活动，浙江工业大学莫干山校区顺利开园，联合国全球地理信息知识和创新中心加快落地。

德清和谐善治，是民生幸福的乐土。 首创"百姓设奖奖百姓""乡贤参事会"等道德建设和基层治理载体，涌现出全国道德模范潘美儿等优秀代表，连续 15 年成为省平安县，以全国县域第一的成绩创成全国文明城市。介绍德清公共服务均等化、城乡统筹等经验的案例成为联合国践行 2030 年可持续发展议程典范。创新推出"数字乡村一张图"基层治理新模式，以总分第一的成绩连续两年荣获"全国县域数字农业农村发展水平评价先进县"，成为全省唯一的全国数字农业试点县，目前正以推进全域数字治理试验区建设加快县域治理现代化步伐。

为什么以"洋家乐"为代表的高端民宿发源于莫干山？原来，这里面有一个美丽的故事。

2007 年，来自南非的高天成在莫干山三九坞创建"裸心谷"，由此诞生了首家"洋家乐"。

2013年起,德清民宿迈入黄金发展期,裸心谷、西坡、大乐之野等一大批民宿品牌蓬勃兴起。

2019年,德清民宿进入提质变革期,逐渐呈现高端化、精品化、主题化的特点,文旅融合的"民宿+"引领行业发展,莫干山成为中国民宿发展的样板地、标杆地。

截至目前,全县民宿总量已达858家,年接待游客超700万人次,营收超30亿元。

深入分析思考以"洋家乐"为代表的高端民宿,为什么首先在德清出现,这看似偶然的背后有其逻辑的必然。

德清的民宿发展,得益于"区位优势+战略融入"的叠加效应。德清是杭州都市圈重要节点县,位于长三角主要城市1小时交通圈,县城武康距杭州市中心仅半小时车程,高铁13分钟可达杭州东、西两站,距上海浦东一个半小时车程以内,优越的区位交通拉近了德清与上海、杭州的时空距离。

在长三角一体化战略背景下,德清坚定不移实施"接沪融杭"战略二十年,推动德清与上海、杭州等地在经济社会发展的方方面面密切交往。高效联动的人流、物流、资金流、信息流,为率先发展高端民宿奠定了广阔的市场基础。

德清的民宿发展,得益于"自然禀赋+风貌品质"的美丽加成。"五山一水四分田",以东部湖漾、西部名山"蓝绿空间"为基底,勾勒出了独特的清丽山水画卷。特别是西部莫干山区块群山连绵,森林覆盖率超92%,空气负氧离子浓度高达14万个/立方厘米。多年来,德清始终坚定不移护美绿水青山,从"千万工程"到美丽乡村建设,在山水之间铺就了全域大花园的美丽画卷,为高端民宿的发展奠定了良好的自然生态条件。

德清的民宿发展,得益于"东西融合+包容开放"的人文底蕴。早在19世纪末,从英国传教士梅滕更在莫干山建造第一座别墅开始,就有一大批居住在上海的社会名流前来莫干山兴建别墅休闲度假,将此作为"夏宫",如今山上还保留着250多座风格各异的名人别墅,被誉为"世界近代建筑博物馆"。100多年来，这种海派文化深刻影响着德清的视野与格局，东西方交融的历史渊源，也造就了德清在现代化进程中开放包容、接轨国际的城市气质，成为高端民宿在德清率先兴起的重要因素。

德清的民宿发展，得益于"敢于改革+勇于创新"的固有基因。 德清一直以来具有"开风气之先"的优良传统，从20世纪80年代拉开城市经济改革序幕的莫干山会议，到90年代全国首创的"产学研"德清模式，再到如今"无中生有"培育壮大的地理信息产业，正式落地联合国秘书处在华设立的首个直属机构，这些都生动体现了德清素有的改革基因和首创精神。也正因此，德清能够敏锐地抓住机遇，兴起民宿之风，引领行业之先，成为中国高端民宿的发源地。

为什么莫干山民宿经济的发展态势这么好？这是因为：一直以来，历届县委、县政府都高度重视莫干山的保护和开发，始终坚持以"绿水青山就是金山银山"理念为引领，一任接着一任干，一年接着一年抓，深入打好"莫干山"牌，持续擦亮民宿经济这块"金字招牌"。

德清的民宿经济发展，始终坚持规划引领。 从莫干山民宿行业萌发阶段开始，德清县就有强烈的敏感性，及时配套编制了《德清西部地区保护与开发控制规划》，明确了乡村旅游发展的基本格局，避免了民宿爆发式无序扩张。

围绕创建国家级度假区，他们编制完成了《莫干山国际旅游度假区总体规划》等系列重大规划，明确了发展容量、总体定位、功能布局和产业规划。近几年来，随着全域旅游的兴起，他们又制定完善了《德清县旅游发展总体规划》这个"总纲"，依托杭州"二绕"等交通大动脉，将西部的环莫干山区块、中部的"江南之源"和下渚湖区块、东部的大运河区块串联起来，实现了乡村旅游的全域联动。

德清的民宿经济，始终狠抓产业扶持。 他们率先出台了全国首部地方民宿管理办法和县级乡村民宿地方标准规范，对乡村民宿定义、服务质量要求、等级划分条件及评定规则等作出具体规定。

2018年，德清县又审时度势，组建成立了民宿行业协会，搭建了业内交流互促的平台。

2022年,"民宿管家"被人力资源和社会保障部列入新职业名录。与此同时,为积极应对疫情冲击,他们第一时间成立工作专班,出台支持民宿业复苏发展的一系列扶持政策,帮助民宿企业走出困境,目前已基本恢复到疫情前水平。

德清的民宿经济发展,始终注重改革创新。他们坚持用改革创新的手段填补制度空缺,通过农村"三块地"改革,为民宿经济发展破除制度阻碍,并作为破法经验在全国进行推广。

针对旅游产业供地紧张、农村闲置土地资源得不到有效利用的问题,推出全国第一宗"农地入市"项目。针对农村用地赋权不清晰的问题,出台全国首个"三权分置"宅基地管理办法,让村集体、村民、市场主体都吃下了"定心丸"。

德清的民宿经济发展,始终追求高效转化。在民宿经济的发展过程中,他们让民间资本、创业人才和老百姓充分参与进来,政府起到规范管理、扶持发展的作用,市场主体和老百姓可以出房、出人、出资全过程参与,形成了以政府为主导、市场为主体、村民全过程参与的发展模式。在民宿产业的带动效应下,"猪棚变金棚、叶子变票子""山里一张床,赛过城里一套房"在莫干山真正变成了现实,铺均税收超10万元,农村剩余劳动力年均增收超6万元,实现了投资者和老百姓的互利共赢。

莫干山的民宿经济今后如何发展得更好?这是一个高质量发展的命题。

16年来,德清民宿发展和乡村旅游实现了从"1.0"到"3.0"的跨越式进阶,深刻诠释了"绿水青山就是金山银山"的理念。

如今,疫情后的德清,继续奋勇前行,深度适配后疫情时代和中国式现代化的发展需求,全力以赴打造全国乡村旅游度假"首位县"和令全球向往的世界级旅游目的地。

德清的民宿发展,业态更加多元化。中国式现代化强调人口规模巨大的现代化,催生出的是庞大的消费人群和日益多元的消费需求。他们将进一步加强"文、教、农、旅、体、科"的深度融合,持续拓展乡村度假的产业边界,通过把艺术村、图书馆、科创中心搬到乡村景区，将江南文化、防风文化、游子文化等基因解码至美丽山谷，让传统农事、非物质文化遗产、品牌赛事来丰富产品业态，打造融合学习、工作、生活、运动、度假等为一体的极致体验。

德清的民宿发展，产品更加高质量。 品质不仅仅是每家民宿发展的永恒追求，也是整个民宿行业发展的根本导向。高端民宿之所以受到市场青睐，主要赢在它的高端和精致。他们将围绕"有鲜明主题，有情怀故事，有一流设施，有金牌服务，有深度体验"的内涵要求，进一步拉高标杆、提高标准，在项目高质量、服务高质量、配套高质量等方面精益求精，不断提升德清民宿和文化旅游产品的精致度。

德清的民宿发展，形象更加国际范。 随着德清县对外开放和国际接轨的步伐不断加快，特别是亚运会后带来的旅游红利，会有更多的国际优质资源导入德清，也会吸引更多的海内外游客来到德清。他们将以争创世界级旅游度假区为抓手，通过打造外国游客集聚区、承办国际会展赛事等举措，持续优化国际化硬件设施和服务环境，不断提升外事保障水平。

德清的民宿发展，将更加具有可持续性。 德清的民宿始于自然、融于自然、成于自然，必将始终坚持绿色低碳可持续的发展理念，充分考虑环境容量和生态成本，积极探索"零碳度假""文旅碳交易"和"绿色无痕生态旅游"等新模式，加快推出"碳中和示范酒店""无塑民宿"等一批试点，注重低碳产品的开发和供给。

未来的德清民宿，将进一步规范和引导各个主体积极参与，激发行业内生动力，形成健康可持续发展的良性循环。

德清老沈的故事，是莫干山民宿发展的折射。

沈蒋荣，1971年生于大山深处，一个地地道道的山里人。

1984年，他的父亲沈连春花了3000块钱，在莫干山碧坞村的一片竹林前面，盖了座双层瓦房。为了盖这座房子，几乎花光了他们家所有的积蓄。

沈蒋荣的人生，是那个时代的缩影。15岁弃学后，就在村里的竹器厂干活。17岁去学理发，回来后就在村里开了个理发店。19岁那年，把理发店搬到县城。在县城兜兜转转开理发店，又去厂里上班，1997年从厂里出来开小吃店。在20年里不断升级，开成了一家小饭店，收入从一年1万元到一年20多万元。

结婚生子、赚钱养家的旅程，这忙忙碌碌为生活而奔波的二十多年，让小沈从青年走到了不惑的人到中年。

说起为什么开民宿，这得从2013年说起。因为一个叫高天成的外国人，因为一个叫裸心谷的"洋家乐"，莫干山火了，成为众多消费力强的长三角游客的首选地，外来投资者租仙潭村的房子改造后开办民宿的现象越来越普遍。

沈蒋荣所在的仙潭村，那时来了不少大城市里的人。他的手机也经常接到外地号码打来的电话，他们看中了他家的老宅，想出租改造成民宿。甚至有人出了高价：70万元租20年，钱一次性付清。但他一直没同意。房子虽然早就不住人了，但它待在那里，他就感觉莫名的安心，让他觉得自己不是一个漂泊在外、无家可归的山里人。

一开始，沈蒋荣并没有想要回村开一家民宿的想法。

2013年的某一天，在老家的龙潭处，他一个人慢慢走过一段一段的林间小路。看着从高处流淌下来的山泉，翠竹掩映的山林，老沈的心，变得无比的平和。

家乡的龙潭，经历了岁月的洗礼，沿路的石阶布满了青苔。他踩着石阶一步一步往上走。

所见竹林茂盛，所闻空气清新，这是碧坞村，是他的家乡。小时候在村子里，与儿时的玩伴在房前屋后、在田野山川里追逐嬉戏的画面浮现在老沈的眼前。

看着这座年久未修的老宅子，看着这座有他儿时回忆的老宅子，老沈的心无法平静。

老宅的屋檐破了，墙塌了，猪圈和柴房也破败不堪，院里杂草丛生。此时，他的内心萌发了一个想法，要把这座老宅重新修筑起来。

但由于不懂规划和设计，一开始，他对于民宿不知从何下手。一位朋友的一席话，激励了他的干劲。那位朋友讲，"老沈，或许你没有什么文化，但是没有谁比一个山里人，更懂得山居生活应该是什么样子的？！"

一语点醒梦中人，老沈坚定了内心的想法。他花了几个月的时间，跑遍了莫干山大大小小的民宿，一个他心目中的理想家园，正在变得越来越清晰。

于是，2014年7月26日，老沈在老宅子上，开挖了第一抔土。此时的沈蒋荣，刚满43岁。返乡的沈蒋荣，用积蓄加上银行贷款的260万元，将老宅改造成本地人开的第一家高端民宿"莫梵"。取名莫梵，"莫"，就是莫干山的"莫"，谐音"没（没有）"。"梵"，梵语里是清静之所。也就是说，这是一个没有烦恼的清净之所。

从此，他回家了，远离了繁华的都市，回到了大山深处。

于是，莫梵的所有一切，都源于老沈的童年回忆。

莫干山，在他的心中，就是一望无际、绿茵茵的竹林和从山上流淌下来的甘甜的山泉水。

小时候，会经常和小伙伴们一起去小溪里抓鱼、挖螃蟹，在清澈的溪水中玩得不亦乐乎。

炎炎的夏日，配上清凉的山水，让他想建造一个可以戏水的地方。于是，现在的泳池，就在民宿开门可见的位置上，那是莫梵的点睛之笔。为了引入海拔近500米的龙潭之水，老沈费尽了心思。

夏天的夜晚，躺在床上，就能看见天上的星星。这也是莫梵民宿的出彩之处。

在民宿里，可以看到一个台球与K歌结合的地下活动室，这样的乡村体验，是别样的精彩。

在民宿的周边，还能看见不少老物件。石臼、磨盘、蓑衣、风车，这些20世纪五六十年代常见的东西，都散落在莫梵的角角落落。很多来的客人，也会与他收藏的这些老物件合影。

莫梵的建设终于完工，而如何运营，对于老沈来讲，又是一个新的考验。

不懂互联网，不会推销，老沈是一个典型的民宿"小白"。从最开始接到房客询问电话时的生涩，直到创立了民宿的品牌，建立了团队，甚至还经常外出去讲课。这是一个漫长的过程，这也是一个思想观念改变的过程。

他常说，对每位来莫梵的客人，都需要尽心照顾，每一个细节都要做好。在服务的过程中，交谈是不可或缺的。正是在交谈中，客人才会说出他们的真实感受。在这个过程中，民宿的亮点会被发现，不足之处也会得以改进。

记得第一次中央电视台来采访之前，老沈激动得好几天没有睡好觉，整个人都很兴奋也有点紧张。兴奋的是中央电视台竟然要来采访他了，来拍他的"莫梵"了。紧张的是，他怕哪些细节没有做到位，导致拍摄效果不好。

老沈清晰地记得拍摄的那天，他早早地进了山中，把需要准备的食材带好。拍摄之前异常地紧张，没想到在拍摄的时候，出乎意料地顺利。也感谢中央电视台的主持人天笑，他的那份真性情、热情感染了沈蒋荣。

"我们村早些年因交通不便，村民只能靠毛笋粗加工、牲畜养殖等传统农业营生。后来，为了保护下游湖州市饮用水源取水点老虎潭水库，村里关闭了污染企业，年轻人离乡务工，村子常住人口不到1000人……"在村口500多岁的古银杏树下，面对央媒采访团的"长枪短炮"，仙潭村的党总支书记、村委会主任沈蒋荣忆及了过往。

当然，节目的播出，也收到了很多观众的反响，许多人打电话来对老沈说，很喜欢他的民宿，一定要来莫梵体验一番。

之后，就有很多的自媒体来主动联系老沈，要采访他，帮他们做推广。

2015年5月16日，是老沈终生难忘的日子。就在那一天，莫梵迎来了第一天有房客的日子。开业首年，莫梵的营业额就超过百万元，随后两年，莫梵扩建至4幢楼26个房间，每到节假日都是爆满状态。

从此，莫梵不再只是一间民宿，而是能产生社会价值的资产。

老沈的民宿理念，在于他果断地采纳了管家制度，让民宿有了可以走得更远的规范化管理之路。

而当莫梵一店运营上了正轨之后，老沈的视野转向了更高更远，莫梵二店和莫梵三店应运而生。

老沈的民宿，成了莫干山民宿的"网红"。一火，火了多年，至今亦如是。

成功是最好的说服力。莫梵的吸金效应带动了村里的创业和返乡潮流。

为了让大家少走弯路，老沈把相关注意事项、民宿设计理念毫无保留分享给同乡，帮助回乡青年实现抱团发展。

2016 年，29 岁的"白领"沈晓琳从县城回来，和父亲一起把家里的老旧厂房改造成民宿，取名"清栖"；

2017 年，郎卫星辞去上海的工作，回家当起了民宿老板；

2018 年，"90 后"胡烨辉放弃城里待遇优厚的工作，将自家的住宅翻修成民宿；

2020 年，沈蒋荣高票当选仙潭村村支书。

这些年，村里的民宿如雨后春笋般冒了出来，仔细数数，竟有 166 家。

人才、资金纷纷流回曾经的"空心村"，家乡变成了"富裕村"。

现在，仙潭村 50 岁到 70 岁的妇女都在民宿上班，平均年薪 5 万多元。

民宿管家也成了新职业。绿水青山真成了金山银山！

//"莫干民宿"评论/

　　远黛秀娥，只此青绿。绿水青山是中国传统美学的代表，同时也是可持续发展的理念之一。今时今日，纷至沓来的旅者，回归绿水青山的绝美风韵。人们向往自然，憧憬着与自然和谐相处、诗意栖居，追寻着"人在天地间，万物皆备于我"的理想生活方式。倚仗自然风光，乡村民宿如星斗般绽放，不仅是乡村旅游的重要支柱，更是引领乡村经济繁荣、助推乡村复兴的关键要素。具有旅游吸引力、能够提供情感体验、最易引发情感共鸣的乡村民宿能够满足人们从感觉、到情感、到观念的体验层次。乡村质朴天然的生态环境和城市丰富多元的生活方式的融合，在莫干山民宿找到了最佳方案。德清县始终坚守"绿水青山就是金山银山"的发展理念，深入挖掘自身的生态和文化资源，走出一条独具特色的美丽生态、美丽经济、美好生活的"三美"之路。

　　德清依托"莫干山"这张金名片，在裸心谷、裸心堡、法国山居等一大批高端精品"洋家乐"的引领下，在莫干山区域逐渐形成了规模化、特色化的民宿集群。宿集，作为民宿集群的升级版，强调的不仅仅是民宿的简单集合，更是一种资源共享、业态互补的全新发展模式。莫干山宿集在设计上充分融合了当地的自然景观和人文特色，让游客在享受舒适住宿的同时，也能深刻感受到莫干山的独特魅力，进一步增强了游客的归属感和体验感。从自发到人造，宿集的成功不仅仅是一个个民宿的简单叠加，更是一场关于共享、创新和协同发展的实践。宿集通过集约化的管理，降低了民宿的开发风险，实现了资源的最大化利用；通过共享性的空间联动，打破了民宿之间的隔阂，形成了更为紧密的合作关系；通过多元性的业态融合，为游客提供了更为丰富、个性化的旅游体验。莫干山民宿业在不断迭代升级中，走过了依托乡村风景提供单一食宿的"1.0"阶段；以"高端化、精品化、主题化、特色化"为关键词的"2.0"阶段；向产业集群、品牌引领发展的"3.0"阶段，成为全国民宿业的标杆。随着民宿的集聚化发展，德清乡村旅游发展态势迅猛，吸引了资本下乡、青年回乡，拓展了村集体和农民的增收渠道，唤醒沉睡千年的乡村资源。

休闲经济的发展与变迁

休闲经济，体现了消费需求的变化。21世纪以来，中国城市居民最向往的生活已从"经济富裕"转变为"身心幸福"，将"身体健康""心情舒畅"作为首选。人们生活质量提高的需求，通过消费—生产模式，直接转化为经济质量的进步。消费结构的变迁，也意味着经济结构的变迁。休闲是生产力发展的目标和动力之一，闲暇时间是衡量社会文明进步的一种尺度。民宿设计是携带现代城市文明基因向农村地区延伸的桥梁，符合现代人的兴趣、梦想、生活理念和审美需求。如果用"奢华"来形容星级酒店，那"家居温暖"便是民宿的真实写照。在竞争激烈的当今社会，都市白领们普遍追寻"慢生活"，民宿受到市场的追捧也就不足为奇了。民宿的兴起可从农业经济学、社会学、心理学、组织行为学等专业领域来探讨。在农业经济学中，民宿的兴起对于农村地区的经济发展和资源配置起到了积极的影响。传统上，农业地区往往依赖于农产品的生产和销售来维持经济活力。然而，随着城市化的推进和消费者需求的变化，单纯依赖农业收入已经难以满足农村地区的持续发展。民宿的出现为农村地区提供了新的经济增长点。通过将空置农房、乡村景观等资源整合利用，民宿业为农民提供了额外的收入来源，同时也带动了餐饮、手工艺、农产品加工等相关产业的发展。这种多元化的经济结构有助于提升农村地区的经济韧性和可持续性。

德清县以莫干山民宿为窗口，探索"民宿+"经济，发展多元化、品牌化、生活化乡村旅游新方向，统筹谋划休闲观光、户外运动、文化创意、亲子研学等多业态产业发展，增加旅游产品丰度和吸引力，借民宿旅游东风，助推产业兴旺，让莫干山民宿成为极致度假生活目的地。德清县加强"文、教、农、旅、体、科"深度融合，持续拓展乡村度假的产业边界，乡村民宿是融合农村一、二、三产业发展的切入点，是整合乡村资源的黏合剂，需以"民宿+"为抓手，开展多元业态经营，全面延伸产业链、拓展价值链，全面助力"民宿+"的三产融合模式，激活乡村的"造血功能"，探索出一条行之有效的民宿助力乡村振兴新路径。

民宿兴起的渊源与底蕴

民宿不仅仅是一种经济现象，更是一个社会交往和文化传播的平台。通过民宿，游客有机会深入体验乡村生活，与当地居民进行互动和交流。这种互动有助于打破城乡隔阂，促进不同文化之间的理解和融合。同时，民宿也为农村地区带来了外部资源和信息。游客的到来为当地带来了新的观念、知识和技术，推动了农村社会的开放和进步。此外，民宿业的发展还促进了农村社区的内部凝聚力和合作精神，提升了社区的整体福祉。

民宿为游客提供了一种逃离日常喧嚣、回归自然和寻找内心平静的方式。在快节奏的现代生活中，人们常常感到压力、焦虑和疲惫。民宿提供了一个远离城市喧嚣、亲近自然的环境，有助于游客放松身心、恢复能量。在民宿中，游客可以体验到简单、慢节奏的生活方式，与家人和朋友共度美好时光。这种体验有助于提升游客的幸福感和满足感，促进他们的心理健康。

民宿业的发展对于提升农村地区的组织能力和管理水平具有重要意义。为了经营好民宿，农民需要学习新的管理技能、市场营销策略和客户服务技巧。这些能力的提升有助于农民更好地适应市场变化、应对竞争挑战。同时，民宿业的发展也促进了农村地区的合作与协作精神。为了共同推动民宿业的发展，农民需要相互支持、共享资源、共同解决问题。这种合作与协作的精神有助于提升农村社区的整体组织能力和竞争力。它不仅为农村地区带来了新的经济增长点和发展机遇，还促进了城乡交流与融合、提升了游客的心理健康和农村地区的组织管理能力。民宿作为一种独特的旅游住宿形式，近年来备受游客青睐。然而，在快速发展的同时，民宿也面临着多方面的挑战。

民宿经济的困惑与出路

海岛山区土地资源的稀缺性和政策限制是民宿发展的首要难题。土地面积有限，且大部分土地属于保护性质，可用于民宿开发的土地资源相对较少。同时，政府对土地使用的严格管控也增加了民宿开发的难度和成本。面对这一困境，民宿主们需要积极寻求与当地政府或土地所有者的合作，通过租赁、合作开发等方式获取土地使用权。此外，深入了解土地政策，合理规划民宿项目，确保符合政府规划和环保要求也是解决之道。同时，探索土地共享、集体建设用地等创新模式，可以降低土地获取成本，为民宿发展提供更多的可能性。

契约精神在民宿运营中占据核心地位，它关系到民宿主与游客、合作伙伴之间的信任和合作关系。缺乏契约精神可能导致服务质量下降、纠纷增多，对民宿的声誉和长期发展造成负面影响。为了维护良好的合作关系和游客体验，民宿主们必须建立完善的预订和取消规则，明确双方权利和义务。同时，加强与游客的沟通，提前解决潜在问题，也是提升游客满意度和维护契约精神的关键。此外，与行业协会或第三方机构合作建立信用评价体系，可以提高民宿主的诚信度，进一步彰显契约精神的价值。

民宿在周末和节假日往往客满为患，但周一至周四却常常面临空置率高的困境。这不仅影响了民宿的收入，也增加了运营成本的压力。为了破解这一难题，民宿主们可以开发针对工作日市场的特色产品或服务，如企业团建、会议接待、研学旅行等。同时，与旅行社、OTA平台合作推出周中特惠活动或套餐，也能吸引更多游客在工作日前来体验。

永续运营的生存与探索

德清民宿的初级阶段，其卖点是概念，后来开始注重设施设备，但真正支持民宿行业长远走下去的，是服务。为了让民宿服务对标星级酒店，让游客觉得物有所值，以德清标准为蓝本发布《乡村民宿服务质量规范》国家标准，成立莫干山民宿管家培训中心。民宿管家是在新阶段新理念新格局和人民美好生活的需要中孕育的新职业，这意味着，莫干山民宿从业者的培训将从过去没有资质、没有教材、没有实训基地的松散模式，进化到有资质，有常设机构和人员，有教材、有标准的专业模式，让大家听得懂、学得会、用得上，做到淡季练兵，旺季打仗。"民宿管家"从业者实现了从"零"到"百万"级的规模跨越。民宿管家是有温度的职业，他们正通过自己的努力传递美好的生活方式，把"诗和远方"带给更多的客人，这一群体不仅肩负着提升民宿服务品质的职责，更担起了助力乡村振兴的重任。

然而，民宿行业并非完美无缺，随着长期的发展，其中的问题也日益凸显。

消防安全、煤气使用以及房屋质量等方面存在一定的隐患，亟须引起足够的重视，急救设备、急救人员培训等也不可忽视，同时一些民宿可能存在卫生安全、食品质量等方面的不足，给游客带来不良的体验。针对这些问题，当地政府始终重视对民宿行业的监管和管理，首先建立更加完善的消防和安全设施，提升房屋的安全性、舒适性。其次，持续加强安全事故的预警和应急处置能力，提升急救设施和服务人员的专业水平，加强对乡村不安全因素的监管和整治力度，提高民宿的卫生和食品质量标准，使德清民宿成为生态宜居之地，让乡村之美与安全之弦同行。

在中国式现代化发展进程中，和美乡村建设是至关重要的，德清民宿的成长，体现了当地政府的激励机制、容错机制，使民宿经济成为当地乡村振兴的重要突破性和富民增长点；在政策完善的同时，民宿经营者充分利用在地文化和资源，形成特有的乡土文化、山地风情、建筑风貌、特色美食吸引游客，促进产业升级，增强游客的体验感和满意度；乡村不再仅仅是农业生产的场所，更是成为能够满足人与自然和谐相处的心灵故乡，从而实现城市回馈乡村，先富带动后富；乡村与城市相互促进，双向奔赴不仅仅是经济上的交流，更是一种文化的传承和交融。乡村的价值得到了应有的回归，乡贤和返乡青年人才在乡村建设中发挥了重要作用。从旅游度假到全面融合发展，是着眼于中国式现代化背景下人们向往的生活方式，把美丽经济植入绿水青山，让富美乡村成为生活、工作的目的地。

乡野民宿之兴起，是东方的桃花源情结和天人合一思想，使人追求回归自然、返璞归真的隐逸生活；是独特的生态建设和自然景观巧妙混搭，设计营造出引人入胜的奇观景象；是全面地发掘当地自然资源和人文资源，促进文旅转型升级、融合发展；是精准的市场定位、特色的服务理念形成多元斑斓、慷慨写意的风格；是创新的品牌化连锁经营以及线上营销，民间文旅资本助推民宿经济发展。莫干山民宿出圈现象引发全国乡村对于民宿经济的渴望和实践，"莫干山经验"和民宿建设国家标准成为全国乡村多元化发展的旗帜和激励，中国乡村民宿的政策制定者和发起者抱持赤子之心，朝着产业兴旺、生态宜居、乡风文明、治理有效、生活富裕的目标发展前进。

湖笔小镇　妙笔生花

善琏，因四桥而得名，因湖笔名扬四海，古时善琏以四桥："福善""宝善""庆善""宜善"，联络市廛，形如束练，故名。人们进镇必须走这四桥，居民枕河而居，商店沿河而开。无论风霜雨雪，居民环河购物无须撑伞，典型的江南水乡古镇。因此善琏与"善"结缘，因"善"而美。

善琏是水乡，一条蒙溪河紧紧环绕。古时，对外的主要交通是水路，湖笔上北京、进上海、到苏州、至湖州等远近城市，主要靠笔舫。因为湖笔，一些湖笔商人摇着笔舫，走南闯北销售，笔舫每到一个城市，笔商到这个城市大街小巷卖湖笔，这就是"走笔包"。"走笔包"让笔商开阔了视野，他们赚了钱后不忘家乡，把全国各地先进的建筑、时髦的穿着带回了善琏。善琏老街因此有了生机，沿街造起了新房，人们的穿着打扮赶上了潮流。早在20世纪30年代，善琏就有了"小上海"的美称。

20世纪90年代开始，善琏居民陆续从老街搬离，经过30多年的建设，"蒙公祠""永欣寺""湖笔文化馆""湖笔一条街""蒙溪公园"等一幢幢标志性建筑鳞次栉比。

"北兴路""中兴路""东兴路""蒙溪路""香莲路""蒙恬路"等一条条马路伴随着烟火气，构成了居民温馨美丽的家园。

如今的南浔善琏湖笔小镇，位于湖州市南浔区善琏镇，是中国湖笔文化和蚕文化的发祥地，素有"湖笔之都、蚕花圣地"之美誉，拥有"湖笔制作技艺"和"含山轧蚕花"两项国家级非物质文化遗产。

湖笔制作技艺入选第一批国家传统工艺振兴名录，"湖笔文化"列入首批"浙江文化标识"培育项目，多次荣获"中国民间文化艺术之乡"荣誉称号。

2015年6月，被列入浙江省第一批特色小镇创建名单。2020年10月成功命名。

小镇按产业分类为历史经典类小镇，总规划面积3.58平方公里，其中核心区面积1.34平方公里，规划建设产业集聚发展区、古镇文化旅游区、商贸配套服务区和国学休闲养生区四个区块。

特色小镇建设作为一号工程，着力在湖笔产业发展、湖笔技艺传承、文旅要素提升、产城功能完善上下功夫、求突破，取得了较为显著的成绩。

一是领导重视前所未有。一直以来，各级领导对小镇工作非常重视和支持，时任浙江省省长李强，浙江省委常委、宣传部部长朱国贤等多位省部级领导莅临小镇，给予了亲切关怀、精心指导和大力支持。

二是建设投入前所未有。2015年以来，先后投入固定资产投资35.55亿元建设湖笔小镇，投资力度是创建前十年总投入的2倍以上。

三是产业发展前所未有。目前，小镇共有湖笔相关经营主体约406家，2023年营业收入10200万元，同比增长52%，另外，文旅产业和文创产业也得到了较快的发展。

四是所获殊荣前所未有。小镇先后荣获国家3A级旅游景区、省级特色小镇首批文化建设示范点、"中国民间文化艺术之乡"、浙江省数字生活新服务特色镇、浙江省电商镇、浙江省文化礼堂建设示范乡镇等殊荣。

在2017—2019年度省级特色小镇创建对象考核中连续三年获得优秀，尤其是2019年度考核获得全省第一的好成绩；2019年被评为浙江省4A级景区镇，2020年成功被命名为浙江省第四批特色小镇。

湖笔小镇还融合了旅游、商贸和国学等元素，为游客提供了丰富的文化体验。在这里，游客可以参观湖笔的生产过程，了解湖笔的制作工艺，购买到各种款式的湖笔作为纪念品，可以在古镇文化旅游区感受江南水乡的古朴韵味；在商贸配套服务区品尝当地美食、体验小镇时尚风情；在国学休闲养生区学习传统文化，亲近东方美学；还可以在这里体验湖笔制作的精湛工艺，感受非物质文化遗产的独特魅力。同时，小镇还定期举办各种非物质文化遗产活动和展览，让游客在欣赏中热爱、在体验中传承。

通过两位湖笔大师的故事，见证湖笔小镇的纵深发展与有机更新。

走进千金湖笔，见到了儒雅的杨松源老师。

这位生于湖州市南浔区千金镇的先生，是中国制笔艺术大师、浙江省工艺美术大师，2018年被命名为轻工"大国工匠"。

湖笔大师杨松源左手执笔头，右手拿择笔刀。这是属于他的经典定格。

参观千金湖笔制作工坊，几十位工人低头在作业。一张矮凳、一副眼镜、一把择笔刀，这是他们统一的装备。只见笔头的毛毫被一层层快速翻起，不到几秒钟，就剔除了不合格的杂毛。日复一日，年复一年，看似重复的劳动，却见证了湖笔人一生的执着。

他历年来研发的产品连续八届获得中国文房四宝艺术博览会"国之宝——中国十大名笔""浙江省著名商标""浙江名牌产品""中国文房四宝行业金奖产品"等荣誉称号。

15岁开始拜师学习湖笔制作，先后师承湖笔制作艺人沈金荣、庄渭阳、沈锦华、杨建庭等先生。"年轻的时候以为制笔很容易，学艺时我还带了书和乐器，准备打发空余的时间。"杨松源说。没想到一个星期过去，他却连最简单的制笔动作都没学会一个。

"制笔师傅说，学艺要静心，还想着干别的事情就分心了，手艺自然学不好。"此后，杨松源沉下心来专心学艺，后来又跟随几位制笔大师学习，技艺得到进一步提升。

改革开放后，制笔这样的传统手工产业受到较大冲击，许多工人转行，杨松源却一直坚持下来。与别的制笔大师不同，他一直保持着记笔记的习惯。我们亲眼所见杨老师的一大摞笔记本，弥足珍贵。

"好记性不如烂笔头。不管是师傅教的还是自己琢磨的，所有的心得体会，我都会一一记录下来。"在杨松源看来，任何产品都要跟上社会前进的步伐，适合市场的需求，湖笔也不例外。

"湖笔的传承需要创新，无论在原料选择，还是制作工艺上都有创新空间。"杨松源说，譬如过去湖笔羊毫脱脂采用石灰水和硫黄熏，容易造成毛毫脱脂过头而松脆断毫，改为高温和草木灰脱脂，能使毛毫保持既能蓄墨又有弹性的最佳状态。

"湖笔质量好不好，书画家说了算。"在创新路上，杨松源与书画名家频繁交流，长期以来为众多专业美术院校教师以及社会著名书画家定制专用个性化湖笔。他还将这些个性化的湖笔推向了市场，让千金湖笔的知名度和影响力再度攀升。

50余年潜心研究湖笔制作技艺，博采众长，在保持传统工艺的基础上，杨松源的创新湖笔新品达百余种。其中"湖州乐""神韵潇洒·古朴清气""虎跃龙腾""妙到毫巅""经纬万端"作品在历届中国·浙江工艺美术精品博览会上获得金、银奖；"金盖出云""凌云健笔"作品被上海世博会选定，永久陈列在中国国家馆"九洲清晏"书房。"珠联璧合""辟邪葫芦笔""龙凤龟鹤"作品分别被中国湖笔文化馆和中国湖笔博物馆收藏。"唐韵鸡距""汉唐风韵"等传统仿古系列大师笔，在香港市场引起强烈反响。

"湖笔是国之瑰宝，我们有责任把它传承好。""湖笔工艺后继乏人，如何才能世代相传？"

近年来，杨松源把更多精力放在了湖笔文化的弘扬、传承上。

他通过中央电视台、北京卫视、浙江卫视、湖南卫视、广东卫视、安徽卫视、深圳卫视、湖州电视台等媒体的力量，大力宣传湖笔文化，并配合湖笔博物馆，向党和国家领导人演示湖笔制作技艺。

杨老师自学徒起就边学边记，至今保留了五万余字的工作笔记，详细记录了制笔工艺及心得，还撰写了多篇有关湖笔的论文。其中，《试论高端湖笔制作与市场开发》《从"披柱法"看"湖颖之技甲天下"》《当代湖笔的创新之路》《吴越腹地的湖笔文化》《论湖笔制作的工匠精神》《简论湖笔造型之美》《清末民初湖笔外埠名号考索》等文章，陆续见诸专业刊物，在"技进乎道"的征途上努力前行。

杨松源还多次组织人员，赴各地走访挖掘湖笔传承脉络及制作技艺流传，由他建立的湖笔研究、传承、创新团队，是一支赫赫有名的专业团队。

杨松源得出了"带学徒、宣传讲课、汇编资料"的经验。他常年带徒，传授湖笔制作技艺，并为大专院校授课，讲解湖笔文化及制作技艺，致力于湖笔制作技艺及湖笔文化宣传，是当之无愧的好会长。

"一个人从事一个行当，静心做一辈子，是一件很有意义的事情。"如今的杨松源，仍在坚持制作湖笔。他说，"制笔真的是一件枯燥又严格的事，但因为喜欢，所以可以把一辈子都花在这一件事情上。"

湖州千金湖笔有限公司总经理，中国文房四宝协会副会长，中国文房四宝制笔艺术大师，轻工大国工匠，浙江省工艺美术大师，湖州市首届"湖笔世家"，浙江省技能大师工作室领办人，浙江工匠，《毛笔》国家标准、浙江省地方标准主要起草人，国家职业技能标准（毛笔制作工）编委，毛笔制作工职业（工种）全国行业职业技能竞赛裁判，湖州市民间工艺美术大师，"南太湖特支计划"传统工艺领军人才……杨松源大师的这些让人敬仰的头衔，再次证明，"一生做一件事"的骄傲所在。

千金湖笔，千金一诺。

致敬大师，致敬文化。

致敬所有一辈子做好一件事的人。

长着一张笑脸的姚真泉，是一个土生土长的湖州善琏人。

在这三十三年的制笔生涯中，他不断地探索和创新，不断地提高自己的制笔技术和品质，以满足不同客户的需求。

制笔不仅是一门手艺，更是一种文化传承和精神追求。因此，姚真泉一直致力于将湖笔文化传承下去，让更多人了解和喜爱湖笔。

姚真泉的家乡，位于浙江省湖州市南浔区善琏镇张家塘村匠人埭自然村，这里被称为"匠人之乡"，手艺人特别多。

姚真泉出生在湖笔世家，外婆终生做"水盆"，妈妈边学习"水盆"，边干农活。姐姐一生从事择笔工作，他们一家，都是当地农村的制笔能手。

在耳濡目染下，姚真泉从小就对湖笔制作极有天赋。

16岁，初中毕业进入村企业上班，在车间里担任机修工。

19岁那年调到厂部跑供销，这期间认识了在含山湖笔厂上班的高慧琴姑娘。从恋爱到结婚，是湖笔第三代传承人的美好见证。

说来也巧，高慧琴的父亲高根发在含山湖笔厂担任车间主任。

有一次，姚真泉在未婚妻家吃饭，高根发对未来女婿说："你顺便带点我们自己做的湖笔去市场销售下看，"姚真泉说，"行，我去试试看。"

姚真泉凭着搞供销的一流口才，果真把上百支湖笔全部卖掉了。首战告捷，让姚真泉有了将湖笔推广出去的勇气和信心。

由于湖笔的主要销售对象是学生、书法爱好者、文化人士，他们对湖笔的品质和文化内涵，有着较高的要求。

经过一段时间的湖笔销售，姚真泉的内心发生了变化。在他看来，光会卖笔却不会制笔，算不上是一名合格的营销员，只有亲身体验才能懂得湖笔的文化内涵。

于是，20岁那年，他毅然辞去了村办企业的工作，索性改行拜岳父为师，学习装套制笔技术。

湖笔制作，全部是纯手工完成。它的工艺十分复杂，一支湖笔从原料选购到出厂，一般需要经过选料、水盆、结头、装套、蒲墩、镶嵌、择笔、刻字等八道大工序，从中又可细分为一百二十多道小工序。在众多工序中，以选料、水盆、结头、择笔四道工序要求最高、最为讲究。

湖笔有"三义四德"之美誉。三义指湖笔的"精""纯""美"；四德是指湖笔的"尖""齐""圆""健"。"毫虽轻，功甚重"形容制笔技艺精细和复杂。

他说："拜岳父为师，学习装套制笔技术，其他技术则是通过摸索和自学成才的。"

姚真泉对湖笔制作充满了感情。在他看来，做湖笔，重在培养一个人的细心、耐心和专注力。通过师傅的教导，姚真泉渐渐学到了湖笔制作的精髓和技巧，掌握了制作高品质湖笔的方法和要领，尤其在装套、蒲墩、结头、择笔等工序上有着较高的造诣。

所谓"艺高人胆大"。越做越好的姚真泉，慢慢萌生出自己开个笔庄的想法。

1990年，姚真泉和妻子在善琏镇上开了家名叫"双鹿"的笔庄。自此，正式开店制作和销售湖笔。

2000年6月，注册"双鹿"湖笔商标。

任何一家成功的笔庄，都经历了无名到有名的过程。姚真泉的"双鹿"笔庄也不例外。

刚起步阶段，作坊名气小，没有形成固定的市场和客源。为打开湖笔销路，挤火车、赶汽车、坐轮渡，背着自家生产的"双鹿牌"湖笔去安徽、山东等地方去卖，甚至在大街小巷吆喝。湖笔更是便宜到每支几毛钱或一两块钱。

有时候，为争取一个客户，跟人家说尽好话，对方答应代销，却是等到年底才能结账，内心虽然不情愿，但是也没办法。那时候，口袋里没有几个钱，只能住几块钱的旅社，吃方便面、红薯充饥，创业之初的困难，如今回忆起来，都觉得不可思议。

都说，湖笔制作是"千万毛中取一毫"。这上好的羊毛，取自杭嘉湖地区一岁以内没有交配、阉割过的山羊脖颈后的一小撮毛。

近年来，由于市场经济的变幻莫测，养羊户大量减少，外来商人大规模收购此类羊毛，导致湖笔的原材料遭遇了大幅涨价。

由于湖笔制作需要经过多道工序，每一道工序都需要精细的手工操作，加上原材料成本的上涨，制笔成本大幅增加，使得湖笔的售价也随之上涨，湖笔市场需求量也逐渐减少，这给湖笔产业带来了巨大的挑战，无数湖笔经营户苦不堪言、举步维艰，也让姚真泉这样的湖笔庄主陷入更大的困境。

艰难的岁月，就在于坚持和坚守。

2013年7月，姚真泉和妻子一起创建了湖州真鹿湖笔有限公司，从个体工商户蜕变为名副其实的公司。

笔庄华丽转身，为公司的发展带来了商机。他们还在湖州市开了门市部，扩大了"双鹿"湖笔的影响力。

姚真泉和妻子高慧琴，以及继承人杨文、姚玉瓣，两代人的共同努力，成功申请了多个专利，双鹿牌湖笔也在历次展览会上多次荣获国家、省、市各级金、银、铜奖。

姚真泉的妻子高慧琴女士，她出生于制笔世家，外婆、父母都是制笔高手。16岁开始进入含山湖笔厂学习择笔技术，并拜钱阿水老师为师，尽得真传。她是"湖州市十大制笔工匠""湖州市工艺美术大师"。

2019年，姚真泉创建"双鹿"湖笔研学基地。他们还积极参加国内外的文化博览会和展览会，向世界展示湖笔的独特魅力。

他们在产品设计和品质上下了大力气，推出了更加符合现代人需求的湖笔产品。如：王羲之和赵孟頫笔、金榜题名笔、十六岁成人笔、老人夕阳笔、众志成城抗疫笔、"在湖州看见美丽中国"等纪念笔。

他们在创新开发的路上越走越顺，又相继开发了"笔中有裁刀""笔舫"观赏笔等特色产品。

经过多年的努力，"双鹿"湖笔逐渐走出了困境，成为国内外知名的文化品牌。他们的笔，也走出了国门，成为泰国皇室的指定用笔。

姚真泉说："现在的毛笔不仅用于写字，更多的是作为收藏、装饰、礼品之用。只有不断地创新求异，只有满足不同人群的需求，湖笔的生命力才会更强。"

如今，"双鹿"湖笔的年产值，从开始的20余万元到如今的200多万元，在同行中名列前茅。"双鹿"牌被先后评为浙江省名牌产品、湖州市名牌产品、湖州市著名商标、湖州市重点湖笔企业、浙江省科技型企业、湖州市小微企业等，具有较高的美誉度。他们的家庭被评为湖州市最美家庭，姚真泉本人被浙江省委宣传部和浙江省市场监督管理局评为最美浙江人／最美个体劳动者。

令人欣慰的是，姚真泉的女儿姚玉瓣、女婿杨文，也成了湖笔的第四代传承人。尤其是女儿姚玉瓣，是杭州亚运会火炬手、浙江省三八红旗手、浙江省青年工匠。现任善琏镇电商直播"共富工坊"党支部书记、直播领军人。

姚真泉一生致力于湖笔艺术的传承和推广，他说："择一事终一生，只为传承湖笔情怀。"

  他说:"一杆一笔总关情,制笔是我的终生事业。"

  双鹿湖笔,真鹿公司。

  一家四代,真传永继。

//"湖笔小镇"评论 /

南浔湖笔小镇，坐落于中国江南的水乡之地，是一处融合古老传统与现代潮流的非物质文化遗产活化典范。这里以传承千年的湖笔制作技艺为核心，汇聚了一大批非物质文化遗产传承人和手工艺者，他们坚守着古老的传统，运用精湛的技艺，制作精美湖笔，书写着华夏文明的辉煌历史。在湖笔小镇，非物质文化遗产活化不仅仅是一种行动，更是一种生活。通过创新性的旅游开发策略，小镇将湖笔制作技艺与现代审美相结合，打造出一系列独具特色的文化产品和服务，使人领略到千年湖笔文化的独特魅力。通过招商引资，小镇成功吸引了一批优秀的湖笔企业和相关产业聚集于此，形成了完整的产业链，重塑湖笔的价值链。湖笔小镇通过打造非物质文化遗产产业链，将湖笔制作技艺与旅游、商贸、国学等产业相结合，形成了多元化的产业格局。湖笔作为中国传统文化的重要组成部分，已经传承了1500多年，成为中华民族的文化瑰宝，湖笔的运用不仅是一种艺术表现手法，更是一种文化传承和精神追求。

特色小镇与历史经典

新型城镇化是实现中国式现代化的重要发展途径，浙江省提出的"特色小镇"在其中最具代表性。特色小镇是融合产业、文化、旅游、社区功能的创新创业发展平台，强调借助地方特有历史条件和资源本底，发展专业化经济，营造地方感和经济嵌入性，以此形成以人为本的城镇化机制。湖笔小镇作为浙江省首批特色小镇创建单位，对湖笔文化这座"文化富矿"加以创造性转化、创新性发展，用千年湖笔书写新时代"最江南"。特色小镇的核心为"产业"，重点为"特色"，特色小镇的独特性就在于强调"一镇一业"，每个特色小镇都要形成自己的产业特色，主要聚焦于信息经济、环保、健康、旅游、时尚、金融、高端装备制造等七大新兴型产业以及历史经典产业。湖笔小镇作为历史经典产业特色小镇之一，最重要的特征就是文化之"特"，通过"保护—再现—重塑"等手段，提振经典产业，形成"生产、生活、生态"互补融合的功能结构，完整展现湖笔的创造历程、文化根源、传统工艺，让历史经典产业"跨界出圈"。

地方非物质文化遗产活化是指通过挖掘、保护、传承和创新地方非物质文化遗产，使其在现代社会中焕发新的活力和价值，促进地方经济、文化和社会发展的过程。在活化过程中强调非物质文化遗产的原真性、时代性和创新性，历史经典产业的文化不能涵盖特色小镇全部的文化内容，因此要注重将传统与现代相结合，使非物质文化遗产在保留其核心要素的同时，适应现代社会的需求和审美。

湖笔是活着的非物质文化遗产。如今善琏湖笔的制作工艺结合现代技术，已达到炉火纯青、挥洒自如的地步，享有"湖颖之技甲天下"之赞誉。湖笔制作技艺作为首批国家级非物质文化遗产，为传承中华民族的历史文化发挥了重要作用，湖笔小镇被文化和旅游部命名为"中国民间文化艺术之乡"。湖笔小镇作为地方非物质文化遗产活化的典范，完美地将地方非物质文化遗产活化理论与自身发展相融合。深入挖掘并弘扬了湖笔制作技艺这一非物质文化遗产，通过产业集聚、技艺传承和文化创新，对湖笔制作技艺进行了全面系统的保护和传承。因着文化自信而兴起的国潮文化作为一种融合了中国传统文化和现代潮流元素的文化现象，与湖笔小镇的非物质文化遗产活化理念不谋而合。小镇在保留和传承湖笔文化的同时，注重与现代审美和时尚元素的结合，打造出一系列具有国潮风格的湖笔产品和文化体验活动。

政策红利与产业振兴

在湖笔小镇的建设过程中，浙江省政府及相关部门出台了一系列扶持政策，文化产业发展规划、特色小镇建设指导意见等，为湖笔小镇的发展指明了方向。这些政策的实施，使得包括湖笔小镇等在内的系列特色小镇在规划、建设、运营等方面得到了有力的政策支持和保障。湖笔小镇作为一座历史经典类特色小镇，其规划和建设都充分体现了对历史的尊重和对文化的传承。小镇的古镇文化旅游区保留了江南水乡的古朴韵味，让游客在欣赏美景的同时，也能感受到浓厚的历史文化氛围。这种将非物质文化遗产与历史建筑、自然景观相结合的做法，不仅提升了小镇的文化品位，也为湖笔非物质文化遗产的传承和发展提供了坚实的物质载体和浓郁文化氛围。作为地方特色产业，湖笔制造必须紧跟当下市场需求，不断研发新产品，拓展生产规模，并通过有效的推广策略吸引更广泛的受众群体。在此背景下，湖笔的销量理应呈现持续增长的趋势。为实现这一目标，应充分利用政策红利，推动制笔技艺的进一步提升，同时强化品牌意识，确保每一支湖笔都具备卓越的品质。

充分利用政府扶持政策，深入挖掘并应用政府提供的文化产业、非物质文化遗产保护以及特色小镇等相关扶持政策，争取宝贵的资金支持和项目合作机会，能够为湖笔产业的研发、生产和推广注入强大动力。与此同时，积极组织和参与国内外的文化交流活动，如非物质文化遗产展览、书法大赛、文化博览会、新媒体传播等。在这些活动的舞台上，湖笔的独特魅力和文化内涵得以充分展示，受到了无数国内外受众的瞩目，并获得广泛赞誉。通过政府扶持与文化交流跨界出圈的深度融合，湖笔产业不仅巩固了传统市场地位，更开拓了广阔的发展空间，为传承和弘扬中华优秀传统文化贡献了坚实力量。为了保护和传承湖笔制作技艺，并推动其消费市场的发展，湖笔小镇积极开展非物质文化遗产传承活动并推进书法、中国画教育的普及工作。通过组织湖笔制作技艺的传承人和专家开设培训班、书画研学、工作坊等非物质文化遗产传承活动，致力于培养更多的传承人和爱好者，让湖笔制作技艺得以薪火相传。同时，积极与中小学校、教育机构等合作，推进书画教育的普及工作，让更多的人了解和掌握书画技艺。这种合作有助于提升公众对中国书画的兴趣和认知，更能为湖笔的消费市场注入新的活力。通过非物质文化遗产传承活动和书画教育普及的有机结合，既守护了湖笔制作技艺这一国家级非物质文化遗产，又为中国传统文化在现代社会的传承与发展提供持续的动力。

传承创新与品牌战略

深入市场调研与推动技术创新是推动湖笔产业发展的两大关键策略。通过深入了解当前市场和消费者的多元化需求，针对不同年龄、职业和兴趣爱好的人群，精心研发适合他们的湖笔产品和书写套装，旨在满足不同消费群体的个性化需求。同时，积极拥抱现代科技，结合新材料、新工艺等技术手段，对湖笔进行改良和创新，旨在提高其书写性能和耐用性，让传统湖笔焕发出现代魅力，更好地满足现代消费者的实际需求。通过技术创新与品牌营销的双向驱动，湖笔产业将不断推陈出新，实现传统与现代的完美融合，为中国书画艺术创新发展贡献重要力量。

为了推动湖笔产业的持续发展，需要明确品牌定位、多渠道宣传推广并建立完善的销售网络。首先，湖笔作为传统文化瑰宝，其品牌定位应突出文化底蕴、艺术价值和实用性，通过精心策划的市场策略，打造出独特的品牌形象，使其在竞争激烈的市场中脱颖而出。其次，为了提升湖笔的知名度和美誉度，也需要充分利用书法课堂、艺校机构、社交媒体、直播表演等多种渠道进行宣传推广。尤其注重与知名书法家、艺术家的合作，他们线上线下的推荐和示范将吸引更多消费者关注和购买湖笔。最后，建立完善的销售网络是实现市场拓展的关键。湖笔产业想要走出国门走向世界，需要联动笔、墨、纸、砚文房四宝在互联网建立网上文化商城，同时在国内外重要城市和文创专卖店为全球消费者提供便捷的购买渠道和专业的售后服务。实现中华文化的创新性发展和湖笔产业的跨越式发展。

目前，湖笔小镇尚且缺乏多样化和实际的应用场景，使得游客和消费者难以充分体验和感知湖笔文化的魅力，必须增加互动体验环节，让游客亲身参与并体验湖笔的制作和使用过程。此外，还可以与基层组织教育机构合作，开展湖笔文化进校园进社区，培养更多对湖笔文化感兴趣的年轻群体。在营销方面，湖笔小镇还应采用更多元化、创新性的手段来提升知名度和吸引力，推出代表湖笔的数字精灵营造元宇宙场景，争取出圈吸粉。加强与旅游机构合作，推出湖笔小镇主题旅游线路，将湖笔文化与旅游紧密结合，吸引更多游客前来参观体验。为了提升湖笔小镇的附加值，可以考虑从产品创新和品质提升两方面入手。一方面，可以研发更多具有创意和实用性的湖笔衍生品，如湖笔书签、湖笔挂饰等，满足消费者的多样化需求。另一方面，进一步注重提升湖笔产品的品质，选用优质材料、坚持精湛工艺等，打造高品质、高价值的湖笔产品。随着湖笔小镇在文化产业领域的深耕细作，品牌影响日益增长，湖笔销量逐年递增，稳居中国湖笔重镇地位。

特色小镇的发展实践，是为了解决小城镇发展过程中产生的一些产业碎片化发展、地方经济建设缺乏活力、生态文明建设缺少抓手等综合性问题，具有鲜明的浙江制度创新特征，块状经济—产业园区—特色小镇的发展历程表明：在满足优质生产、优越生活、优美生态的"三生融合"动态平衡关系的不断调整过程中，随着人们自我满足的逐渐升级，对可持续发展的认知更进一步，开始追求"共存 — 共生 — 共享"的生命共同体，不断层层递进。从 2017 年浙江省人民政府命名上城玉皇山南基金小镇、余杭梦想小镇首批省级特色小镇到 2023 年 12 月命名第七批省级特色小镇，截至目前，浙江省共有 90 个特色小镇，类型涉及信息经济、环保、健康、旅游、时尚、金融、高端装备制造等支撑浙江省未来发展的七大产业，也兼顾茶叶、丝绸、黄酒、中药、青瓷、木雕、根雕、石雕、文房等历史经典产业，坚持产业、文化、旅游、社区"四位一体"和生产、生活、生态"三生融合"发展。2022 年，浙江省特色小镇产出 1.98 万亿元，集聚高新技术企业 3188 家，就业人数超 193.2 万人，以全省 2.3% 的建设用地面积，贡献 9% 的规上工业营业收入、9.8% 的税收收入，为全省高质量发展提供"新引擎"。

湖笔小镇以历史经典产业和民族文化瑰宝与现代科技、营销策略、国际潮流相结合，焕发出前所未有的生命力，不仅成为国内外书法爱好者和文化游客的朝圣地，更以其精湛的制作工艺和深厚的文化底蕴，在激烈的市场竞争中独树一帜，为区域经济的繁荣和民族文化自信增添浓墨重彩的一笔。期望通过社会文明发展和城镇建设实现人类与环境二元和谐统一的"天人合一"状态，达到生命与生态的"生生不息"，直至成就一种社会学形态上美的体现，以返璞归真的形式实现普世大同，最终成就"一元既始，万象更新"的社会城市发展有机更新。

绿水青山就是金山银山

叠翠碧苍，万木葱茏；山水佳处，安且吉兮。

安吉县位于浙江省西北部，地处长三角地理中心，依天目而枕苕溪，构成了"川原五十里，修竹半其间""溪上尘不到，家在青玻璃"的地貌特征。安吉县域面积1886平方公里，境内"七山一水两分田"，下辖8镇3乡4街道，共217个村（社区），常住人口59.61万人。2023年，全县实现地区生产总值615.1亿元，其中一般公共预算收入65.1亿元，城乡居民人均可支配收入分别为71704元和45469元。

安吉历史悠久，境内的上马坎旧石器文化遗址，将浙江境内人类的历史提前到了距今80万年前。安吉之名，源于东汉。《后汉书》载："光和末，张角乱，此乡守险助国，汉嘉之。"取《诗经》"安且吉兮"，赐名"安吉"，意为美丽又舒适。文化如水，浸润无声。潺潺的东苕溪养育了历史悠久、文化灿烂的安吉，从太湖流域古人类文明、吴越文化、秦汉文化直至当代，文化润泽着一代代栖居在这里的人们，赋予了安吉人民特有的文化基因。

安吉是"两山"理论诞生地。2005年8月15日，时任浙江省委书记的习近平在安吉余村首次提出了"绿水青山就是金山银山"的科学论断。多年来，安吉县以此为引领，统筹推进山水林田湖草系统治理，积极探索生态价值转化的路径，实现了从生态立县到生态强县的转变。安吉被誉为气净、水净、土净的"三净之地"，成为全国首个生态县、联合国人居奖首个获得县，成为新时代浙江（安吉）县域践行"两山"理论综合改革创新试验区。

安吉是美丽乡村发源地。2008年，在全省推进"千万工程"的背景下，安吉县创新开展"中国美丽乡村"建设，全县187个行政村（农村社区）实现美丽乡村创建全覆盖。2016年，安吉县把建设中国美丽乡村上升到中国最美县域的目标愿景，成为中国最美乡村百佳县，入选浙江省首批大花园示范县，获评全国文明城市,以安吉县人民政府为第一起草单位的《美丽乡村建设指南》成为国家标准。近年,安吉县坚持与时俱进,大踏步推进城乡能级提升,率先发布乡村能级指数,致力探索一条中国式现代化乡村路径。

安吉是绿色发展先行地。安吉县依托良好的生态环境和区位优势,深入践行绿色发展理念,大力发展低碳循环经济,初步构建了包括生态旅居、绿色家居两大优势产业以及生命健康、电子信息、装备制造、新材料、新经济等五大新兴产业的现代产业体系。安吉白茶品牌价值52.87亿元,竹产业以全国1.8%的立竹量创造了全国10%的竹业产值,椅业产业占国内市场的1/3、全国椅业出口量的1/2,境内两座抽水蓄能电站总装机容量达到390万千瓦,跃居世界第一。安吉全域旅游蓬勃发展,连续六年居全国县域旅游综合实力百强县榜首。

绿水迤逦去,青山相向开。余村坐落安吉县天荒坪镇,因地处天目山北坡余岭而得名。村庄三面环山,小溪穿村而过。村域面积4.86平方公里,设有8个村民小组,共有280户1050人,其中80%的村民居住在中心村。近年来,余村的美丽乡村建设、生态文明建设、民主法治建设等工作走在了浙江乃至全国前列,先后荣获全国美丽宜居示范村、全国民主法治示范村和全国文明村等荣誉称号。但余村并不是一开始就走生态路的,而是走过曲折漫长的泥泞弯路。

"卖石头"的灰色记忆

余村拥有丰富优质的石灰岩资源,当地的石灰岩矿是制作高标号水泥的极佳原料。20世纪八九十年代,为了从贫困的泥沼中抽身而出,余村人靠山吃山,村里炸山、开石、建厂,"石头经济"风生水起。当时全村280户中有一半以上的家庭有劳动力在矿区务工,村民自己为运输石料购置的拖拉机就多达数百辆,村集体收入最高时达到300多万元,名列安吉县各村之首。余村从默默无闻的"贫困村"迅速成为安吉有名的"富裕村"。可惜快速发展的背后却潜伏着暗流涌动的生态危机,依靠原始而粗放的方式开采资源富起来的余村很快吃到了苦头。经年累月的开采,让这片曾经的"江南清丽地"因此蒙尘:淤泥沉积,部分河床在35年内抬高了2米;昔日"桃花流水鳜鱼肥"的东苕溪,部分断面"比黄河水还要浑浊"。山成了"秃头山",水成了"酱油汤",村里处处炮声隆隆、粉尘漫天。矿上的作业异常危险,每天都要进行大大小小数百次爆破作业,带来了严重的安全隐患,村民们受伤的情况时有发生,更有甚者出现了死亡事故。噩耗隔三岔五传来,在村民的心头蒙上了一层阴影。余村在这条乡村工业化的道路上走得愈发艰难,村民们不仅要承受生态环境破坏带来的长期影响,还要面对生命安全的巨大风险。

时代的大河奔涌,有缓流,也有急湍,遭遇颠簸和风浪是难免的。痛定思痛,余村决定封山育林,保护环境。2003 年开始,村里相继关停了矿山和水泥厂,但村集体年收入也因此大幅缩水,几乎半数以上的村民没有了收入来源。2004 年,村集体收入从 300 万元直线下滑至 20 万元。下一步该怎么发展?

青山缭绕疑无路,忽见千帆隐映来。正在踟蹰之际,习近平总书记一锤定音。2005 年 8 月 15 日,时任浙江省委书记的习近平同志在安吉考察时来到余村。当听到村里下决心关掉了石矿、停掉了水泥厂时,习近平给予了高度肯定,称赞是高明之举。并首次提出了"两山"理论:"绿水青山就是金山银山,我们过去讲,既要绿水青山又要金山银山,实际上绿水青山就是金山银山"。(共产党员网,2021 年 8 月 15 日)

9 天后,习近平同志在《浙江日报》"之江新语"专栏发表《绿水青山也是金山银山》一文指出,"如果能够把这些生态环境优势转化为生态农业、生态工业、生态旅游等生态经济的优势,那么绿水青山也就变成了金山银山"。

2006 年 3 月,习近平同志又在"之江新语"专栏撰文,阐释了人们对于绿水青山与金山银山之间关系的认识的三个阶段:第一个阶段是用绿水青山去换金山银山;第二个阶段是既要金山银山,但是也要保住绿水青山;第三个阶段是认识到绿水青山可以源源不断地带来金山银山,绿水青山本身就是金山银山。

2015 年,"坚持绿水青山就是金山银山"的理念被正式写进了中央文件。"两山"理论重要性不断彰显,成为习近平生态文明思想的重要组成部分。

理念一变天地宽

十余年来，余村坚定不移走绿色发展的路子，以美丽乡村建设为抓手，大力实施"千万工程"，不断改善农村人居环境。村干部带着村民复垦复绿、封山治水，实施村庄绿化、庭院美化、垃圾分类，持续改造、优化人居环境。山清了，水绿了，新产业来了。

余村人念念不忘习近平总书记对大家说的新词"逆城市化"，安吉是宝地，离上海、苏州和杭州，都只有一两个小时的车程。经济发展到一定程度时，逆城市化现象就会更加明显，一定要抓好度假旅游这件事。余村大力发展乡村旅游，实现了"卖石头 — 卖风景 — 卖文化"的教科书式转型升级，从最初单纯的自然观光发展为集休闲度假、运动探险、健康养生等为一体的产业链。村民们陆续办起了农家乐，吸引"久在樊笼里"的城市居民来此体验"复得返自然"的乐趣。2020年，余村集体经济由2005年的91万元增加到724万元，村民人均收入达到5.6万元。十余年来，余村人在"两山"理论指导下，走出了一条转型发展、绿色发展、和谐发展之路，形成了支部带村、民主管村、生态美村、发展强村、依法治村、平安护村、道德润村、清廉正村的"余村经验"，自治、法治、德治相结合的治村之道，为推进新时代乡村治理提供了示范样本。

2020年3月30日，习近平总书记再访余村。当年逼仄的村道已难觅踪影，取而代之的是平坦宽阔的绿道。"完全不一样"的余村引发习近平总书记感慨："美丽乡村建设在余村变成了现实。"（《浙江日报》2022年3月28日）习近平总书记同时指出，"绿水青山就是金山银山"理念已经成为全党全社会的共识和行动，成为新发展理念的重要组成部分。

在余村，听余村人讲余村故事。

葛军是余村的归乡青年，作为一位艺术生，他以独特的视角描绘了曾经的余村——"一幅灰色调的画"，而现在的余村则充满了"亮色调"。大学毕业后葛军在杭州待了几年，每次回家都发现村里有了新变化。2015年，葛军决定回村发展，2017年开了家文创店，主要经营具有当地特色的文创产品。2020年，突如其来的疫情为一切按下了暂停键，小店也面临着客流量减少的困境，葛军决定趁着这段时间将家里的老房子原拆原建。建造过程中，他了解到民宿是未来的发展方向，于是按照的民宿标准设计在所有的房间都融入了自己的艺术创作。2022 年 7 月，总投入 500 多万元的"两山文创阁"正式营业。"两山文创阁"以奇石、文创为特色，有七八间房，地下一楼是文创产品的展示和售卖——既有可收纳的竹篮、竹杯、竹扇等富有安吉特色的生活用品，也有竹篾编灯、竹节编织包等充满时尚感的手工艺品。楼上还有个景观餐厅和书法工作室。大部分时间，葛军都会坐在民宿一楼会客厅，迎接客人，喝茶交友，讲述余村故事。好口碑一传十、十传百，生意愈加红火，每年的营业额大概在 200 万元左右。

刚走进民宿的人都会被一个个奇石盆景、一幅幅石头画吸引。这是葛军父亲葛元德的创作。葛元德年轻的时候就在矿上工作，每天干干净净出门，灰头土脸回家，虽说赚了些钱却少了幸福感。如今他依旧和石头打交道，却不是靠炸山，而是靠创意："原先卖石头是污染环境，现在卖石头是卖风景"。"上一代种田，这一代开矿，下一代创业"，他如此总结葛家三代的生活。三代人生活的变化，正是安吉余村发展的一个缩影。

余村拆掉围墙、打开庭院，笑迎八方客，风景成为"聚宝盆"，传统产业向农文旅融合转变，老百姓变"靠山吃山"为"养山富山"，日子过得是红红火火。2015 年以来，余村着力推进"两山"景区建设，并将之作为文旅融合发展的重要项目。"两山"景区的整体布局和线路设计紧密围绕村党群服务中心、"两山"大石碑、文化礼堂及"两山"绿道等逐步展开，整体布局呈现观光式和体验式结合的表现形式。随着"两山"景区的正式开放运营，村集体经济收入和村民收入得到大幅提升。2023 年，余村累计接待游客约 115 万人次，村集体经济收入 2247 万元，农民人均纯收入 7.1 万元，绿水青山成为当地百姓的幸福靠山。

从 2019 年开始，村里就鼓励村民以现金入股的形式参与到余村的建设发展中，并通过推动农民闲置农田、山林、农房等资产资源入股优质产业项目，构建农民利益联结，实现了生态资源、资产向租金、薪金、股金的高效转化，形成了共建共享共富的发展新格局。2023 年，余村全年村集体经济收入达到 2247 万元，其中经营性收入达到 1011 万元，同比增长 72.1% 和 26.2%，全村

1000 余名村民"股民"共获得集体分红 313.19 万元，人均可拿到 3000 余元的分红。

天地山野为幕，晚风明月为伴。2024 年 7 月 8 日，一场国际高水准的"爱·永恒"钢琴音乐会在余村余山矿坑遗址内奏响，这是著名法国钢琴家理查德·克莱德曼为余村生态文明建设和中法建交 60 周年献上的一份特殊的礼物。余村矿山的厚重与青绿，与理查德钢琴曲中深沉而富有感染力的旋律完美契合，升腾而上。

跳出余村，发展余村

汪玉成是土生土长的余村人，一路见证了余村从卖石头到卖风景、卖文化的美丽蝶变。2019 年 6 月担任村党支部书记，绿色发展的接力棒传到了他的手中。

面对余村不太景气的毛竹产业，他看在眼里、急在心里。他带领大家对全村的山林进行了整体规划，积极探索发展中草药、生态竹笋、食用菌菇等林下经济，并借助村里的电商平台积极拓宽销售渠道。余村的土地基本开发完成，落新项目、干新产业的空间也捉襟见肘，该如何更上一层楼？"余村的潜力不仅仅在村内，我们要想办法跳出余村，拓展发展空间。"汪玉成说。

打破"一亩三分地"的局限、带动周边乡村实现共同富裕，余村又开始了新的突破。余村有了个"1+1+4"的新概念——以余村为核心，天荒坪镇镇区及周边山河、银坑、马吉、横路等四村统筹发展，成立"共富联合体"党建联盟，坚持"一村一特色"，基础设施共建共享，差异化布局产业。

2021 年，余村入选首批联合国世界旅游组织"最佳旅游乡村"，休闲旅游产业为余村的乡村振兴和经济可持续发展提供了源源不断的动力。但单一的一处乡村景点无法满足多元的消费需求，带来的经济效益自然有限。为进一步整合乡土资源，放大特色产业效益，做好区域统筹发展文章，在安吉县政府支持和天荒坪镇政府的主导下，大余村景区的发展构想逐渐成形，在原来"1+1+4"基础上，按照风景道路互通、旅游业态互补、成线连片带动的原则，推动全域旅游高质量发展。

2021年余村大景区管委会宣告成立，当年完成了大余村景区规划编制，分为余村——大余村——余村大景区三个层次，将优质文旅资源串联起来，形成大景区协同开发、协同运营、协同管理机制。2022年5月，余村大景区建设正式启动，范围拓展至3个乡镇17个行政村，覆盖面积179.82平方公里。

2023年，安吉以余村为核心，推动南部片区天荒坪镇、山川乡、上墅乡3个乡镇24个村组团发展，谋划小余村乡村现代化样板建设区（4.86平方公里）、余村省级旅游度假区核心建设区（40平方公里）、天山上（1镇2乡）延展区（245平方公里）三大发展圈层，打破行政壁垒、要素固化、空间局限，以50倍的空间布局促进区域发展一体化管理、互通共融，致力打造"高能级、现代化、国际范"大余村。"原先来余村旅游的人大部分是党建研学的，但是现在自主过来的游客已经差不多占到了50%的比例，整个文旅的游客结构和人均消费都产生了变化，真正带来了经济收益的增长。2021年至2023年大余村游客量从70万人次增长到120万人次，人均消费从50元增长至150元。"已于2023年光荣当选第十四届全国人大代表的汪玉成兴奋地谈起接下来的发展："还是会进一步推动村集体与村民之间共益互动机制的打造，通过谋划共享食堂、共建的旅客服务中心、共建的客服系统、共建的数据化系统等一系列的手段帮助村民整体进行引流，拓展经济发展方面的路径。同时也鼓励村里的产业带头人能够去做各项的专业联动。最终还是要让老百姓真正富裕起来。"

新的经济形态和业态才能让乡村生活越来越有活力和趣味，为了有效避免大余村产业发展同质化的通病，经过一系列调研和头脑风暴，汪玉成和县乡两级人大代表以及余村干部群众在2022年碰撞出了一个新计划——向全球招募合伙人，让更多人才、项目落地余村，打造全新合作模式，赋能未来乡村可持续发展。

大余村战略要实现，离不开人才支撑。青年如初春，如朝日，是提升"两山"转化效能的关键变量。余村创新建设青年人才社区，致力于打造青年入乡的先行地，持续探索青年入乡模式、持续赋能在村企业和人才、持续助推余村景区发展、持续融合在村各类人群、持续传播余村品牌及IP。

从 0 到 1，从 1 到 ∞

在探索青年入乡的过程中，余村秉持开放性和成长性，招引青年人入村的创新模式有余村全球合伙人计划、青年共创行动、数字游民、云村民计划 4 个方向的探索，分别对应青年人才的长期驻村、项目合作、短期驻留和灵活参与。

从 0 到 1 的破圈，从合伙人计划开始。"余村全球合伙人"是指深刻认同、积极践行、广泛传播"绿水青山就是金山银山"理念和可持续发展理念，致力于投身乡村振兴和共同富裕伟大事业，在大余村合作创办企业、开展投资、研发创新或参与服务活动，与余村共担风险、共历艰辛、共建品牌、共创模式、共享未来的海内外绿色发展企业、机构与人才。"余村全球合伙人"于 2022 年 7 月正式发布，围绕研学教育、乡村旅游、文化创意、农林产业、数字经济、绿色金融、零碳科技、健康医疗 8 个类型，余村面向全球招募合伙人，让更多人才、项目落地大余村，通过全新合作模式，赋能未来乡村可持续发展。这是青年人和乡村的双向奔赴。大余村不是单纯靠政策吸引年轻人，更多的是通过共同热爱走到一起。合伙人又去带新的合伙人，慢慢做大合伙人事业。别的地方可能是产业链招商，余村还有人才链招商。

2023 年 6 月 26 日，青来集顺利开园剪彩。青来集是大余村青年人才社区的核心启动区，广场上标志性建筑的造型是数学术语"∞"，寓意青年未来的无穷大。"青来集"取自北宋诗人王安石的诗"两山排闼送青来"，作为中国美丽乡村的发源地，余村励志重构乡村新优势，在大余村创新建设青年人才社区，憧憬着在城市和乡村之间，建造一个创业生活理想之地，实现青年人才的事业人生梦和未来乡村振兴梦。园区占地面积 80 亩，建筑面积 3.7 万平方米，内有建筑 26 栋，主要招引总部经济、成长型数创公司、优秀创业团队、数字游民等。园区现已入驻邻汇吧、杭州云梯科技等 23 家企业，常态入驻青年 800 余人；目前提供了独立式、共享式等各类办公工位 1200 余个。配套一站式服务中心，以及食堂、咖啡、火锅、烧烤等 11 个商业业态；周边配套人才公寓 12 处，514 间，1231 个床位。还有阳光草坪、青来广场、田野露营、停车场等公共空间。另布局人才专线（一天 8 班次）、共享电动车（每个村有 5 个站点）等公共交通设施，保障日常通勤。

在合伙人计划开展的过程中发现有很多城市青年期待来到乡村，于是余村和余村全球合伙人联合发起了青年共创行动，搭建起了城市青年与乡村交流的平台，设置主题公开招募青年驻村共创提案，以期待在深度体验与共创中，让更多青年声音与力量，更深度地参与到乡村的建设与实践，探索青年与乡村碰撞的可能，让青年与乡村的价值实现双向流动。2023 年共举办了 8 期，共计 100 天的时间，320 位来自全国各地的城市青年在余村共创了 41 个提案，包括乡村微改造精提升、艺术乡建等等。2024 年，为了让青年更多地关注生态文明，青年共创行动持续升级，聚焦绿色生态，提出"余村可持续计划"，传递绿色、生态、活力的余村新形象。

"数字游民"指的是依靠互联网和数字工具进行远程工作，无需固定的办公场所，不受传统职场的时空约束，可以根据自己意愿安排工作，在全球范围内选择工作地点，具备高灵活性和高自由度的群体。这是一种追求身心自由、平衡与成长的生活态度，逐渐成为当代年轻人向往的理想方式。"DN 余村"是国内规模最大的数字游民社区，拥有 7188 平方米的室内面积，包括 51 间客房和超过 4000 平方米的联合工作空间，最多可同时容纳近 150 位数字游民。"DN 余村"住宿最低月租（六人间）为 300 元/月，单人间为 900 元/月，一个月的生活成本有可能压缩在 1500 元。余村通过在乡村低成本、高品质的生活优势将自由职业者聚集起来，形成数字游民社区，数字游民成为乡村发展的观察者和参与者，由数字游民转化为数字村民，并在其中孵化愿与乡村共建的合伙人项目。

打开"余村云村民"小程序，云认养、云畅游、云共创、云过节、云社交等玩法俘获人心。余村希望从线下到线上，进一步拓宽青年人入乡渠道，发起了"云村民"这样一项城乡破圈计划，让云村民在乡村实现"我在余村有点田"、体验"我在余村有点甜"、享受"我在余村有点钿"。2024 年 4 月 2 日启动之后，短短 3 个多月时间，线上已注册近 2 万人，认养"一米菜园"4000 余人。

从"余村全球合伙人"推行至今，已落地 50 余个合伙人项目及新经济项目，1000 多名青年成了新乡人，吸引近 2 万名云村民，新媒体矩阵累计粉丝十余万人，每年百万游客到访，各媒体平台曝光量破亿。余村经验实践的核心是青年入乡的创新路径，是爱青年之所爱的服务赋能，是青来万物生生不息的持续探索。余村的含"青"量持续提升，青年入乡成为余村的新标签，为余村带来了新蝶变。

新格局创造新优势。针对人多地少、资源分散且有限的发展局面，余村按照大格局、大片区的发展要求，聚焦打造高能级、现代化、国际范大余村的新目标、新定位。制定了大余村建设"4321"工作体系，服务好原乡人、新乡人、旅乡人、云乡人，发展好新农业、新文旅、新经济三大产业，构建起青年人才大社区和余村大景区两大承载平台。

新业态形成新经济。余村打造了全国首个乡村青年人才社区，落地了总部基地、新农业创新工场等功能空间，在绿水青山间设置了"大自然工位"。余村盘活了近10万方闲置资产，完成了场景升级，新增青年图书馆（全国首个乡村碳中和建筑）、乡里中心、乡音小馆、国漫茶咖、与余农场等40余处新业态，吸引云梯科技、邻汇吧、余村机器人科教融汇实践基地等充满"未来感"的数字经济，形成更具现代化和竞争力的产业体系，不断提升乡村能级。

新互动重塑新"附近"。新经济带来了新人群，在这里，实现了人才集聚与产业发展双向联动，新乡人、原乡人、旅乡人和云乡人正在朝夕相处中融合为一个新社区，塑造一种新"附近"。余村积极嫁接合伙人社群、青年共创活动等资源，排定可持续工作坊、青年艺术周、跨界别座谈会、余村夜话等多场全年活动，不断放大的社群正在成为吸引人才的向心力，形成了以人才引人才的良性循环。

新品牌引领新未来。余村立足自身发展的特色，打造"余村"品牌，建立了国内首个乡村品牌建设实验室，成功打造余村全球合伙人、DN余村、大自然工位、青年共创行动、余村夜话、余村农耕等专属IP，让品牌"说"故事，提升乡村品牌形象和价值，致力于打造中国乡村品牌标杆。通过把品牌概念引入乡村，余村让乡村品牌成为赋能乡村产业的无形资产，形成了现代乡村发展的新优势。

余村聚焦绿色低碳发展，积极推动自身从"绿水青山"向"碳汇富地"

全面升级转型，创建了首个全要素零碳乡村。2021年，余村成为浙江省首批低（零）碳试点村之一。2022年成功入选生态环境部绿色低碳典型案例"绿色、低碳、共富"乐游型低碳乡村，入选浙江省首批未来乡村。余村推出"零碳数智、零碳建筑、零碳交通、零碳市政、零碳能源、零碳公园、零碳景区"等多项涉及公共治理、低碳生活的行动计划，制定全国首个全域全要素的零碳乡村规划《中国·余村零碳乡村建设规划（2022—2035）》，对村域建筑、交通和生活方式等提出具体策略。2023年起，余村借助零碳乡村规划基础，进行《零碳乡村评价标准》编制，将"双碳"战略目标纳入未来乡村和乡村振兴总体布局。

新模式带来新项目，新项目营造新场景，新场景创造新业态，新业态吸引新客群，新客群产生新消费。依托美丽生态发展美丽经济，现在余村又将发展目标锚向未来。汪玉成表示："接下来，我们将充分统筹'大余村'内的资源，优化业态布局，持续释放余村全球合伙人品牌效应，做大做强余村大IP和系列品牌矩阵。同时深化'两入股三收益'机制，让看得见的集体资产源源不断变成村民摸得着的股份红利，努力让乡村发展越来越兴旺，让百姓日子越过越红火。余村还将持续拓宽'绿水青山'向'金山银山'的转化通道，向着乡村全面振兴进发。"汪玉成作为村支书，也是全国人大代表，他想把余村的经验送出去，让更多老百姓过上幸福生活，"我会尽己所能履职尽责，让老百姓有实实在在的获得感。"

2024年8月15日是全国生态日，也是"绿水青山就是金山银山"理念正式提出的19周年。当天，国际天文学联合会将在2002年8月15日发现的永久编号为215458号的小行星命名为"余村星"。这是首颗具有传播中国生态文明鲜明标识的小行星，是"两山"理论的新呈现，是人与自然和谐共生的新传播，也是中国与世界对话生态文明的新方式。"余村星"是一个新鲜载体，串起中国人民与世界人民的情感共通处、情绪契合点，从而把构建人类命运共同体的理念转化为行动、愿景转化为现实。

青来万物生，"青"是青绿、是青年，双青相济，生生不息。

//"余村未来"评论/

余村,肩负着世界最佳旅游乡村、中国美丽乡村和浙江省未来乡村典范的使命,是向世界展示中国美丽乡村的"窗口"。"山是秃头光,水成酱油汤"的旧貌,换成了"人在余村走,就是画中游"的新颜,真正实现了习近平总书记的谆谆嘱托,把绿水青山变成了金山银山。

"绿水青山就是金山银山"理念作为习近平生态文明思想的核心要义,已经成为我国新发展理念的重要组成部分,并日益广泛、深刻地转化为建设美丽中国的巨大实践力量。"绿水青山"到"金山银山"的转变是将自然资源作为生产要素的一部分用以进行投资生产,即将生态资源变为生态资产、生态资产变为生态资本,最后实现投资回报的过程。"两山"理论强调经济与生态互融互补,坚持生态优先,实现绿色发展。党的二十大报告中强调,必须牢固树立和践行"绿水青山就是金山银山"理念,积极稳妥推进碳达峰碳中和,走人与自然和谐共生的中国式现代化道路。经济发展不应是对环境资源的竭泽而渔式的掠夺,生态保护也不应是舍弃经济增长的缘木求鱼式的牺牲,应该坚持在发展中保护、在保护中发展。

余村农耕与绿色发展

余村十分重视生态环境治理,以"两山"重要理论为指引,将生态文明建设与村级经济、文化、社会等各类建设深度融合。深化"两山银行"运作机制,把"绿水青山"蕴含的生态产品价值转化为"金山银山",实现资源变资产、村民变股民、村庄变景区,推动绿色产业融合发展。余村着力于挖掘和发扬本土生态文化、地质文化、茶文化,并积极引入艺术乡建、乡村美学、公共服务等元素,以竹林碳汇、生态研学、文化创意为主流的新兴产业相继落地。这不仅实现了产业的多元转型,也解释了乡村价值的多维度开发与创造性转化的可能。余村在转型过程中,不仅限于单一产业的替代升级,而是构建了一个多元化的绿色产业链。从观光旅游到休闲度假、健康养生,每一个新业态都是对乡村价值的深度挖掘和创新利用,极大丰富了乡村经济的内涵,也增强了其抵御市场风险的能力。

2022年上线的网上农博"余村农耕"品牌馆，也为余村农产品打开了新通道。通过打造"余村农耕"品牌，对镇域内的优质农产品进行品牌包装，一系列措施为游客带来了更安心、更丰富的旅游体验，同时带动更多农户参与"余村农耕"品牌的生产和销售，实现助农增收。余村的实践，证明了绿色产业同样可以创造巨大的经济价值和社会效益。余村也将科技力量深度融入产业发展之中。通过数字化赋能，全村资源得以充分整合，最终形成余村乡村大脑，余村实现了对农业生产的智能化、乡村旅游的精准营销和服务质量的全面提升。农业对自然资源和环境有着特殊要求，这种特殊性使得农产品具有鲜明的地域特征。因此，由农产品规模化生产向农产品区域地标品牌化经营转变，推进农产品区域公用品牌建设，有利于整合区域农业品牌资源，带动乡村三产融合，是实现乡村振兴和农民脱贫致富的现实路径。农产品质量的有效提升，需要具备地理特性、地域文化特色的农产品区域公用品牌的引领，让真正纯正、地产、精品的农产品增强市场竞争力，提升品质内涵和在消费者心中的美誉度。

如今余村已经超越了形式上"抱着"绿水青山去"寻找"金山银山的发展路径，形成了以乡村旅游业为基础，新农业、新文旅、新经济"三轮驱动"的产业发展新形态。

青年进乡与全球计划

余村没有拘泥于传统的发展路径，而是前瞻性地将战略重点置于青年群体之上，将青年作为推动乡村发展的关键变量。青年人才是乡村振兴的第一动力，乡村是"逆城市化"大场景下青年人才的创业沃土，乡村与青年，是一场预见美好未来的双向奔赴。通过推出全球合伙人计划、青年人才社区、青年共创行动、数字游民、云村民计划等一系列创新举措，从多角度、全覆盖的人才就业、创业、购房补贴政策，金点子、出实招、求真效，余村成功吸引并留住了大量青年人才，为乡村注入了新鲜血液和活力。

余村注重青年人才的深度融入与赋能。余村基于景社共生的运营理念整合村域自然资源与商业空间，给在村青年营造了环境优美、舒心便利的工作与生活氛围。余山矿坑遗址举办的钢琴音乐会，让音乐与余村自然生态结合，将自然和艺术无缝连接。这样多元的体验让安吉这片山野之地亦城亦乡、非城非乡。青年人才在这里不仅能够实现个人价值，还能积极参与到乡村振兴的各项事业中，为乡村带来新思路、新技术和新模式。通过举办青年艺术周、跨界别座谈会等活动，余村在为青年提供展示自我、交流思想的平台的同时，也让他们更加深入地了解和认同乡村文化，真正与乡村产生链接。余村的人才振兴之路并非单向的"输血"，而是构建了共创共享的发展模式。青年人才与乡村本土居民、企业等各方主体紧密协作，共同探索适合余村的发展路径。这一多主体协同作用的机制不仅促进了资源的有效整合和优化配置，还增强了乡村社区的凝聚力和向心力，为乡村振兴提供了持续而强大的内生动力。同时余村也需要进一步落实留住青年的有效政策和实际举措，真正让青年创业在余村、安家在余村、文娱在余村。余村的人才振兴与乡村可持续发展紧密相连。通过吸引和培养青年人才，余村不仅实现了经济结构的优化升级和生态环境的持续改善，还构建了人才与乡村相互依存、相互促进的良性循环。这种良性循环为余村的长期稳定发展提供了有力保障。

党建联盟与社会创新

余村构建了"共富联合体"党建联盟，这一创新模式不仅限于余村本身，还将触角延伸至周边多个村庄。这种区域协同发展的策略，突破了传统行政区划的界限，实现了资源共享、优势互补和协同发展。大余村党建联盟的24个行政村基于"一村一特色"进行差异化产业布局，余村不仅发挥了自身的资源禀赋优势，还有效带动了周边村庄依据各自特点发展特色产业，共同迈向繁荣。

余村着重激活了村民的主体性，让他们成为乡村振兴的主力军。通过鼓励村民以现金入股等形式参与到余村的建设发展中，既解决了资金筹集的问题，更关键的是让村民成为发展的直接受益者和积极参与者。这不仅强化了村民的责任感和归属感，也使他们更加积极地投身于乡村建设中。以全国人大代表汪玉成为首的余村两委特别注重发挥村党支部的领导核心作用，通过加强基层党组织建设，提升了乡村治理的凝聚力和战斗力。这种治理结构的优化，使得余村的决策更加民主、科学，更加贴近民生与发展，得到村民的衷心拥护和执行。

进入数字化时代，余村积极探索数字化治理的新路径。通过建设数字化平台、推广智能应用等措施，余村实现了治理流程的优化和治理效能的提升。数字化技术的应用不仅让乡村治理更加精准高效，还为村民提供了更加便捷的服务体验。同时，余村还利用数字化手段加强了对生态环境的监测和保护，确保了绿色发展理念的落地生根。余村始终坚持问题导向和结果导向相统一的原则，不断总结经验教训、优化制度设计、完善治理机制。正是这种持续创新的治理智慧使得余村能够在乡村振兴的道路上不断取得新的突破和进展。

文化自信与余村模式

实现"养山富民"的愿景后，余村人还打造了自己的"精神家园"，承载起"一方水土养一方人"的乡愁记忆与情感。余村是一个承载着丰富历史文化和生态智慧的地方。这种文化自信体现在对"绿水青山就是金山银山"的坚信不疑，对美丽乡村建设的执着追求，以及对自身独特自然与人文资源的自豪展示。作为"两山"理论的诞生地，安吉人民深切地体会到思想的伟力，从而产生发自内心的崇敬和自豪。余村在"绿水青山就是金山银山"理念指引下，始终坚持绿色、低碳、共富发展方向，逐步形成区域有影响力的"两山"品牌。《小康》杂志社副社长赖惠能在第二届余村梦想大会上总结余村的三种运营模式：以"余村全球合伙人"为代表的适乡业态试验田，是城市商业模式与乡村的链接；以"数字游民公社"为代表的青年在村生态营造，重要特征是不设限，自发产生青年与乡村的结合点；以"新经济"落地为代表的科创乡村，是用现代产业体系思维看乡村，找到与乡村绿色发展匹配的数字经济、新零售、新能源等新经济业态，找到能让绿水青山生态产品价值更高效转化的产业。余村采用"国资投建＋民企运营＋利益链接"的市场化运营机制，专业化、高效化的乡村运营全面提升了乡村发展的质量与水平。

美丽乡村产生美丽蝶变，余村在践行"两山"理论的过程中创新总结"十个一"的余村模式。一是管理体制一张网，发挥余村核心引领作用，推进与周边村镇协同发展，成立统一管理开发机构，打造"大余村"组团发展格局；二是基层组织一面旗，全面推进"红色根脉强基工程"，发挥党员先锋模范带头作用；三是全域发展一幅图，以余村两山示范区规划为总纲，推进全域国土规划、村庄规划、产业规划、景观规划等"多规合一"；四是产业振兴一盘棋，进一步提高产业发展质效，丰富经营业态，打响余村品牌，夯实产业在推动共富中的基底作用；五是"两山"银行一本账，构建"两山银行"生态价值转化公共平台。强化农民利益联结落实，深化农民资产、资金"双入股"、"公司＋集体＋农户"等利益联结机制，提高村民"薪金、租金、股金"收入；六是万众创业一家人，切实解决乡村振兴人才紧缺问题，有效促进资金、科技进农村，青年、乡贤回农村；七是全民就业一站式，全面排摸五类群体，分类实施"两山"技能培训工程，开展农村创业创新带头人培育行动，促进农民就地就近就业；八是全民参保一座城，分级推进全民参保工作，发挥保险在资产保值、生活保质的兜底作用；九是零碳建设一把尺，全域推进零碳乡村建设，全面形成零碳建设路径、机制和标准；十是数字化改革一条链，切实运用数字化助推乡村振兴、基本公共服务均等化、乡村治理等作用。

"两山"理论不仅仅是"绿水青山就是金山银山"，而是"我们既要绿水青山，也要金山银山。宁要绿水青山，不要金山银山，而且绿水青山就是金山银山。"

生态保护与经济发展之间并非始终是不可调和的对立关系，将生态保护和经济发展有机融合，充分发挥绿水青山的文旅休闲潜力，经济发展反馈环境友好保护，"绿水青山"与"金山银山"的兼顾是可能的。绿水青山被破坏往往是不可逆转的，无法做到兼顾的特殊情况下，要坚持"生态优先"。绿水青山是实现源源不断的金山银山的基础和前提，保护好生态环境、保护好生态产品就是保护好金山银山。"绿水青山就是金山银山"是中华民族当下使命与永续发展的统筹协调，是生态经济化和经济生态化的有机统一。

人不负青山，青山定不负人。作为"绿水青山就是金山银山"理念发源地，余村通过自身实践充分展示了文旅融合助力乡村振兴的特色和优势。余村在发展过程中始终坚持生态保护与经济发展的协调统一，通过保持生态经济化和经济生态化的良性互动，在农文旅商融合过程中真正实现乡村全面振兴，为全国乡村发展提供了一条可资借鉴的绿色发展道路。

政产学研　科创新昌

敢为人先，彰显企业家精神
产学研创，勇攀高科技新峰
勠力同心，开拓新营商热土

诸暨四宝：土特产"新势力"

政府扶持，兴农丰产
互联共生，富民高招
农旅融合，协同创新

第六章　绍兴篇

政产学研　科创新昌

新昌位于浙江省东部，面积 1213 平方公里，常住人口 40.8 万人，地貌特征是"八山半水分半田"，是个风光秀丽的山区县、充满活力的特色县。

新昌突出"工业立县、创新强县、生态兴县"，走出了一条从科技强到产业优、生态好的高质量发展之路。

新昌用 11 年时间，实现了从全省次贫县到全国百强县的跨越；用 10 年时间，实现了从全省污染监管重点区到国家级生态县的跨越。

2023 年，实现地区生产总值 606.67 亿元、增长 8%（全市第一）。新昌县强力推进创新深化改革攻坚开放提升，聚焦聚力三个"一号工程""十项重大工程"，加快推动"小县六大"再深化、"六个先行"争示范，积极探索中国式现代化县域实践。勇夺首批浙江制造"天工鼎"，再捧"大禹鼎""银鼎"，连续 3 年蝉联"科技创新鼎"，连续 5 年获健康浙江考核优秀县，连续 3 年获全省深化新时代"千万工程"建设宜居宜业和美乡村工作优胜县。

新昌以实体经济稳健著称。作为全国医药强县、中国轴承之乡、纺机基地、冷配大县、汽车零部件生产基地，位列全国综合竞争力百强县第 52 位、中国产业研发竞争力百强县第 48 位、全国绿色发展百强县第 63 位。

其产业层次较高，高端智能装备、生命健康、汽车零部件（大交通）已成为支柱产业，占比达 90% 以上，数字经济、电子信息等新兴产业持续壮大，规上工业战略性新兴产业增加值占比保持在 55% 左右（高出全省平均 20 个百分点），规上工业高新技术产业增加值占比保持在 90% 左右（高出全省平均 30 个百分点），获首批"浙江制造天工鼎"。

其企业实力较强，2023 年新增科技领军企业 1 家、高新技术企业 51 家、科技型中小企业 126 家，全年规上工业总产值超 720 亿元，规上工业增加值增长 10%。新增规上企业 47 家、亿元以上企业 20 家、10 亿元以上企业 2 家，新增国家级专精特新"小巨人"企业 6 家、省级专精特新中小企业 35 家，2 家企业入选浙江民营企业百强榜。

其产品竞争力较强，规上工业企业销售利润率保持在 10% 以上、全省领先，拥有全球占有率第一产品 16 个、国内行业第一产品 25 个。

新昌以生态环境优良著称。作为全国"两山"发展百强县、全省第二个既是生态文明建设示范县，又是"两山"实践创新基地的县。

全县森林覆盖率保持在 68% 以上，空气优良率保持在 95% 以上，境内河流水质保持在 II 类水以上，PM2.5 平均浓度保持在 26 微克/立方米左右。2022 年，新昌空气质量综合指数、优良天数比例、PM2.5 年浓度三项空气质量考核指标均居绍兴市第一。2023 年，新昌 PM2.5 浓度改善率居浙江省第一，入围中国县域全生态百优榜、第二批浙江省清新空气示范区，被评为"美丽浙江"建设考核优秀县。

新昌的旅游资源十分丰富，有天姥山国家级风景名胜区和大佛寺、穿岩十九峰、达利丝绸世界三个国家 4A 级旅游景区，是第二批国家全域旅游示范区、全省首批 5A 级景区城和大花园耀眼明珠，位列中国县域旅游综合实力百强县第 39 位，创新打造了"祈福圣地""徒步露营王国""疗愈度假王国"和"碳水王国"四大产品体系，全力谋划全域旅游发展新蓝图。

好山好水好空气，正吸引着越来越多的人前来旅游休闲、创新创业。

新昌以文化底蕴深厚著称。是"唐诗之路、佛教之旅、茶道之源"的精华所在。从唐诗之路来说，据不完全统计，仅唐代就有 400 多位诗人在新昌留下了 1500 多首诗篇，李白在《梦游天姥吟留别》所说的天姥山就在境内。从佛教之旅来说，新昌是佛教中国化的重要发祥地，境内大佛寺石雕弥勒大佛已有 1500 多年历史，被尊为江南第一大佛。从茶道之源来说，新昌既是绿茶的发源地之一，也是禅茶的发祥地之一，拥有全省最大的龙井茶生产基地和交易市场，新昌入选 2023 年全国茶业百强县，"大佛龙井"品牌连续 15 年跻身中国茶叶区域公用品牌价值十强，茶产业链总产值接近 100 亿元。

新昌以科技创新领先著称。作为"两化"深度融合国家示范区、省全面创新改革试验区，位列中国产业研发竞争力百强县 48 名，创新指数全省第四，研发经费支出占 GDP 比重连续 9 年保持在 4% 以上（2021 年达 4.4%，全省第二）。科技创新"新昌经验"在全省推广，连续四年获得全省"科技创新鼎"。

其数字经济势头良好，经浙江省经济和信息化厅评估，2023 年，新昌县规上工业企业数字化改造覆盖率达 83.65%，居全省第十位。经过数字化改造，新昌轴承行业综合成本下降 12%，用工成本下降近 50%，利润率从改造前的 4% 提升到 8%，行业整体竞争力显著提升。2023 年，新昌县"数字经济引领制造业高质量发展的特色之路"入选浙江省三个"一号工程"典型案例，数字经济相关做法全省推广。

新昌的科技创新，是独树于其他县市的领先产业。

新昌的地貌特征是"八山半水分半田"，是典型的山区县，科技人才基础薄弱，区位条件不优，资源禀赋一般。

这些年来，坚持"资源不足科技补，区位不足服务补，动力不足改革补"，铁了心抓创新，形成了"小县大创新"的工作模式。

2018 年，新昌入选首批国家创新型县（市）建设名单；

2019 年，"全面推广科技创新新昌模式"写入省政府工作报告；

2020 年，省科技领导小组专门发文推广新昌全面创新改革经验；

2021 年，县域创新发展的"新昌模式"亮相国家"十三五"科技创新成就展；同年再度荣获市县党政领导科技进步目标责任制考核优秀单位和"科技创新鼎"优秀单位两项省级荣誉；

2022 年，入选国家首批创新型县；

2023 年，在全省实施"315"科技创新体系建设工程动员部署会上作交流发言，连续三年获全省"科技创新鼎"，新昌智能纺机创新联合体写入浙江承接科技部全创改革试点的内容。

坚持企业主体，持续合作创新是新昌的特色。

他们始终坚持突出企业创新主体地位，引导企业坚守实业，专注创新，做强主业。深入实施全县高新技术企业、研发机构、研发投入、产学研合作及企业专利"五个全覆盖"行动计划，全面提升工业企业技术创新能力和核心竞争能力，鼓励企业努力成为细分领域的"单打冠军""隐形冠军"。全县现有国家单项冠军企业（产品）4个，上市企业16家，国家高新技术企业292家。销售超百亿企业4家、国家专精特新"小巨人"企业11家、国家单项冠军企业（产品）4个、省"雄鹰行动"培育企业4家、省"隐形冠军"企业9家，万丰、三花、新和成、中财4家企业入围2023中国民营企业制造业500强。

新和成、三花智控、京新药业等3家企业入围省高企创新能力百强，"56天内5家高新技术企业相继过会"创全国县（区）纪录。

他们坚持把研究院建在企业，把人才留在企业，完善省、市、县三级企业研发机构培育机制，全县建成省级以上研发机构159家，其中国家级企业技术中心6家，省级重点企业研究院12家，数量居全省各县市前列。引导企业加大研发投入，加快产品升级和技术储备，新昌企业每年开发省级新产品约200项，拥有了一大批具有国际竞争力的拳头产品，如车用电子膨胀阀、铝合金轮毂等16个产品全球细分市场占有率行业领先，维生素A、瑞舒伐汀、液位传感器、三气通用电控阀等25个产品国内细分市场占有率行业领先。

他们健全"企业出题、高校解题、政府助题"的产学研协同创新长效机制，打通科技成果转化"最后一公里"。深化企业精准出题，推行企业自己找、部门协助找、专家精准找、中介牵线找等四种模式，每年挖掘凝练企业攻关课题超过150项。

他们精准编制产学研合作需求清单，促进产业端与技术端的精准对接。深化高校精准解题，引进集聚高校共建产业创新研究院4家、高校技术转移中心近20家，九三学社中央科技服务基地建成投运。深化两层双向对接机制，带着企业进高校找团队，邀请专家来新昌走企业，促进校企精准合作，每年新增产学研合作项目100项以上。如浙江新和成股份有限公司与浙江大学等单位联合申报的"高性能聚苯硫醚制造成套技术开发及产业化"项目荣获2021年度浙江省技术发明奖一等奖。

他们深化政府精准助题。出台产学研合作专项政策，建立专家、团队激励表彰制度，为参与新昌产学研合作的研究生团队、研究生导师设立专门奖项。实行县领导结对创新团队制度，每月联系，每季走访，帮助解决实际困难。

他们推动产业结构优化。加快从传统产业为主向战略性新兴产业为主转变，医药化工产业比重从原先的 60% 下降到 17.1%，并以生物药物、医疗器械等为主；高端制造比重从 30% 上升到 45.91%，并以航空装备、环保制冷设备、工业机器人等为主。全县规上工业高新技术产业增加值占比 90.2%，战略性新兴产业增加值占比 55%，新产品产值率为 50.9%，销售利润率达到 14.61%。推动产业数字化。实施"4+1"数字化改造提升计划，抓好轴承、纺织、胶囊、机械等 4 个行业的数字化改造，打造大企业集团数字化转型示范样板，全县两化融合发展指数连续八年居全市第一，"数字化制造、平台化服务"做法得到国家部委和省委、省政府的批示肯定。推动数字产业化。

他们大力实施数字经济"一号工程"，10 家企业的工业互联网平台列入省级创建名单，轴承产业大脑入围全省第一批行业产业大脑建设试点"揭榜挂帅"项目名单，获评省工业互联网平台建设及应用重点提升发展县（全省仅 6 个），被工信部授予"全国中小企业数字经济发展示范区"称号。

新和成作为地方创生的浙江道路的典型案例，折射出科技创新所带来的发展。

新和成：发展史就是一部创新史

浙江新和成股份有限公司董事长胡柏藩对创新有独到的理解，访谈时，他说："对'创新'这两个字，新和成有着深刻的理解、感悟和实践经历，新和成的发展历程既是一部创业史，更是一部创新史。创新是新和成不断发展的源泉和动力，从第一个国家级新产品乙氧甲叉到打破国际垄断的聚苯硫醚（PPS）、蛋氨酸，一项项新技术的突破，一个个新产品的开发，都推动着企业不断迈上新台阶。我们受益于技术创新，我们要坚定不移地继续技术创新！"

因为凭着创新，新和成确立了自己的行业地位。

中国石油和化学工业联合会副会长傅向升曾评价，目前我国成长起中石油、中石化、中海油、中化等一批世界500强的特大型石化企业，出现了烟台万华、浙江新和成等一批创新能力强、核心竞争力强的单项冠军企业，这是中国实现石化大国向强国跨越的坚实基础和强力支撑。

追溯新和成的成长史，其创新基因可以说是与生俱来、深入骨髓。

20世纪80年代，在改革春风的沐浴下，完全不具备办厂条件的学校也开始酝酿校办企业。

1988年，胡柏藩师范毕业，来到农村一所中学教化学。当时校长找到他，希望他办个企业改善教学条件。没有厂房，没有工人，没有产品，没有技术，没有经验，仅有的几万元钱是借的；他们租用厂房，从最简单的回收废酒精开始创业的征程。

从废酒精回收中挖商机，当年实现赢盈利10万元。在跑市场时，胡柏藩处处用心。一次去药厂收购废酒精时，他发现了新的商机。

当时药厂一位车间主任告诉他，药厂的一些产品每吨能卖10万元、50万元，甚至200万元，相比之下，酒精厂年赚10万元实在太微不足道了。这让胡柏藩下定决心：要做高附加值、高科技含量的大产品、好产品。

经过反复调研，有一种叫作诺氟沙星的抗生素类药市场巨大，但生产该产品的原料乙氧甲叉依赖进口，价格昂贵。胡柏藩瞄准诺氟沙星中间体乙氧甲叉，和同事反复试验，1991年成功开发乙氧甲叉，并以高性价比一举替代进口产品，成功进入原料药生产领域和国际市场。这是新和成第一个国家级重点新产品。

从乙氧甲叉破题，胡柏藩带领新和成迈上自主创新轨道——成功突破维生素E两个重要中间体主环和异植物醇研发技术难关，并实现产业化；随后又陆续成功开发维生素A、维生素D3、维生素H等新产品。

创新引擎轰鸣，新和成向高技术产业昂首挺进。

1996年，成功研制维生素E的另一个中间体——异植物醇并投产，实现了我国维生素E从基础原料到工业化一条龙生产的梦想；

1998年，维生素A产品研发成功；1999年实现规模化生产，年产能力达2000吨；

2002年，成功研发生物素；

2004年，β-紫罗兰酮国家火炬计划通过验收；

2005年，成功研制虾青素，成为国内第一家虾青素工业化生产的企业；

2006年，柠檬醛（维生素A的重要原材料）率先研发成功，同年辅酶Q10研发成功，新和成进入发酵领域；

2012年，特种工程材料聚苯硫醚（PPS）研发成功，突破了"卡脖子"技术；

2013年，固体蛋氨酸合成工艺取得突破；

2017年，一期年产5万吨固体蛋氨酸装置建成，突破蛋氨酸"卡脖子"技术。

为什么会选择这些产品？几乎所有人都称他胡老师的胡柏藩董事长解释说："我们坚定不移地走市场化道路，选择附加值高、技术门槛高、前景广阔的产品，在充分的市场竞争中实现成长。"

坚持创新驱动发展和一体化、系列化、协同化发展思路，如今，新和成从单一生产医药中间体，已经构建起营养品、香精香料、新材料、原料药中间体四大板块，主导产品VE、VA、VD3、覆盆子酮、虾青素、芳樟醇的产销量和出口量居世界前列。承担国家级省部级项目70多项，"脂溶性维生素及类胡萝卜素的绿色合成新工艺及产业化"项目、"重要营养素超微化制造关键技术创新及产业化"项目分别在2010年、2016年获得国家技术发明奖二等奖，荣获浙江省技术发明奖一等奖3项。拥有授权专利664项，其中海外专利授权111项，国家专利金奖2项。主持、参与制订国家标准31项、行业标准10项、团体标准30项。

因为创新，新和成年利润逐年稳健快速增长。2004年，新和成股份公司成为国内中小企业板第一股，在深交所成功上市。2004年营业收入11.34亿元，归母净利润为0.75亿元；2023年营业收入151.16亿元，净利润27.23亿元。近20年来，净利润增长36倍。在中国精细化工百强榜上，浙江新和成股份有限公司已连续多年稳居第二位，是中国精细化工产业龙头企业。

蛋氨酸：再造一个新和成

分析新和成的产品路线及盈利水平可见，每一个新产品的问世都让企业发展登上一个新台阶。乙氧甲叉产品开发成功后，新和成年利润达到 100 万元；维生素 E 上游原料主环开发成功后，企业年产值突破 5000 万元；异植物醇问世后，年产值达 1 亿元；再到后来，维生素系列化并相继规模化生产后，公司年利润超过了 10 亿元。

锁定大容量高效益产品是新和成的典型特征。在其"十四五"规划里明确指出，要继续寻找市场容量在 10 亿元、20 亿元、50 亿元甚至 100 亿元的产品。蛋氨酸就是这样的大品种。

蛋氨酸学名甲硫氨酸，是动物体内必需的 24 种氨基酸中唯一的含硫氨基酸，不能自身生成，必须由外部获得，故被广泛应用于医药健康、食品和饲料行业中，尤其是饲料行业，其摄入直接影响养殖动物的生长和健康。蛋氨酸生产具有技术门槛高、投资额度大、产品销路集中度高（90% 以上用作饲料添加剂）等特点。全球蛋氨酸生产主要集中在赢创、安迪苏、诺伟司及住友等几大传统饲料添加剂生产企业手中。我国虽然很早就开始关注这个产品，一些科研机构也积极投入研发，但是一直未能取得实质性突破。

环保问题——"臭气"是蛋氨酸国产化进程中一个亟待解开的死结。而最终打开这个死结的，正是新和成。

早在 2005 年，新和成开始布局蛋氨酸项目，组建了 50 多人的研发团队，联合天津大学、浙江大学等高校院所，针对蛋氨酸合成过程中的技术难题，集中展开攻关。从小试到中试，从中试再到大生产，期间不知经历了多少次失败，但胡柏藩一直勉励他的团队"因为难，所以才更值得坚持"，"我们新和成人，就是要做别人想做却做不了的东西"。

2014 年 7 月，新和成蛋氨酸小试告破；2015 年 4 月，中国石化联合会组织专家，对新和成蛋氨酸成套技术进行了评审，得出结论是"达到国际先进技术水平"，自主开发的新技术工艺成熟、可靠；将含硫、含氮废水、废气、废渣进行分类处理，并采用了相关先进技术，确保生产过程中"三废"能得到有效处理，符合环保要求。

2016 年 3 月，采用新和成自主研发的"一种清洁的 D,L-蛋氨酸制备方法"

专利技术的中试装置开车成功。经测试各项工艺指标、产品质量指标均达到设计要求。至此，困扰蛋氨酸国产化进程数十年之久的"臭气"问题，终于得到妥善解决。

十年磨一剑。2017年1月9日，山东新和成一期年产5万吨蛋氨酸装置建成开车并试产成功，这是国内第一套真正拥有完全自主知识产权的规模化、绿色化、一体化蛋氨酸生产装置。经过半年多的调试、优化，2017年7月，蛋氨酸大生产成功，成为新和成发展史上的一件大事，也成为蛋氨酸国产化进程的一个重要里程碑事件。当时蛋氨酸价格应声从原先的40万元/吨降至20万元/吨左右。

截至目前，新和成蛋氨酸生产技术已经申请了32项发明专利，其中26项已经获得授权，有3项获得国际授权，其中1项在美国、德国、法国、日本、韩国、新加坡、印尼、巴西等17个国家获得授权。

2023年，年产30万吨固体蛋氨酸已成功投产，并携手镇海炼化成立镇新生物，启动建设18万吨液体蛋氨酸项目。项目建成后，新和成将为全球第三大蛋氨酸生产企业。

进军新材料：抢抓战略性新兴产业

新和成进军新材料领域，在当时给业界感觉是很大的"跨界"。为何涉足新材料，新和成总裁胡柏剡分析得很透彻："我们进军新材料产业，看中的不仅仅是这个产业的市场价值，我们更注重的是这个产业对于我国经济发展的战略性意义。PPS、PPA等高分子材料，用途广泛，前景看好。尽管起步时体量比较小，不过在公司四大板块里，我们这么比喻：如果把原料药、香精香料产值比作1，那么营养品是10，新材料就变成100，以后体量最大、发展最快的还是新材料。"

2012年，浙江新和成特种材料有限公司成立，新和成正式进入新材料领域。投资14亿元建设年产3万吨纤维级聚苯硫醚（PPS）树脂及2万吨复合聚苯硫醚（PPS）新材料项目开始实施，其中一期5000吨树脂和6000吨复合材料生产装置于2013年9月投产。2014年3月，该公司另一个新材料项目1000吨/

年高温尼龙聚合物（PPA）项目启动建设。

PPS 是一种具有高技术含量的特种工程塑料，因为具有耐高温、耐腐蚀、阻燃等诸多优异性能，可直接用于纤维纺丝，制作除尘袋，也可通过改性加工，广泛应用于汽车、电子电器、机械、石油、化工、航空航天及军工等行业，市场前景十分广阔。PPA 和 PPS 有很好的互补作用，也是一种高品质的工程材料。

国际上 PPS 产品开发始于 20 世纪七八十年代，核心技术主要掌握在几家国际巨头手里。我国 PPS 研发工作起步相对较晚，由于受到各种条件的制约，一直以来，产品稳定性、生产成本控制以及"三废"处理技术，成为国产 PPS 产业化过程中无法逾越的三道关卡，阻碍了产业化的进程。

事实上，新和成 PPS 研发经历了漫长的过程。2007 年成立了 PPS 合成技术及复合技术开发组，与浙江大学联合共同研发，进行了数千批次的对比实验，结合国外先进理念，对国内合成技术进行剖析，寻求从根本上解决国内 PPS 合成工艺缺陷的途径，提高产品性能和生产稳定性。2012 年终于获得了可用于工业化生产的工艺；2013 年 3 月 24 日，通过专家鉴定：新和成 PPS 生产装置采用了具有自主知识产权的聚合工艺和聚合助剂回收工艺，自动化程度达到 90% 以上，"三废"量下降近 50%，其工艺技术、产品质量均达到国内领先、国际先进水平。

2015 年，在营养品领域的两位竞争对手——新和成与帝斯曼，在新材料领域牵手合作成立合资公司。因为在汽车领域材料应用方面，帝斯曼实力强大，但缺少 PPS 树脂；新和成正好做 PPS 树脂，一条产业链就这样让之前的竞争对手变成了新领域的合作伙伴。

PPS 和 PPA 项目的成功实施，让新和成向新材料产业迈出了至关重要的第一步，并成为公司新的增长点和转型升级方向。下一步，新和成新材料公司将以现有产品为基础，加快推进高分子材料聚合、改性、应用加工为一体的产业链建设，同时加快拓展市场，提升市场占有率，打造国内一流、国际知名的新材料生产企业。

体系建设：为创新提供永续动力

创新是新和成的第一动力。新和成董事长胡柏藩说："创新是合算的，创新是长期的、持续的，创新是全员的，无处不在的。创新代表着效益，代表着希望，也代表着未来。我们要解放思想，开阔胸怀向世界学习，让新和成在创新中不断成长，让新和成人在创新中不断成长。"

在长期的探索实践中，新和成将自身的研发理念总结为"需求导向，内联外合"，构建了"以企业为主体、市场为导向、产学研相结合"的技术创新体系。以行业共性、关键性、前瞻性技术开发为重点，从跟踪研究向超前研究跨越发展；打破了维生素 E、维生素 A、PPS、蛋氨酸等产品的国际技术垄断，开发和掌握了一批对经济发展具有战略影响的关键技术，促进产业转型升级。每开发一个新产品，公司就上一个新台阶；而开发一个新系列，就进入一个新领域。从中间体发展到原料药，成立了原料药事业部，从原料药再发展到成品药，成立了专业的成品药企业；从中间体发展到系列香料单体，从而成为著名的香料企业；从中间体发展到维生素系列产品，成为维生素生产龙头企业；从基础原料发展到氨基酸，成为重要氨基酸生产企业；从材料中间体发展到高分子材料，成为特种材料生产企业。这是新和成坚持一体化、系列化、技术创新、管理创新和资源协同的成果。

随着公司的发展，新和成的空间也在不断拓展。从新昌老厂区到塔山园区，到梅渚园区；后来走出新昌到上虞、绍兴、杭州；再后来，走出了浙江，到安徽、山东、北京、黑龙江。每一个新基地建设，每一个新项目上马，都使新和成获得新的机遇，跨上新台阶。

新和成研发团队在选择课题方向时，需要遵循"四个化"原则：即"产品规模化、系列化、协同化、一体化发展"。公司拥有一支超过 2000 多人的高素质科研队伍，形成专业学历互补、技术经验互学的组织架构，每年研发投入均高于国家高新技术企业规定的标准，确保创新活力。5 年来研发投入超过 31 亿元，每年占销售额的 5% 以上。

新和成集团旗下拥有国家企业技术中心、国家博士后科研工作站、精细化工超临界反应技术国家地方联合工程实验室，国家模范院士专家工作站，通过国家 CNAS 认证的分析测试中心等。拥有 4 个国级研发平台,具备高真空精馏、连续反应精馏、管道反应、低温连续反应等先进的有机合成化工装置,配备了带超低温探头的 600M、400M 核磁共振仪、Q-TOF 气质联用仪等世界先进的分析检测设备,处于国内同行领先水平。其良好的研发平台、高效的研发流程和有效的激励体制,促使新产品开发与工艺技改课题的"双同步"推进,并充分发挥柔性中试车间的功能作用。新项目实现每年小试研发一批、中试试制一批、大生产实施一批的良性循环的发展特色。

除注重产品创新、技术创新,还注重体制创新、管理创新。在 1994 年,率先推行股份合作制改造,让经营者持大股,骨干职工普遍持股,让技术要素参与分配,并不断吸收优秀员工入股。秉承"创新、人和、竟成"的企业价值观,新和成倡导以贡献者为本,建立"以效益为导向、以业绩为导向"的激励模式。

以"老师文化"为内核,倡导学习型企业,着力人才梯队建设,通过开设高管后备班、中层后备班、车间主任后备班、基层后备班培养后备人才,采取"传帮带"、基地锻炼、轮岗、岗位竞聘等方式,激励全员创新,助力人才冒尖。对业绩突出的研发人员在评选先进、职务聘任、职称评定等方面,采取一系列的倾斜政策,充分调动科技人员的积极性、主动性和创造性,提升公司新产品开发效率,使技术创新成为公司战略目标实现的"发动机"。

新和成总裁胡柏剡坚定地说:"未来,我们要和化学家、生物学家合作,对前瞻性科学进行长期研究,对未来化学、生物、医药领域进行不断探索,争取做行业与学科的领跑者。期望在技术创新史上能留下浓墨重彩的一笔。"

//"科创新昌"评论/

新昌县隶属于浙江省绍兴市，崇山峻岭，水流纵横，是典型的"八山半水分半田"，科技人才稀缺，区域条件不利，资源禀赋一般。新昌县深入实施"八八战略"，强力推进创新深化改革攻坚开放提升，聚焦聚力"五创图强、四进争先"，认真对照"开年四问"，全面加快"小县六大"出新出彩，积极探索中国式现代化县域实践。新昌坚守"资源不足科技补，区位不足服务补，动力不足改革补"，形成"小县大创新"的工作模式。积极培育龙头企业，促进企业上市，引领制造业高质量发展；致力于推动政产学研合作，实现政府主导、企业主体、高校联动的良好合作格局，深化一、二、三产业融合。新昌现有 A 股上市企业 16 家、国家专精特新"小巨人"企业 11 家，跻身全国投资潜力百强县、科技创新百强县、绿色发展百强县、县域旅游综合实力百强县、新型城镇化质量百强县等多个百强榜单，发展水平持续跃升，全国县域综合竞争力排名提升至第 52 位。在强手如林的浙江，如此靓丽的成绩单可谓逆势而上，奋勇争先。科创成果丰硕，成就县域创新的"新昌现象"。

敢为人先，彰显企业家精神

新昌孕育了以三花控股、新和成、万丰为杰出代表的高新企业群体，它们不仅是地方经济的璀璨明珠，更是浙江企业家精神的生动诠释。在"国家急需，世界一流"的战略指引下，新昌企业展现出敢为人先的魄力、百折不挠的韧性、持续提升的进取心。新昌企业以敏锐的洞察力捕捉国家急需，敢于在科技前沿和市场空白处落子布局。它们不满足于现状，更不畏惧未知，而是以舍我其谁的勇气，引领创新潮流，开辟发展新境界。这种精神是浙江企业家精神的鲜明特质，也是推动浙江经济持续发展的重要动力。在追求"世界一流"的征途上，新昌企业遭遇过无数挑战和困难，然而，它们从未被挫折击倒，而是以百折不挠的坚韧品质，一次次战胜困难，实现自我超越。这种坚韧精神是浙江企业家在逆境中奋发图强的真实写照，也是他们不断攀登事业高峰的重要支撑。新昌以市场需求为导向，以科技创新为驱动，持续优化产品结构，提高服务质量，努力在全球市场中占据领先地位。这种持续提升的进取意识，体现了浙江企业家永不自满、追求卓越的精神风貌，也是推动浙江经济以及经济下行压力下高质量发展的关键所在。面对产业逆全球化的浪潮和日益激烈的市场竞争，新昌企业以开放的姿态拥抱世界，积极参与国际竞争与合作。它们以"世界一流"为目标，勇于担当国家重任，敢于在国际舞台上亮剑，在生物医药精密仪器领域占据重要份额，成为"隐形冠军"，在商品贸易和数字经济为主的浙商群体中独树一帜，赢得新昌荣誉。彰显了浙江企业家胸怀天下、报效国家的爱国情怀和强烈的社会责任感。

浙江企业家精神在浙江经济中发挥了举足轻重的火炬作用，推动了浙江经济的持续增长和产业结构的优化升级。浙江企业家精神的核心是创新和冒险，这种精神促使企业家们不断探索新的商业模式和市场机会，从而推动了浙江经济的新旧动能转换。在浙江，许多企业家都是从底层起步，通过不断的努力和创新，最终实现了企业的跨越式发展。这种草根经济的崛起，"四千精神"正是浙江企业家精神的真实写照。这种精神不仅为企业家们赢得了市场份额和消费者信任，也为浙江经济打造了众多的知名品牌和优质企业。浙江企业家们知行合一，注重团结协作。他们相信，只有通过团结协作才能实现企业的更大发展。这种精神不仅促进了企业之间的合作与交流，还推动了产业链的完善和产业集群的形成。在浙江，许多地区都形成了具有特色的产业集群，这些产业集群的形成与协同创新，抱团发展的浙商精神密不可分。浙江企业家精神是推动浙江经济发展的重要力量。

产学研创，勇攀高科技新峰

在新昌，高新技术企业深知技术创新是企业立足之本、发展之魂。它们将技术创新作为提升企业核心竞争力的关键抓手，不断加大研发投入，引进和培养高端人才，致力于在激烈的市场竞争中抢占先机。新昌坚持"企业出题，高校解题，政府助题"三者融合，共同铸就了政乡学研用协同创新的长效机制。"创新强县"战略成效斐然，全国首个县域国家科技成果转化服务示范基地落户新昌，入围首批国家创新型县（市）建设名单。这种对技术创新的执着追求和坚定投入，不仅为企业带来了源源不断的发展活力，更在无形中铸就了企业独特的核心竞争力。三花、新和成、万丰等高新企业，正是凭借着在各自领域内的技术创新成果，成功跻身行业前列。它们以领先的技术、卓越的产品和优质的服务，赢得了市场的广泛认可和客户的高度信赖。这些企业深知，技术创新是企业发展的核心动力，是推动企业不断向前的关键所在。通过持续不断的研发投入，这些企业得以在技术研发、人才引进、设备升级等方面取得显著进展，为企业的创新发展奠定了坚实的基础。它们所展现出的运营理念和远见卓识，正在引领着行业的未来发展。新质生产力的代表企业以开放的心态和前瞻的视角，不断探寻行业发展的新趋势和新机遇，努力在变革中抢占先机、在创新中引领潮流。这种勇于探索、敢于创新的精神，展现出新昌高新企业的创业雄心和独特魅力。

新昌的高新技术企业，在追求技术创新的道路上，不仅深耕自身的研发实力提升，更将视野拓展至整个产业链的整合与协同发展。通过与高校、研究机构的紧密合作，与浙江大学共建联合创新中心（天姥实验室），以及与上下游企业的战略联盟，构建了一个充满活力、高效运转的产学研用生态系统。这种产学研协同合作的模式，有效地将学术界的科学研究成果与产业界的创新需求相结合，加速了科技成果的转化和应用。目前，常年在新昌服务企业创新的专家团队达 80 支，全县规上企业产学研合作开展率达 95%。"'企业出题，高校解题，政府助题'工程类硕士专业学位研究生培养'浙江模式'"成果，被评为 2022 年高等教育（研究生）国家级教学成果奖一等奖。新昌的高新技术企业还非常注重产业链的整合和协同发展。它们通过与上下游企业建立紧密的合作关系，实现了资源共享和优势互补，及时强链、补链、精链，从而提高了整个产业链的效率和竞争力。更重要的是，通过产业链的整合，企业能够更好地应对市场变化和风险挑战，增强了自身的抗风险能力和市场适应性。

勠力同心，开拓新营商热土

新昌企业的成功发展，离不开浙江优越的营商环境和政府部门的创新服务意识。近年来，对于民营企业和企业家群体负面评论起起伏伏，对民营经济的前景和预期造成一定影响。新昌作为县城，缺乏大城市现代时尚的公共服务体系，难以吸引高端青年人才常驻科研创业，对于企业投入高频科研经费的配套补助政策也需进一步向先进城市看齐，这些成长中的烦恼需要政府通过提供政策扶持、优化行政审批流程、加强知识产权保护等措施，为企业创造一个良好的创业发展环境。大力开展"亲商、安商、富商"的理念和实践，在当前经济总体下行的低迷氛围中，这种对营商环境的持续优化和对民营企业的深切关爱，更显得难能可贵。

随着全球经济的波动与不确定性增加，经济复苏成为各国各地区的共同诉求。新昌企业通过技术创新和产业链整合，为地方经济的复苏注入了新的活力。企业家和新乡贤是振兴道路上不可或缺的力量，他们是助推新昌繁荣的中流砥柱。企业家们深深扎根于这片土地，投身于新昌的建设，企业发展壮大了，并未将总部迁往省城乃至上海，坚持把税收、资产、就业、人才常驻新昌，为家乡村创业造更多机遇和福祉，因为他们深知唯有家乡的兴盛才能带来真正的幸福。他们以热爱家乡、建设家乡和富裕家乡为己任，使新昌开出科技繁盛之花。

县域是城市与乡村的连接点，实施创新驱动发展战略，基础在县域、活力在县域，难点也在县域。探索县域科技创新，对于缩小城乡差距、推动乡村振兴有重要意义。科技是第一生产力，对于县域经济来说，更是如此。县域经济持续长期快速发展就要依靠科技创新不断挖掘、寻找新的增长点。国务院办公厅印发的《关于县域创新驱动发展的若干意见》强调指出："支持县域开展以科技创新为核心的全面创新，发挥科技创新在县域供给侧结构性改革中的支撑和引领作用。"新昌正是县域科技创新的典范，用有限的资源，突破要素制约、低端锁定、隐性壁垒，以企业为载体，深化政产学研融合，按照"必须紧紧依靠科技的力量来支撑"的发展路径，坚持"创新强县"，强化科技与经济社会发展的有效对接，让更多科技创新成果生根发芽、开花结果，实现了从欠发达山区县到全国百强县的华丽转身。新昌将继续以创新为引领，加快新兴产业培育，推动传统产业升级，营造良好营商环境，凝聚各方智慧力量，共同推动新昌县实现高质量发展，打造一个互利共赢的发展格局，为全面推进中国式现代化县域实践贡献新昌样本。

诸暨四宝：土特产"新势力"

诸暨市域面积 2311 平方公里，户籍人口 108 万人，常住人口约 121 万人。2023 年，实现 GDP1755.29 亿元、财政总收入 148.91 亿元、一般公共预算收入 97.20 亿元。2024 年度全国综合实力百强县市诸暨晋位第 13，成功跻身全国绿色发展百强县市第 13 位、全国新型城市化质量百强县市第 10 位。

诸暨是一座区位优越、交通便利的活力之城。 北邻杭州，南临义乌，是杭州都市圈核心区成员。近年来，紧抓浙江省大湾区建设机遇，积极打造杭州都市圈紧密层城市、长三角一体化发展先行区，大力推进交通先行战略。

诸暨是一座历史久远、底蕴深厚的人文之城。 情人眼里出西施，西施故里在诸暨。诸暨是越国古都，属于越文化发祥地之一。素有"耕读传家"之风，文化积淀深厚，名人辈出，先后诞生了王冕、杨维桢、陈洪绶等一批文坛奇才和俞秀松、张秋人、宣中华等一批革命志士，孕育了物理学家赵忠尧等 14 位"两院"院士和 130 多位将军。

诸暨是一座民殷商富、开放创新的经济之城。 素有中国袜业之都、中国珍珠之都、中国香榧之都和中国五金之乡的美誉。大唐袜业产量占全国的 65%、全世界的 35%；山下湖珍珠产量占全国的 80%、全世界的 70%；店口五金管业产量占全国的 70%；香榧产销量占全国 60% 以上。拥有各类市场主体 20 万家，工业强市位居全省第三，政务环境评价总指数位居全省第二。

诸暨是一座环境优美、青山绿水的旅游之城。 依托"七山一水两分田"的资源禀赋发展全域旅游，拥有"浣江·五泄"国家 4A 级重点风景名胜区、西施故里旅游区、华东国际珠宝城、奇景异趣的千年香榧林以及世界灌溉工程遗产古井桔槔。近年来，成功举办环法自行车赛、CBA 联赛、西施马拉松等精品赛事。

诸暨是一座文化繁荣、社会稳定的和谐之城。毛泽东同志亲笔批示的"枫桥经验"发源地，荣获浙江省平安县市十七连冠，是全国文明城市、全国法治政府示范市。2022 年，新时代"枫桥经验"被写入党的二十大报告，成为党和国家治国理政的重要经验。2023 年 9 月，习近平总书记亲临诸暨调研新时代"枫桥经验"，为今后工作指明了方向。

近年来，诸暨始终坚持工业立市、产业兴市，全市制造业综合实力始终保持省内"第一方阵"。目前全市形成时尚袜业、美丽珍珠、精密铜材、智能装备、纺织服装、环保新能源六大主导集群及智能视觉、航空航天、生命健康等新兴产业双轮驱动的产业格局。特别是面对新的发展形势和环境，面对"构建以国内大循环为主体、国内国际双循环相互促进的新发展格局"要求，我市围绕"大抓产业"这个重点，深入实施制造强市"229"计划（打造时尚袜艺、美丽珍珠 2 张全球产业"金名片"，培育金属材料加工、智能视觉 2 条具有国际竞争力的产业链，形成 9 个国内有竞争力和知名度的产业集群），加快推动产业基础高级化、产业链现代化。

曾几何时起，诸暨这个以"耕读传家，民风强悍"的县级城市，以地方传统特产而闻名遐迩。尤其是赵家诸暨香榧、大唐袜子、诸暨珍珠、次坞打面，几乎可称为诸暨的"四小龙"特产。

对这"四大特产"所引发的地方经济，作为典型案例，一一剖析，一一叙就，是可供复制的蓝本。

无数次踏入香榧森林公园，在诸暨这个出产全世界最为昂贵的坚果的地方，也有着一个面积极为宏大的香榧森林公园。一共有三处地儿，整个公园有 50 多平方公里。假如一天一天实实在在走，一棵一棵大树看过来，最少也要花个一周时间。

春去秋来，冬尽夏至，晴雪雨雾，倒因着超级爱啃家乡香榧的由头，去了很多次，算是比较完整地领略了这名木贵树的无限风光。

用官方的宣传词来描述：赵家镇是世界珍稀干果香榧的主产地，也是香榧种植、生产、销售的基地，驰名中外的"枫桥香榧"就产于此。位于诸暨、嵊州、绍兴三地交界之高寒山区。香榧林总面积约5.5万多亩。每年集散的香榧占全国的60%左右，被国家命名为"中国香榧之乡"，并被确定为"枫桥香榧"原产地保护区、首个香榧自然保护区、森林食品生产基地和国家级香榧森林公园。

建成省级香榧产业主导示范区1个，绍兴市级香榧农业园区1个，发展种植销售香榧的专业合作社和家庭农场30余家。香榧是赵家镇农民的主要收入来源，从事香榧生产、加工、销售人员超过1万人，占总人口的近35%。香榧产业产值占农业总产值的70%以上，农户香榧产业收入比重在50%以上。2022年产香榧干果6000吨左右，相关产值超6亿元。

现已拥有国家级林业产业化龙头企业1家、省级林业龙头企业7家；拥有中国驰名商标4个，"枫桥香榧"成为全省首个农产品地理标志产品。我们平时经常在超市里看到的"冠军香榧""老何香榧"，也全部出自这里。省著名商标还有榧皇、稽峰、翠生园、宣记、樵农、榧乐等知名网络品牌。

占地50平方公里的香榧森林公园，以"古榧奇姿、林茂树古、重岩飞瀑、人文点缀"为特色。香榧森林公园内辖5个行政村，居住人口8600多人，公园内山清水秀、植被良好，森林覆盖率达78%，具有独特而丰富的森林风景资源。

古香榧是公园内最独特的资源，已有2000多年栽培历史，现拥有香榧古树群126个，其中百年以上3.7万棵，五百年以上2.7万棵，千年以上2700多棵，尤其是位于西坑马观音的古香榧王，距今已有1300多年，号称"千年活文物"。

香榧又名榧树、玉榧、玉山果、野杉子，属第三纪孑遗植物，为红豆杉科榧属紫杉科常绿乔木，实生树雄伟挺拔，嫁接树婀娜多姿，极具观赏价值。它的叶线状披针形，质地坚硬，背面有两条黄白色气孔线。其果实外有坚硬的果皮包裹，大小如枣，核如橄榄。

香榧树是一种雌雄异株的神秘果树，一般每年三四月份发芽抽梢，第二年4月中下旬幼果开始膨大进入速生期，9月初果皮转淡黄成熟。经榧农采摘、加工使之成为干果中的珍品。从长芽到成果，历经三年才可采摘，每每可见三代果实同生枝头，可谓"千年榧树三代果"，极具观赏价值。香榧栽培历史较长，15年开始结果，50年进入盛产期。它持续结果能力可达数千年，且树龄越长，所结果子品质越佳，故有"一年种榧千年香，一代种榧百代凉"的谚语。如今，传统的枫桥香榧采制技艺已入选浙江省第四批非物质文化遗产保护名录。

香榧果营养丰富，风味香醇，具有保健、药用价值和综合开发利用价值。香榧果仁经炒制后食用，香酥可口，是营养丰富的上等健康食品。香榧果仁由于具有润泽肌肤、延缓衰老的功效，同时富含维生素A等有益眼睛的成分，对眼睛干涩、夜盲症等症状有预防和缓解的功效。自古以来就是皇室贡品中的宠儿。

在科技驱动下，还开发出了"香榧外种皮精油"、健康营养油以及生命保健液体胶囊，已实现香榧假种皮的全部利用（提取香榧外种皮精油——高档面膜、香皂等化妆品）。

对于香榧这一千年珍果，历代皆有记载，不胜枚举。《尔雅》中就有描述香榧这种果实的诗句："结实大小如枣，其核长于橄榄，核有尖者不尖者，无棱而壳薄，其仁黄白色可生啖"。南宋《嘉泰会稽山志》有"稽山之榧，多佳者"的记载；近代的《国朝三修诸暨县志》："邑东乡东白山、上谷岭一带山村皆有榧。"再如民国廿四年（1935）《园艺创刊号》曾勉之的"干果之中，尤以诸暨之榧子为最著称"。

公园内其他古树名木也为数众多，有被称"外宣三老"的千年茶花王、千年枫香、千年银杏，以及远近闻名的樱桃王等。打开赵家镇的官方网站，到处都可看到美树丽花的照片，樱花的云蒸霞蔚，银杏的扶疏乔挺，枫香的染霜林醉，茶花的花姿丰盈，尽收眼底。

走近赵家镇范围内的香榧森林公园，丁家坞三宝刹、原始香榧博物馆、黄四娘潭与济公的传说故事，人文景观、自然风光、寺院禅林，集聚一起，各取所钟。而秦始皇御口封"香被"，西施巧计破壳尝榧子，书圣欣然书"香榧"等传说，读来津津有味。且为你一一道来。

诸暨置县是在秦王嬴政二十五年（公元前222年）。为了安抚民心，炫耀其一统天下的威力，三十七年（公元前 210 年）秦始皇东巡，途径诸暨，登会稽山，命宰相李斯刻石记功，世称"会稽刻石"。当地县官奉上特产珍品香榧，未见其果，香味已扑鼻而来，始皇金口一尝，松脆可口，又香又甜又鲜，龙颜大悦，问曰：这叫什么果？县官答：回圣上，乡民叫它"柀子"。始皇曰：此果异香扑鼻，世上罕见，叫"香柀"如何？众臣齐声谢"谢陛下赐名"。从此，会稽山一带的乡民，叫柀子为香柀，后来又改叫香榧。

而西施巧计破壳尝榧子的故事，在《赵家春秋》的乡土读本中，看到的版本是这样的：话说西施小时候，与邻里们一道去玩耍，走进一家店铺，见南北山货，琳琅满目，其中一堆干果上插着"香榧"两字。对于香榧，大家都知道是本地特产珍果，可是大家都没有尝过，其中一位小姑娘嘴快，问了一句：多少钱一两？店主欺她们是小女孩，指嫩力薄，便笑着说："你们谁要是用两个手指头捏得破，我就随侬吃，不要钱。"姑娘们听了争先恐后拿着香榧，但是用尽吃奶的力气也捏不破。这时，聪明的西施仔细看了看香榧，见香榧壳上生着两个白点，好像是两只眼睛，又好像偷偷地在朝她看，仿佛是对她说：捏住我，用力捏。西施心领神会，用食指和拇指轻轻一捏，榧壳就"啪"地一声裂开了缝。店主笑呵呵地说："还是这位姑娘聪明，你们随便尝吧。"原来香榧外壳上的两个小白点是排泄孔，两边是香榧生长的中缝，用拇指和食指在眼睛处用力一捏，中缝就自然裂开了。于是，千百年来，就有把"香榧眼"称为"西施眼"的传说。如果说西施是"美"的化身，那么香榧就是"珍"的象征。

书圣欣然书"香榧"的逸事，说来更添书香。王羲之是东晋的书法家，书圣的名声家喻户晓。而王羲之与香榧的传说，知道的人，并不多。话说他在绍兴任内史期间，每与诗人书友相聚，赏鹅、尝榧、喝酒，只要有香榧，即置别的山珍海味于不顾，且顿顿喝得酩酊大醉。他还总说，香榧最能助酒兴。某日，一员外欲求书法而请他喝酒，因席上无榧，王羲之酒兴不发，挥毫泼墨更无从谈起。员外不知其故，又不便当面询问，心中很是不解。酒毕，王羲之踱至偏间，见一木匠正在制作八仙桌，眼见即将完工，随口问道："此桌是何木所做？"木匠答道："香榧木。"王羲之便来了兴致，细看此木，色泽黄润，质地致密，一摸光滑润柔，果真是上等木材。于是，情不自禁拿起笔来饱蘸浓墨，欣然在八仙桌上写下"香榧"两个苍劲飘逸的大字。

待王羲之乘兴而归后，"有眼不识金镶玉"的木匠觉得桌上涂着两字不妥，正想拿出刨子将字刨去。这时，员外走了过来，问清缘由后，赶紧嘱咐木匠千万不能刨去。随后，用真漆漆好这两字，使之光彩夺目。从此，员外就将这八仙桌当稀世珍宝般珍藏起来，只要有贵客来访，便会抬出这张"香榧桌"供宾客观赏，员外也一时风光无限。

赵家镇，还有乾隆金口封"御榧"、周总理与香榧糕、山民巧对吴司令、黄四娘潭与杭州净寺运木等故事。

曾经，西泠印社出版社还专门出版了吴双涛主编的《香榧传说》一书，里面收录了更多故事，有闲有心的人，不妨去找来阅读一番。

"要想富，先修路"，这句称得上农村发展"金科玉律"的话，也完全可以形容赵家镇近几十年来的建树。村村通公路的好处，便是可以让我们从皂溪——钟家岭——西坑——东张坞环形一圈，串珠成链的景观道，也让山货走出了山外，山花有了游子的青睐，山景成了被追逐的桃源。

当然，除盛产香榧外，赵家镇还出产短柄樱桃、茶叶、板栗等特产。每年四月的樱桃节和九月的香榧节，是这里最大的重头戏，也是诸暨最为重要的旅游节日之一。

走进赵家镇探寻香榧，还得走入一条长长的村道。白墙黛瓦的建筑，勾起了无数的江南情韵。每户人家的门前，都种着鲜花，灿烂地迎接着来自天南海北的游人。好多的农家乐酒店，也鳞次栉比地悬挂着刀旗，让人一家一家地数过去，想着下次一一品赏。

山道弯弯、溪流淙淙、大树云集的好处便是，一发现好的景观，就可以停下来驻足欣赏。溪边的桥上，山路的弯头，都是最好的停车位，也是最佳的取景处。

桃花盛开、樱花怒放、红叶飘香之时，一个个园林技法上的框景、障景、透景，影印在你的手机、你的相机，也一定会将风亭月榭、凉台岙馆的画面，驻守在你的心灵深处，再也不会抹去。

索桥是香榧森林公园里较为成功的一项游乐项目。手握绳子，慢悠悠地走过去。一不小心，眼睛朝下一看，落差足有几十米。说不恐高的，多半也是托词。叮嘱着后面的人不能晃，不能摇，还是有些心惊胆战地走到了中央，又走到了对岸。相机里的照片，除了静止时所拍的还算笑得自然，正在行走中的，无一不是略略紧张的神色。而这样的有惊无险的刺激，恰是都市人群的最爱。

香榧森林公园的雨日，又会有别的风景。山上起了迷漫的大雾。走在松软的泥路上，并没有泥泞不堪的窘状。而连绵不断的香榧树，在雾霭朦胧中，犹如仙气缭绕，美得无法用任何语句形容。

同行的数人，在这大自然的神工奇秀面前，都选择了静默是最大的赞语。甚至，连空气中，都飘满了充满乡情的香味。犹如法国著名小说家普鲁斯特在名作《追忆似水年华》中写道的一样："当岁月流逝，所有东西都消失殆尽时，唯有空气中飘荡的气味还恋恋不散，让往事历历在目。"

赵家镇有许多名人雅士、人文故居：北京大学第一任校长何燮侯故居，早期上海工人运动的领导人之一汪寿华故居，以及何志相和张雪泉夫妻烈士之墓，是著名的红色革命教育基地。

吟着苏轼的诗："彼美玉山果，粲为金盘实。瘴雾脱蛮溪，清樽奉佳客。客行何以赠？一语当加璧。祝君如此果，德膏以自泽。驱攘三彭仇，已我心腹疾。愿君如此木，凛凛傲霜雪。斫为君倚石，滑净不容削。物微兴不浅，此赠毋轻掷。"

想着香榧的高贵品质，念着赵家的绿水青山，真想就在这自由的山水之间，当一世神仙——多么有味。

"目前，我们种质资源库中保存的榧树品种与类型达到了295份，而且根据'一树一策'的保护方案，已累计救助了病危古榧树700余株。"绍兴市自然资源保护管理中心相关负责人介绍。

值得注意的是，近年来，全国各地扩张了不少香榧基地，香榧产量增加了，竞争愈发激烈，接下来又该如何让香榧产业健康有序、高质量发展？赵家镇给出的答案是：明确提出要实施香榧产业人才提振工程，支持乡土专家与科研院校合作提升，开展龙头企业创新创业人才对接等工作，以青年人才优势打响产业发展"金字招牌"。

就在 2020 年，宣鑫灿的女儿宣杰与父亲商量后，辞去了大学里的工作，成为赵家镇最早一批香榧电商"农创客"，每天做直播、拍视频、经营网店，让产品"走出"诸暨、销往全国。

"年轻人接受能力强，电商直播是新趋势，产业要发展以后还是靠她们。"宣鑫灿感慨道，单纯依靠传统线下配送销售，香榧的销量很难保障，这几年来流行的网络电商突破了时空地域的限制，足不出户就能将香榧销往全国。

如今，宣鑫灿也跟着女儿学起了直播，虽然一开始总是记不住手机直播页面的各种操作，但他从幕后的助播做起，现在已经可以独当一面。在青年"创二代"的探索下，这片古香榧林正在结出新的果实。

绿水青山间，浓浓的榧香蕴含着的是千年农耕文化，香榧赋能乡村振兴的故事还将继续延续下去……

大唐袜业

袜业是诸暨的传统产业，大唐袜业是整个诸暨袜业的区域品牌，是以大唐街道为核心，辐射周边 10 余个乡镇的产业集群。

目前，大唐袜业拥有制袜企业上万家，规上企业 200 多家，电商企业超过 3000 家，年产袜子超 250 亿双、产值规模超 700 亿元，产量约占全国的 70%、全球的三分之一，是名副其实的"国际袜都"，集群先后获评国家新型工业化产业示范基地、全国袜业知名品牌创建示范区、首批中国特色小镇、浙江省产业集群新智造试点。

20 世纪 70 年代初，大唐袜业以"手摇袜机、提篮叫卖"起家；80 年代末，逐渐形成了袜业产业；1988 年，大唐因袜建镇。

2019 年，原大唐镇、草塔镇合并成立了大唐街道，为产业统筹发展开启了一段全新篇章。

经过 40 多年的发展，大唐袜业已从一个扎堆式的块状产业成长为一个具备产学研销完整产业链的现代化产业集群。

每次去大唐袜业城，都是一次集中大规模选购袜子的雷霆行动。而每次去，都发现这里有新的变化。就像杭州的南方大酒店，一只包子救了一家店一样。大唐的袜业，何止是繁荣了一个镇街的 GDP，就在浙江省内，都是屈指可数的几个名镇之一。

"要发财，大唐来"！"梦想无境，袜艺领航"，也昭示着中国大唐的雄雄崛起。而隐映在后面花岗岩门楣上的，是"诚信是财富"五个大字。对于一个成熟的专业市场来讲，这五个字所寓意的力量，就是大唐袜业最为核心的价值观。几乎一个转身，一个拐角，都能看见。这些广告语，充满了令人澎湃的力量，又彰显了人文关怀。

市场先后被评为"全国文明市场""全国百强市场""浙江省重点市场""浙江省重点培育市场""浙江省四星级文明规范市场""浙江袜业商标品牌基地""中国优秀示范市场""中国五星级商品交易市场""全国百佳公众信赖著名市场"等，已成为一座集轻纺原料、袜子、袜机、物流等市场于一体的新一代商贸城。

采访的时候，时值初夏，位于国际袜都诸暨大唐的雅耐丝针纺织品有限公司一派火热。440 台缝织翻一体袜机上，五颜六色的丝线上下翻飞，开足了马力的机器正在为今年秋冬季的袜子订单赶进度。总经理戴铁江扳着手指安排生产：线上和电商合作，线下向卖场供货，接下来两个月，主要是为"双十一"做准备。

大唐袜业拥有全球最完整的袜业产业链，是全球最大的袜子生产基地，年产袜子约 250 亿双，产量约占全国的 70%、全球的三分之一。在大唐，像雅耐丝这样从家庭作坊成长起来的袜企有数千家。

在数字化逐渐渗透一切的今天，有 150 多家当地企业逐步走上数字化道路，引领着大唐袜业的深刻变化。

在消费端，袜子除却单纯的保暖功能，越发透出时尚气息。在市场端，电商成为越来越重要的销售渠道，人们对新潮又个性的高品质袜子的需求不断提高。这一切传导到生产端，袜厂又根据市场对订单质量和订单时间的需求进行全方位的数字升级。

数据显示，近年来，大唐袜业在国际国内需求收缩的情况下，连年逆势上扬。体现在自营出口上，在 2021 年增长 30% 以上、2022 年突破百亿大关的基础上，2023 年上半年实现 51.8 亿元，同比增长 22.9%。当数字化与品牌化双向赋能，大唐袜业的数字革命，为传统制造业转型升级提供了"诸暨样本"。

从单台到一体 数字化重构袜业体系

"原来 40 天的订单周期，现在可以压缩到 30 天。"诸暨市亿衡针织有限公司负责人蒋志超是袜业数字化的坚定支持者。

作为一家主打外贸的袜业企业，质量和速度一直是企业的生命线。对亿衡针织来说，数字化带来的直接变化就是用工成本的大幅降低和生产效率的显著上升。传统的织袜流程包括原料进厂、织造、缝头、翻袜、定型、包装等，而新型一体机整合了袜子织造、缝头、翻袜这三道工序，使得织造下机后的袜品可以直接定型包装，不仅大大缩短整个织袜工时，还能减少大约 45% 的企业用工。

因此，在很多袜企还在观望的时候，亿衡针织就果断更新了 2 组袜机，到了 2022 年底，企业一体化袜机的数量达到了 119 台。生产厂长王亦平算了一笔账："一体机缝头不仅质量比手工好，还可以腾出 20 多名员工，再加上员工伙食、住宿等其他费用，划得来。关键是有政府撑腰。"

这个企业心目中"腰板硬起来"的政策，说的就是诸暨市出台的传统产业数字化改造奖补政策。为了加快推动袜业产业的转型升级，诸暨出台传统产业数字化改造奖补政策，规定企业购置一体袜机，市镇两级财政最高补助约 35%。同时，诸暨农商银行与大唐街道、诸暨市袜业协会三方签订合作协议，整体授信 16.5 亿元，袜业企业享受无抵押、低利率、分期付款等特定待遇。这一切有效地提高了织袜企业更新换代的积极性。

雅耐丝纺织是大唐袜业近 3 年更新一体化袜机最多的袜企，天猫头牌棉竹屋是雅耐丝的重要客户之一。棉竹屋对袜子的生产过程极其严苛，甚至对定型气压和保压时间都会有严格要求。以某款袜子为例，要求袜子宽度做到 7.5 到 7.8 厘米，正负差不到 0.2 厘米。"袜企想做爆款袜子，更需要与之相配套的生产环节，这对袜企的生产、订单反应能力提出了更高要求。"负责人戴铁江介绍，现在电商平台要求高时效、高品质。以他们公司为例，对于天猫等电商订单反应时间最快能达到 7 天，一些网络常规款的最快甚至只需要 2 天。在更新了袜机和数字化管理系统后，他们可以用更加科学的工具来协同保障电商企业"开疆拓土"。

截至 2022 年底，大唐袜业已建成市级数字化车间 111 个。而 2023 年，袜业数字化的浪潮更加迅猛。根据诸暨市大唐街道经济发展办的统计，2023 年辖区内袜企投入数字化的资金就超过了 4 亿元，新增 83 个数字化车间，涉及袜业智能一体机更新约 6942 台，全球最大规模的袜业数字化生产集群已然形成。

从袜子到袜艺 时尚化助推美丽蝶变

如果说推进袜业数字化转型是一场刀刃向内的自我革命，那么借势借力提升设计能力和品牌影响力，则是诸暨袜业眼光向外，打破贴牌、低价困局的重要手段，实现从袜业到袜艺的蝶变新生。

很难想象，已连续 3 年蝉联天猫平台鞋袜品类年度销售第一的棉竹屋，成立也只有 10 年时间。10 年前，"80 后"周大伟怀揣梦想创业，创牌之初就立下了"绝不做低价竞争"的座右铭。

"卖袜子，不应该只是卖袜子。"说到袜子，周大伟话里有"画"，画的核心就是品牌人设和视觉设计。在品牌风格上，棉竹屋走的是品牌拟人化的风格设定，需要去迎合时尚年轻女性情绪的视觉风格，以此体现生活温度细节和品牌情感温暖柔软的一面。比如同一款绿色，棉竹屋要打样 30 多次，尝试不同的饱和度，创造更多场景的适应性和组合套装的色彩协调。

在别人看不见的地方，棉竹屋也在发力。虽然棉竹屋是一个主攻纯色基础款棉袜的品牌，可在品牌总计 100 多人的团队里，视觉部、产品部、研发部占了相当大的比重，可见对设计、时尚、潮流的重视。也是基于此，棉竹屋将"棉"

这个点打透，获得了 15% 左右的产品复购率，这几乎是不少品牌的两倍。2022 年，棉竹屋全年实现销售 1.3 亿元，关联企业总计销售额达 2 亿元以上。2023 年，企业实现销售额 3.8 亿元，做到袜子类目行业第一。

和执着追求颜色效果的棉竹屋不同，缘锦针纺把赛道的突破口放在了运动潮袜上。

诸暨市缘锦针纺有限公司原是一家外贸为主的传统袜企，面对疫情、外贸形势等多重压力，公司负责人徐仲福知道，闯新路迫在眉睫。如何创新？经过调查与研究，徐仲福发现，全民运动风行，各式各样的运动品牌鞋类蜂拥，而全品类的高端运动潮袜却是空白。于是，缘锦针纺组建专业团队，购置智能一体袜机，着手进行产品开发。他们的目标是，顾客可以像选购运动鞋一样，选购专属的运动袜。

"我们针对不同的运动特性，在材质和工艺上做了创新，篮球袜解决打滑问题并实现缓冲；骑行袜上增加反光设计；滑雪袜的羊毛纱线材质，在保证透气的同时，极大提升保暖效果……"手拿一双双专业运动袜，公司设计师斯佳敏如数家珍。

如今，企业旗下的"运动之家"品牌已拥有超过 1000 款设计新潮、科技十足的袜子，零售价最高达 78.8 元，并成为 47 家国内外运动大牌的合作商。去年，"运动之家"创造了 3000 多万元的销售额，对于一家主打外贸的企业来说，不失为一次成功的转型。

走进这个有关袜子的著名市场，真的是进入了袜子的海洋。棉袜、丝袜、竹纤维袜等高、中、低档商品和各季袜类应有尽有，价廉物美，甚至物超所值。

在大唐袜业城，让人目瞪口呆的是袜子居然可以装饰成花束，也可以装扮成花盒，更有各种各样动物造型的包装。

采访凯诗利的老板娘金建芳时，她一连串朴实得犹如聊家常的话，是大唐袜业能够成功的一个缩影。"为什么要做潮袜？因为我们看中的是一个朝阳行业，因为每一个人都需要穿袜子。如果不成功，就可能是你的东西没做好，没有做漂亮，没有人喜欢你的东西。我们就选择了这样一个小众行业，踏踏实实地用工匠精神来做好它。在我看来，我们就用自己的勤奋来证明我们的付出，我们就用最大的努力给自己加分。"

在大唐，更多的企业在追求品牌和设计的道路上"遨游星际"。如主打亲子、田园风格的卡拉美拉，和彼得兔推出联名款女袜、童袜，一"兔"激起千层浪；主打美系、嘻哈风格的友润袜业，爆款单月销售均在10万双以上；新锐袜企斯蓓琳针纺专注时尚高端女袜系列，旗下原创品牌Coco Vanilla、Shibuyacat在年轻消费群体中声望渐高；老牌潮袜企业凯诗利，某些袜子的零售价格能卖到七八十元，甚至一百多元一双，充分体现了制造商的价值。

2022年，诸暨市大唐街道的R&D经费投入达到了近7.3亿元，同比增长37%，新产品产值110.5亿元，同比增长12%，设计创新、科技创新催生大唐袜业新动能。如今，它已形成了以大唐镇为中心，辐射周边区县的庞大特色产业集群，并被誉为全国袜业生产的佼佼者，同时也是浙江省21世纪最具成长潜力的产业之一。

从现在到未来　数智创新永远在路上

亿衡针织并不是大唐街道最大的袜企，却是数千家本土袜企的一个代表。这家企业从单组袜机起步，从联机数字化到一体机数字化，从一代、二代到如今的三代数字机，一步一个脚印推进企业的数字化进程，逐渐转变为智能生产的现代袜企。但蒋志超认为，工厂的数字化进程还远未完成。"全球市场给我们的反馈是，一体机生产对优质订单的吸引力更大。接下来准备将另一个生产车间也换成119台一体袜机，织造环节实现100%数字化。"蒋志超踌躇满志。

在外贸龙头企业浙江莎耐特袜业有限公司，除了生产数字化，仓储数字化、设计数字化都在摸索实践，并为企业带来了实实在在的效果。戴铁江也在苦思冥想，希望客户能够通过一个二维码就能实时掌握袜子订单的生产进度，或许这就代表了很多大唐袜企的努力方向和对今后数字化的憧憬。

企业的需求就是政府努力的方向。目前，大唐街道深化袜业省级新智造试点，"袜业大脑"入选浙江省第二批工业领域产业大脑建设名单。对于数千家袜企和十几万的袜业从业人员来说，想要了解关于袜业产业的一切，只需要在手机上下载一个"袜业产业大脑"的APP。

如果把数字车间看成是一个又一个企业的小脑，那么袜业大脑就是指挥和引领这些小脑的"最强大脑"。作为袜业数字化的神经中枢，袜业产业大脑集袜业行业工业互联网平台、数据仓、应用场景中心于一体，提供企业类、服务商类、政府类三大服务，全球各地销售占比、袜子流行趋势和袜子材质等信息实时变化可为袜业从业者提供行业内最详尽的参考依据。诸暨市大唐袜业科技创新服务有限公司副总经理楼银燕介绍，"企业可以通过袜业产业大脑直接进入其数字工厂进行查看，就像进入一个驾驶舱，能够一目了然看到袜子生产过程、生产数量以及运行的机械装备数量等数据。"

"下一步，我们希望大脑能够和企业的'小脑'连接起来，形成一个更好的共享平台，让整个大唐的袜机都忙起来，接到更多的高品质订单。"诸暨市大唐街道经济发展办副主任朱成波介绍。

针对众多袜业中小企业缺乏专业设计人才的情况，大唐袜业也设立了创新服务综合体，通过公共服务机构解决这一难题。诸暨市大唐街道主管工业的副主任章幸钢介绍："诸暨市每年都会举办'大唐杯'袜艺设计大赛，我们把所有的作品都申请了专利，企业如果有看中的设计，我们会以两三百块钱的低价进行专利出让。如果能出爆款，企业可以获得不错的利润，目的是鼓励小微企业从零开始，提升创新水平和数字化赋能水平，从而推动整个诸暨袜业良性发展。"另外一方面，更多企业已经开始布局AI设计领域。

同时，大唐袜业还设立了袜业工程师协同创新中心，努力与国内外高校院所和行业协会合作，通过全职、柔性和共享共用3种方式，引进袜艺设计、纺织材料、智能设备、品牌运营4个领域的工程师400多人。

"以建设省级工业领域产业大脑为契机，推动大唐袜业加快形成以'产业大脑+数字车间'为主体的现代产业体系，加快研发设计能力的'云上引、线下用'，推动企业向微笑曲线的两端延伸。"诸暨市大唐街道党工委书记楼征三表示。

这么大的市场，不论你想买什么产品，如果没有导游的服务，真的不知该往哪里走。当然，假如你希望提供导游服务，可以随叫随到。

这些专业市场的功能，让不论是从文，还是从理的你，在旅游购物的同时，也掌握一些平时书本上看不到的知识。

轻纺原料市场为袜子生产企业提供原料，市场内锦纶、涤纶、丙纶、氨纶、包覆纱、乳胶、棉纱、橡筋线等轻纺原料品种齐全，品牌优良，质量纯正。已成为全国重要的轻纺原料集散地。至于什么叫锦纶、什么叫涤纶、什么叫丙纶、什么叫氨纶，欢迎现场体验。

原本以为，大唐袜业只是整合了无数个村村寨寨的家庭作坊，每户人家各搞个几台或者十几台机子织织，再全家总动员负责包装，然后，一辆小三轮将打包好的货物运到批发市场，就实现了简单的产、供、销一条龙。

这么多的机械产品和袜子要从大唐出发，肯定不是几个快递小哥能搞得定的事儿。大唐，早就建立了大型物流市场。物流市场地处沪昆高速（G60）、G235国道及绍大公路三线交汇处，紧靠杭长高铁。交通便捷，地理位置得天独厚，这也与房地产一样，第一讲求的是地段，第二讲求的也是地段。

物流市场占地面积3.3万平方米，60余条货物托运线路联结全国主要城市和集贸市场，拥有较完整的现代物流设施和较完善的物流信息平台，是一家集运输、仓储、配送、装卸、信息为一体，是诸暨市功能最全、规模最大、实力最强的现代物流中心。

而从几个摊位发展起来，直到建成用诸暨话来形容规模宏大的专属名词——"海啦啦"的袜子市场，是一步一个脚印，是从个体到集体、产品到产业，是小作坊用以维持生存到专业构筑品质生活的美丽蝶变。

最为重要的"心脏"——袜子市场紧挨袜业城北侧，占地38000平方米，建筑面积50240平方米，地上二层，地下一层，总投资1.8亿元，设立1268个摊位。于2011年9月正式营业至今。

去采风的时候，正值今年二十四节气中的"小满"。榴花正红，桑椹郁紫，银杏叶青，"蛙声才起待插秧，麦粒渐满杏初黄"。翻开典籍，《月令七十二候集解》曰:"四月中,小满者,物至于此小得盈满。"

这最后一句,"物至于此小得盈满",用来形容大唐的袜业,真是贴切之极。

"小盈得满"。我们相约,晴日暖风之时,绿荫幽草之际,再度前来。

珍珠小镇

为什么全世界的珍珠,60%会产于诸暨山下湖,这到底是一个先生蛋,还是先生鸡的问题。由此,我们再度踏上了盛产珍珠的山下湖镇。却没想到,无心插柳的结果,何止是成荫。初夏时节,穿梭在诸暨的大街小巷,深宅大院,而家乡的大树们,已经约好了换装。从嫩绿、娇绿,齐齐地转成了浓绿、深绿,有的,竟然一转眼成了墨绿。

路边的小店里,几位老人闲坐着,沟沟壑壑的脸上,都带着经历沧桑过后的平和笑容。突然就想起了脸上也是沟沟壑壑、已驾鹤而去的陈忠实先生。他在巨著《白鹿原》里所描述的中国农村的场景,在江南,仍然可以找出极为相似的场景来。

养珍珠的湖里,一个一个的浮子,如蔚蓝的大海般,静静地等待着珠子在里面滋养。总是在想象着,假如将农人剥开蚌壳的时分,一张一张惊喜的笑脸留存起来,装饰成一面笑脸墙,那一定就是幸福的符号。

车子行着行着,又见稻田青青,一望无际。

从山下湖一路行,一路停,直到车子开到华东国际珠宝城巨大的停车场停下。这弯弯曲曲乡道的漫引,足以让你将珍珠的孕育、生成、制造,转化为可以想象的所有美妙空间。而在我看来,珠宝城的叫法,更确切地说是一个名叫华东珍珠城的工业旅游好去处。这不,几乎你能发挥无限想象力的珍珠饰品,你都能亲眼所见,亲手触摸,亲身试戴,甚至亲口品尝。

作为诸暨最为知名的土特产之一,珍珠的持续畅销,也让诸暨的美,再一次艳惊天下。

在市场里,人手一份的导示图里,我们粗粗一瞄,阮仕珍珠、天使之泪、千足珍珠、星月明珠、恒佳珍珠、恒蒂亚、永宝珍珠、天地润等,如何从头到尾走完,估计没个两三天时间是根本无法尽兴欣赏和选购的。

走进阮仕珍珠展示厅，熙熙攘攘的客人，是意料之中又欣喜万分。细细品赏这楼上楼下的珍珠世界，"灿若星辰"，是第一时间的评语。

珍珠项链，肯定是最为经典的款式，犹如女人衣柜里必不可少的大衣一样。至于长短精细，也犹如女人的高矮胖瘦一般，各有千秋华章。不必讶异，也无须针砭。

珍珠戒指，"一颗永流传"的美好，自然是走"越"字路线。越大越好，越纯越好，越靓越好，越圆越好。这和诸暨原本是越国的发祥地相契合。

珍珠耳环，与项链、戒指这两样，共同组合成了女子妆奁的三件套，缺一不可。也犹如珍珠般润滑的耳垂上，合辙地配上一对色彩清丽、做工精良的耳环，不管是不是环佩叮当。但佳人移步而来，像赏心悦目、珠圆玉润这样的成语，便是最为贴切的形容了。

珍珠胸针，倒是如今的时尚。听说,国母佩戴的珍珠胸针,就出自诸暨的"阮仕珍珠"。尤其那银杏叶、珊瑚树以及蜻蜓造型的款式，镶嵌其中的珍珠，有着园林景观的"天人合一"格局。每每佩戴其上，浑然一体，又生辉添色。

珍珠粉的美白清喉功效，源自孩提时代，就听先父说起梅兰芳大师常吃珍珠粉的故事。少女时代，还会买些珍珠粉来，兑水擦脸，也总是控制不好匀称这两个字。记得，脸上一块白些，一块干些，搞得像个唱戏的小丑花脸。这爱美之心，至今也不停歇脚步，与我们紧紧相跟着，走过了流金岁月。

而异形珠的诞生，让珍珠人从大为不解直到如今的豁然开朗。创意创新创造的大时代，也让曾经以为无用的珍珠大放异彩。

随意翻开一本有关珍珠的册页，那一页一珠、一页一文的描绘，仿佛庭中的大摆钟，在"嘀嘀嗒嗒"声中，更多了些懂得的应和：

一串有如年轮的链子，只有一枚黄灿灿的珍珠镶嵌其中，而"多少追忆染指流年，我就这样安静地坐在时光里。安静地，想着你；悄悄地，喜欢你"。

有如同心结般的珠链，串起一粒浑圆如玉的珍珠，那一段：

"我聆听到百合花开的声音，属于你的洁白单纯。

绽放在某年某月的月光中，温暖一生，回忆一生。"

这一路走，一路买，一路游，又一路赏的间隙，陪同的导游，也在一旁认真介绍着，有如画外音：

华东国际珠宝城建成于 2008 年，总投资 30 亿元，占地面积 120 万平方米，入驻商户 1400 余家，珍珠及珠宝产品辐射全球 60 多个国家和地区，年交易珍珠占到世界淡水珍珠总产量的 73%、全国总产量的 80%；汇聚了 5600 余家珍珠产业相关市场主体。2023 年，诸暨珍珠的产销额突破 500 亿元大关，淡水珍珠的区域品牌价值高达 560 亿元，且在胡润全球珍珠企业创新品牌榜上，诸暨企业占据了三分之一的席位。

作为全国最早参与直播新业态转型的专业市场之一，新冠疫情防控期间市场内珍珠直播销售额呈现逆势增长态势，荣获"中国商品市场十大数字化领跑者""浙江省数字赋能促进新业态新模式典型企业"等荣誉。

而从 1985 年第一代珠农在自家门口开办不足 50 个摊位的简易交易市场开始，直到现在占地 120 万平方米气派宏伟的华东国际珠宝城，共经历了无数次市场变迁。用一句说白了的话来形容，这变迁的背后，凝结了珍珠人极为不平凡的创业之路。

市场辐射美国、日本、俄罗斯及东南亚等 60 多个国家和地区，淡水珍珠年交易总量占全国的 80%，占世界淡水珍珠交易总量的 73% 以上，奠定了世界淡水珍珠交易中心的地位，是全球最大的珍珠线上线下供应链基地。

目前，珠宝城入驻商户由原来的 395 家拓展到 1400 余家，实体摊位及营业房的出租率由原来的 40% 提高到了 99% 以上，市场招租的珠宝品类突破了单一的珍珠模式，水晶、蜜蜡、翡翠、彩宝等达到了 20 余种。

每一个成功的市场，都有一大堆光环笼罩。华东国际珠宝城也是其中的个中翘楚。作为全国最大的珍珠专业市场，华东国际珠宝城拥有"中国商品市场十大数字化领跑者""中国商品市场综合百强""全国诚信示范市场""浙江省五星级文明规范市场""浙江省重点市场""浙江省十大转型升级示范市场""中国浙商行业龙头市场"等多项荣誉。

就像一所国内的大学是否驰名海内外，关键不在于校舍是否规模宏大，师生是否人员众多，而在于要看拥有几个院士，制订了几个规范一样。华东国际珠宝城的牛气冲天，就在于它能联合省淡水珍珠检测中心、省行业协会颁布了《养殖淡水珍珠联盟标准》，对珍珠产品的长度、用线强度、标识标注等方面有了明确的规定。

特别是珠宝城联合香港达诚集团（香港恒生指数设计者）打造的珍珠价格指数（原料和交易价格指数）已在珠宝城官网上公布，每两周发布一次。市场内明确标识出珍珠价格指数采集单位，通过定期的采集、精准计算，形成了从珍珠原料收购到成品消费完整的价格体系。既便于珍珠产业经营户根据行情，准确、及时地为自己的生产经营作出分析判断，又可以给珍珠消费者提供一个购买珍珠的价格指数参考，更重要的是业已成为珍珠产业的风向标，为诸暨珍珠产业发展掌握了主动权，在全球赢得了行业话语权。说这话的时候，我们看见，导游的脸上洋溢着骄傲的笑容。

而问到珍珠的真假鉴别、珍珠的挑选、珍珠的保养，导游笑着说，在导示图上都有详尽的介绍，但在华东国际珠宝城，是没有假珍珠的。价格的高低，只在于珍珠的圆度。正圆、圆、近圆、椭圆、水滴、米形、馒头圆，这是由高到低的品相，"一分圆一分钱"，你就自己去个中领受，随喜消费。

一个卖珍珠的市场，却成为业内外知名度很高的旅游景点，而且一火经年，也没有消减下来的态势。这看似不可思议的事，可以从华东国际珠宝城每日大巴云集、小车泊满的停车场，从珠宝城内大店人满为患、小店川流不息的游客中，迅速找到答案。

可以这样说，华东国际珠宝城的成功，是有路径可寻的。尤其是电商业的兴起，让华东国际珠宝城再次闪亮登场。

2021年，华东国际珠宝城被评为浙江省电子商务产业示范基地、浙江省级直播电商基地，并被收录入浙江省数字赋能促进新业态新模式典型企业和平台名录。

省市领导也多次表扬肯定珠宝城传统专业市场"互联网+"的转型升级发展模式，2023年5月31日，浙江省省长王浩莅临华东国际珠宝城调研珍珠产业直播电商发展。

自 2018 年以来，华东国际珠宝城积极探索市场转型升级新模式，以"互联网+"为切入点，分别与淘宝、快手、抖音、阿里拍卖、1688、玩物得志等平台实现官方合作，成立了官方珠宝直播基地，为市场内商家提供直播开号、运营培训、网红孵化、货品供应链支持等服务，搭建商家与互联网全平台网红主播合作的桥梁，拓宽了产品销售渠道和珍珠文化的推广渠道；策划并组织商户参与如"世界珍珠大会——云上珍珠节""奇珍异宝节""云帆计划"等 3000 多场大型直播活动；引进了大量的专业主播、运营等直播人才入驻山下湖，并大力扶持优质商家，树立起良好的标杆作用；借用"珍珠好货源头"营销定位，将华东国际珠宝城这一区域品牌推广出去。

2020 年 7 月，华东国际珠宝城与抖音合作成立质检物流一体化中心，打造"五流合一"制度，确保每一件从基地出货的产品都是正品，还开发了基地大数据看板，实现数字化管理。

2021 年，珠宝城实体摊位租赁成交率高达 95%+，线下销售额高达 189 亿元，线上销售额 195 亿元，入驻基地账号 2000 余个，走出了一条由传统专业市场向数字赋能的高品质专业市场转型的成功之路。

截至目前，抖音基地日均检测、发货量达 3 万件以上，退货率下降了 28.8% 以上。

2021 年，市场锁定了"由珠到宝"的发展定位，将整个市场分为电商区、精品区、配件区和统货区。招引全品类珠宝品牌和供应链商家入驻，改变统货供应模式，满足顾客个性化定制的需求。再以设计、加工、销售为一体化，将整个珠宝城打造成为涵盖珍珠、黄金彩宝、翡翠玉石等全品类珠宝供应链云仓，为网红、主播、客商等提供一站式选品、一件代发等服务。

2023 年 6 月，珠宝城与快手合作成立"真宝仓"；接下来，淘宝的"安心鉴"也即将落户。这一系列举措旨在杜绝以次充好、以假乱真等恶性市场竞争行为，为网购消费者保驾护航。

珠宝城近年来一直致力打造集珍珠研究院、珠宝创意设计中心、珠宝玉石质量监督检测中心、数字中心、珍珠小镇展示中心、创业创新孵化中心于一体的创新服务综合体，为企业提供珍珠材料延伸、衍生品开发、文化挖掘、创意设计、数据分析等方面的配套服务。同时，珠宝城与浙江农林大学中国珍珠学院积极开展校企合作，2023年培育珍珠设计、珍珠营销和珍珠生态养殖与开发等方面的人才300余名。

结合小镇全域旅游发展规划，珠宝城大力融合发展服务业。在市场周边配套开发创意工坊、创意产业园等商业街区；投资"全季""雷迪森""高级民宿"等品质酒店；后续将继续完善升级健身房、咖啡厅、商务餐厅等设施设备，为前来珠宝城的网红、客商等提供一系列配套服务。

"世界珍珠看中国，中国珍珠在诸暨。"

事实，胜于雄辩。

百闻，不如一见。

次坞打面

诸暨作为越国古都，其历史源远流长，风俗事象浩如烟海，民间艺术绚丽多彩。常言道，"百里不同风，千里不同俗"，次坞民间的活动沿袭着诸暨的传统，民俗活动及表演形式大多与萧绍邻近乡村大同小异。这些民俗活动中的"大同"，让次坞过往的岁月总是热热闹闹，而属于次坞特色的"小异"，更是让次坞大街小巷的朝夕流光溢彩。

次坞的味道，便是蕴藏于鲜美筋道的打面、甘甜怡人的糖秧、松脆可口的巧果、香糯暖心的蒸糕等乡土传统特色小食。这些特色美食，都是千年不息的故乡的食味儿，已然成为让人流连忘返的念想，成为次坞区别于其他地方的标签。

尤其是名声大振的"次坞打面"，早已成了次坞乃至诸暨、浙江的金名片。

次坞，本作茨坞。因当地有山名茨峰，早年坞中多生荆茨而得名。隶属浙江省绍兴市诸暨市，西、北、东北与杭州萧山区楼塔、浦阳等镇接壤，区域面积97.2平方千米。

诸暨属亚热带季风气候，夏热冬温，四季分明。四周群山环抱，间有北向开口通道式盆地，素有"诸暨小盆地"之称。

诸暨沃土腴田，诸暨百姓历来就有用本地小麦制作面食的习惯。特定的地理气候环境，为次坞打面的最重要原料——小麦（一年一生）提供了种植条件。加之南北通达的地理位置，又为优质北方小麦的输送提供了便利的交通条件。江南鱼米之乡的自然生态环境，又为打面配菜提供了广泛的选择，普通菜蔬、河鲜海鲜，皆可入面。

深厚的历史渊源、独特的民风民俗、特定的地理气候环境，是次坞打面制作技艺产生、发展和广为流传的重要因素。

次坞打面制作技艺，最初主要分布于诸暨市次坞镇一带。其历史最早可追溯到南宋迁都临安后，地处杭州与诸暨之间的古镇茨坞（今次坞），便成为"北食南传"的首批"口岸"之一，次坞打面就在当地民间流传开来。

次坞打面是诸暨次坞镇一带的传统小吃，有近600年的传承历史，是老少皆宜的平价美食。其纯手工制作，技艺独特，面条特具韧性，富有嚼劲，一面一烧，汤浓味鲜，品类丰富，能满足不同食客的需求，让人百吃不厌。

次坞打面制作技艺独特，其秘方在于和面干湿相宜，讲究面粉、水、盐和食用碱混合的比例，用传统青竹竿纯手工"打"制，10斤干粉和面要经纯手工1小时多达3000次以上的捶打，才能够做出劲道而又"倔强"的面条。

雪菜要刚出缸的，颜色金黄，口感新鲜；油是自己熬的原生猪板油，精肉要当天屠杀的猪前腿；选料讲究，浓郁稠鲜，下锅后汤水不宜过多，半汤半干为最佳。

尤其是2010年以来，按照政府引导、市场主体、因地制宜、特色发展的原则，以"小打面、大产业、优品牌"为目标，稳步推进"诸暨次坞打面"公共品牌建设。

2020年，"诸暨次坞打面"制作工艺被列入第七批绍兴市非物质文化遗产代表性项目名录，目前已申报"诸暨次坞打面"浙江省级非物质文化遗产项目和浙江省文化旅游IP项目。次坞打面先后参加了浙江省农博会、首届中国绍兴特色小吃文化节、"知味杭州"亚洲美食文化展会等，获"浙江十大农家特色小吃"第一名等殊荣。已创建旗舰店 9 家，示范店 306 家，形象店 41 家，年营业收入超 10 亿元，相关产业从业人员近万人，一碗面"打"出一方富民产业。

2000 年后，逐渐向诸暨城区及各个乡镇分布，如今在诸暨城乡街头，凡有餐饮门店聚集之处，皆可见次坞打面门店。

目前，"诸暨次坞打面"示范店已覆盖杭州、温州等省内大部分地市，在江苏、安徽等邻近省份，湖北、四川等中西部省份和广东、辽宁等南北方省份均有序铺开。

全国各大高速服务区（如萧山、桐庐、象山等）、小吃街随处可见次坞打面门店。

次坞打面也进入了浙江省的多个机关食堂，来一碗次坞打面，已成了机关工作人员的网红餐品。

据统计，全国已开设次坞打面馆 1800 余家，形成了以诸暨为中心，覆盖省内大部分地市，辐射全国，甚至远播国外的产业格局。

说起次坞打面，有一个广为流传的故事。

相传，明太祖朱元璋率军南北征战，途经诸暨县正九都（今诸暨市次坞镇），吃了一碗当地的手工打面，连呼此面"食之不厌"。"次坞打面"名声逐渐传开。次坞打面制作技艺，最初主要分布于诸暨市次坞镇一带，后逐渐向诸暨城区及各个乡镇分布，逐渐走出诸暨，走向全国。

2019 年，诸暨市成立"诸暨次坞打面"产业发展工作领导小组，领导小组下设办公室，办公室设在市供销合作总社。由诸暨市供销合作总社、诸暨市技师学院联合开设的诸暨市次坞打面培训班也成为传承的重要途径。

次坞打面制作技艺传承谱系：第一代 俞先友（次坞镇最早的打面馆——老街打面馆经营者，第八批诸暨市级非物质文化遗产代表性传承人）；第二代 俞月明（诸暨十大面馆——老俞手工打面馆经营者）；第三代 俞科弟（"诸暨工匠"称号获得者，老街打面馆接班人）；第四代 吴其生（次坞阿生品牌掌门人）。

我们专程采访了阿生餐饮有限公司的总经理吴其生，他谈及了品牌的未来发展方向。这位厨师出身并被授予"诸暨工匠"的餐饮人，从2011年开始经营次坞打面，创办的诸暨市阿生餐饮管理有限公司已成了宣传次坞打面最有影响力的连锁店。目前已有加盟连锁店300多家，带动次坞打面地方从业1000多人。未来，还将加快省内外重点城市的布点进度，实施"诸暨次坞打面"品牌进驻机关食堂、高校、高速服务区、大型国企、大型商贸综合体等重点单位的"五进"活动。

作为"次坞打面"所在地的父母官，次坞镇党委书记王其军表示，未来的次坞打面发展方向，将按照"小打面、大产业、优品牌"的要求，开展"八统一"工作，推进"诸暨次坞打面"公共品牌建设，实现产业提质增效，为乡村振兴实现共同富裕作出贡献。

在次坞所列的计划中，可以清晰地看到：

2023年，充分发挥"诸暨次坞打面"的辐射效应，将次坞打面门店作为诸暨农家特色小吃的展示展销窗口，带动诸暨小吃产业整体发展，打造次坞打面和诸暨小吃集合门店。

2024年，继续开展"诸暨次坞打面"进机关、进校园、进商场、进国企、进服务区等"五进"活动，引导次坞打面向长三角地区重点区域发展，利用各平台、渠道开展宣传推介和展示展销，开展打面师傅比赛等特色活动，吸引更多的资本、技术、人才等资源投入产业中来。

2025年，不断提升次坞打面产业的增量和体量，向上激活工具制造、原料种植、配料制作等需求，向下延伸科技研发、加工、配送、销售等产业链条，同时培育壮大龙头企业，提高产业化水平。在基地建设、原料配送和技术改进方面做更多尝试，推动半成品和成品的生产。

2026年，借鉴诸暨次坞打面公共品牌建设的思路，打造诸暨小吃整体品牌，加快以次坞打面为龙头的诸暨特色农家小吃在传承中创新，引导形成以食材供应、物流配送、展示展销、品牌推广等紧密连接的产业体系。

次坞打面，未来可期。

//"诸暨四宝"评论 /

来自乡野田间的"土特产",让老百姓倍感亲切。习近平总书记在 2022 年中央农村工作会议上强调:"产业振兴是乡村振兴的重中之重,要落实产业帮扶政策,做好'土特产'文章"。(新华网,2023 年 1 月 14 日)看似普通的"土特产",一头连着农民增收、乡村振兴,一头连着满足人民对美好生活的需要。各地特色产业的发展,曾经在脱贫攻坚中起到重要作用,在今后全面推进乡村振兴、加快建设农业强国的新征程中,更有广阔的发展前景。土特产是指在特定地区或地方生产的,具有地方特色的农产品,这些产品通常与当地环境、气候、文化密切相关,具有独特的风味、质地或用途。

诸暨市,区位优势得天独厚,紧邻繁华的杭州,不仅是杭州都市经济圈的核心成员,更承载着深厚的历史底蕴。诸暨人杰地灵,耕读传家之风甚浓,文化昌盛。诸暨是越国故地、西施故里,拥有长达 2200 多年的建城史,见证了越王勾践的复国壮志,孕育了灿烂的於越文化。这里,发轫于山下湖的珍珠产业熠熠生辉,被誉为"中国珍珠之都";大唐镇享有"中国袜业之都"的美誉,拥有千亿级的区域品牌价值;次坞镇的次坞打面这一小吃有着深厚的历史文化底蕴和独特制作技艺,是经过长期孕育的特色品牌,也是传承 600 多年的宝贵财富;香榧作为诸暨千年传承的产业,其历史可以追溯到 2000 多年前,经过当地榧农长期的生产实践和科技工作者的研究筛选,已成为浙江省第 173 号林木良种,并在全省范围内推广发展。诸暨四宝的成长与发展,凝结着当地人民的智慧和汗水,为当地经济做出了重要贡献,也使诸暨声名远播,享誉海外。

政府扶持,兴农丰产

在乡村振兴的大战略下,诸暨市政府深刻认识到"产业兴则农村兴,农村兴则国家旺"的深刻道理,将产业振兴作为乡村振兴的重中之重,特别是做好"土特产"这篇大文章,致力于提升农产品的附加值,打造完整的产业链。"土"指依托当地自然条件,开发乡土资源,利用新时代的营销手段,提升农业产业功能。"特"指强调地域特色，打造具竞争力、符合市场需求的地方特产。"产"则是形成产业集群，延长产业链，将增值收益留在农村，惠及农民。为实现这一目标，政府出台了一系列具体政策：一是加强产业链建设，从源头抓起，提升农产品品质，加强深加工和品牌建设，形成产销一体化的完整链条；二是创新销售方式，借助直播等新媒体平台，拓宽销售渠道，让"土特产"走出大山，走向全国，甚至走向世界；三是赋予"土特产"新的文化内涵，结合当地的历史文化、民俗风情，打造具有乡愁记忆和新时代特点的特色产品，各村都有各村的高招，实现"千村千面"的个性化发展。这些政策的实施，不仅擦亮了诸暨"土特产"的品牌名片，拉动了旅游新消费，释放了巨大的经济价值，更重要的是，它们为农民增收致富开辟了新的道路，让"土特产"真正成为群众增收致富的"金招牌"。诸暨市政府的这些举措，充分体现了政府在乡村振兴中的引领作用，通过政策扶持和引导，激活了农村的内生动力，推动了乡村产业的蓬勃发展。这不仅讲好了新时代乡村振兴的故事，更为实现共同富裕奠定了坚实的基础。

互联共生，富民高招

随着浙江率先启动高质量发展建设共同富裕示范区，致富路径不断创新，诸暨借助电商平台带动经济快速发展。诸暨市抢抓"数字经济"风口，诸暨的珍珠、袜业和香榧产业正经历着前所未有的变革。在珍珠产业领域，诸暨不仅满足于传统的养殖模式，更是积极地引进国际先进的养殖技术，并结合本地实际进行研发创新，成功提升了珍珠的质量与附加值，使得"中国珍珠之都"的美誉更加响亮。诸暨的珍珠产业依托互联网平台，实现了线上线下相结合的销售模式，提升了品牌知名度和市场影响力。诸暨的袜业企业加强与科研机构的合作，共同研发新型袜材和时尚设计，加大科技投入，引进智能化、自动化的生产设备，提升了产品的精密度和一致性，同时积极拥抱电商平台，通过大数据分析精准把握市场趋势和消费者需求，实现了定制化生产和个性化营销，从而增强了产品的市场竞争力。诸暨次坞打面的龙头企业完善原材料、加工设备等供应链，建立原材料加工基地，取得多种原材料配方生产经营许可证，坚持手工制作的独特风味，建立并完善"田间到餐桌"科学可控的食品安全体系，走出浙江成为新晋名小吃。对于香榧产业，随着农业现代化进程的推进，诸暨开始积极引进和应用新技术，越来越多的农户引入了智能化管理设备和先进的农业技术，加强了与林业科研机构的合作，共同开展品种改良和栽培技术的研究。通过筛选优良品种、优化栽培模式以及推广先进的管理技术，诸暨实现了香榧生产、销售、服务等环节的全方位数字化管理，促进了产业增效和农民增收。这些传统产业通过深度融合互联网技术与数字化手段，引育电商达人，助力产业增收。诸暨还将大力推动农村电子商务的普及；加强品牌化建设与产品质量；加快人才引进与电商规范建设；创新生产管理与营销推广手段，多管齐下推进诸暨产业规模化、生态化发展。

农旅融合，协同创新

诸暨，一个以农业为基础、旅游业为翼、创新为魂的城市，近年来在农旅融合、协同创新以及"土特产经济"的推动下，产业发展呈现出蓬勃生机与无限活力。在农旅融合方面，诸暨展现了深厚的底蕴与前瞻的视野。农业，作为诸暨的根基，不仅提供了丰富的农产品，更孕育了独特的农耕文化和乡村风情。诸暨巧妙地将这些农业资源转化为旅游资源，通过发展休闲农业、乡村旅游，让游客在享受田园风光的同时，也能深度体验农耕文化，实现了农业与旅游业的完美融合。这种融合不仅拉长了产业链条，增加了农民收入，更为诸暨打造了一张张亮丽的旅游名片。诸暨深知，单一的产业模式已无法满足现代市场的需求，只有通过协同创新，才能实现产业的转型升级。于是，诸暨积极推动珍珠、袜业等传统产业与科研机构、高等院校的合作，引进新技术、新工艺，不断提升产品的科技含量和附加值。通过聚力多要素保障、注重多层次扩面、加强全方位推广等措施，夯实产业发展基础，推动产业提质增效，成功打响次坞打面特色小吃品牌。同时，诸暨勇于探索，通过产业之间的融合创新，培育出了一批新兴业态和商业模式，为土特产发展注入了源源不断的创新活力。数据显示，2023年诸暨珍珠年产销额突破了500亿元，珍珠销量占到全国的80%，世界的73%；诸暨袜业2023年的产值达到了226.9亿元，其袜业产量占全国的65%和全球的35%，吸引了11.1万名外来务工人员，其中八成以上直接投身于袜业产业；诸暨香榧2023年的产值超过10亿元，栽培面积为13.8万亩，年产香榧干果超过3000吨。诸暨在农旅融合、协同创新以及"土特产经济"的共同推动下，产业发展已呈现出多元化、现代化、高端化的趋势，推动了产业链的完善和产业集群的形成。诸暨的成功实践充分证明，只有将农业与旅游业深度融合，推动产业之间的协同创新，才能实现产业的可持续发展和城市的繁荣兴盛。

做大做优土特产，不仅推动多元化产品供给体系，同时造福万千农民，实现家门口增强就业。要想做好土特产，关键是有机运用，扎实落实地域性、特色性、产业性、文化性和生态性五个维度。地域性是指土特产需要强调产品依托当地特定的地理、气候和文化，充分尊重在地性，保持道地品质；特色性是通过因地制宜打造特色品牌，如诸暨山下湖珍珠、次坞打面等，形成竞争优势，满足市场需求，形成规模化产业集群，增加产业经济效益；土特产具有浓厚的文化背景，承载着乡土记忆，通过推广土特产，促进在地文化的创造性转化和创新性发展；土特产壮大过程中要注重生态保护，注重自然生态规律，注意防止如珍珠养殖过程中对水资源的污染，践行绿色发展理念，实现可持续发展。

各地具有鲜明地域特色的土特产依托覆盖县、乡、村的现代物流配送体系——农村特色电子商务借助互联网平台，初步构建起农产品上行和工业品下乡双向流通新格局。从2009年到2022年，中国淘宝村的数量从最初的3个增加到7780个，遍布28个省（自治区、直辖市），先后体现了数字乡村的快速发展潜力。2022年，这些"淘宝村"和2429个规模可观的"淘宝镇"在阿里巴巴平台交易额达到了1.8万亿元，使城乡之间建立了双向会通的链接渠道。

在诸暨产业的蓬勃发展中，我们不仅看到了产业的提升和发展，更见证了地方创生对于在地文化、生态、社会的深远影响。将地方文化的核心价值和精神内涵融入地方居民的日常生活中，突出地方特产的经济价值和文化价值，结合市场营销现状和村民共商适合的运营组合，协同地走向共同富裕。诸暨珍珠，以其卓越的品质和独特的设计，赢得了全球消费者的青睐，成为诸暨一张响亮的名片；诸暨袜业，凭借其精湛的工艺和不断的创新，早已走出国门；

次坞打面,成功打响特色小吃品牌,把"小打面"做成"大产业";诸暨香榧的成功,不仅仅是一种坚果产业的兴盛,更是一种地方特色的传承与创新,值得各地借鉴、利用"土特产"的独特资源,成为乡村振兴与共同富裕的有力诠释。这"诸暨四宝"的成功,不仅仅是产业层面的兴盛,更是诸暨在地文化、政策支持、制度创新、社会生态共同发展的有力证明。如今,诸暨以"小香榧、大珍珠、精袜业、香打面"为引擎,正推动地方经济社会迈向更加全面、均衡的发展新阶段,让共同富裕的美好愿景在这片热土上变为触手可及的现实。

第七章　金华篇

创客云集：李祖村与新光村

理念引领与人才聚力
社会创新和乡村情感
众创共享与陪伴服务

横店筑梦　共创未来

独辟蹊径的创新理念
产业迭代的横店之路
共富共创的社会责任

创客云集：李祖村与新光村

新光村

"队长去喝外甥女的喜酒了，要过会儿才来，你们先在院子里听听歌，喝杯茶行不行？"新光村陈青松的助理于璐招呼着我们。

时近中午，我们一行干脆在农家小院里品尝了当地的土菜。在院子里，听着年轻歌手，唱着一首首流行歌曲。冬日的阳光从古宅的屋顶穿透下来，再没有比"偷得浮生半日闲"才能形容此时此刻的心情的。

当穿着中式灯芯绒大衣的陈青松走入院子，又让我们移步进茶室访谈。

为什么要在这里开"青年创客"，十年后怎么办，盈利模式在哪里？仿佛是灵魂三问，早已盘旋在心头已久。

在人称陈队长的口中，虞宅乡以及其属下的新光村跃然笔下。

虞宅乡新光村四面环山，东为浦江绝景之一的朱宅水口，南为中华山、笔架山、元宝山和衢岩古道，西为马岭景区和著名奇石美女峰，北为青龙山、高坞，S型太极溪环绕古村。现为首批中国传统村落浙江省历史文化名村、浙江特色旅游村、国家级青年创客基地、全国乡村旅游重点村。

新光村因村内有保存完好的灵岩古庄园，被誉为"江南乔家大院"，俗称廿五都朱宅，建于1738年，构思科学、理念超前、设计独特，具有较高的历史、艺术和研究价值。古屋现存16幢160余间古建筑，面积15000余平方米。

说起曾经的虞宅乡，那是浦江县水晶加工的发源地。1984年，第一颗水晶落地，开启了水晶产业发展时代。

新光自然村是当时有名的水晶专业村，全村209户人家，竟有316家家庭作坊式的水晶加工户。可想而知，水晶的生产给村民带来财富的同时，对古建筑造成的破坏也是十分严重的，村庄更是污水横流、垃圾遍地、环境极差。

时光回到了 12 年前，新光村以"壮士断腕"的勇气，开启"五水共治""三改一拆"战役。他们结合历史文化名村保护工作，对全村十三幢省保建筑群进行保护性修缮；同时以"四边三化""美丽乡村"建设，打造 S210 省道沿线马岭茜溪线为全市首批美丽乡村精品线，新光成为全国美丽宜居示范村。

新光村是省内首批引进运营团队进行乡村运营的村落之一，浦江县虞宅乡将青年创客引入乡村，自 2015 年起，率先走上乡村运营模式，迅速带来百万流量，新光村一跃成为乡村旅游网红村，成功打造茜溪悠谷轻度假区，完成"产业涅槃"。

创客们自发成立青年创客党支部，创客带头人陈青松担任青年创客党支部书记，青创支部与新光支部又成立了新光党总支，吸收陈青松为新光党总支支委，参与村内的决策。他们还通过乡村运营官的培训，输出符合乡村发展实际的运营人才，成为虞宅乡可持续发展的最大动力。

一定要还人民以"绿水青山"。痛定思痛的虞宅乡政府，以"五水共治"和"三改一拆"为契机，依托历史文化村落保护和开发，大力推进美丽乡村建设和乡村旅游发展。

虞宅乡带领着周边的村落，以雷霆手段彻底整治了水晶行业，取缔或搬移全部水晶加工点，在治理了污水问题的同时，将保护古建筑提上了重要的建设日程。

乡政府下大力气对古建筑实施了修缮和保护，使濒临毁灭的重要文化遗产恢复了旧日容颜，但如何对文物进行恰当合理的使用，做到"古建复活"，却是最关键的问题。

为什么会选址在新光村？陈青松的回答，在意料之中，又有他的匠心之笔。

主要有三个原因：

第一个原因是整个浦江对于乡村旅游发展重视，从领导层面到新光村的村民，都有强烈的意识要转变。

第二个原因，就是新光 S210 的省道，它贯通了义乌和杭州两个大的旅游市场，交通是一个地方能够快速发展的重要一环。

20年前，时任浙江省委书记的习近平同志到浦江下访接访，"210省道改建"作为首件进行办理，打通杭坪隧道后，原来到城区需要一小时，现在只需15分钟，极大地便利了交通，S210省道成为凝聚山区百姓民心的"致富路"。

S210省道犹如一条彩带，串联起沿线村庄，成为"茜溪悠谷"景区，更是让新光村完成了从乱到美、从美到富的华丽转变。

第三个原因是"千万工程"的实施推进。自2013年启动"五水共治"后，新光实现了从生态涅槃到产业涅槃的转变，从最脏、乱、差的污染村转变为国家级美丽宜居示范村。

第四个原因，新光村除了民风淳朴、乡亲友善，还有灵岩古庄园的美不胜收，古建筑群的精美绝伦，村庄肌理的保存完好，因此，选择新光村势在必行。

说起廿玖间里的故事，陈青松的话匣子真正打开了。

众所周知，创客是一群将文化、民俗与创意完美融合的创造者。

虞宅乡引进陈青松的浦江县青年创客联盟，对新光村进行策划、运营、开发。这是团队进驻以后，给新光村带来的荣耀时代。

2015年12月，虞宅乡引进了以他为代表的浦江县青年创客联盟，定位一个有温度的家，吸引青年创客下乡发展，把文化人、艺术家、有一技之长的民间艺人引进来，让这些有故事的老宅子重新焕发了生机，真正做到了"每一家店铺都是一道风景，每一个店主都有一个故事"。

陈队长说："那年，我们来到了新光村，成立了廿玖间里乡村旅游创客基地。当时的新光村只有28名留守老人和儿童，村集体收入极少。到现在，每年有120万人次的游客，带动村集体收入盈余300余万元，村民收入也翻了几番。"

他们对廿玖间里进行了恰到好处的还原保护，以修缮完毕的廿玖间里、双井房为基地，引进一批乡村青年创客，发展独具本地特色和时代气息的创意产业。

在青创团队的带领下，50多位各怀才艺的创客入驻，为新光村营造了明显区别于其他村落、标识度较高的艺术氛围和人文情怀，为其注入了灵魂，使其焕发了生机和活力。

他们怀着各自的梦想，通过"廿玖间里"的平台，结合新光村的民俗、文化、农业资源，带旺度假区的人气，让乡旅新业态在浦江绽放。

青创团队以创客为中心，深度开发"旅游+物联网农业+创客"的浦江模式，目前基本形成了政府出台政策目标、青创连接资源、企业落地运营、创客创新业态、回乡青年创业、农民生产、家庭运营的"浦江模式"。

在这种模式中，各个主体相互协调配合，能够充分发挥各自的优势，实现互利共赢。与北斗（金华）研究院、国家文化和旅游部信息中心共同打造的"诗画乡旅"智慧旅游物联网，除了智慧旅游、车流、人流、大数据等功能，重点是形成物联网与旅游中游戏化、体验化、参与化、互动化的线上线下链接，让旅游增添更多乐趣，让更多游客感受浦江"新旅游"。

手工DIY、原创工艺、娱乐休闲、餐饮美食、民族文化、原创服饰、摄影主持、民谣歌手等，"以人为本"，游客、创客、村民"三位一体"，将新光村浓郁的文化氛围与青年创客的创意活力完美结合，使新光村变成一个有温度的家。

"诗画乡旅"致力于发展电子商务，建立线上平台，将基地里的线下体验和网络上的线上消费融为一体。

陈青松说："我们的愿景是改变中国乡村；我们的使命是让农民在家门口赚钱，让大学生更容易创业。其核心价值观是共创、共生、共享、共融。"

依据WIFI探测数据，目前新光村的人流量在平时已经达到2000～3000人，周末有5000～10000人，节假日有1万～3万人，全年的营业收入可达1500万元。

2016—2017年，廿玖间里相继获得被"国家级乡村旅游创客示范基地""全国十大跨界创客基地""两美浙江经典示范基地""两美浙江"经典范案例等荣誉。

2018年，获评浙江省不可移动文物保护利用优秀案例。

2020年，分别获第四批浙江省级创业孵化示范基地、浙江省级"青创农场"

示范基地。

2021年获浙江省众创空间。

目前，廿玖间里乡村旅游创客基地已经引入50余名大学生创客来这里创业创新，孵化省、市级名牌2项，创建省、市非物质文化遗产3项，带动年收入上千万元。

所以，在陈青松眼里的共同富裕，特别要在创客的创新创业引领下带动当地的村民，以及所在的村、周边的村集体致富，并让千百万前来的游客真正喜欢和满意。这种共享、共创、共融、共生的浦江乡村旅游新模式，是他们一直坚持和努力的。

尤其吸引人的是，廿玖间里还推广"掌柜不在，自助购物"的信任文化。这是缘于现在不少年轻创客生活节奏快，有时没时间来店里，就将店里的每一件商品明码标价，游客一旦看中，可以扫码自助购物。

廿玖间里的创客都有自己的特色项目，目前共聚集了树皮画、梨膏糖、陶艺、雕刻传承等30多个特色项目。

青年创客不仅仅是商家，更是调解队伍中的一员。新光村吸纳青年创客到新光村调解员队伍中，让创客变身调解员，化解消费者与经营者的矛盾。

举个案例：顾客支付后觉得产品质量不好，想退货，苦于经营者不在现场，且经营者认为不能退换货，他们就会找到陈青松，利用陈青松是青年创客带头人的特殊身份，拉近经营户和消费者之间的距离，开展消费者纠纷调解。而经营者与农户的矛盾，陈青松他们也会帮忙调解。比如，经营户在店铺装修和日常环境卫生等矛盾，也是利用陈青松既是青年创客带头人，又是村党总支委员的特殊身份。大家信任陈青松，由他帮忙调解，往往会起到事半功倍的作用。

陈青松笑着说，算起来，已调解消费者矛盾23起，村民矛盾5起。

我们欣喜地看到：

虞宅乡综合考虑各村生态资源禀赋与村域特色优势，统筹规划，科学布局，差异化发展"一村一品"，从2015年的2个旅游项目，如今已发展成为

26个旅游相关项目。

其中，S210省道沿线"四村联合"生态优势转化模式，入选省级生态产品价值实现案例，虞宅乡获评全国"一村一品"示范村镇。

参观的时候，导游还会细细讲述"惠及儒林""七叶衍祥""义崇黉序"这三则牌匾后的小故事，印证了灵岩公、其子、其孙三代捐资助学、修桥铺路等好家风传统。

诒毂堂，其含义是赐给稻谷的厅堂，这里包含两层意思，一是祈祷上天风调雨顺、五谷丰登；二是乐善好施。这里曾是灵岩公108亩良田作为全县教育奖励基金的颁发地，他们把稻谷赐给受资助奖励的读书人。这里也曾是灵岩免费学校的举办地，浦江本地家境贫寒的读书人都可到此来免费求学。

而灵岩公制定的19条家规，充实和丰富了浦江好家风体系。

如今的新光村，运用"好家风指数"，推动好坏大家判。从遵规守纪、邻里和睦、环境整洁、家庭和谐、诚信支付和加减分等"5+1"评定标准，实行联系党员打分、家风评议团审核、村务联席会议审定、乡党委政府批复4步评判程序。完善"治村公约"，树立乡村新风。

在新光村，我们还可以看到新形势下的新风尚。他们依托好家风指数考评为基础，修订治村公约，利用家风指数公开栏形成惩恶扬善的浓郁氛围，在潜移默化中，让群众感受到道德的力量，从而串联起基层治理中的自治、法治、德治三个环节，营造人人参与、人人尽责的乡村治理新格局。

新光沿河商业街的右侧新光新宿，刚入选浙江省浙派民居十个典型案例（金华唯一），是"千万工程"推进过程中，实施历史文化村落保护形成的农房安置区。

在新区规划初期，他们便考虑了产业的植入。专程聘请浙江大学罗卿平教授团队规划设计，以富春山居式美丽农居引领美丽经济的发展，打造新光新宿民宿集聚区块，目前33户农户，已有23户开办民宿农家乐。2023年，新光村村集体经济收入117.3万元，其中经营性收入69.5万元。

多年来，虞宅乡一直以新光村为核心，锚定乡村旅游目标不变，扎扎实实一任接着一任干。

在环境整治、美丽提升、产业转型的过程中，有无数的矛盾和问题，新光村坚持以党建引领基层治理工作不动摇，严格落实1+3+N网格具体责任，形成责任明确、分工合理、责任层层压实的指挥调度体系。

新光村广泛挖掘群众中具有调解智慧的能人，培养造就一支具有专业素养的调解队伍，将专职调解员、网格员、创客等各种力量紧紧"拧成一股绳"，推动辖区矛盾全面排查、信息全面共享、资源全面整合，实现群众诉求快、矛盾纠纷快解、应急问题快处。

说到为什么会成功，陈青松说，在国家双创、乡村旅游·美丽乡村、"两山"理论等指引下，廿玖间里准确把握了时代需要和发展趋势，实现了从美丽乡村到美丽经济的转变，实现了文创产业、民俗文化与旅游的完美融合，从而更深一步地实现了高质量的旅游风貌提升，这是陈青松团队能取得成功的重要原因。

在他们的具体操盘过程中，通过有效引进青年创客，并确保他们的创意项目与村落文化氛围相符合，与新光村的民俗、文化相结合，打造统一、独特的品牌定位，与旅游的发展相互促进，相互提升。

他们实现了"五统一"，即统一的规划、统一的平台、统一的品牌、统一的运营、统一的招商。他们建立了创客、村民、投资人之间有严格的品类分别，并确保每家业态不重复，不恶性竞争。

他们建立的十六条标准，要求入驻的每位创客都要符合要求，从人、产品、品牌三大方面严格拣选。每位创客要从学历、回乡青年、才艺、公益、社群等多个方面考核，其产品要有独特不可复制性，突出手工、原创、文艺的概念，引导顾客购买时不讨价还价，提高产品的价值。

尤其是随着"中国乡村旅游创客学院"的成立，他们培养了很多青年创客人才，不仅为新光村的后续发展培养了储备人才，还为乡村旅游的浦江模式复制，培养了很多中坚力量。

说到未来，陈青松的言语很是铿锵有力。

他认为，要从以下几方面去努力，可以更好地实现共同富裕发展。要以政府为统一平台下的乡村振兴新模式，把农户村民、创业青年、投资业主等统一到我们的平台，打通进入通道，让更多人参与到乡村文旅发展红利当中来。也要在此平台基础上，创客、村民成立农家乐民宿服务、演出等小组，深入挖掘游客消费能力并更好地服务于游客，形成良性循环。

除了经济上的富裕，陈青松认为，精神富足也是很重要的。要与村民实现深度互动，开展培训教育，共同开展一些精神文明活动，增强他们的文化自信。要让大学生更容易创业，让村民在家门口赚钱，这就是他理解的共同富裕。

陈青松强调，乡村振兴也好，共同富裕也好，最难的就是思维的同心同向。一个优秀的项目能够成功一定是来自领导、创客和村民的正确思维把控，三者缺一不可。

如今的虞宅乡，充分发挥组织优势和党建统领作用，依托域内特色资源优势，创新组织共建、发展共谋、资源共享工作机制，搭建全乡抱团、跨镇联合、东西结对、"二地三县市"跨区合作平台，多途径推进农村集体经济融合发展，走出了农村融合发展的致富新路径。

如今的新光村，已将创客模式复制到了周边的村落。如安徽绩溪仁里村、浙江义乌李祖村、浙江杭州良渚安溪古镇、福建永定土楼、江西资溪大觉山古镇等等。

2024年，新光村将着重打造"中国乡村创世谷"，元宇宙助力的乡村振兴项目投资500万元，已完成设计内容，争取春节上线运营。廿玖间里完成店铺改造、业态提升，重点引入两岸共创基地、省内外大学创业学院，打造中国大学生乡村创业园及乡村国际青年旅社，解决乡村人才公寓，并与村集体形成紧密联合，实施共富计划，力争2024年村集体经营性收入达1000万元以上，带动茜溪幽谷4个行政村共同发展形成共富共创谷。

廿里乡村创业品牌孵化的"浦江乡村运营模式"持续输出，以乡村品牌共富业态为切入点，实施"6/3/1共富模式"，3年内打造20个乡村品牌业态，服务100个乡村运营，孵化1000名乡村创客。

乡村振兴的路，如陈青松的名字所寓意的。路常青，业常青。

李祖村

这是一个恬静、安然、自足的田园村落，有着纯朴温暖的民风，远离喧嚣，宁静古朴。

在这里，你可以在"十亩时光·共享营社"露营；可以在"共富市集"感受人间浓郁的烟火气息；可以倚在农房的3D互动墙上随便找一处拍好看的照片；也可以在"沙漠的染坊"学习民间扎染工艺方法，制作独一无二的手工作品……

义乌李祖村的凤凰于飞时代，是习近平总书记来考察李祖村的一个个美好的瞬间。

"总书记好！"2023年9月20日，金华市义乌市后宅街道李祖村人声鼎沸、掌声延绵。当天上午，习近平总书记来到李祖村考察调研。村口，热情的村民们簇拥站立。

"缩影"二字，是村里的退休老教师在2015年所题，感慨于自己生活了一辈子的村庄一次次的美丽蝶变，恰如浙江建设美丽乡村、统筹城乡发展的缩影。

李祖村如今的模样，与习近平同志在浙江工作期间亲自谋划、亲自部署、亲自推动的"千万工程"密不可分。

"李祖村扎实推进共同富裕，是浙江'千万工程'显著成效的一个缩影，要再接再厉，在推动乡村振兴上取得更大成绩。"在李祖村，总书记叮嘱大家，乡村振兴潜力无限、大有可为，乡亲们要努力奋斗，一起奔向共同富裕的美好明天。

在李祖村的村口，还有两处门楼，分别题着"日新""月异"两个大字。

李祖村的日新月异，呈现出万千乡村在推动美丽中国建设、深入推进乡村振兴、扎实推进共同富裕中的勃勃生机。

"千万工程"显著成效的缩影

"总书记特别平易近人,和我们一起聊家常,了解村里的一些事情。"李祖村党支部书记方豪龙说。

总书记考察调研的第一站是李祖村党群服务中心。展墙上,详细记录了李祖村蝶变的一点一滴。这个有着500多年历史的村庄,在当地曾有"水牛角村"(意为"看不到发展希望"的穷村庄)的绰号,是"千万工程"改变了李祖村的命运。

20多年前的李祖村,是"脏、乱、差"的落后村。

那时,浙江很多农村都是"村村点火、户户冒烟",经济快速发展,村庄面貌却不如人意。有人说,"走过一村又一村,村村都是垃圾村;走过几十个垃圾村,才找到一个示范村"。

2003年,时任浙江省委书记的习近平同志亲自部署推动实施"千万工程"。也正是从那时起,李祖村下决心开展路面硬化、路灯亮化等"小五化"工程。下定决心着手整治村容村貌,就是在"千万工程"实施的第一年。

李祖村村口有个小水塘,村里老人回忆,过去村民们经常去塘里洗拖把、刷马桶,不仅不卫生,还存在安全隐患。村里的路也是坑坑洼洼,一到雨天便泥泞不堪。

道路狭窄、污水处理不规范、生活垃圾难以处理等问题给村民们的生活带来诸多不便。

根据全国人大代表、浙江省义乌市后宅街道李祖村党支部书记、村委会主任方豪龙的回忆,整改一开始,并不是所有村民都支持,因为很多村民习惯了原来的生活方式,觉得有池塘更好。

经过党员干部做群众思想工作,村口小水塘变成了更方便的生态洗衣房。村民们渐渐发现,不仅村里环境变好了,生活也更方便了。

最开始,村民不乐意改变,有很多人反对。一段时间过后,村里环境变好了,生活也更方便了。用村民的话来说,"这么干净的路,这么清的溪,再扔垃圾,自己都觉得不好意思啊"。

小水塘整改成功，村两委又着手开始李祖村的危旧房改造。危旧房拆除后腾出来的空间，让李祖村有了更多的发展空间。

在大家的齐心协力下，2021年，李祖村成为省级高标准农村生活垃圾分类示范村。

"李祖村的'千万工程'从整治环境入手，与'八八战略'中的进一步发挥浙江的生态优势，创建生态省，打造'绿色浙江'是一脉相承的。"方豪龙说，正是环境的改变，才让李祖村一步步成为如今的全国文明村。

待行至快到村口的上坡路，就看到两幢小高层。"我向总书记报告，这是村里住房困难户、危旧房拆迁户的住房时，他微笑着说这个好。"方豪龙说，村里环境变好后，村两委着手谋划解决村里住房困难户住房、拆除危旧房等问题，2017年建起两幢共48个套间的小高层；2019年，危旧房被拆除后成了村里的公共空间，收回的老宅则由村里进行修缮改造，出租给青年创客使用。

在村口，总书记停下脚步，跟大家聊了起来。今年60岁的村民虞金仙兴奋地告诉记者："总书记挂念着我们义乌老百姓，我们很感动。"

"'千万工程'、乡村振兴、共同富裕，总书记在我们村考察时提起好多次。我们一定会撸起袖子加油干，让老百姓生活越来越好、越来越富裕。"方豪龙说，李祖村的村民人均可支配收入从2003年的不足5000元升至2023年的6万元，村集体收入也从1.1万元涨到356万元。

年轻人展现才华的用武之地

村党群服务中心不远处，沿着石板路往前，传来阵阵悠扬的古筝声。

"看到总书记越走越近，我主动招手问好，没想到，总书记走进了店里。"从雨文声音乐餐厅合伙人余徽徽说，"总书记问我们平时生意怎么样，又问一般游客是哪边来得多一点，哪里来的。"这家音乐餐厅开在李祖村最老的一幢古建筑里。"总书记看得非常仔细，餐厅里保留的土墙，总书记凝望许久。"余徽徽回忆。

6年前，余徽徽在义乌市中心开店，听说李祖村在招商就过来看看，这一看，就留了下来。"山下面有个湖，湖边上有个村，走进村里，很安静，很美，很干净，很舒服。"余徽徽说，村里生意不错，去年餐厅的营业额有20多万元。

别看李祖是个村，青年创客却不少。村里办起"共富市集"，集思广益，发动村两委、街道和创客联盟一起谋划主题。时近秋分，这次"共富市集"的主题被定为"秋收"，村里"共富广场"上打出了"在李祖，一起富"的标语，装点成寓意丰收的橙色调。

"我跟总书记介绍了我们的'共富广场'，总书记逐个摊位仔细询问，每一个摊位都看得非常认真。"李祖村职业经理人金靖说。

返乡大学生方天宁主要通过直播、短视频售卖竹编手工艺品，摊位上挂着可爱的竹编小兔子灯。"'千万工程'带来很多变化，村里的氛围越来越好，大学生也很多，我觉得回来是有机会的。"方天宁说，她最多时带动30多名村里妇女做代加工，每月人均增收2000元。

因地制宜的"千万工程"，为乡村发展特色产业奠定了基础，也为乡村探索多元价值开辟了更多可能。

瞅准游客纷至沓来的机会，李祖村辟出一条"妈妈的味道"美食街，不仅能让游客品尝当地特色美食，也方便村民在家门口就业。去年，美食街年营业额达460万元，带动75人就业，为村集体增收10万元，村民增收150万元。

李祖村里的老房子，也"装"进新业态，现在已有56个产业项目相继落地，老何西班牙火腿、李氏梨膏糖、和合棉麻、皮皮杂货屋等覆盖生活的方方面面，许多体验型项目则把范围延伸至村外，摄影基地、农耕体验、造纸刻字体验都以自然为幕，李祖也有了个很特别的名字——"国际文化创客村"。

"沙漠的染坊"就由老房子改造而来，店主楼沙漠霜说："总书记看了我们扎染的布，又走进来听我介绍扎染工艺步骤，仔细翻阅我们和学校联合设计的艺术课本，询问我们的文创产品销量怎么样。"

"一个村的营商环境很重要。正因为有'千万工程'的'筑巢'，我们才能'引凤'，吸引年轻人到乡村来扎根，乡村业态不断丰富。"金靖说。

在乡村看到未来、播种未来

年轻人扎堆到乡村来，是李祖村的一道风景。

书画老师陈利英在这里办起书画写生课堂，让更多孩子走进大自然，感受乡村的一草一木、一街一巷、一砖一瓦；爱写诗的屈琼阁在这里办起乡恋学堂，学生可以体验从造纸到活字印刷的全过程，印刻的内容都来自中国古代经典著作；原先在市区开花店的朱佳莉在这里打造生机花园农场，几乎每个星期会组织两场农耕体验活动，每年能给村里带来 2 万人次左右的客流量……

望得见山、看得见水、记得住乡愁，新时代的乡村，在每个人心中种下了一片桃花源。青年创客天马行空的创意，牵起了城与乡渐行渐近的根根丝线。

李祖村的蒸馏器咖啡馆，是清华大学团队在一次乡村调研中来此"种"下的项目。"咖啡店两年前正式开始运营，起初，村里的老人对咖啡很好奇，我们也根据他们的口感，特别调了一款李祖咖啡。"项目代表胡宸豪说。

这是胡宸豪第二次见到总书记。"两年前，清华大学建校 110 周年校庆日来临之际，总书记来到清华大学考察。这一次有幸近距离地交流。"胡宸豪说。

"我做的是社科学里的幸福研究，探讨心理层面的共富，也观察乡村人的精神风貌，"胡宸豪说，"以咖啡店为窗口，我们一年至少组织 20 场文化艺术沙龙，也希望吸引更多年轻人投身乡村，"他说，咖啡店的屋顶现在是网红打卡点，"喝着咖啡，看着村里的炊烟，这种传统和现代的交融最让人着迷。"

在李祖村，总书记再次嘱托：乡村振兴为年轻人提供了展现才华的用武之地，希望更多的年轻人为乡村振兴发挥积极作用。

"我向总书记汇报，村里招引的 209 名青年才俊，有 114 人是大学生，"金靖说，招引和培育更多青年创客是产业孵化过程中必须走的一条路，李祖村还在不断创新、丰富业态。"总书记对我们年轻人在乡村做的每一件事务都非常感兴趣，这是对我们最大的支持，心里是满满的感动。"金靖说。

身在"世界超市"义乌的李祖村有一家进口商品馆。"我跟总书记介绍，店里的商品大多是通过'义新欧'班列运输过来的。总书记说，现在村民在家门口就可以买到世界各地的东西，比较方便。"店长吴璐萍是本村人，她高兴地说。

这些，都是李祖村正在发生的新变化。

"李祖村以前是个偏僻的小山村，现在成了远近闻名的共同富裕示范村。"方豪龙说，李祖村还要进一步迭代升级，提升老百姓的居住环境、获得感，带动联建村、区域村庄共同发展。

李祖乡遇共富工坊

李祖村以"国际文化创客村"为IP定位，以农旅、文旅、乡旅为特色，以研学项目为支点，以电商直播为渠道，积极发展新兴业态和"云上产业"，这里既是国际创客集聚的新型乡村，也是"共建 共创 共享"的中国众创乡村。

"李祖乡遇"共富工坊主要以李祖国际创客空间为阵地，依托农创客产业园、李祖创客联盟、新女性共富联盟三大核心资源优势，通过电商直播带动资源整合，提供直播培训、视频拍摄、创业孵化、品牌培育、供应链管理等一站式服务，创新"1+3+X"党建联建发展新模式，让百姓在家门口就业、增收，让来自五湖四海的创客共享"云上经济"红利，农民化身"新农人"，直播成为"新农活"，农产品变成"网红货"，探索了一条产村融合的共富之路。

在李祖村抢抓数字化改革的契机下，村"两委"积极探索田园直播新业态，开展由政企村党组织三方共同参与的数字化党建联建，成立工坊党小组，设立工坊红管家，通过统筹高校、协会等资源，聚合乡贤、农创客等力量，合力打造"李祖乡遇"共富工坊品牌，并创新"1+3+X"的联建运营模式，即1位联席议事会负责人、3支联盟协会队伍、X位帮帮团成员，形成了党建引领农民增收、企业增效、集体增富的新路径。

众创共享，做强云上产业。打造李祖众创孵化器，配备培训教室、演播室、选品中心、共享直播间等功能区，提供就业指导、创业孵化、电商培训、金融法律等全方位的创业规范服务。通过众创农文旅特色项目、孵化文创新农品牌IP、畅通农特产品电商销售、创新农产品消费场景、培育青年农创人才，植入年轻基因焕发乡村魅力，催化更有创意、更有品质的乡村产业集群，吸引集聚更多的人才投身于李祖村创新创业。

同时，开展打造"青创李祖"共享直播间，免费为本村村民、周边村村民、农创客、返乡村创业青年提供零成本的筑梦平台，拓宽农特产品、研学课程、手工艺品、文旅游玩项目的线上销售渠道，让直播成为"新农活"，做强"云上经济"，帮助农民增收致富。

拓展场景，丰富文旅集群。工坊把特色旅游项目直播、农副产品销售直播作为文旅产业的线上牵引，有效推广乡村文旅新形态，通过线上拓客引流带动线下旅游发展。通过推出游乐、露营、市集等新形态不断丰富村内产业集群，完善项目"拼图"，形成一批炙手可热的乡村创业品牌，打造"妈妈的味道"小木屋美食等一批当地特色项目，真正做到"线上线下互动、旅游发展带动、产业集聚推动"，让李祖共富工坊成为乡村共同富裕的典型探索。

通过党建引领、众创共富的发展模式，李祖乡遇共富工坊已经成为国内外青年创客的创新创业摇篮。

2023年以来，工坊累计开展电商培训150余人次，培育网红主播23人，让20余家创客通过直播提升品牌知名度，产品附加值同比提升15%以上，创客年平均收入超50万元。

如今，在李祖村的200多名农创客里，有逐梦乡村的"清华创客"，有归乡村创业的"农小青"，也有慕名而来的外国友人……200余位创业青年依托工坊资源主动"触网"，累计带动销售额达500万元，实现农户人均月增收约2500元。同时，带动"小顽国游乐园""十亩时光共享营社""妈妈的味道美食街"等一批文旅项目火热出圈，让美丽新乡村结出共富硕果。

在这里，原乡人、返乡人、新农人通过创客空间、乡村研学、非物质文化遗产项目等多业态布局，不断吸引国内外创客竞相入驻，成为远近闻名的国际化创客村，为乡村振兴注入澎湃的新动能。

来自职业经理人的声音

正如乡村运营职业经理人金靖所写的感言一样，在她和她的团队看来，李祖村的乡村要振兴，需要走好四步棋。

第一步，要让年轻人回得来。栽好梧桐树，自有凤来栖。正因为有"千万工程"的筑巢，我们才能引凤，吸引年轻人到乡村来扎根，只有年轻人愿意回来，乡村发展才有希望。

要想留住人才，营商环境很关键，为了实现轻资产创业，他们出台了"三年免租"等系列招商举措，吸引了一批青年创客来村"试水"乡村；为让李祖村创客能够享受到更专业的创新创业服务，他们打造了一个集就业指导、创业孵化、电商培训、金融法律于一体的"众创空间"，先后引入了农村电商直播、电影工作室、创客金融服务平台、策划设计等10余种服务型业态，将李祖村打造成为国际青年创新创业的高地、新老村民融合的众创乡村。

村里招引的209名青年才俊，有114人是大学生，其中女大学生就有85名，形成了巾帼乡村创业人才梯队，为李祖村注入了无限活力。

第二步，要让产业兴旺起来。他们发扬义乌人"鸡毛换糖"的众创精神，创新搭建乡村众创平台机制，通过众创共营的运作模式，孵化新兴业态和共富项目，催化兼具创意和品质的乡村产业集群，带动"小顽国游乐园""十亩时光露营基地""妈妈的味道美食街"等一批文旅项目火热出圈，通过众创模式真正实现"村集体、农户、创客"三方受益，初步形成三产融合发展的农创产业新格局。

李祖村的业态不断丰富，如今李祖村已经落地了56个产业项目，他们还在不断创新、引进和孵化新兴业态，比如迎合打卡潮流的网拍圣地粉红沙滩、以直播为特色的西班牙火腿老何直播站、毕业大学生创办的皮皮杂货屋、艺术乡建缘墨斋研学、手工木作造物社、本村退伍的小伙开办的雾也农场、"00后"姑娘开的新式茶饮店茶雪屋等等。

第三步，要让文化生动起来。乡村要振兴，文化是灵魂。他们通过挖掘村庄文化并讲述李祖村"有礼"故事，打造"有礼的祖儿"村庄品牌IP。在李祖村，他们将古老的礼让文化"活化"起来，用各种鲜活生动的形式演绎现代版的"孔融让梨"。首先，招募国学私塾，开设"礼文化"研学课程；联合村里创客，开设"礼文化"夏令营；招募农创客开设"有礼的祖儿"农产品生活馆，并开发"礼文化"文创产品，增强创客对于村落文化的认同感。其次，开发"有礼的祖儿"智慧小程序，通过设置"有礼分"创新"原住民 新村民 云村民"乡村治理体系，为来自五湖四海的创客提供更温馨、更有序的营商环境，增强创客的融入感、归属感。最后，通过开展"乡村造节运动"，策划农创市集、有礼节、村民生活节、创客音乐节、文创艺术节等一系列主题节日活动，促进创客与村民和游客之间的充分互动，打造令人向往的"李祖温度"，进一步宣扬了"耕读传家 信义立世"的文明乡风。

第四步，要让模式复制出去。习近平总书记肯定了青年创客的努力。李祖村里有很多农创客、新农人，许多年轻人在村里帮忙，有活力、有激情。有很多城里人喜欢住在农村，有逆城市化的现象，还有很大的潜力。乡村振兴需要更多的人参与进来。

浙江省指出：将进一步加强政策举措，将农创客纳入人才分类目录，给予落户、住房保障等方面支持，推动设立农创客发展产业基金等；进一步加强培训指导，举办万名农创客大培训，组织高校、科研院所专家为农创客授课指导；进一步加强平台建设，支持各地加快建设农创园、农创客示范基地，持续为实现农民农村共同富裕注入人才活力。2022年7月，李祖村成立了义乌市农创客发展联合会。他们也开设了乡村运营的课程，与金华各县农创客联合，开展培训十余场共计三百五十人次，已经举办农创客创业创新大赛两场，并将持续举办。

他们统筹资源，创建农创客孵化园3家。一是以李祖村运营团队为根基，创建以乡村运营、乡村新业态经营为主题的农创客孵化园，为美丽乡村可持续经营、盘活乡村资源培育人才。二是以义乌市农业开发有限公司为主体，创建蔬菜、粮油产业发展为主题的农业创业创新园，为年轻人从事农业创业就业提供实践实训基地。三是农创客计划在福田街道做一个农业创业创新园，为农业集成创业创新服务。

现在，李祖村也已经获批浙江省农创客示范基地。

未来，他们将总结李祖村的发展模式，强化实践培训体系，提升课程内容设置，致力于将李祖打造成为浙中乡村创业基地，孵化和服务更多的乡村农创客、巾帼带头人。

来自选调生的声音

对于选调生来讲，当大家在李祖村看到一位帅帅的年轻人拿着话筒在讲解。

你听："大家好！欢迎各位来到李祖村！我是李祖村的村主任助理张彦春。"

自从总书记考察李祖村后，在李祖掀起了一场循迹溯源、感悟真理的热潮，越来越多的团队、游客来到李祖学习参观。

村里联合运营公司成立了专门的讲解团队，给到村里来的客人讲述总书记对乡村的亲切关怀，张助理也有幸成为这队伍中的一员。

凭借着对村庄情况的了解和对总书记考察内容的熟悉，他一跃成为讲解队伍里的佼佼者。

讲解、宣传、比赛，只要需要李祖、需要小张的地方，都能听见他的声音。

而敢于发出自己的声音，需要的是长久的沉淀和积累，在村里，最宝贵的，是能够静下心来学习，去听你在学校里听不见的声音。

来自创客的声音

李欢芳，在李祖创业7年，是第1批创客。

2008年，仅仅带了500元生活费，湖南省涟源市的李欢芳，这位从株洲市工业大学刚毕业的一位普通的美术生，毅然来到了没有一个亲朋好友的浙江义乌。

从此，她开始了有滋有味的整整16年的饰品设计生涯。记得刚来时，连笔和设计工具都没有，都是向同是设计师的同事借。经过两个月的摸索和学习，在设计出第一个产品后，有了800元工资的李欢芳，终于凭自己的专业收到了属于自己的薪水，那一份实现自我价值的开心，超过了工资本身带来的价值。

工资收入除了满足生活所需外，李欢芳买了设计生涯中第一份设计工具。在工作中，亦师亦友的上司与同事，在她们的指点与教诲下，李欢芳从一个初出茅庐的设计小菜鸟，渐渐成长成一个有自信、有想法的设计师。

义乌这块土壤，只要敢想、敢做、敢闯，就能够创造属于自己的财富。这是李欢芳的认知。

在设计以外，李欢芳喜欢手工。她利用业余时间做了一些自己喜欢的手工设计，然后又在夜市摆摊，卖自己手工的产品，近距离了解客户需求。

通过实践，她明白了一件作品的诞生，需要多少成本，能赚多少钱，什么样的客户喜欢什么样的价位。

通过实践，她也明白了产品的独特性和原创性的重要性，这是产品到作品能否得以升华的关键点。要让产品的溢价空间无限放大，也让李欢芳这名设计师，懂得了设计的重要性。在作品得到大家认可的同时，她也积累了第一桶金。那就是在银泰万达商场，销售自己的原创小产品。

到义乌创客中心李祖创客村开店6年，从事福匠珠宝设计工作，是李欢芳将设计与财富完美结合的6年，也是让自己实现创业蝶变的6年。

积累了十几年的设计经验，从自己一个人设计、制作、销售，转为批量生产、批发销售，李欢芳的这条路，走得艰辛又踏实。

因产品独特，又正好遇到好的时机，她设计的一系列文创产品得到了市场的认可，也得到了国内外客户的喜爱。先后荣获"新光杯"创新设计大赛第三名、嘉兴非物质文化遗产文创设计大赛优秀奖、中国国际饰品节大赛入围奖、第八届中国洛阳三彩杯国际创意设计大赛铜奖等荣誉，这让李欢芳的设计之路更为顺畅。特别是2018年6月荣获的义乌市设计制作技能大赛银奖，那一套名为《霸王别姬》的珍珠饰品，至今还在博物馆陈列着。

日新月异的李祖村，是中国万千乡村的一个缩影。

如今的义乌后宅街道李祖村，由李祖、新屋两个自然村组成，总面积1.09平方公里，全村333户、706人，其中党员40人，村民代表40人，全村共引进各类经营主体62家。2023年村集体收入356万元，农户人均可支配收入6万元。

如今的李祖村，深入实施"千万工程"，梳理提升乡村特色肌理，完善村内外基础配套设施，人居环境持续改善。

如今的李祖村，通过大力发展乡村旅游，培育产业新业态，形成"有礼的祖儿"特色乡村文旅品牌，先后进驻各类创业主体 200 余人，带动村民人均月增收 3000 元，年接待游客超 150 万人次。

如今的李祖村，成功创建全国文明村、全国绿色村庄、国家森林乡村，获评浙江省第二批未来乡村、浙江省美丽乡村精品村、浙江省美丽宜居示范村。

一个个欣欣向荣的场景，汇成全面推进乡村振兴的新图景。

//"李祖新光"评论/

在乡村振兴的大浪潮中，创客不期而至，以其专业的知识、开阔的视野、对乡村的热爱，遵循乡村发展规律，团结引领村集体组织和村民依村施策，顺势而为，以服务者的姿态陪伴乡村成长，带动村民致富。坚持全域规划整村运营，推进陪伴服务，横向延伸、纵向深入，激活沉睡的资源，引进市场的资本，发展现代的产业，凝聚村民的力量，振兴失落的乡村，探索、践行地方乡村振兴，系统解决方案的服务体系。

浦江新光村，一个隐藏在浙江深处的古老村落，因保存完好的三百年灵岩古庄园而被称为"江南乔家大院"。这里曾是水晶产业的发源地，然而随着产业的繁荣，环境污染和矛盾纠纷也随之而来。但正是这样的困境，催生了新光村的华丽转身。"千万工程"的实施推进，让新光村实现了从生态涅槃到产业涅槃的转变，成为国家级美丽宜居示范村。在这场转变中，陪伴服务和产业的创新成为新光村发展的关键，而陈青松领衔的创客的引入是新光村产业创新的重要一环。

与浦江接壤的义乌也有这样一个"明星村"。从曾经被当地人认为没有希望的"水牛角村"摇身一变成为远近闻名的"国际文化创客村"，义乌李祖村乘着"千万工程"东风，改善村容村貌、挖掘乡村特色、引育乡村人才，打造了一批旅游观光项目，引进了一批丰富多元的业态，以农文旅商融合促进共同富裕，让村民在家门口实现增收致富。在李祖村的精彩蝶变中，金靖作为引领者，陪伴者的乡村 CEO 发挥着至关重要的作用。

理念引领与人才聚力

大众创业，万众创新。创客，指的是具有创新理念、自主创业的人。陈青松，一位富有远见和激情的创客，他带领着一支充满活力的团队，将新光村的传统产业与现代旅游相结合，打造出了独具特色的乡村旅游品牌。他们深入挖掘新光村的历史文化，将古老的建筑、传统的工艺与现代的设计理念相结合，打造出了廿玖间里等一系列精品民宿和农家乐。陈青松团队的到来，不仅为新光村带来了人流和财流，更让这片古老的土地焕发出了新的生机和活力。

在乡村创业过程中，外来团队与当地基层组织在合作过程中有时会出现相互猜忌导致最终不欢而散的情况，即使初现成果，但职责不清也导致了纷争不止。陈青松团队清醒地意识到了这个困境，他们清楚与当地基层组织需明确共同目标，加强沟通与理解，并清晰划分各自职责，以信任和尊重为基础，以陪伴式服务共同分享合作成果，促进持续合作，从而实现双方的精诚团结和项目的顺利推进。新光村的成功复兴不仅仅是一个乡村发展的示范，更是对大学生乡村创业热情的一次有力激发。在陈青松的引领下，新光村成为乡村创业重镇，吸引了越来越多的创客来到这里。他们带来了新的思想、新的技术和新的资源，为乡村的经济发展注入了新的活力。这种创新引领的作用不仅推动了新光村的经济多元化发展，更为当代大学生提供了新的就业渠道和实现自我价值的平台。大学生乡村创业和地方创生是一场双向奔赴的旅程。大学生带着他们的知识和梦想来到乡村，为乡村的发展贡献力量，而乡村则为他们提供了实现梦想的舞台和展现才华的机会。在这种互动中，大学生和乡村都实现了自身的价值。

李祖村的振兴故事，首推其对人才的重视与创新思维的植入。专业人做专业事，李祖村邀请了专业运营团队来引育农创客群体，并以此吸引广大青年返乡就业、创业。青创团队的入驻不仅意味着技术与知识的输入，更是观念和模式的革新。乡村CEO金靖，这位具有前瞻视野和深厚本土情怀的"农二代"，不仅是浙江道人峰茶业的总经理，也是义乌乡遇文化旅游的领航者，为乡村发展全维度、全方位策划运营，制定系统解决方案。金靖深知，人才是乡村蝶变的关键，于是她致力于打造一个开放包容的"众创乡村"，通过众筹模式和"微改造"，激活了老厂房和闲置农房，转化为集创业指导、孵化功能于一体的"众创空间"，并策划了"农创客"大赛、培训等，为"新村民"和本村创业者提供成长的沃土。金靖团队与村"两委"的紧密协作，构建了"中国众创乡村"的新定位，吸引了一大批年轻"农创客"。这些年轻力量，以他们的学识、创意和对互联网的敏锐感知，使李祖村向智慧型、创新型乡村转变。村支部与乡村CEO的协同创新模式，更是构建了一个高效灵活的治理体系，成为吸引归乡人、新乡人共同参与乡村建设的磁石，展现了人才战略在乡村振兴中的核心地位。金靖以其个人影响力和专业能力汇聚创客扎根李祖，陪伴服务的激情力量，让李祖村从传统生产型成功转型为智慧型、创新型社区，激发了村民的内生动力，吸引更多青年才俊投身乡村大地，凸显了人才引力与创新思维在乡村振兴战略中的重要地位。

社会创新和乡村情感

中国美术学院原院长高世名教授认为：艺术助力"美丽中国"的建设，就是要以自身专业为媒介，推动艺、科、商跨界融合，在融会贯通中打开生活艺术的新可能，在落地实行中激发文化生产的新方式，从文创、文旅、文教、文娱四个方面，形成文化赋能社会发展的新实践。同时，集合社会各界力量，共同实现一个重要的转向——从社会服务到社会创新，努力为美术和设计打开新的实践领域和战略空间，为中国社会的总体性创新发展提供创造性能量。

新光村廿玖间里在此发展过程中，深刻认识到文化传承与创新对于乡村振兴的重要性。他们不仅注重保护乡村的传统建筑、历史遗迹等物质文化遗产，更通过挖掘和整合乡村的故事、民俗、手工艺等非物质文化遗产，让乡村的文化资源得以活化和传承，同时推出"掌柜值班制"，营造诚信文化，统一标价，顾客自主下单。在廿玖间里，传统文化与现代创意交织碰撞，激发出新的灵感火花；手工艺品经过现代设计的巧构，焕发出新的市场需求；民间故事和传说通过现代传媒的演绎，引发出新的情绪价值。

在品牌化打造上，新光村形成了独具特色的乡村品牌。这种特色定位不仅使得新光村在众多乡村中脱颖而出，更成为其品牌的核心竞争力。在市场拓展方面，创客们通过对市场的深入调研和分析，精准地定位了浦江新光村的目标消费群体，并制定了相应的营销策略。通过线上推广、线下活动、合作联盟等，将乡村的产品和服务推向更广泛的消费群体。这种多元化的市场拓展策略不仅为乡村带来了源源不断的客流和收入，也让乡村的可持续发展成为现实。

陈青松作为第一代创客，加入新光村村委会，进一步推动了乡村的发展。他深知社会文化和传承创新的重要性，他积极引领并鼓励大学生们将创新理念与乡村传统相结合，共同创造出既承载历史底蕴又充满现代气息的新光村。创客模式的引入，为新光村廿玖间里带来了全新的发展活力，它不仅吸引了外来的创客和投资者，更激发了本地村民的参与热情和创造力。在廿玖间里的创客空间中，村民们与外来创客一起交流、学习、合作，共同为乡村的发展贡献力量。陪伴式服务模式不仅让新光村的产业结构得以优化升级，更在深层次上增强了村民的归属感和社区凝聚力。村民们通过参与乡村建设和发展，感受到了自己的价值和力量，促进了乡村社会的和谐稳定，为新光村的全面振兴奠定了坚实的基础。陈青松感慨地表示再干十年！浦江新光村廿玖间里在社会文化振兴这一维度上取得了显著的成效，成为新乡人与原乡人携手治理乡村、共促乡风文明的宝贵经验。

金靖团队通过精准定位"国际文化创客村"IP，将农耕文化、历史底蕴与现代商业逻辑巧妙编织，李祖村以文化自信为基，以品牌塑造为翼，书写了乡村文化复兴与经济繁荣的双重篇章。在李祖村，文化自信并非空洞的口号，而是根植于乡土深处、渗透于生活细节的实践。通过"李祖人讲李祖事"，不仅激活了沉睡的历史记忆，更唤醒了村民内心深处的文化认同与自豪感，使得文化成为乡村凝聚力和创造力的重要源泉。这种自下而上的文化觉醒，是乡村振兴的精神动力，它促使村民由被动接受转变为文化传承与创新的主动参与者，为热爱家乡、建设家乡注入了持久的生命力。

李祖村溯源"耕读传家"的文化脉络，挖掘"有礼"故事，并结合种梨传统，以梨为形、以礼为魂，打造了"有礼的祖儿"村庄品牌IP。这个IP不仅是一个符号，更是一面镜子，映照出李祖村深厚的文化底蕴与现代文明的和谐交融。通过文化墙、智慧小程序等创意载体，李祖村在建设美丽乡村的物理空间的同时，更构建了一个富有情感链接的精神家园，从而加深了对乡土的依恋和归属感。通过文化品牌化，李祖村成功实现了从"资源输出"到"品牌吸引"的转变。乡村旅游不再是简单的观光游，而是深度的文化体验游，品牌农业不再是单一的产品销售，而是蕴含故事的农产品。今天的李祖村以其独特的文化魅力，带动了农产品的品牌化升级，实现了农文旅商与精神共富的双丰收。李祖村的文化建设与品牌塑造，揭示乡村运营如何激发深层的地方自信与创新实践，展示了文化软实力如何成为乡村复兴的关键推手。

众创共享与陪伴服务

乡村振兴必须重视以乡村美学价值为主要资源和内容的文化创意的力量，在美学价值向文化产业价值转化过程中，需要对乡村美学的价值在对内和对外两方面进行重构，重新在城乡一体化的进程中确立乡村的优势和真正的价值，这是未来乡村多功能转化的核心竞争力，也是创客群体在主导乡村振兴过程中的重要驱动力。新光村曾经高度依赖水晶产业，但随着市场变化和环保要求的提升，这种单一产业结构的风险逐渐显现。廿玖间里的出现，标志着新光村产业结构调整的开始。它不仅仅是一个物理空间，更是一种理念的转变，引领着新光村从依赖传统高污染产业向文旅、创客经济等多元化产业转型。这种转型不是简单的替代，而是在保留和挖掘乡村原有资源的基础上，融入现代元素和创新思维，打造出一个集文化、旅游、创意、创业于一体的综合性乡村发展模式。廿玖间里的成功实践，为新光村乃至更多类似乡村提供了可借鉴的范例。

随着产业结构的调整，新兴产业如乡村旅游、文化创意等在新光村廿玖间里蓬勃发展，迅速成为新的经济增长点。这些新兴产业不仅带动村民增收，更在村集体经济的发展上发挥了重要作用。乡村旅游的兴起，让新光村的美景和文化得以传播，吸引了大量游客前来体验。游客的到来带动了餐饮、住宿、手工艺品等相关产业的发展，为村民提供了更多就业机会和收入来源。同时，文化创意产业的崛起，让新光村的传统文化与现代创意相结合，焕发出新的生机和活力。这些文化产品不仅丰富了乡村旅游的内涵，更通过线上线下销售等方式，拓宽了市场渠道，增加了村集体经济的收入。值得一提的是，廿玖间里的成功实践还为新光村带来了更多的外部关注和资源。这种关注不仅带来了资金、项目等实际支持，更在品牌塑造、市场推广等方面发挥了重要作用。浦江新光村廿玖间里的经济转型与产业升级实践，不仅实现了产业结构的优化和升级，实现优质有效的经济增长，更是对共同富裕目标的积极响应与探索。这种以文化、旅游和创意为核心的综合发展模式，强调的是在地文化的传承与创新，以及社区全体成员的参与和受益。乡村旅游和文化创意产业的发展，为不同技能和背景的村民提供了展示才华和实现自我价值的平台，无论是直接参与旅游业的服务人员，还是从事手工艺品创作的文化创意者，都能在这一转型中找到自己的位置，共享发展成果。

李祖村的蜕变，是传统农业社会向现代乡村经济体转型升级的典范，展现了乡村智慧与创新策略的深度融合。其产业升级策略超越了单一农业经济的局限，转而拥抱农文旅商多元化并进的综合发展模式，将传统产业优势与现代服务经济无缝对接，实现了产业形态的华丽转身。李祖村的产业升级并非简单的业态叠加，而是深层次的跨界融合，通过精准定位"国际文化创客村"IP，将农耕文化、历史底蕴与现代商业逻辑巧妙编织，形成了一幅独特的乡村产业画卷。在党建引领下构建了一个生动的"1+3+X"党建联建乡村共富工坊模式，不仅是组织架构的创新，更是资源整合与效能提升的智慧体现，通过政企村的深度协作形成合力，形成了协同发展的生态系统。展现了共享经济的创新力与乡村振兴的深度结合。这种模式超越了传统个体经济的界限，通过"众创共享"理念，将资源、知识、机会、市场紧密联结成网络，形成了一个共生共进的经济生态系统。共富工坊通过提供共享直播间、免费培训等低门槛措施，不仅降低了创业的物质成本，更消除了知识与信息的数字鸿沟，使得每一位村民、农创客都能在共享平台上平等起飞，这正是共享经济的魅力所在。"云上经济"的推行，让李祖村农产品插上了数字化的翅膀，从田间直飞向云端，农产品变身"网红货"，提升了农产品的价值链，让农民受益数字经济红利，实现了农民的直接增收。农民从传统的劳作者转变成了"新农人"，这种角色的转变，不仅是经济身份的变化，更是农民精神面貌的提升，体现了乡村振兴中人的现代化。通过线上线下互动，李祖村的产业与村庄发展形成了共生共荣的良性循环，实现了从传统乡村到现代田园综合体的进阶升级，展现了产业融合的无限可能与乡村经济的广阔前景。

乡村振兴的关键在于挖掘和激活内在潜力，以陈青松、金靖为代表的陪伴式团队，正心正念，持之以恒。依托村两委，协同创新，通过人才引进与本土智慧的结合，以及对传统文化的传承与创新，从策划人、运营者转变为乡村发展的推动者和创造者，通过科学的顶层设计、品牌创建和产业融合，良好的内外部合作机制、明确的职责分配以及高效的治理体系，持续推进乡村振兴。新光村和李祖村的陪伴服务，整村运营，壮大集体经济，增加村民收入，更重要的是激发了村民的自豪感和归属感，凝聚人心，充满着人文内涵的价值引领与生活意义的追求，促进中国社会精神文明程度不断提升，实现了精神与物质的双重富裕。

横店筑梦 共创未来

不知从何时起,"横漂"一族也成了影视人特有的名词。无数次走进横店,在影视的世界里,感受横店的沧桑巨变。横店影视文旅产业的发展,是浙江民企"四千精神"的缩影。

横店集团创始人徐文荣有很多经典语言:

人的一生,其实可以归结为两件事:做人和做事。先做人,后做事,做好事。

堂堂正正地做人,既不做神,更不做鬼,这是我的做人原则。

人生价值是在做事中表现出来的,一生无所事事的人,很难说有什么价值。

苦难不解决,人生一世,活着没什么意思。

人生在世,要多为人民办好事,少为个人谋私利。

个人的命运,总是同国家的命运紧紧联系在一起的。

一个人的心态很重要,心态好,就会忘了年龄;一个人的思想更重要,思想好了,人生就更有意义。

善待人生,心系事业,多做奉献。

做人要执着,做事要灵活。

说实话,办实事,求实效。

我就是一条蚯蚓,要用自己的身体拱出一条路来。

横店集团的核心价值观:共创共有共富共享。"四共"理念,是横店集团基于自身发展实际于20世纪90年代初、中期提出的。

谁是讲故事的人?

采访横店集团档案馆的馆长陆国强时,感慨万千。作为一名1991年到集团工作的老员工,陆国强对横店的发展史了如指掌。

为什么会发展影视文旅产业，要从 1984 年说起。

任何一个影视文化产业的打造，都离不开独特的自然资源和人文资源的支撑。

横店作为浙中小镇，多丘陵且多山，四处都是荒山野岭，可以说没有任何有旅游价值的自然景观，也没有什么可供挖掘的历史文化元素。要发展这一产业，必须主动去创造这些支撑资源。

1984 年 5 月 4 日，东阳县乡镇企业管理局批复，同意东阳县第一轻纺总厂创办"浙江省东阳县旅游服务公司"。这是横店涉足服务行业，探索发展旅游事业的开始。

机缘巧合的是，著名导演谢晋计划在 1995 年拍摄历史巨片《鸦片战争》，以迎接香港回归。可由于资金到位难、工程时间紧张等问题，迟迟没能找到合适的拍摄基地，剧组焦急万分。偶然的机缘，谢晋导演听说横店在到处寻找剧组进场搭景，于是抱着试一试的态度来到这个无名之地。徐文荣和谢晋见面后一拍即合。双方约定，由横店集团出资在横店建一条"南粤广州街景"，包括 120 栋房子、一条珠江、一座塔。自此，横店人开始了轰轰烈烈的"造景"行动。基于横店"百工之乡"的历史背景，工程进度之迅速令人难以想象。徐文荣安排了 120 支工程队同时进山，要求每支队造一栋房子，日夜不停、风雨无阻。仅三个月时间，建筑面积达 6 万多平方米的广州街就建设完成，比其他基地的速度快了一倍以上。电影《鸦片战争》上映后，横店在中国影视圈一炮打响。紧接着，陈凯歌到横店拍摄《荆轲刺秦王》，集团出巨资，炸掉 5 座荒山，历时 8 个月建成了秦王宫。

原来，随着剧组陆续进驻，但影视拍摄基地建设投入大，回收周期长，当时国内的影视拍摄基地普遍陷入经营困境。虽然各地都隐约捕捉到了影视基地和旅游之间的关联，但却没能将两者真正联动到一体。当时全国所有的影视基地，很大程度上需要场租费来支撑庞大的开支。1996 年，横店影视城接待游客 23 万人次。2000 年，游客数量也只有几十万人次，运营发展较为艰难。数年内投入巨额资金与影视城营收现状的压力，让徐文荣和横店集团决策层面临巨大挑战。

采访时，跟随徐文荣老总多年的李坚强讲的一个故事，让人对创始人徐文荣的睿智产生了共鸣。2000 年初，面对重重压力，徐文荣在对来采访的媒体记者说，"我现在就决定，横店所有影视基地都免费向剧组开放。"在场的记者一听又惊又喜，当天就将这一消息传播出去了。

自 2000 年起，横店影视城免收剧组场租费，以此推动横店旅游业发展。从此，横店影视城红遍大江南北。

横店独特的盈利模式由此而生，即影视拍摄免费 —— 影视服务稳定获利 —— 旅游服务放大收益。这一大胆创新的举措，源于徐文荣的战略远见。徐文荣认为，随着经济发展，文化产业的比重也会随之增加，其在国际竞争中的作用和地位也将越来越明显。抓住时机大力发展文化产业，将大有可为。虽然短期收益不理想，但仍值得持续投入。

"零场租"的创新商业模式，使得横店每年都能吸引数百个剧组来拍摄。影视拍摄场租虽是免费，但剧组成员在衣食住行上存在很大的消费需求，他们为横店的酒店、餐厅、服装、道具等带来大量的生活服务岗位和收入。更具价值的是，当横店的拍摄场景出现在影视剧中时，为横店影视城进行了有效的、持续的品牌宣传。很多人因此认识了这个偏居山隅的地方，横店影视旅游的知名度一炮打响，吸引全国游客前来旅游。

正是从 20 世纪 90 年代中后期开始，中国影视业经历了黄金时代，横店影视也借此东风获得了飞速发展。经过专业建设运营，横店影视城被誉为"中国影视梦工厂"，荣获多项"全国之最"——国内拍摄场景最多、配套设施最全、历史跨度最大、要素最集聚、技术最先进、成本最低的影视拍摄基地。在整个影视生活服务链、旅游服务链上，横店形成集住宿、餐饮、交通、旅游、购物、休闲、娱乐等功能为一体的平台。各种配套服务为其带来了持续的收益。数据显示，2023 年，横店影视文化产业年营收 220.6 亿元，旅游收入超 200 亿元，直接创造就业岗位 12.3 万个，注册横漂演员超 12 万人，集聚影视企业 1800 多家。

全民 + 全域

随着 2015 年 5 月横店圆明新园首期四大景区的建成开放，横店集团明确提出"要依托横店圆明新园发展'全民 + 全域'旅游，提高周边农民收入，推动新农村建设"。

随着影视产业规模不断扩大，横店整个地域包括周边乡镇村民都开始参与影视文化服务。在不断辐射的过程中，越来越多的普通居民成为影视产业的经营者、服务者和受益者。

一些村民通过出租道具获得不菲收入，有些居民买轿车做出租生意，有些将自己家改造成民宿，凭厨艺开小饭馆，给剧组、游客们提供衣食住行的同时，通过发展配套服务业，享受了影视文化产业带来的发展红利。一些在外经商、务工的横店人纷纷选择回到家乡，办民宿、做餐饮，依托近年来越来越多的剧组和游客发家致富。

横店集团影视文旅产业的融合发展，全面带动了横店第三产业的繁荣发展。目前横店有各类主题酒店、民宿 1500 多家，床位 2.87 万张，餐饮饭店 1300 余家，农户房屋出租收入达 4.38 亿元。从事三产的劳动力约 7.5 万人，城乡居民收入倍差降至 1.34，居民增收渠道大大拓宽。

为了带动老百姓走上"共富"道路，早在 2000 年的时候，农民开办宾馆，横店集团就承诺给每张床位补贴 500 元，当时可以买一张席梦思。

2021 年 8 月 2 日，来自《光明日报》的报道，更将横店的共富故事传遍了千家万户。

"这年头，日子好着呢"

先富带后富，缩小"三大差距"

夏日的夜晚，横店影视城广州街上人流涌动、灯火辉煌、热闹异常。

各剧组的成员们"挑灯"拍摄不同场景的镜头，武打、歌舞等演出吸引着各地游客驻足观赏、热情参与，一家餐厅的老板娘俞香向客人讲述着横店的故事，三五成群的"横漂"群众演员在拍戏之余坐在一起谈天说地……

听着打闹声、嘶鸣声，记者来到一个正在拍摄古装剧的片场，大量"骑兵"

呼啸而过。"这是谁养的马呀？"有人问。很快，人群中走出一个中年人，他说："马是我的。"

这人叫史清学，是横店的"车马道具大王"。早在1998年，史清学就从河南来到了横店，刚开始他只有两匹马，还给人抬过花轿。现在他已有100多匹马、约300辆老爷车，雇了六七十名员工。

当了老板、富起来后，史清学没有忘记他的河南老乡。在他的带动下，2000多位河南人也来到横店，有的在剧组干杂活，有的做起道具、摄影等生意，先后走上了致富路。"这些年，横店变化很大，刚来的时候，感觉横店还不如我们老家，没想到现在能发展这么好。"史清学说。

如今，横店影视产业不断壮大，既为"横漂"创造了追梦的机会，也带动了当地旅游等产业发展，让村民吃上了"旅游饭"。

横店镇良渡石水吉村就是一个名副其实的民宿村。

"我们村目前有270人、87户，从事民宿行业的有78户，民宿客房总量达732间。"石水吉村村干部王男说，近年来，村子大力发展民宿及配套产业，老百姓实现了在家门口就业、高质量就业，收入也大幅增长。

石水吉村村民厉女士的儿媳妇在家开民宿已有七八年了，她家的民宿有15个标间，现在是旺季，有不少客人入住。"我今年65岁，就喜欢和几个老邻居在家门口吹着电风扇聊天，这年头，日子好着呢。"厉女士说。

这样的故事比比皆是。正如东阳市委常委、横店镇党委书记郭锦明所说，横店镇坚持"共创、共有、共富、共享"的理念，走出了一条高质量发展之路。

不只是横店，在整个浙江，高质量发展、先富带后富正在让更多群众实现增收致富，地区差距、城乡差距、收入差距"三大差距"持续缩小。

创业式传承

作为1975年开始创业的我国改革开放以来第一代乡镇企业家，徐文荣为横店集团创下了辉煌的历史篇章。而在推开新世纪大门之时，徐文荣年过花甲，此时他将接力棒交到了下一辈手中。2001年，徐永安接任其位，成为横店集团总裁。但徐文荣并没有就此走向幕后，他的舞台仍然在横店这片土地上。

他先后担任横店社团经济企业联合会会长、横店四共委主席职务，专注于"共创、共有、共富、共享"事业的发展，造福横店老百姓。

生于1965年的徐永安，在徐文荣三个子女中排行老大。在徐文荣两次赴日本考察之后，徐永安也东渡日本学习企业管理。与多数留学生一样，徐永安也是一边打工，一边学习，想方设法到大企业学习考察。1990年，徐永安学成归国，立志办企业。徐文荣给了他20万元流动资金与9间平房。此后，他开办永安化工厂，从厂房筹建到产品投入生产，前后仅用了3个月。投入生产后，化工厂很快获得收益。徐永安用10年时间，将一家化工厂做成了化工总厂、正安集团，并且最终将其打造为横店得邦集团公司。作为中国机电出口产品，得邦照明第一个被美国能源部等多个部门认可推荐，并授予"能源之星"称号。

许多人关心企业家二代是否具有足够的实力，能够再续辉煌，开辟新境界，徐永安创办得邦照明的精彩履历，实际上已经给出了答案。通过自主创业的方式，徐永安对企业经营管理、企业责任都有了完整而清晰的认识，他像父亲一样战胜了许多挑战，用结果证明了自己。正是在创业经历的磨砺中，徐永安锻炼了企业家能力和素养。

事实上，对于横店集团接班人，徐文荣提出过明确的考量标准。一、拥护社团经济；二、大专以上文凭，有真才实学；三、拥有管理企业的实际经验，年创利2000万元以上；四、能处理好上中下、左中右各方面关系；五、必须有宏观调控能力和国际操作能力。对此，徐永安曾说，自己是否可以接班，取决于他是否符合横店集团接班人的标准，以及是否得到广大员工的认可。2000年，徐永安被提拔为集团常务副总裁，成为横店集团这家大型企业的二把手。2001年8月17日，徐文荣正式从总裁位置退出，徐永安众望所归，接任横店集团控股有限公司总裁。在回忆起接班人问题时，徐文荣骄傲地说："他（徐永安）很优秀，但不是我让他接班，而是大家选举出来的。"

对集团前后两位掌舵人的风格，横店集团副总裁任立荣曾这样比喻过，徐文荣就像跑百米冲刺一样，冲劲十足；徐永安则像跑马拉松，稳健而持续。与父亲的热血与激情相比，徐永安冷静而克制，父子有互补的一面。

父子两人性格各有特点、领导力也各有风格，这使得他们在企业经营管理中会选择不同的方法路径。与徐文荣当年的大胆突破不同，徐永安在经营横店集团时，更多了理性与克制。作为两代人的共同理念，接任后的徐永安提出横店集团的使命与愿景是"扎根横店，拥抱世界，力做最具社会责任心的企业"，这里最能体现出徐家父子的异同，其中既有区别，也有联系。

"扎根横店"是徐文荣一生的使命。作为改革开放初第一代农民企业家，徐文荣敢想敢干敢改革，一直处在时代风口浪尖上的经历背景，造就了他的魄力，也成就了最初的横店集团。他一生的事业都在横店，从未想过离开。广东省、云南省等多地曾邀请徐文荣去办企业，允诺不少优惠政策，但徐文荣认为，离开横店办企业，那横店的老百姓就享受不到发展的红利，这与他的初心并不一致，于是他婉言谢绝。

"拥抱世界"则是徐永安的战略思想。徐永安认为，在全球化的背景下，企业不能局限在一个地方，而是要用世界的、现代的眼光去拥抱世界。他带领横店集团走了一条"老"中有"新"，承前启后的路：在产业上，巩固电气电子、医药化工、影视娱乐、现代服务这四大主导产业；但在发展模式上，要实现产品、经营和投资模式的三个转型高质量深度国际化。徐永安在资本市场上显示了出众的能力。

2001年，横店集团的医药资产普洛药业借壳"青岛东方"上市，成为集团第一家上市公司。而后近20年时间，横店东磁、英洛华、得邦照明、横店影视、南华期货相继上市。对于横店集团在金融领域的发展，徐永安一直强调，金融是企业积累资本的一种渠道，资本应当服务于产业发展，将实业做得更大更强。

徐文荣带给徐永安的影响非常大。徐永安曾在采访中提到，亲眼看着父亲一直致力于为老百姓谋求幸福生活，也让自己明白了"先做人，后做事，做好事"的道理。正是父亲为了实现横店人的共同富裕，奉献了自己的全部能量，也让他清醒地意识到传承所蕴含的沉甸甸的分量和责任。他以父亲徐文荣为榜样，同样将企业实实在在的社会担当视为企业的真正价值，将做一个对社会有用的人视为自己的人生目标。在企业经营中，徐永安与父亲一样以人为本，重视科技与人才，梦想将"横店"打造成基业长青品牌。

重视社会责任，为老百姓办企业，是徐家父子共同的坚持。正因有此根基，横店集团才在交接班后依然稳健发展。横店集团副总裁、横店影视股份有限公司董事长徐天福说："老爷子和徐总裁都不是为了自己办企业，而是真正为了横店，为了老百姓办企业。"

创业以来，横店集团主动担负起共建横店的责任，通过造桥修路、兴修水利、建设公园、创办学校、兴建医院、建起文体场馆、主导并推动杭温高铁、投资机场、合力开展城市风貌提升、为横店镇65周岁以上老年人发放生活补贴等措施，不仅使横店百姓就地实现了城市化、市民化，横店集镇风貌、居民生活发生翻天覆地的变化，还使近14万外来人员安居乐业。

今天的横店老百姓，正过着令人艳羡的幸福生活。他们不必背井离乡奔赴外地打工，在本地就能够轻松就业；他们不用进城买房承受高昂房价，在横店就地城市化，拥有城市配套的便利生活和丰富多彩的文娱体验；他们更不用担心老无所养，因为他们有充分就业、失地保险、生活补助和粮食补贴。再想想当下全国各地很多农村因为发展阻滞，农民不得不大量涌进城里打工，令农村成为"空心地"，横店集团立足自身高质量发展的同时持续带动农村共同富裕的模式无疑是独特的创举。

从横店集团的发展历程来看，社团经济产权制度可以说发挥了关键性作用，极大促进了横店生产力的发展。高举"共创共富"旗帜、坚持社团经济模式，也让横店集团获得了更大的外部支持。正如横店集团董事、副总裁厉宝平访谈时提到的："横店集团不属于任何一个个体，其宗旨是造福一方百姓，所以更容易获得政府和社会各界的认可。"然而，在新的历史阶段，要实现横店未来的战略构想，必须让横店集团向现代企业制度迈进，横店的社团经济也有待于进一步完善和发展。

对于父辈秉持的社团经济理念，徐永安也曾在一次采访时明言，"我就是在横店这样的管理模式下长大的，应该讲非常符合横店集团的发展状况，社团经济是横店的基础，这条道路我们肯定要走下去，但不是死板的延续发展，肯定会有所创新。"

未来将如何进行制度创新，如何在代际传承过程中确保"四共理念"始终不变质不被稀释，让我们拭目以待……

想起了《礼记》中这一段："大道之行也，天下为公，选贤与能，讲信修睦。故人不独亲其亲，不独子其子，使老有所终，壮有所用，幼有所长，矜、寡、孤、独、废疾者皆有所养，男有分，女有归。货恶其弃于地也，不必藏于己；力恶其不出于身也，不必为己。是故谋闭而不兴，盗窃乱贼而不作，故外户而不闭。是谓大同。"作为对横店集团以及徐文荣先生、徐永安总裁的礼赞。

//"横店筑梦"评论 /

横店集团，自 1975 年在浙江省金华市东阳横店创立以来，历经四十余载、三次创业，秉承"多元化发展，专业化经营"战略，已崛起为一家具备核心竞争力且国际知名的现代化民营企业。其业务广泛覆盖电气电子、医药健康、影视文旅及现代服务四大领域，产品与服务远销 150 余国。凭借尖端技术与优质服务，横店集团持续为客户创造价值，并致力于推动区域经济社会的可持续发展。集团产业横跨一、二、三产业，通过融合先进制造与信息技术，提供新材料、新能源以及金融、贸易、航空等现代服务平台的开发，拥有数十个国家级、省级创新平台和院士工作站，为实体经济和产业升级注入了新动力。横店集团同时作为中国影视文化的领军者，在东阳横店打造了全球最大的影视实景拍摄基地，形成了完整的影视产业链，被誉为"中国影视梦工厂"，积极践行文化自信与高质量发展的理念。

横店集团一直以来都以社会责任为己任，最为核心的就是不断探索和追求共同富裕的目标，创建了共创、共有、共富、共享为宗旨的社团经济，形成产权共有、政企分开、社团主导、多轮驱动的横店模式。坚定地将企业的进步与城镇的繁荣、百姓的富裕紧密相连，共同开辟出一条富有创新精神和共享成果的发展道路。如今整个东阳市已拥有 300 多家磁性材料企业，培育了多家上市公司和高新技术企业，2023 年底，金华市发布十条重点产业链，其中的磁性材料产业链主要分布在东阳，产业规模约占全国 30%。浙江是磁性材料产业大省，除东阳以外，杭州、宁波、嘉兴海宁等地也集聚了众多企业。其中，宁波磁性材料市场产品附加值高，销售额占全国的 40% 以上，"中国磁都"目前屈居第二。如今的横店镇，城镇建设现代化，居民安居乐业，生态环境优美，从无人问津的"穷山村"蜕变成了繁荣富强的"幸福城"。横店集团的成功并非偶然，其背后蕴含着深厚精妙的产业集聚效应。这种效应与横店集团的发展策略紧密相连，共同推动了横店从偏居一隅的无名山乡蜕变为全球知名的影视文化重镇。

独辟蹊径的创新理念

费孝通先生指出：文化自觉是指生活在一定文化中的人对其文化有"自知之明"，明白它的来历、形成过程、所具有的特色和它发展的趋向。在横店，正是高度的文化自觉引领地方营造，不但可以创造出独具地方特色的影视城和万花园，也能推动地方经济、社会、文化、生态的整体发展，同时带动周边区域的共创、共建、共治、共享的可持续发展。横店集团通过深耕影视文化产业，形成了完整的产业链和产业集群。"拿着剧本来，带着剧本走"。从拍摄基地到后期制作，从影视教育到演艺经纪，横店集团的业务覆盖了影视产业的各个环节，使得横店集团能够更高效地获取和利用各种资源，包括资金、人才、技术和信息等。这种全产业链的发展模式，使得横店在影视产业中占据了举足轻重的地位。横店集团通过打造完整的影视产业链，吸引了大量相关企业和人才聚集于此。产业集聚效应在横店影视文化产业集聚区内，众多相关企业集中在一起，共同分享这些资源，实现了资源的优化配置和高效利用，不仅降低了企业间的交易成本，还促进了技术交流和合作创新，从而推动了整个产业的快速发展。由于相关产业集聚，横店集团与上、下游企业之间的合作更为紧密，信息交流更为畅通，横店集团内部各部门之间的协作也更加高效，进一步提升了整体运营效率。

横店集团在其发展历程中，始终坚守着创新与变革的核心价值观。这种精神不仅贯穿于其从轻纺产业向影视文化产业成功转型整个过程，更体现在影视产业内部持续的技术革新与业务模式的拓展上。在影视文化产业内，横店集团不仅致力于提升影视制作的技术水平，更在业务模式上进行了大胆的探索和尝试。通过引入先进的技术和设备，横店集团成功地对传统的影视制作流程进行了数字化、智能化的改造，大大提高了制作效率和质量。同时，横店集团也积极拓展业务领域，从单一的影视制作延伸到影视旅游、影视教育、影视投资等多个领域，形成了多元化的业务格局。众多影视企业聚集在横店，不仅形成了良好的产业生态，更促进了企业之间的技术交流和合作创新。在这种氛围下，每家企业都不断地学习、借鉴他人的成功经验，同时也在不断地探索和创新，从而推动了整个影视产业的技术进步和业务创新。横店集团正是凭借着这种持续的创新和变革精神，推动着自身的发展壮大。

产业迭代的横店之路

自2000年起，横店影视城不仅免费建造拍摄场景，而且免收剧组场租费，以此推动横店旅游业发展。横店独特的盈利模式由此而生，即影视拍摄免费——影视服务稳定获利——旅游服务放大收益。这一大胆创新的举措源于徐文荣的战略远见。徐文荣认为，随着经济发展，文化产业的比重也会随之增加，其在国际竞争中的作用和地位也将越来越明显，抓住时机大力发展文化产业，将大有可为。从长远来看，虽然短期收益不理想，但仍值得持续投入。横店集团通过成功打造"横店影视城"这一国际知名品牌，众多影视作品的拍摄和播出，让横店的名字传遍全球，吸引了无数游客和投资者。这种品牌效应不仅提升了横店集团的知名度，还为其带来了丰厚的经济回报。但是，相较于同为影视产业的全球领军者好莱坞，横店还有不小的差距。好莱坞拥有百年以上的电影产业历史，这种长时间的积淀使得好莱坞在电影制作、发行、营销投资等方面都形成了非常成熟的体系。相比之下，横店影视城自1996年建立至今仅有二十多年，在产业成熟度、经验积累等方面与好莱坞相比仍有较大差距；好莱坞的电影工业高度发达，拥有完整的产业链和精细的分工。从剧本创作、选角、拍摄、后期制作到发行营销，每个环节都有专业的团队和成熟的流程。横店目前主要以外景拍摄基地为主，虽然在影视旅游方面取得了显著成绩，但在电影制作工业化、产业链完善度等方面仍有待提升；好莱坞的电影在全球范围内具有广泛的影响力，是美国文化输出的重要载体。通过电影，好莱坞向世界传播美国的价值观、生活方式和文化理念，横店目前的影响力主要局限于国内，虽然也有一些作品走出国门，但在全球范围内的影响力仍然有限；好莱坞一直是电影技术的创新者和引领者。从早期的无声电影到彩色电影，再到现在的数字化、3D、VR等技术，好莱坞始终走在行业前列。这种技术创新不仅为观众带来了更好的观影体验，也推动了电影产业的持续发展。而横店在技术创新方面的表现相对较弱，更多的是扮演追随者和学习者的角色。在拥抱元宇宙的时代浪潮中，横店影视基地应当以其前瞻性的视野和坚定的步伐，持续进行技术变革和产业更新，将传统影视制作与现代科技完美融合，更通过产业集聚效应，逐步打造出一个具有全球影响力的影视产业中心，成功吸引世界各地的优秀影视资源汇聚于此，形成强大的产业链和产业集群。横店影视基地可以举办各类活动，如国际级电影节和影视艺术论坛，在全球范围提高品牌知名度和影响力。同时，通过元宇宙中的商品入驻和广告植入实现品牌营销和商业化运营，为横店影视基地带来更多的商业机会和衍生收入。品牌的国际化不仅仅是技术的引进和迭代，更是自身创造力的展现和超越。横店在积极引入国际先进经验的同时，更多与中国高校和影视机构通力合作，注重本土创新能力的培育和提升，努力打造具有国际竞争力的影视产业生态链。这种源于当代中国文化的创造力和对艺术的执着追求，能够让横店绽放出独特的魅力，逐步塑造出属于中国的闻名世界的影视王国。对标国际一流，横店影视城正在走出一条优化产业值、增强价值链的横店之路。

共富共创的社会责任

横店集团在持续壮大的过程中，始终坚守着对社会的承诺，将履行社会责任视为企业发展的核心要素。这一理念不仅在于横店为当地提供了大量的就业机会和税收，在于其持续改善员工福利，更在于其对公益事业的深度参与和支持。今天的横店老百姓，正过着令人艳羡的幸福生活。他们不必背井离乡奔赴城里打工，在本地就能够轻松就业；他们不用进城买房承受高昂房价，却一样拥有城市配套的便利生活和丰富多彩的文娱体验；他们更不用担心老无所养，因为横店会给他们提供失地保险、生活补助和粮食。再想想当下全国各地很多农村因为发展阻滞，农民不得不大量涌进城里打工，令农村成了"空心地"，横店集团立足自身高质量发展的同时持续带动农村共同富裕的模式无疑是独特的创举。城市和乡村并不是先进和落后的关系，不是替代与被替代的关系，而是享有同等地位、共享发展权利的关系，是功能各异、优势互补的关系，是和而不同、和谐共生的关系。40多年来，横店集团主动担负起共建横店的责任，通过造桥修路、兴修水利、建设公园、创办学校、兴建医院、建起文体场馆、投资高铁机场、合力开展城市风貌提升、为横店镇65周岁以上老年人发放生活补贴等措施，不仅使横店百姓就地实现了城市化、市民化，横店集镇风貌、居民生活发生翻天覆地的变化，还使近14万外来人员安居乐业。

横店在发展过程中，始终注重与当地社会的紧密联系和深度互动，通过提供就业机会，横店不仅解决了当地居民的生计问题，更为他们提供了一个展现自我、实现价值的平台。同时，横店集团还致力于改善员工福利，确保每一位员工都能享受到公平、公正和有尊严的待遇。横店集团还积极参与和支持公益事业，以实际行动回馈社会。无论是捐资助学、扶贫济困，还是环境保护、文化传承，横店集团都倾注了大量的心血和资源。这些公益行动不仅提升了横店集团的品牌形象，更增强了其与当地社会的情感纽带。一个强大的产业集群不仅可以吸引更多的资源和人才流入，还能通过企业间的相互合作和竞争，推动技术创新和业务模式升级，从而带动整个地方的经济发展和社会繁荣。

中国梦，横店梦。中国的农民是一个伟大的群体，他们中的佼佼者创造了太多的梦想奇迹。"十年一觉横店梦"，横店集团以持续带动农村共同富裕为目标，开创了地方创生的优秀示范。共同富裕是中国人民的共同期盼，横店集团以持续带动农村共同富裕为目标，把促进全体人民共同富裕作为为人民谋幸福的着力点，开创了地方创生的横店奇迹。横店集团不仅仅是企业家，更是负责任的社会公民，用自己的实际行动推进地方发展，让当地人民拥有更好的生活和更加美好的未来。令人尊敬的"行菩萨心肠，用雷霆手段"的横店集团创始人徐文荣常讲："我的梦想就是通过自己的不懈努力，带领乡亲们艰苦奋斗，让横店的老百姓富起来，能过上城里人一样的生活，让老百姓走向小康、中康、大康。"这个梦想，让横店集团不忘初心、追求卓越，用自己的不懈努力，持之以恒地推动着乡村振兴的进程。

第八章 衢州篇

人人有事做　家家有收入

可以家乡，何必远方
久久为功，群众共富
组织振兴，政府有为

常来常山：一切为了U

比较优势与资源禀赋
成本优势与产业链接
政府引导与合作共享
风险管理与品牌建设

人人有事做　家家有收入

绿水迢迢，青山隐隐，山水草泽的自然纯朴扑面而来，山灵水秀的开化犹如一颗镶嵌在浙西幽幽群山中的明珠。在这里，乡村振兴风生水起、创业热潮持续迭起、产业变革全面崛起，蔚然铺展出一幅地方创生的"开化画卷"。

开化位于浙江的母亲河——钱塘江的源头，地处浙、皖、赣三省七县交界处。"开化"因吴越国主钱弘俶把开源、崇化、金水、玉山等七个乡划为开化场，由开源和崇化两乡各取一字而得名，宋天宝年间升级为开化县，距今已有1000多年历史。全县辖15个乡镇（办事处），总人口35.49万人，县域面积2230.77平方公里，其中山地面积占85%，俗称"九山半水半分田"。开化是源头地区、边远山区、革命老区、新安江水库移民区，也是浙江省山区26县之一。

开化是水色山光无数的"神仙境"。"吾乡山水真丹青，晴川无乃窃其灵。"五百多年前，大儒王阳明在开化籍画家时俨描绘开化山水的画上题字，寄予开化"天人合一、天人和谐"的美好期许。依山而立、临水而生的开化，素有"乌衣巷头第一山水""浙西林海""华东绿肺"的美誉。

开化全境峰峦重叠、山岭绵延，拥有大片的原始次森林，是国家级生态县、国家级生态旅游示范区，形成了"衢州有礼·根源开化"的城市品牌。县域内拥有钱江源国家公园、根宫佛国文化旅游区、七彩长虹、古田山、九溪龙门等景观秀丽的胜境。好山好水，孕育好风光，引来八方客。2023年，开化全县共接待国内外游客280万人次，实现旅游总收入40亿元，走出了一条"处处是风景、处处可旅游、人人都参与、人人都受益"的文旅深度融合发展之路。

开化是积淀厚重文韵的千年古邑。秀水明山滋养了文人大家的智慧与灵感，千年文脉在此生生不息。古时这里走出了"梅花诗人"张道洽、宋朝帝师金实、北宋名将张琼、一代廉吏戴敦元等诸多名人，诞生了程宿"手提灯笼讨火种，墨汁当成芝麻糖"、江景房为纾民困冒死沉籍的美谈。两宋时期，开化人文鼎盛，书院教育兴盛，科甲簪缨繁华，其中包山书院是全国闻名的江南四大书院，朱熹、吕祖谦等理学大师们相继群萃于此；开化望族江氏，在此期间创造了考出70多位进士的奇迹，开化历史上共有进士213名，儒林之盛拂及千年。

开化独具特色的民间文化更是风生水起。钟声悠荡，梵音袅袅，根之宫殿，佛之国度。开化根雕从唐代兴起，经过千年的演变发展，逐步形成了融根艺、佛学、美学、儒学、生态学于一体的根雕文化，被列为浙江省非物质文化遗产。具有千年历史的国家非物质文化遗产"香火草龙"、浙江省非物质文化遗产的姚家源"抗灯""高跷竹马舞"等也都令人赞叹不已。

开化是物阜民丰、百业俱兴的桃花源。荣膺"浙江十大名茶"的开化龙顶茶历史悠久，自明代以来就被列为贡茶。当代茶界专家庄晚芳赞誉开化龙顶"形美、色美、香美和味美，是一支难得的好茶"。2023年公布的中国茶叶公用区域品牌价值评估中，开化龙顶品牌价值为33.5亿元。

在开化，一片片茶园、清澈的鱼塘、蜜蜂的低鸣，不仅是大自然的馈赠，更是当地人民致富的源泉。依托得天独厚的生态资源，开化成功打造了"钱江源"这一响亮的品牌，满足了市场对高品质农产品的渴望。龙顶茶、山茶油、中药材等特色产业的发展，见证了从量的积累到质的提升，带动千家万户的农民走上了绿色致富的康庄大道。

2023年，开化全县地区生产总值188.22亿元，增长3.7%，一般公共预算收入22.56亿元，增长80.3%，城乡居民人均可支配收入分别达到48251元、26496元，增长5.2%、7.1%。开化正擘画着青山绿水与理想生活共融共生的美好图景。

开化，一个曾经"养在深闺人未识"的秀美之地，如今已"初出茅庐众人知"。这里山水依旧，但乡亲们的生活却已发生了翻天覆地的变化。和其他山区县一样，开化也曾面临山区封闭、带着生态发展"紧箍咒"、内生动力不足、人口净流失严重等短板。开化是如何摆脱这些问题，让"沉睡"的资源"活起来"？让千年古韵与当代发展同频共振？

开化历史上就是林业大县、矿产资源大县。

20世纪八九十年代，开化依靠林业、煤炭资源优势，全县财政收入曾名列衢州地区前茅。可是，随之而来的是污染问题。

生态是开化最大的优势。1997年，开化县委决定从生态文明建设破题，启动国家级生态示范区建设，在全国率先提出实施"生态立县"发展战略，以壮士断腕的决心关停了200多家污染企业、200多家木制品加工厂。

开化经历了发展转型的阵痛。保护生态的同时，导致了经济水平的大幅度下降。全县富余劳动力出路和农民群众增收的问题又摆在了全县各级领导面前。"生态能当饭吃，会生钱吗？""生态何以立县？"质疑之声不断。

就在开化干部群众为推进"生态立县"战略困惑摇摆之时，2003年7月，时任浙江省委书记的习近平第一次来到开化，就特别强调"开化一以贯之地坚持'生态立县'战略，难能可贵"，称赞开化"为建设生态省作出了贡献，为全省各县创建生态县提供了宝贵经验"。还特别嘱咐"一定要将钱江源头的生态保护好"，"变种种砍砍为走走看看"的思路是对的。（习总书记讲话引自《人民政协报》2021年10月14日）这一嘱咐包含着既要"绿水青山"也要"金山银山"的辩证思维，是"绿水青山就是金山银山"科学论断的思想雏形。

这更加坚定了开化县干部群众"生态立县"的信心、决心。

金星村是开化发展的缩影。

走进金星村，仿若走进了一幅意境悠远的山水画卷。金星村位于开化南部，流光溢彩的马金溪，温柔地环绕着村庄，以其恒久的潺潺水声，吟唱着岁月静好的田园牧歌。金星村，就是这样一处融合了自然之美、人文之韵、历史之蕴的理想栖居之地。村域面积9.6平方公里，山林面积11237亩，耕地面积1042亩。全村共有6个自然村，10个村民小组，396户，总人口1303人。

到访金星村的人，几乎都会在一棵千年银杏前驻足。枝繁叶茂、苍劲挺拔的古树，谁能想象它的生命也曾岌岌可危。如今的葳蕤如盖，都离不开一个人、一席话。

时针拨回十八年前。

2006年8月，时任浙江省委书记习近平来到金星村考察。由于古树周围的土壤破坏严重，古树一度出现萎缩现象，树根外露、树叶稀拉。当他看到这棵有点枯萎的银杏时，立即叮嘱在场的村干部，这是金星村的象征，要保护好这棵古树，更重要的是要把这片绿水青山保护好。之后，金星村开始全力抢救这棵古树，培土浇水、精心呵护，慢慢地，千年古树开始复苏。

习近平同志在金星村特别指出，"这里山好、水好、空气好，将来通过'山海协作'，空气也能卖钱"（人民政协网杭州2023年7月6日），在临上车返程的时候，他再次叮嘱，"人人有事做，家家有收入。这就是新农村。"

殷殷嘱托，谨记于心、笃之于行。

绿水青山引客来。20多年前的金星村，是一个"晴天一身土，下雨两脚泥"、垃圾围村的"穷沟沟"。金星村坚定践行"绿水青山就是金山银山"理念，开展"三改一拆"、环境整治、厕所革命等，结合"五水共治"，通过治水造景，打造"秀美山水，休闲金星"特色旅游村，经过不懈努力，金星村已经实现了从传统农村到现代新村的华丽转变。先后获得"全国特色旅游示范村""浙江省首批小康建设示范村"等荣誉称号。

今年67岁的村民李建华，两个月前和朋友在河岸边的露台上开了一家农家乐。"我们就地弄了几个棚子当包厢，做些现在村里还没有的火锅、烧烤等新玩意。"李建华介绍。在这里，大家不仅可以喝酒聊天，还能赏月望星。开业至今，小店已经进入了盈利状态。

如今，金星村已有16家民宿、7家农家乐，全村年均游客量达20万人次，旅游收入达1000万元，"空气也能卖钱"的希冀正在成为现实。

红色党建强引擎。这些年来，金星村村两委干部一直努力践行习近平总书记的谆谆教诲。每一位村干部坚持每天早起在村里前前后后走一圈。在村党支部一任接着一任干的不懈努力下，金星实现了七十五年矛盾不出村。作为"人人有事做，家家有收入"重要论述发源地，金星村一以贯之走红色传承、绿色发展的道路。充分发掘红色教育、休闲旅游、绿色发展方面的资源优势，先后建成乡村振兴讲堂、书香文化礼堂、钱江源党建治理馆等场所，开发"银杏树下话党恩""金星一课"等精品课程。每年承接各类旅游、培训班600余批次，为村集体带来近百万元收入。

金星村党支部书记、村委会主任徐雨录高兴地说："现在，来金星村考察、培训的团队络绎不绝，仅'七一'当天，就接待了50余批团队，共计3768人。村里的民宿和农家乐全都满客，周边几个村也都忙不过来。"

多元产业促增收。小小茶叶成为村民致富的"金叶子"，通过"党建+合作社+基地+农户"模式，不断扩大龙顶茶种植面积。目前，全村有名茶基地1000多亩，村里98%以上的农户种茶，仅名茶一项每年就为金星村带来700多万元收入，村民人均增收高达1万元。茶树之外，银杏树、无花果树也是金星村的特色农业资源。当地以这三棵树为基础，因地制宜打造了"三树金星"区域品牌。同时，依托良好的生态环境和绿色产业发展，金星村引入中高端民宿、金融电商等新业态，村民年人均收入从2006年不到6000元提高到现在的4.2万元。

"一枝独秀不是春，百花齐放春满园"。

2020年6月，为进一步发挥党建引领作用，华埠镇形成金色党建联建机制，由金星村、华东村、华民村、下溪村、浙江七一电力器材有限公司、开化县第二人民医院、开化县第三初级中学、华埠供电所的党组织组成。

2021年9月，华埠镇在党建联建机制的基础上，升级打造"大金星"共富联盟。升级后，独山村、新安村、下茨村、县两山集团、县供销社、开化农商银行也加入进来。

"大金星"共富联盟按照"大村带小村、强村带弱村、村村抱团"的发展理念，充分发挥金星村的品牌效应，各村因地制宜、优势互补，联动发展党建研学和生态旅游，放大整体效应。

2023年，"大金星"各村平均集体经营性收入61.24万元，同比增长

13.8%。金星村从"一星闪耀",变成村村共富的"群星闪烁"。

下淤村则用艺术点燃了共同富裕的种子。

下淤,古称东山,又因村庄处于马金溪河谷,沙土淤积成畈,阳光下灿烂如霞,所以又称霞洲。明朝崇祯四年(1631年)称下淤,这村名沿袭至今。下淤村依山傍水,马金溪绕村而过,村后千亩生态阔叶林环抱村庄,地理位置优越,建村历史悠久,是千年古村落,矗立在村南端的参天古樟历尽风雨沧桑,傲然挺立,枝繁叶茂,如同一位沉默的智者,默默注视着下淤村的悠悠岁月,见证着这片土地上发生的一幕幕发展与变迁:从先民拓荒定居、农耕渔猎的原始风貌,到村落格局的形成与扩展,再到现代乡村旅游业的兴起与繁荣,古樟树下的时光长廊,镌刻着下淤村的荣耀与梦想。下淤村,是自然与人文和谐共生的典范。这里,山川灵秀,水木清华,古树参天,岁月静好,仿佛一首凝固的田园诗、一幅流动的山水画。

村庄地处浙江省衢州市开化县中东部,是典型的城郊村落,隶属音坑乡,距离县城6.5公里,全村284户、987人,地域面积1.4平方公里。近年来,下淤村紧扣"艺创源乡·乐活下淤"发展主题,以"生活艺术化、艺术产业化、产业景观化、景观生态化、生态价值化、价值数字化"的六维要求,让"原乡人、归乡人、新乡人"共同参与和见证村庄的美丽蝶变。目前,下淤村已经引进11位艺术家,依托2位首届乡村振兴产业带头人,利用5个特色乡村振兴讲堂线下实践点,开展农民美育和技能培训,培育高素质农民、乡土艺术家、职业农民等300人以上,推动农民创业,就业转化率90%以上。

2013年开始,下淤村秉持"绿水青山就是金山银山"理念,经历了美丽乡村建设蝶变期、幸福产业发展转型期和共同富裕建设上升期,把一个曾经"脏乱差"的穷山村"变身"为"强富美"的衢州市共富乡村,实现了从美丽环境到美丽经济再到美好社会的蝶变。下淤村以实施乡村振兴战略为契机,以争创国家4A级旅游景区为载体,按照产业兴旺、生态宜居、乡风文明、治理有效、生活富裕总要求,谋划新举措,凝聚新力量,整合新资源,实现新发展。

近年来,在上级党委政府的正确领导下,下淤村全面开展了美丽乡村建设,村庄各项基础设施不断改善,生产、生活、生态环境不断提升,全面掌控资源,将村域内的山、水、林、田、房等自然资源进行梳理，形成资源"一本账"。按照不同的区位功能划分为金溪黄金水岸带、滨水乐玩区、村庄体验区、田园休闲区、山林康养区、智慧农业区等"一带五区"空间布局，形成"一带五区"的空间布局后，所有的单项规划、方案设计和项目招引等都围绕着布局框架和各区块的功能需求去深化，形成一脉相承的规划建设体系。

通过培育和招引，下淤村的产业业态不断丰盈，乡村旅游也驶入了持续、高效发展的快车道。村里安排人员专门负责经营户的管理，通过定期培训学习、问题督办等方式不断提升村民的经营管理能力。截至目前，下淤本村村民参与旅游经营管理服务的农户有60余户，占全村总户数的20%。解决村民就业超过150人，创造年经营收入达1000万元。

2019年9月，采取村集体提供老房屋、出资改造、免除租金，由艺术家设计、监工等形式引进作家、画家、酿酒师、陶艺师等北京知名艺术家群体，打造"艺宿家"文创基地；2020年2月，村集体利用土地、房产等资源引进新农投国资资本，打造钱江源未来农业园。

2020年4月，采取村集体出资装修、经营者设计监工、经营者交租金的形式引进了吴府竹艺馆、霞洲伴手礼展销馆等新业态，不仅免除了业主装修成本，还引进了竹艺师、伴手礼经营管理人才，同时每年为村集体创造6.8万元以上的租金收入。针对疫情、水灾等特殊情况，采取免租金、保修复等手段对经营业主开展积极帮扶。以提升配套设施、建设智慧旅游体系等方式强化产业服务保障，确保业态起得来、留得住。

下淤村通过制定系列针对全体村民的普惠政策，有效地增加了村民收入，缓解了贫富差距，逐步实现了强村和富民的共赢。在村民共富上，通过"一地三金"模式，真正实现"资源从农民手里来、资金到农民手里去"。村集体流转农户土地用于产业发展，产生效益后，每年每亩返还流转土地农户经营红利，实现了老百姓不种田就丰收，省下时间"搞副业"。村干部不上门土地就流转，集体经济"滚雪球"。结合灵活就业数字化场景，实现村集体和村民用工的精准对接。目前，村内100余位灵活就业者都实现了家门口就业，且60周岁以上老人占比90%以上，夫妻两人收入能达到3万元以上。结合文旅产业，该村创业群体基本都是原乡人和归乡人，借助水上乐园、烧烤园等业态吸引了大量的游客。十年间，村民人均收入从1.07万元上升到3.7万元，实现翻两番；村集体资产从2000万元到突破1亿元，村集体经济收入由20万元飙升到300万元。通过实行普惠政策和实施精准帮扶措施，有效地带动了村民共同致富。村民致富增收之后获得感显著提升，反过来更加坚定不移地支持产业振兴和村集体各项建设，村与民共赢的局面逐步形成。

"好看的皮囊"也要有"有趣的灵魂"，"青山绿水"不会自动变为"金山银山"。"人人有事做，家家有收入"正是开化模式的灵魂。

如何实现"人人有事做，家家有收入"？

依托得天独厚的青山绿水生态优势，开化以"生态立县、产业兴县、创新强县"的发展战略，持续拓宽"青山绿水"向"金山银山"的转化通道，积极探索具有普遍意义的山区县共同富裕和现代化的新路径。

"转移就业"腾挪发展空间。 开化牢记"人人有事做，家家有收入"嘱托，积极推动富余劳动力向外转移，以实现异地就业。作为一个劳务输出大县，开化每年都有近10万的外出从业人员。开化在全省率先构建了劳动力"培训—外出—服务—回归"链条。鉴于外出劳动力普遍缺乏专业技能，就业竞争力不足的问题，开化自2003年起，创办了新时期"农民讲习所"开展就业培训，免费培训初高中未升学的毕业生，实施"万名农民素质培训"工程、"开化工匠"等职业技能培训，目前累计有6万余人次参加网店运营、气糕制作、家政服务、服装缝纫等职业技能培训，3.3万人取得国家职业能力登记证书，具有"一技之长"的技能人才有4.72万人。此外，选拔培养"务工队长"，推进"跟班就业"，形成了开化粉刷匠、开化大厨、开化保姆等一批特色劳务品牌。在"开化大厨"的引领下，开化县内就有开化美食店3000余家，县外的开化美食店也有2000余家，其中仅杭州一地就达500余家。目前，县内外开化籍大厨人数达8000余名，人均年收入达9万元以上。开化大厨们在烹调技法上"博采众长"，更是让开化菜在众多美食中独树一帜，被称为"中国第九大菜系"。

开化还建强驻外服务组织，开展"远程服务"。开化在劳务输出集中的城市建立"创业支部"14个、驻外商会16家、会员600家，解决在外人员劳动维权、社保转移等问题。同时组建驻外商会，建立劳动力数据资源库，对外出务工人员进行远程管理。同时，大力实施"三开回归"工程，促进返乡村创业。以开商、开贤、开化人"三回归"工程为抓手，实施党政领导联系商会制度和服务乡贤制度，创新乡贤联络联谊机制，绘制在外乡贤"人才信息图"，建立乡（镇）"乡贤工作室"、村"乡贤议事厅"，打好"乡情"牌，激发乡贤回乡村创业、反哺家乡的热情。近年来，开化80%的招商引资项目是在外乡贤返乡投资的项目，总投资达到80多亿元，有效推动了"开化人经济"向"开化经济"回归。

在浙江卡游科技有限公司这家被称为"卡牌版泡泡玛特"的企业背后，是开化乡贤李奇斌的反哺情怀。李奇斌29岁外出创业，从乡镇水利员到"卡牌帝国"掌门人，走出了一条不同寻常的创业路。2008年，李奇斌带着5000万元资金回到开化，成立了浙江甲壳虫印刷包装有限公司。2019年，他在家乡投资13亿元建设动漫文化衍生品智能化工厂项目。2022年，接续建设总投资达23亿元的年产1500万件（套）动漫衍生品产业园项目。李奇斌说："开化是我的家乡，家乡是不一样的。"

2022年年末，开化劳动力转移县外就业创业从2003年的7万多人提高到10.6万人，县内二、三产业从业人员从6.4万提高到11.8万人，种养业从业人员从9.6万人下降到6.4万人，农民人均可支配收入从3612元提高到24737元，是全国平均水平的1.23倍，恩格尔系数从2004年的49%降到28.9%，城乡居民收入比由2.22降低到1.85。

多元模式引领生态变现。绿水青山是大自然的馈赠，以山为美，靠山发展，开化坚定不移探索绿色发展、生态富民模式，依靠旅游的带动引领，把村景变风景、把民房变民宿、把农品变商品，开化先后创成省美丽乡村建设先进县、美丽乡村示范县，建成省市精品村44个和特色村82个、历史文化村落48个、省A级景区村130个，打造了一批休闲农业与乡村旅游示范乡镇、森林康养名镇、森林生态旅游主要景区点，发展三星级以上农家乐261家，银宿级以上高端民宿17家。全县5A级景区1家、4A级景区2家、3A级景区10家。良好的生态特别适合发展特色化、精品化、品牌化农业。2003年以来，开化聚焦"两茶两中一鱼"（龙顶茶、山茶油，中药材、中蜂，清水鱼）特色农业产业，以"农业龙头企业（农民专业合作社）+ 基地 + 农户"方式推动千家万户的小农户连接千变万化的大市场。国资助力，村企携手，为发展壮大村集体经济注入强大动能。"村投国营"，实现"后进村"稳定消薄。2020年6月，开化127个后进村抱团完成第一批自筹资金交付，成为绿色产业孵化园第二大房东，集中委托国资运营，每个村获得固定分红5万元；"国扶村营"，激活"产业村"内生动能。国资企业发挥在资源、技术、市场等方面的优势，帮扶产业村谋划发展产业项目。同时，开化利用"365微推"宣传模式，全年不间断地在微信朋友圈展现地方美景、美食、民俗等特色，吸引了大量关注，带动农特产销售额超过1000万元。

联盟合作扩大覆盖面。"人人有事做，家家有收入"强调了平等的发展机遇和成果的共享性。这种从群体性的经济改善到全面性的富裕，不仅仅是数量级的增长，更体现了机制的创新性。在此过程中，把握先机、下好先手棋显得尤为重要。一方面，基于"山海协作"积极对接发达地区优势资源，抢搭顺风车。以省定杭州上城、嘉兴桐乡、绍兴越城（滨海新区）三地结对开化为契机，建立"科创、产业、消薄、旅游"等"双向飞地"，形成山海互济、携手共富的良好态势。另一方面，构建片区、村社、产业等联盟组织，积极探索经济、就业等联盟实现机制，扩大"人人有事做，家家有收入"覆盖面。以发展共谋、土地共商、信息共享为目标，开化县打破乡镇行政区域壁垒，围绕华埠、芹阳、池淮、马金等4个中心镇、重点镇，按照"区位相邻、功能相近"原则，将15个乡镇组建为东南西北4个"片区联盟"，构建中心镇产业平台集群、同盟乡镇产业上下游布局分工的发展格局。单打独斗形成不了发展优势，村庄抱团才能产生规模效应。从"同质竞争"向"组拳出击"转变，以"地缘相近、人缘相亲、业缘相似"为原则，形成大区块发展格局，推动资源要素互补整合。在产业发展上，遵循产业集聚、要素流通、产业链分工协作原则建立"产业共富联盟"。开化以龙顶茶、清水鱼、钱江源星宿（民宿）、红高粱、中蜂等五大产业为基础，成立了产业发展联盟，共同应对规模化、标准化和品牌化等方面的挑战。

草木蔓发，春山可望。牢记总书记"人人有事做，家家有收入"嘱托，绿色发展的硕果必将结满钱江源头。

//"开化共富"评论/

秀水映山城，一江春水过。放眼开化，村美、人和、共富，处处彰显"人人有事做，家家有收入"的魅力与活力。

未来乡村，源于"千万工程"，与美丽乡村一脉相承，是美丽乡村的迭代升级。未来乡村是在实施乡村振兴大背景下、基于未来社区理念的乡土化形式表达，以面向未来为特征、可持续发展为导向、为居民提供高品质生活为中心的新型乡村形态。2019年以来，衢州在全省率先启动未来乡村建设，以"衢州有礼"诗画风光带为主平台，以党建统领，贯彻人本化、生态化、数字化，依靠原乡人、归乡人、新乡人，通过造场景、造邻里、造产业，实现有人来、有活干、有钱赚，体验乡土味、乡亲味、乡貌味，统筹推进连片发展，因村制宜打造特色。"未来乡村"是浙江作为共同富裕示范区为实现共同富裕所采取的重要举措，而"人人有事做，家家有收入"是山区县共同富裕的核心要义。"人人"指所有具备劳动能力的人，"家家"指全社会所有家庭，"有事做"是从事能创造财富的劳动创新，"有收入"是物质富裕和精神富有。人人参与、人人尽力、人人共享，实现发展机会均等和成果共享。

在未来乡村的新蓝海中，如何把握未来的航向，完成从"现在"到"未来"的乡村跃迁？"人人有事做，家家有收入"是什么样的？开化绘出了"各美其美、美美与共"的生动注脚——"产业""就业""事业"是"人人有事做，家家有收入"的三大核心支撑，三者相互促进，融于一体。在县域产业、事业高质量发展的前提下，每一个具有劳动能力的人都能公平就业、创业，每一个家庭都有较高的劳动收入和二次分配收入，每一个家庭和每一个人都能享受社会事业快速发展带来的精神富有。

可以家乡，何必远方

"乡土中国"是费孝通基于对传统中国的基层抵近观察后提炼出的一个广被接受的概念。自古以来，中国人的血脉里便有"恋土情结"，土地情怀伴随中国农耕文化始终，并沉淀为一种民族性格。土的厚重与家的归属感，使乡土社会的人们养成"安土重迁"的观念和"故土难离"的习性。在外打拼的游子，始终心系故土，乡音难忘，乡情难却。乡村振兴，正契合了这一情感需求。

乡土是农民的根，农民生长于斯，发荣于斯，与乡土有割舍不断的血缘地缘纽带。随着开化多元产业的腾飞，越来越多的开化人逐渐摒弃了一味追逐都市繁华的冲动，转而选择扎根于熟悉的故土，反哺桑梓。他们和当地要素资源、相对优势、地区风貌、文化基因具有天然且深厚的内在联系，他们对乡村的了解、体验和认同都是外来者难以触及和比拟的，"家门口"的就业不仅带来稳定而可观的经济收入，更让他们在熟悉的故土气息中找到了归属感和成就感，同时也能更好地承担起家庭责任，陪伴在亲人身边，无需承受思乡之苦。家的温暖，永远是他们不断前行的动力源泉。在这里，他们不仅仅是劳动者，更是家乡的守护者和传承者。

金星村和下淤村对内培育、向外招引，快速丰富文旅业态，引导村民参与，优先发动一批有文化基础、具备经营能力的本村村民参与旅游经营，并引导在外务工的村民回村创业。这不仅让闲置的土地资源产生了经济效益，还有效地带动了群众在"家门口"就业，促进了集镇人气集聚。这种人才回流的趋势有效缓解了乡村"空心化"的结构问题，更为乡村可持续发展带来了前所未有的活力和创造力，使乡村呈现出一种多元化、开放性和创新性的发展态势。

久久为功，群众共富

乡村振兴，产业兴旺是重点。产业的繁荣不仅直接关系到农民的经济收入，更是解决一系列农村社会问题，解决"人人没事做，家家没收入"问题的关键所在。农民收入低下、弃农进城、发展失衡等问题，其根源往往在于乡村产业的薄弱。现代农业的转型升级，是提高农业生产效率、增加农产品附加值、拓宽农民收入渠道的重要举措。通过引入现代科技和管理模式，农业可以摆脱传统低效的生产方式，实现高产、高质、高效的发展，从而为农民提供更多就业机会和收入来源。农文旅商结合的现代服务业崛起，加速生态变现，为乡村带来了新的发展机遇。

金星村依托得天独厚的生态环境优势与蓬勃发展的绿色产业的势头，大力发展生态旅游，积极引入中高端民宿等新业态，不仅将村里发展得有声有色，其溢出效应也在逐步显现，在"大金星"共富联盟内成功构建起一个业态丰富、品质卓越的乡村旅游生态圈。目前，联盟内已汇聚精品民宿和农家乐 50 余家，其中更是囊括了白金宿 1 家、金宿 2 家、银宿 3 家，实现"面子"和"里子"双丰收。此外，联盟谋划打造钱江源乡村振兴领雁培训中心，先后落地党建培训中心、共富中心、党建治理馆等 17 个党建教学项目，辐射带动周边村一体化发展共享庭院、共富游船等"美丽经济"。同时，加快传统农业升级，建立农产品销售联盟，依托"村长说"平台和"钱江源"区域公共品牌，建立"初心照耀"共富工坊，打造"线上+线下"供销新模式，拓宽农产品销售渠道，促进集体增收、百姓致富。农业产业、红色教育、研学培训等多元产业全面铺开，书写了"人人有事做，家家有收入"的共富篇章。"大金星"共富联盟以独特的发展路径，生动展现了乡村依托自身优势，创新求变，实现从环境整治到产业振兴，再到文化繁荣的全方位升级，勾勒出生机盎然、和谐富裕的美丽乡村画卷。

在产业振兴的过程中，干部群众群策群力是关键。在开化，全体干部群众将"变不可能为可能""一般不过夜，最多过一夜""服务到不好意思为止"三种理念贯彻践行"人人有事做，家家有收入"全过程，持续激发乡村内生力量。除了外部的支持与资金，更重要的是培养乡村自身的"造血"功能，让乡村经济能够自主、持续、稳健增长。在乡村的发展过程中，农民的有效参与是核心。农民不仅是农业生产的核心角色，也是农村生活的真正主人。乡村发展必须激发农民的主体性，才能为乡村的繁荣与发展注入源源不断的活力。干部群众凝心聚力，勠力同心，共同参与到产业发展的各个环节中，开化的发展就有无穷力量、无限可能，就能朝着"人人有事做，家家有收入"的目标稳步前进。

组织振兴，政府有为

"抓发展必须强党建"，开化的蝶变离不开基层党组织强大战斗力、凝聚力、向心力。开化将乡镇党委的龙头优势、村党支部的堡垒优势和党员的模范优势，转化为工作优势，坚持"党建统领、协调各方"，积极践行"两山"

理论，凝聚"人人有事做，家家有收入"的磅礴力量。

党建带动，走深组织协作。由于乡村资源禀赋不同，发展不平衡现象突出，开化以党建联建优势牵引抱团发展优势，以发展共谋、资源共享、平台共创、产业共兴、项目共建，建立了先富带后富、帮后富的"共富联盟"合作机制。下淤村艺术教育、乡村研学及田园文旅等多种业态像雨后春笋般快速成长，乡村旅游、文化创意和生态农业等新兴产业蓬勃发展，常住人口逐年上升，空心化现象显著改善。共富联盟是破解发展不平衡不充分、探索共同富裕的新路，也是打造具有开化辨识度的共同富裕先行地的标志性成果。金星和下淤联盟经济圈的建立，是地缘相近、人缘相亲、业缘相似的村镇集中精力、集中资源、集中要素，由"单村作战"转向"抱团发展"，为未来乡村的建设提供了更大的舞台。

人才助力，强化动力支撑。乡村要赢得未来，"人"是最关键、最活跃的因素。新乡贤，已经成为乡村振兴的重要人才资源，依靠激活"原乡人"、吸引"归乡人"、引进"新乡人"，因人制策，让"三乡人"实现良性互动，全力吸引新乡贤"资智回乡"，乡村的未来才大有可为。开化大力实施农创客培育工程、新乡贤带富工程，依托"五个三"核心要义扎实推进，为高质量建设共同富裕示范区探索新路径。

实施乡村振兴战略，是一项需要各方力量联合参与、有机结合、互相作用的系统工程，是一项必须持之以恒、一以贯之、善做善成的民生工程。政府要制定有利于乡村振兴的政策和措施，提供财政支持和保障；基层要加强治理和管理，推动乡村自治、法治和德治相结合；农民要积极参与乡村振兴建设和管理，提高自身素质和能力；人才要为乡村振兴提供智力支持和爱乡情怀。国家政策积极引导、基层集体治理有效、农民群众踊跃参与、乡村人才智力支持，才能在"建设美丽乡村、发展美丽经济"上走出一条富有开化特色的成功之路。

国之称富者，在乎丰民。"人人有事做，家家有收入"，是开化未来乡村的目标，也是共同富裕的通俗化表达。扼守钱塘江源头的古县开化，将继续把"人人有事做，家家有收入"作为"源头活水"，聚焦聚力"工业强县、城市蝶变、龙顶振兴、全域旅游、数字变革"五大战略跑道，使开化成为未来乡村的探索者、实践者、引领者。

常来常山：一切为了U

再次走进素有"两浙首站、四省通衢"之称的常山，完全是一场"一切为了U"的行动。

曾经，在2007年，笔者写过关于常山的春天的文章。记忆深处的那里，有常山胡柚的清香，有地质公园的峻岭，有深山藏古寺的静远。

16年之后的冬日，在这尚未飘雪的日子，常山又以火热的产业，以颠覆性的成功，以"一只果兴了一座城"，定格了新常山。

常山县位于浙江省西南部，是全省的西大门，素有"两浙首站、四省通衢"之称。全县总面积1099平方公里，下辖3街道6镇5乡，177个行政村，17个社区，人口34.2万人。

常山主要有六个方面特点：

钱江之源。位于钱塘江源头区域，县域生态环境优良，有"千里钱塘江，最美在常山"美誉。全县森林覆盖率71.87%，常年空气质量保持在二级以上，PM2.5≤26微克/立方米，县城负氧离子浓度最高达1万个/立方厘米以上，出境水水质常年保持II类水以上标准，拥有全国第7座国际慢城，是国家重点生态功能区、浙江省重要生态屏障，获评全球绿色城市、中国天然氧吧、中国气候宜居县，创成省级生态文明建设示范县、省大花园示范县、省新时代美丽乡村示范县、省级全域旅游示范县。

四省之交。地处浙、闽、赣、皖四省九地市中心地带，是中西部通往长三角地区的"桥头堡"，加快建设"浙西第一门户"。境内交通体系完善，十大通道连接成网，杭金衢、黄衢南、杭新景三条高速贯穿全境，205、320、351三条国道和221省道纵横交错，95联盟大道快速便捷，衢九铁路建成通车，实现半小时通达衢州机场、衢州西站。常山江航电枢纽建设拉开大幕，黄金水道通江达海、前景广阔，"聚浙西、通四省、联全国"的外联内畅交通格局加速成型，"融衢、接杭、连沪"更加通畅。

宜业之城。产业发展引擎强劲点燃，"一只果、一张纸、一方石、一滴油、一片芯""五个一"产业蓬勃发展，"双柚"产业链条不断拉长，轴承产业"二次崛起"，入围全省第一批产业大脑建设试点"揭榜挂帅"项目，哲丰新材料、斯凯孚轴承、大和热磁、众卡运力、小乔科技等一批优质企业脱颖而出。工业园区、产业集聚区、辉埠新区、生态园区"四区合一"，创成省级经济开发区和省级高新园区。以村上酒舍、申山乡宿、彤弓山居、金源现代旅游根据地为代表的"常山漫居"高端民宿持续火爆。营商环境日益向好，创新生态持续优化，人才引力不断增强，是投资兴业的活力高地。

宋诗之河。东汉建安二十三年（公元 218 年）建县，始称定阳，迄今已有 1800 多年。境内古道古渡、古街古村不胜枚举，文峰塔、文昌阁挺拔傲立，三十六天井记录百年故事，唐宋名刹万寿寺香火犹盛。宋诗文化源远流长，陆游、杨万里、辛弃疾、朱熹等大批诗人沿常山江赋诗吟咏，其中宋代诗人曾几的《三衢道中》，生动描绘了常山初夏时节的景致。国家级非物质文化遗产"喝彩歌谣"等民俗文化享誉四方。常山江"宋诗之河"纳入钱塘江诗路黄金旅游带规划，入选全省首批诗路旅游目的地培育名单。诗画风光带串珠成链，路里坑"三衢道中"、徐村"紫薇花海"、东方巨石阵成为网红打卡地，宋韵芳村、金色同弓迎客八方，"画里乡村、研学走廊、康养胜地"文旅体系初步构建，获评中国最美乡村旅游目的地。

胡柚之乡。绿水青山孕育了"常山三宝"，是中国常山胡柚之乡、中国油茶之乡、中国食用菌之乡。三宝文化展示中心惊艳亮相。胡柚、香柚、油茶种植面积及产量均居全省首位，"两柚一茶"全产业总产值达 45 亿元。常山胡柚被列入全国"土特产"名录，胡柚青果切片"衢枳壳"列入《浙江省中药炮制规范》，入围新"浙八味"，"柚见 80+"鲜果、双柚汁、胡柚膏深受市场青睐，UU 音乐节、民族动画电影《胡柚娃》等广受各界喜爱，"一份常礼"区域品牌绽放魅力，"一切为了 U"城市品牌全面打响。油茶种植历史悠久，全国油茶交易中心、国家油茶公园落户常山，东海常山木本油料运营中心油茶籽油挂牌交易，常山油茶产区入选中国特色农产品优势区，获评国家级林业产业示范园区。"常山猴头菇"通过国家农产品地理标志登记。"中国好味·鲜辣常山"声名远扬，是中国鲜辣美食之乡。

赏石之都。地质形成达4.6亿年之久，拥有中国第一枚"金钉子"剖面——奥陶系达瑞威尔阶全球层型剖面点，极具科考旅游价值，是国家地质公园，争创世界地质公园。拥有三衢石林、梅树底两个国家4A级景区，三衢石林获评"全球低碳生态景区"。矿石资源丰富，石灰石、萤石矿储量和品质均居全省首位，青石、花石品质优良，有华东地区最大的青石花石专业市场，建成中国观赏石博览园，是"中国观赏石之乡"。

这几年开始，常山出的胡柚汁饮料，已成了大江南北宴席上必备的饮品。与可乐、雪碧一起，成了饮料的新"吉祥三宝"般的存在。

走进柚香谷，不论是门头还是厂房的色彩，都是让人一见即会心一笑的柚子色。黄黄的，亮亮的，有将心情照亮的愉悦。

分管生产的厂长，穿的工作服也是柚子色。在长长的有如火车车厢的参观通道，往下望，生产线上一瓶瓶宋柚汁正在装瓶装箱。看着机器声不停的场面，很是让人心生欢喜。没有什么比企业蒸蒸日上、工厂热火朝天、经济欣欣向荣，让一座城市更有底气、更有活力了。

左边的生产线是大瓶装，右边的生产线是小瓶装。一块块展板，写尽了有关柚子的种种。长得一脸憨厚的厂长笑着说，柚香谷目前拥有3条数字化高速灌装生产线。其中2021年投产的灌装生产线，产能16000瓶/小时；2022年8月投产的灌装生产线，产能达36000瓶/小时；2022年12月投产的第三条灌装生产线，产能达到53000瓶/小时。也就是说，柚香谷每日可生产12万箱的双柚汁，以满足与日俱增的市场需求。但即使是目前的产能，仍然供不应求，还要增加四条生产线。2024年1月18日，常山·柚香谷年产值45亿元智能灌装项目竣工投产，公司进入提升规模、加速发展的新阶段。

说起柚香谷的发展史，并不久远。

企业成立于2013年5月，由上海恒寿堂在常山投资设立，企业占地面积

134 亩，拥有员工 350 人，是一家以"常山胡柚"和"香柚（YUZU）"为核心原料的研发生产型全产业链企业，主要从事香柚、胡柚产品的研发、生产、销售。

柚香谷自 2015 年引进香柚品种，先后投入 3 亿元资金，从拓荒、垦造、育苗、移栽等做起，历经 9 年风雨，流转土地 12000 亩，培育香柚苗木 185 万株，在白石镇、天马街道、金川街道、紫港街道、辉埠镇、东案乡等 8 个乡镇（街道）36 个行政村，建立 1.2 万亩的种植基地，建成了占地面积 112 亩"双柚"产品加工厂，有效盘活了农村闲置土地资源。

柚香谷除了研发、生产宋柚汁外，柚子酒、个护香氛、苏打水、香柚啤酒等系列产品也在展厅里陈列着。特别是爆款产品"宋柚汁"上市后，是全国人民都追捧的网红产品。2022 年销售额达到 3.95 亿元，2023 年公司营业收入 5.95 亿元，同比增加 50.4%，净利润 1.49 亿元，同比增加 60%。

如今，企业曾获浙江省"专精特新"中小企业、浙江省农业龙头企业、衢州市政府特别奖、常山县县长特别奖等荣誉。目前拥有国内先进的柑橘鲜果初加工生产线、全自动高速玻璃瓶饮料生产线、全自动高速屋顶盒饮料生产线、全自动果酱生产线。产品涉及果酱、乳酸菌饮料、复合果蔬汁饮料等品类，畅销全国市场。

厂长说，下一步，要花五年时间，建设一个占地 400 多亩，集生态种植、康养理疗、户外休闲、运动度假、乡村旅游、芳香产业等为一体的柚香谷旅游度假景区。

柚香谷的未来 10 年，计划每年新增 1 万亩的种植基地，预计到 2033 年，全国香柚种植基地总面积达到 10 万亩以上。

"双柚合璧，争创百亿"，是到处可见的标语，如他们的主打色，如日中天的色彩，振奋了常山，也振奋了所有人。

走进艾佳，亦是见证胡柚产业的新天地。

钦韩芬执掌的浙江艾佳创立于 1999 年，是一家大型的一二三产融合的，集种植、深加工、销售为一体的生鲜果蔬全产业链企业，也是国家级农业龙头企业。注册资金7000万元，现有员工1285人。

这是一家长期从事各类名、特、优、新农产品的研发、种植、收购、加工及销售工作的大企业，拥有40余个标准化基地、10个加工配送中心，遍及北上广深全国一、二线城市，公司固定资产3.5亿元以上，年销售额近7亿元。

公司是中国果品流通协会理事单位、2018年绿色中国行推广大使单位、北京奥运会指定水果供应商、国家重点农业龙头企业、全国脱贫攻坚先进集体，近年来先后荣获英国零售商协会（BRC）认证、衢州市"乡村产业之星"特别奖、杭州2022年第19届亚运会官方新鲜水果供应商等荣誉称号。

坚持以绿色、健康的消费理念，精心实施品牌战略和诚信战略，引进先进的技术、设备，构建、完善强大的新鲜水果零售链体系，致力于成为全国从种植到加工最知名的品牌公司。

艾佳购置红外线无损伤糖度分选设备，搭建常山胡柚社会化数字选果服务中心，为常山胡柚进行精准化糖酸分选，提高精品果率；建成年产3万吨果蔬速冻生产线1条、年产1万吨鲜榨果汁生产线1条，可全年度供应胡柚、NFC胡柚鲜榨果汁等系列深加工产品。

常山胡柚是集鲜食、保健药用于一身的朝阳产业，企业抓住胡柚产业跨越发展的时机，在盈利的同时，为产业发展贡献一份微薄之力，为社会回馈一份赤子之心。公司多次为四川、新疆等地捐款，用于修建道路、购买办公设备；为常山提供180多名农村劳力就业岗位，带领贫困户走上脱贫致富道路。

作为国内规模领先的果汁果酱、速冻果蔬、脱水烘干制品专业生产商，浙江艾佳旗下拥有"艾佳"和"艾柚香"两大品牌，分别经营新鲜果蔬、冷冻果蔬和果汁果酱等三大类产品。

新鲜果蔬包括甘肃苹果、新疆哈密瓜、丹东草莓、库尔勒香梨、海南芒果、常山胡柚等多种优质水果。

果汁饮料包括NFC胡柚复合果汁、杨梅汁、葡萄汁、双柚汁等多种口味的高品质果汁，其中NFC胡柚复合果汁于2022年入选"浙江省十大药膳饮品"，这也是如今大江南北餐桌上的标配饮料之一。

现场，我们一小杯一小杯品尝了艾佳的双柚汁、杨梅汁、葡萄汁，体会到香甜、清甜、蜜甜的幸福感。

现场，我们还看到了艾佳仅仅在2023年一年中荣获的奖项。NFC胡柚复合果汁被评选为"浙江特色伴手礼"；获首届中国乡村振兴品牌大会组委会颁发的成长性企业品牌案例（酒水饮料类）；获"国家产学研创新成果一等奖"；获评衢州市政府特别奖乡村振兴奖、常山"县长特别奖"。

2023年，成为杭州2022年第19届亚运会官方新鲜水果供应商，更是浙江艾佳的高光时刻。

"我从小爱吃常山胡柚，它不仅是老百姓心中的致富果，也是我心中一抹浓烈的乡愁。我要让胡柚走出常山、走向世界。"果农们心中的"胡柚女王"，常山县工商业联合会（商会）主席（会长）、浙江艾佳果蔬开发有限责任公司董事长钦韩芬如是说。

而去到常山胡柚省级农业科技园区（常山胡柚种苗繁育中心），就是一场亲历柚子前世今生的旅行。

常山胡柚省级农业科技园区规划总面积为3400亩，其中核心区面积约1400亩。园区以"一核两区多点"为产业布局，围绕"主导产业强、生态环境美、胡柚文化深、农旅融合紧"建设目标，构建"胡柚+旅游、健康、科技、创意"的产业体系的重要环节，打造全国胡柚全产业链园区。园区现有国家级农业龙头企业2家、省级2家、市级11家，精深加工企业12家，农民合作社240家。

常山胡柚种苗繁育中心为常山县农业农村局下属科研基地，是浙江省数字农业工厂（基地）、省级胡柚科技示范园核心区。基地位于同弓乡金川源村，占地面积160亩，主要有胡柚（柑橘）种质资源保护区110亩、优质种苗接穗圃3000平方米、网室种苗繁育圃3400平方米、玻璃温室育苗展示基地1600平方米、实验楼460平方米、试验仓储1000平方米等6个功能区。是集胡柚（柑橘）种质资源保护、新品种选育、科技试验示范、技术培训等为一体的现代化数字种苗繁育中心。

中心现有胡柚株系12个，主要为"82-3""82-4"等4个传统胡柚优株，

"01-7""脆红""蜜橘型""圆叶型"4个新品系胡柚优株,其他柑橘类品种品系60多个。

中心采取智能化育苗,年繁育胡柚优质苗20万株以上,每年可保证供应5000亩以上种植发展需要。

大棚里,还留着一大片胡柚和香柚,等着我们体验采摘的乐趣。竟达副县长拿起了剪刀,手举沉甸甸的果实,那发自内心的笑,感染了在场的我们。香柚果然是名不虚传的,香味如影相随,空气中,衣服上,都浸润了这份独有的柚香。每个人都不由自主地饱吸一口气,将这大自然的馈赠照单全收。采摘的几个果实,来自美院的余老师更是小心翼翼地捧着,口中念叨着,一定要拿到家里、放在办公室,闻闻这香气。

打开那本《一只果一座城——常山胡柚发展史》的书,翻阅杨兴良、汪丽霞两位专家的论文,有关柚子的所有传说、所有典籍、所有知识,都可以为我们答疑解惑。

常山县的柑橘栽培历史,有文字记载的迄今已经有1500年以上历史。

对胡柚的始载,则是明万历《常山县志》卷之三《土产·果类》中记载的"橘""柚"条目。

清雍正《常山县志》卷之一《物产—果之属》也记载有"橘""柚"条目。而据清·康熙《衢州府志》(清康熙五十年修,清光绪八年重刊本)"物产"中记载:"果类,橘,有朱橘、有绿橘、有狮橘、有荁橘、有漆碟红、有金扁、有抚州,明时惟西安县西航埠二十里栽之,今遍地皆栽。"县志中所指的"西航埠二十里",即今常山县澄潭、九龙山一带。抚州就是"胡柚"的常山方言音译。从明初至今,胡柚在常山种植有近600年历史。

在20世纪60年代前,常山胡柚种植面积少,发展范围窄,属于典型的"小众"果品,市场上鲜有销售,除本县和相邻的市县外,外地消费者基本不知道这一柑橘类水果,也没有引起专业人士和各级党委政府的重视。

直到1961年,浙江大学沈德绪教授团队在常山调查柑橘品种资源时,虽认为该品种"生长强健,抗病性强,大小年不显著,栽培管理容易,始果早,甚丰产，且耐贮藏运输，实生繁殖后代变异不大，群众评价很高，颇有发展前途"。但由于当时客观环境限制，胡柚的培育种植仍未被重视。

长期以来，胡柚被称作"野货"，无论是在市场还是在各级政府的种养殖业发展规划上，它都处于无人问津的状态。

所幸胡柚天性"顽强"，即便不受待见，无人打理，也能自然生长，年年结果。但胡柚止咳化痰的作用，早在民间被广泛认同。这一又苦又酸的"野货"才躲避了被砍伐殆尽的命运，得以在常山乡间的田间地头、荒坡野垄中生存了下来。

时光到了1967年1月，常山县极寒最低温度达到-9.2℃，以衢桔为主的常山县柑橘遭到严重冻害，大批橘树冻死，柑橘产量急剧下降。到1970年，全县柑橘产量仅为185吨，是冻害前常年产量的二十分之一。而不受青睐的胡柚，受冻害影响相对较轻，仍保持着应有的产量。其他柑橘的减少，使原先不起眼的"野果"——胡柚，首度成为许多人家的主要果品。

人们在食用过程中惊喜地发现，经过贮藏后的胡柚，特别是在春节以后，风味特好，汁多味浓，有超过衢桔、赛过椪柑的感觉。于是，胡柚的抗冻性、耐贮性和贮藏后品质更好等特点，终于引起了科技人员的注意。自此之后，对胡柚资源的开发价值进行了重新评估和深入研究。

根据现有资料考证，青石镇水南村底铺自然村和澄潭村是最早栽培胡柚的两个村。

1961年，浙江农业大学和浙江省农科院在调查衢县、常山柑橘资源时，发现当时的招贤公社底铺大队（现青石镇底铺村）生产大队长黄冬古家屋边有一株60年左右树龄的胡柚（该种株已于20世纪70年代死亡）。据此，沈德绪教授等认为底铺村的胡柚栽培历史至少在60年以上，按照这一判断，底铺自然村的胡柚栽培历史已经在123年以上。

1983年，常山县农业局调查胡柚资源时，在青石镇澄潭村村民徐立成家发现了一株当时树龄已有75年的胡柚，推算至今已有115年，仍生长良好，年年结果。科技人员又发现，澄潭村的胡柚均由其繁殖发展而成。

由于这株胡柚树生长在澄潭村胡家自然村，当地农民便称之为"胡柚"。其果实似柚，部分果实形如壶状，也有叫"壶柚"的。

1995年，金华地区科委在杭州召开的胡柚品质评议会上，江苏省植物研究所所长贺善安根据果实色泽金黄，提出"金柚"的命名，得到与会专家、学者一致赞同，自此，胡柚又有"金柚"的称呼。

1961年和1983年，先后由浙江农业大学、浙江省农科院和常山县农业局发现的这两株胡柚，树龄仅相差7年。目前，这两个村仍保留有大量树龄50年以上的实生胡柚。由此可见，青石镇水南村底铺自然村和澄潭村是最早栽培胡柚的两个村落。

如今，经历了五大发展时期的双柚产业，是常山发展三产的重心。

如今的常山胡柚，已列入全国"土特产"推介目录，胡柚青果切片"衢枳壳"列入《浙江省中药炮制规范》，入围新"浙八味"，"柚见80+"鲜果、宋柚汁、胡柚膏深受市场青睐，UU音乐节、民族动画电影《胡柚娃》等广受各界喜爱，"一份常礼"区域品牌绽放魅力，"一切为了U"城市品牌全面打响。

我们欣喜地看到：

2021年12月22日，在"全力打造四省边际共同富裕示范区"主题新闻发布会常山专场发布会上，常山发布了"一切为了U"城市品牌。这个"U"代表"胡柚、香柚、油茶"，这是常山的特色农产品，也代表"旅游""你"。"一切为了U"是常山在赶考共同富裕道路上，最新确定的城市品牌。

2022年8月30日上午，中共浙江省委举行"中国这十年·浙江"主题新闻发布会。省委副书记、省长王浩在回答浙江卫视记者时指出：常山县的胡柚，是国家地理标志产品，我们将全力支持他们打造胡柚全产业链，使胡柚成为当地农民增收致富的"金果子"，确保在共富路上一个也不掉队。

2022年9月16日上午，全省农业高质量发展大会召开。会上，衢州市人大常委会副主任、县委书记潘晓辉代表常山以《全链发力打造胡柚产业推动农业一二三产融合发展》为题作交流发言。围绕胡柚的老树新生、全果利用、跨界融合，介绍了常山县在胡柚产业发展上作出的探索实践和形成的经验做法。

2022年12月18日，在杭州博览中心召开"U系列新品发布会"，会上发布了16款"两柚一茶"系列新品。

2023年1月，常山胡柚国家地理标志品牌价值达到103.97亿元。

2023年3月，浙江省山区海岛26县一县一链现场会在常山县召开。

2023年4月，"首届中国乡村振兴品牌大会"在常山县召开。

…………

我们说，胡柚是常山的传统水果，距今已有600年的栽培历史，在历经14任县委书记深耕细作之后，逐渐成为城市封面形象，如今更是因一款名为"宋柚汁"的快消饮品而火爆。

常山将持续秉持"一切为了U"的城市理念，推动胡柚产业以数为擎，加快数智赋能，推动产业蝶变。

目前，常山以胡柚为核心的"胡柚+香柚"总产值突破40亿元，入围"国家地理标志农产品品牌价值500强"，带动农民增收12亿元。

我们更欣喜地看到："切赛道、控品质、树品牌"三个关键词，是分享常山胡柚的"数字密码"。

关键词一："切赛道"

一段时间以来，常山胡柚价格低迷，每公斤1元仍无人问津。转折点来自2021年"宋柚汁"的火爆出圈，这款饮料一经问世，销售额从2021年的3000万元直接跃升到2023年6亿元，带动胡柚鲜果价格翻了3倍，达到每公斤3元。

常山县倍加珍惜加工赛道快速发展带来的窗口机遇，大力扶持"柚香谷"、艾佳等头部企业在加工端扩产投建。

关键词二："控品质"

二产的成功让常山县更注重一产的品控，通过与浙江大学、华中农业大学等院校建立产学研合作关系，推广数字化、标准化种植技术，把胡柚品控融入到数智管理体系之中。

"一个大脑"，科学施策。针对品控难、管理难等痛点，开发建立常山胡柚产业大脑，通过应用产量预估、价格预测、土地种植适宜度评价等数据模型，运用遥感等技术手段，归集土地、户籍等 11 类 174 万条数据，形成胡柚产业发展一张图。

"一个中心"，育好种苗。建成 160 亩胡柚种苗数字繁育中心，推行水肥智灌、光温智控等数字化、可视化育苗手段，让每一株幼苗提纯复壮、根正苗红。近 40 年来，累计选育鲜食、加工、药用等品系 12 个，育苗 300 万株。

"一套标准"，全程管控。胡柚规模主体全面应用水肥一体、虫情测报、微气象站、自动分选等数字装备，其中新建 98 条分级分类生产线，分选后优质果率达 95% 以上，糖度达 12% 以上。

关键词三：树品牌

由于"双柚汁"是通用名无法进行注册，改名为"宋柚汁"，这让常山县更认识到树立品牌的重要性。

近年来，常山喊出了"一切为了U"的城市口号，这个"U"代表着胡柚、香柚、油茶、旅游，也是为了让更多的人了解常山、走进常山。

在产业品牌方面，常山县提出了打造"一份常礼"区域公用品牌，开展了"浙农码"赋能常山胡柚区域公共品牌行动，为常山胡柚系列产品定制专属"追溯码"，让国家级的"土特产"也有本地"身份证"，"柚见 80+""艾柚香"等精品果走进沃尔玛、盒马鲜生等高端商超，精品果均价提升了 150%。

一切为了 U，这是常山的 U（柚）时代。这是一个越来越好、越好越来的新时代。

@ 常山，你好！

@ 双柚，双胜！

"一切为了U"评论

近年来，饮料市场上出现了一款备受欢迎的饮品，它以独特的酸甜口感和浓郁的柚子香气吸引了众多消费者的目光。这款饮品的诞生地是浙江省的衢州常山县，这里拥有丰富的胡柚资源。凭借着这一得天独厚的优势，"宋柚汁"饮料在短时间内便实现了从零到亿瓶的惊人销售业绩。常山胡柚历经多年的沉寂和磨砺，终于完成了涅槃重生，从默默无闻的山间野果蜕变成了炙手可热的"共富金果"。

来自乡野田间的"土特产"，让老百姓倍感亲切，也寄托着习近平总书记对于乡村振兴的殷切期望。在常山县，胡柚种植历史悠久，20世纪60年代前，常山胡柚种植面积少，发展范围窄，属于典型的"小众"果品，市场上鲜有销售，这种美味的水果一直未能引起外界的广泛关注。常山县政府逐渐意识到唯有深加工胡柚才是王道，也是撬动农民增收致富、实现乡村振兴的有力抓手。对大众来说，目前最熟悉的，莫过于以地理标志认证、注册为核心的单品类品牌，目前基本由地方政府负担。政府将低、小、散胡柚果园"化零为整"，推出"两山合作社+经营主体+村集体+农户"的"共富果园"模式，向全产业链化方向发展，先后引进多家龙头企业，建立了近30余家精深加工企业队伍，大大激发了市场主体动能。通过常山胡柚品牌，常山县向外界传递着友好、开放、包容的城市形象，让更多的人能够了解和喜爱这座美丽的城市，区域公共品牌的塑造不仅提升了常山县域形象，也为常山品牌传播提供了有力支撑。

比较优势与资源禀赋

常山胡柚产业的兴起，可以看到比较优势的印证，每个地区都有其独特的资源和优势，即使它们在某些方面不是最出色的，重要的是，它们如何充分利用和发挥这些优势，从而在市场竞争中找到自己的位置。以常山胡柚为例，尽管在初始阶段，常山县可能并不是全国乃至全球最知名的柚子产地，但是拥有一些独特的条件：常山县的土壤肥沃，富含多种矿物质和微量元素，为胡柚的生长提供了得天独厚的条件。正是这些独特的地域特色和资源禀赋，使得常山胡柚在品质上具备了无可比拟的优势。通过深入了解和挖掘这些比较优势，常山县的农民和企业家们开始专注于提升胡柚的品质，探索新的加工和销售方式。他们发现，虽然常山胡柚的初始成本可能并不低，但由于其独特的口感和营养价值，消费者愿意支付更高的价格。这种价格差异，加上存在的规模效应和品牌效应，使得常山胡柚在市场上逐渐获得了竞争优势。2021年恒寿堂将常山胡柚与日本香柚"双柚合璧"结合，"柚香谷"品牌双柚汁横空出世，这款兼具了香柚的"香"和胡柚的"清苦败火"的产品一上市即受到大量消费者的追捧，从此为常山胡柚打开了一个全新市场。宋柚汁饮料的成功不仅带动了常山胡柚产业的发展，也引发了人们对地方特色产业的关注与思考。在这个全球化的时代，如何挖掘和传承地方特色文化，将其转化为具有市场竞争力的产业，成为摆在我们面前的重要课题。宋柚汁饮料的崛起为我们提供了一个宝贵的范例，让我们看到了地方特色产业的无限潜力和希望。常山县政府也认识到了这一比较优势的重要性，因此提供了各种支持和帮助，如资金、技术、市场推广等，以进一步推动常山胡柚产业的发展。这种政府与企业、农民之间的合作，这种地域特色、资源禀赋和政策支持不仅为常山胡柚产业的发展提供了比较优势，在市场竞争日益激烈的今天，常山胡柚凭借其卓越的品质和独特的口感，成功脱颖而出，成为常山县的一张金色名片。

成本优势与产业链接

由于常山胡柚的种植和加工技术相对成熟，生产效率较高，使得其成本相对较低。同时，常山胡柚的市场需求稳定，销售价格较为稳定，从而实现了较高的成本效益。这种成本优势也是比较优势的重要体现。常山胡柚产业的发展不仅满足了国内市场对高品质胡柚的需求，还通过深加工和品牌推广等方式拓展了产业链，提高了产品的附加值。这种对市场需求的敏锐把握和产业链的拓展能力也是比较优势的具体体现。常山胡柚产业的核心在于其产品的特色开发，常山胡柚凭借其酸甜并存的口感和浓郁的柚香，成为市场上的热门产品。这种特色不仅赋予了产品生命力，更让它在国潮饮品中脱颖而出。宋柚汁、双柚汁等组合产品的推出，更是将常山胡柚的特色发挥到了极致。这些产品不仅满足了消费者的口感需求，更在营销策略上注重与国潮文化的结合，具有时尚活力的广告形象和悦目明快的产品包装使其受到深度消费者特别是年轻群体的追捧，常山胡柚产业在拉长产业链和价值链方面也有着显著的表现。除了传统的鲜果销售外，还开发出了胡柚汁、胡柚茶、胡柚酱等深加工产品，进一步提升了产品的附加值。同时，对于胡柚的药用价值也进行了深入研究，探索其在健康领域的应用，胡柚具有理气宽中、行滞消胀的功效，可用于胸胁气滞、胀满疼痛、食积不化、痰饮内停、胃下垂、脱肛、子宫脱垂等症。《本草纲目》中记载："（柚）酸、解酒毒。治饮酒人口气，去肠胃中恶气。"2018 年，"衢枳壳"先后入选新"浙八味"和"衢六味"中药材培育名单，销售价最高达到每公斤 32 元。这些举措不仅为国人健康带来了福音，也为常山胡柚产业的长远发展奠定了坚实基础。

政府引导与合作共享

常山胡柚产业的发展壮大离不开各级政府的强力引导和持续支持。十四任县委书记共抓一个"致富果"的举措，彰显了政府对常山胡柚产业发展的高度重视和坚定决心。"养在深山人不识"的青涩果蜕变为"一朝踏勘天下知"的"共富果"。这种从上至下的强力引导和支持，为产业的兴起提供了坚实的政策保障和发展环境。各级政府不仅在资金、技术、市场等方面给予了大力扶持，还通过制定优惠政策、搭建发展平台等措施，吸引更多的企业和人才投入这一产业中来。

科技人员的攻关培育则是常山胡柚产业可持续发展的关键所在。通过不断的研究和创新，提高了胡柚的品质和产量，为产业的升级换代提供了重要支撑。从土壤改良、品种优化到病虫害防治等方面，科技人员都付出了巨大的努力和智慧，为常山胡柚产业的健康发展奠定了坚实基础。企业家的研发生产则是推动产业核心竞争力的核心力量。他们紧跟市场需求，不断创新产品和服务，为消费者带来了更多元化、更高品质的胡柚产品。在投入巨大、时间较长的研发过程中，企业家们凭借着坚定的信念和不懈的努力，终于在市场上拼打令人瞩目的成绩。他们的成功不仅为中国饮料品牌争得了重要席位，更为常山胡柚产业的未来发展注入了强大的动力。

"一县一品、一品一镇、一份常礼"不仅是经济发展的战略，更是一种文化的传承和展示。无论是常山的胡柚，还是其他县市的特色产品，它们都承载着地域的文化记忆，这些品牌不仅仅是商品，更是一种文化的传递和情感的连接。许多小镇也依托自身的资源禀赋和产业优势，打造出了独具特色的产品品牌。这些品牌不仅提升了小镇的知名度，也带动了当地经济的发展，为居民提供了更多的就业机会。衢州市在优秀传统文化的创造性转化、创新性发展上收获了丰硕成果，如持续擦亮"衢州有礼"城市品牌、入选全省高质量发展建设共同富裕示范区首批试点、制订"浙江有礼 衢州先行"评价体系等等。常山打造了农产品区域公共品牌"一份常礼"，承载了常山丰富的农业资源和深厚的文化底蕴。常山胡柚也有了愈加别致的名称："一份常礼，柚见 80+"。"一份常礼"是常山人民对外界的诚挚邀请和友好表达，每年的中国常山胡柚文化节、UU 音乐节等活动，都吸引了众多的游客和消费者前来参与。"一份常礼"不仅仅是一个农产品品牌，更是一个展示常山城市形象和文化的窗口。"一份常礼"区域品牌绽放魅力，"一切为了 U"城市品牌全面打响。

风险管理与品牌建设

在当前竞争激烈的市场环境中，防止品牌被侵权是企业品牌建设中的一项重要任务。为了有效应对品牌侵权风险，企业需要采取全面的风险管理策略。2021 年首款产品"双柚汁"（后改名为"宋柚汁"）上市后深受消费者欢迎，导致国内众多品牌相继推出相似产品。据不完全统计，市面上一共出现了 110 多款高仿产品。由于柚香谷早期没有在国内形成鲜明的品牌识别度，使得柚香谷即使对一些同质产品提起过申诉，依然无济于事。这一现象说明了品牌保护的重要性以及对区域品牌塑造的紧迫性。

区域品牌需要调整目前单一使用"区域"作为区隔信息的模式，发展"区域品牌＋品种品牌＋企业品牌"的品牌体系。将"科技＋文化"拧成一股绳，同步形成区域公用品牌的发力点。宋柚汁品牌要加强品牌标识和辨识度的建设，设计独特的标志、包装和广告宣传，让消费者能够轻松识别产品，认准优质产品。加大侵权打击力度和知识产权保护力度，建立健全知识产权保护体系，包括专利、商标、版权等，以确保宋柚汁的品牌权益得到充分保护。同时，各地政府以及企业也应高度重视品牌侵权问题，加强对侵权行为的监管和处罚，保障市场秩序的正常运行，维护企业合法权益。通过以上措施，有效提升品牌建设的水平，降低品牌侵权风险，确保品牌的长期健康发展，进一步巩固品牌在市场上的地位，树立良好的企业形象。

区域品牌从政府的视角出发，制定产业升级的策略，承担着区域宣传、产业集聚、强县富民的使命。一只小小胡柚撬动出巨大产业，可见"政府搭台，企业唱戏，群众受益"，不仅是常山对农产品深度开发和区域公共品牌力提升的生动实践，更是实现共同富裕的真实写照。农业+研学、农业+文创、农业+旅游，最终都因为打通了三产之间的界限，而形成了产业新的竞争力。通过"鲜果精量、加工赋能、三产融合"的思路，常山胡柚已经走上了涅槃、蝶变之路。常山胡柚产业的成功，不仅仅在于其产品的特色开发，更在于其对市场需求的敏锐洞察和对传统文化的尊重与传承。常山胡柚新业态，这条全要素链、全产业链、全价值链融合的乡村振兴发展之路，不会局限于常山县内，将积极推行到浙江山区县市乃至地理环境、纬度相近的欠发达内地山区县市。常山胡柚品牌的应运而生可谓不以人们的意志为转移，是顺应了山区农业发展的特殊需要，是品牌创新对现实需求的一种回应，也是地方政府引领经济发展、弥补市场"失灵"的必由之路。它能够从战略层面为地方产品发展提供坚实的基础。因此，常山模式让我们看到，每个地区都有其独特的资源和优势，只要善于发掘和利用这些优势，就能够在市场竞争中找到自己的位置，实现地方经济的持续和健康发展。

第九章 舟山篇

嵊泗想念：小岛，你好！

品质为本，市场为王
产业集聚，经济增长
创新驱动，绿色发展
应对挑战，政策赋能

仙岛岱山：奔赴星辰大海

非物质文化遗产的活态探索
赛事品牌的引领驱动
山海人文的美好生活

嵊泗想念：小岛，你好！

嵊泗，20年的回首，12年的约定。

道一声："小岛，你好！"

初夏，在嵊泗游赏，这是"千万工程"20年的再回首。

初夏，在嵊泗采风，这是"离岛，微城，慢生活"的12年再出发。

有关色彩，有关小岛，有关乡村振兴，有关民宿，有关海岛人的故事，更有关海岛的日与月、风与沙、花与鸟。

那是2003年，我们在浙江杭州，知道了什么叫"千万工程"。而这看似简单却牵动千家万户的"千万工程"，一干就是整整20年。

那是2013年，我们在嵊泗，写过一本海岛的年度书。写过嵊泗的日出与月升，写过离岛的美食与小吃，写过微城的春夏秋冬、晨曦雨夜，写过慢生活的仰望星空、低首吟赏……

2023年，我们依约再来嵊泗。

嵊泗，是一座美丽的海岛。以嵊山、泗礁2个主要岛屿首字得名，是浙江省最东部、舟山市最北部的一个海岛县。总面积8824平方千米，其中海域面积8720平方千米，是全省海域面积最大、陆域面积最小的县。有大、小岛屿630个，辖3镇4乡，29个村、8个社区。常住人口6.69万人，是全省人口最少的县。

走进菜园镇，那是国家海岛公园的核心区，是嵊泗的经济、政治、文化、商贸中心，更是全县的港口旅游重镇。在彩虹桥上，所有的色彩都有些朦胧感。网红打卡的好处是，每一个转角，都能让人驻足；每一次凝神，都有治愈系般的笑容，从脸上自然流露。走进嵊泗博物馆所在的村——基湖村。五角海星状的建筑，像是海岛欢迎宾客的导览标志。作为离岛十里金滩的旅游特色小镇会客厅，"四馆一中心"的布局，有一种跟着规划馆、博物馆才能读懂嵊泗古与今的真切感受。尤其是在嵊泗规划馆的体验区，向远来的我们展示着渔业经济、海上牧场、旅游资源、港口、能源。

而在嵊泗博物馆，分别陈列着与东海渔场相关的生产物资、海洋生物标本、渔俗物品、摩崖石刻拓片，以及黄家台出土的新石器晚期的陶罐、石器、碗。原来，海洋有着那么多我们不知道的历史。走进以望境创意为代表的中国美术学院师生共同参与策划、规划、设计、营造的以色彩为特征的东海色彩艺术村，将色彩进行到底的"美美与共"，在鸟瞰的视野里仍然让人震撼。当年的橙与黄，已褪了些许颜色，但更添了属于乡村特有的拙然。

走进东海渔村田岙村，走进黄沙村的艺术馆和村史馆，走进边礁村的戏迷沙龙……

看看到处可见的渔民画，或是在民宿里喝一杯咖啡，在小岛上品尝鲜得掉眉毛的海鲜，你想象一下，"2N"的生活，是嵊泗带给你的美好之无极限的上标。

而走进会城村的清鱼静舍民宿，走进金平村的山乘汐野民宿，听民宿的主理人讲讲故事，发现背后的精彩。

走进五龙乡会城村的清鱼静舍，采访民宿负责人张宇哲，这位长得有点新疆人味道的小掌柜，说起他的民宿、他的渔家乐，简直可以用眉飞色舞来形容。

"一共只有 8 个房间，总面积 408 平方米的民宿，2、3 楼的房间洗漱用品均为巴尔曼，4 楼洗漱用品为帕尔马，吹风机用的是戴森，所有房间在旺季入住都会赠送香槟或者红酒一瓶，不饮酒的游客可换成每日每人份现磨咖啡一杯，所有房间矿泉水均为 Voss……"为什么用这么高端的产品？因为就想证明，在小岛的生活，是值得人生收藏的美好。

拉开海景房的落地玻璃窗帘，那条网红路，尽收眼底。让海水与沙滩，与自己无缝链接。脑海里，想起了张惠妹的《海》，想起了张雨生的《大海》。听，海的声音；看，海的画面；闻，海的味道……而门口的秋千，路过的人，总会去摇一摇，仿佛，一摇就摇到了童年的外婆桥，一摇又摇到了"最浪漫的事，是与你一起慢慢变老"。

走进首批"小岛·你好"建设的示范岛——金鸡山岛，访谈"山乘汐野"时，合伙人之一朱俏艳的一席话，让我们忍俊不禁又感同身受。

原来，民宿起源于一个并不特别的爱情故事，小朱是舟山人，而她的闺蜜，是真正的嵊泗人。他们仨大学毕业后都在上海工作。当时，公司团建，来到了嵊泗，他们对这里的"离岛，微城，慢生活"赞叹不已。原定的团建活动，又延续了一天。美丽的大海，新鲜的海鲜，非常漂亮的自然景观，让所有在都市工作的人，都有了放飞心灵的瞬间。于是，小朱与闺蜜两口子一合计，要不，干脆在嵊泗造一个房子。一个设计师，一个老师，一个懂商业的，三人的组合，缘于一个很小很小的思乡情怀，没想到，一做做成了品牌连锁，一做还成了民宿界的天花板。最让我们微微一笑的是，在创业的时间段里，因为还想深造，小朱与闺蜜又轮流去读了研究生。再于是，12个房间、建筑面积880平方米的山乘汐野，利用全域流量，在微信、OTA、小红书、抖音等自媒体和渠道宣传嵊泗美景、旅游攻略、渔文化体验、民宿生活方式等，全网突破15万粉丝，汇聚网络影响力超过百万。打开山乘小墅海景民宿的公众号，发的原创文章并不多，但胜在阅读量比较惊人。

走进海岛的几日，让我们远离了城市，远离了喧嚣，更让我们看清了生活的本质是什么。素日里，我们周围所见的都市中人，都是"快"的行家里手。吃的是快餐，走的是快步，住的是快捷酒店，行的是快速交通。久而久之，"慢"成了让人不安甚至羞愧的事。而快也成了忙，忙更添了乱，生活似乎越来越没有趣味。

古人说："想闲不得闲，偷闲便闲"。为何不偷几天时间，就让自己想拥有的看书写字、闲谈、美食甚至发呆、憨睡，成为趣味的一种，舍弃念念不忘的红尘纷扰，回到这里的小岛，不多，也就两三天。当然，体验慢生活，要全面感受海岛的晨、午、夜。让自己在海岛时光的留声机中，感受生命之树舒展清扬地拔节生长，感受生活之花绚丽缤纷地幸福绽放。

曾记得，那是在2011年，美丽海岛的建设者编写着：

在嵊泗，建设独具魅力的美丽海岛是海岛海洋开发的先行先试，我们精心提炼了"离岛·微城·慢生活"的核心内涵和"生活和美、人文淳美、生态秀美、人居优美"的价值体系。

我们所提倡并打造的美丽海岛，着眼于整个县域，着眼于整个社会形态，因为我们的每一个海岛都是微型社区，我们的每一个城乡都是和谐交融。我们所提倡并打造的美丽海岛，注重于提升整体软实力，注重于可持续发展，因为我们建设的目标是整体赏心悦目与各岛特色发展，我们创建的成果是为了惠及所有生于斯长于斯的海岛民众……

美丽海岛建设中，我们有更开放的理念，尝试颠覆每个旅行者被都市生活禁锢已久的审美，努力丰富每个外来者对于海洋海岛的想象。而一批批外来观光者的新鲜思维和观念、专业实践者的前沿思路和理念，也将在潜移默化中熏陶和感染本地居民，影响我们对精神世界和创造空间的认知与完善。

…………

12年后，嵊泗的建设者，如是说着：2023年，是嵊泗美丽海岛建设的第12年。于笑容中回首，回望走过的路、画出的宏图、付出的心血、流过的汗水，让我们能够看到好光景：如今，从"一岛一韵、一村一品"到美丽乡村示范县、美丽乡村风景线、美丽乡村示范乡镇、美丽乡村特色精品村和美丽庭院的"五美联创"；如今，作为嵊泗独具特色的"东海五渔村"，诚美田岙、黄沙绿洲、色彩边礁岙、原乡会城和石屋峙岙，丰富了海岛旅游的新内涵。

如今，深入推进数字化改革，共同富裕群体监测分析数智平台、海上养殖未来牧场、离岛e宿、渔贷乐等一批特色应用落地见效。如今，探索"民宿+"多元业态，构建起集风景、风味、风情于一体的乡村休闲产业链，持续推动海岛民宿高质量发展，打造海岛民宿嵊泗样板。如今，积极探索渔农村闲置农房盘活及利用有效途径，形成"国资+集体+农户""集体+""社会资本+农户""返乡青年创业+农户"等四种具有海岛特色的开发模式和发展路径。截至目前，全镇民宿为当地群众提供173个就业岗位，人均月收入达5500元。

全县共有 1026 家民宿经营户和 19378 张床位，相关从业者达到了 6000 余人。规范经营上，全县民宿"一照三证"的持证率达到 97.7%，位列全省前茅；服务质量上，拥有 40 家省级金、银宿和 67 家最美民宿，也位居全市前列，此外，全县主题民宿级精品美宿占比达 35% 以上。

"千村未来、万村共富、全域和美"的新实践，"离岛·微城·慢生活"的总基调，"生态秀美、人居优美、生活和美、人文淳美"四美体系建设的新模式，生态屏障守护、岛居品质营造、美丽经济发展、民生福祉提升的四条主线，嵊泗，正大踏步由建设美丽海岛走向经营美丽海岛和共享美丽海岛转变的"两美嵊泗"上。

2023 年，是"千万工程"的第 20 个年头。

2023 年，也是与嵊泗 12 年约定再回首。

12 年，是转眼过去了的日子，也是充满遐想的日子。让"离岛，微城，慢生活"，入你的眼，入你的心。

让我们大声地，道一声，"小岛，你好"！也让我们再一次地作出热烈的邀约，海岛，欢迎你！

//"嵊泗文旅"评论 /

嵊泗县，作为浙江省舟山市的一颗璀璨明珠，凭借其独特的海岛风光和深厚的海洋文化，近年来在民宿产业领域取得了令人瞩目的成就。通过政府引导、政策扶持和创新发展，嵊泗民宿已成为推动当地文旅蓬勃发展和海岛文化传播的重要引擎，在民宿产业发展过程中，嵊泗县注重因势利导，将民宿作为主导产业来培育。通过构建"一心四岛、多点多态"的发展格局，推动民宿产业与特色村落、景区村庄建设共同发展，实现了民宿经济与村庄环境的良性互动。同时，坚持生态立县首位战略，推动民宿产业绿色发展，为游客提供"小而美"的度假体验。

嵊泗通过盘活闲置资产，唤醒渔村闲置房产，为乡村旅游开发注入了新活力。创新平台运营管理机制，严格把控资源要素配置，实施分级分类纳规管理，确保了民宿产业的健康发展。嵊泗县积极推动"民宿+"多元发展，整合各类资源，结合海岛特色和休闲业态，扩大民宿经营内涵，提升民宿经济附加值。通过强化公共品牌建设、加强培训交流等措施，提高了民宿队伍的整体素质和服务水平。嵊泗县倡导"民宿姓民、民宿重情"的理念，积极发挥产业帮扶带动作用，为当地群众提供就业岗位和创业机会。通过规范经营、提升服务质量等措施，树立了嵊泗民宿的良好形象。进入后疫情时代，在政策扶持和市场需求的双重叠加下，乡村文旅已然形成强大的消费市场、拉动内需的有力引擎。嵊泗将民宿作为乡村旅游突破点，推动乡村文旅数字化转型，提升乡村文旅产业效能和拓展乡村文旅场景应用范围，推动文旅产业高质量发展。

品质为本，市场为王

中国文化最高的追求是天人合一，在中国美学中称之为"境"，这是流连人世间而又诗意盎然的澄明境界。天人合一的自然观是中国美学文化的核心，也是乡村美学的核心。嵊泗海岛民宿以日常生活审美化为载体，使小岛成为仿若世外的蓬莱仙境，成功吸引都市游侠客纷至沓来。嵊泗民宿的发展生动体现了人民对于美好生活的向往，同时也是市场需求机制与政府因势利导相结合的成果。从需求侧来看，随着社会经济的快速发展和人民生活水平的不断提高，消费者对高品质海滨度假体验的需求日益增长。为了满足这一市场需求，嵊泗县依托其得天独厚的海岛资源，积极发展高品质民宿产业。通过增加高端产品的供给，不仅有效满足了消费者对欢畅海岛度假体验的需求，同时也为当地旅游业注入了新的活力。这些民宿各具特色，从设计风格、服务理念到体验项目都充分体现了对消费者需求的深入理解和精准把握。在供给侧，市场机制发挥了至关重要的作用。民宿经营者根据市场价格信号和消费者反馈，灵活调整自己的经营策略和服务内容，以提供符合消费者期望的高品质服务。这种以市场需求为导向的经营模式，确保了民宿产业的高效运行和持续创新。同时，嵊泗县政府的政策扶持和引导也为民宿产业的健康发展提供了有力保障。政府通过出台一系列优惠政策和措施，如提供土地租赁优惠、减免税收、给予资金奖补等，降低了民宿经营者的成本和风险，激发了市场活力。此外，政府还加强了对民宿行业的监管和规范，确保市场秩序的良好运行和消费者权益的有效保护。这种政府与市场相结合的模式，既充分发挥了市场的灵活性和创新性，使民宿产业能够快速响应市场需求变化并不断优化服务，又避免了市场的无序竞争和过度开发，确保了民宿产业的可持续发展和长期效益。在这种市场主导、企业主体、政府协同的三方互动模式的推动下，嵊泗民宿产业呈现出了蓬勃的发展态势。

产业集聚，经济增长

在民宿兴起的嵊泗县，通过精心构建的"一心四岛、多点多态"民宿产业发展格局，产业集聚效应得到了显著的体现和推动。这种集聚模式极大地降低了民宿经营者的运营成本。在海边、在山脚，众多民宿可以共享基础设施和公共服务，如旅游道路、水电网络、污水处理设施以及旅游咨询中心等。这种共享不仅减少了单个民宿的建设和运营成本，还提高了整体资源的利用效率，实现了规模经济效应。产业集聚促进了技术创新和知识溢出。在紧密的地理空间内，民宿经营者之间形成了良好的互鉴互补和比学赶超氛围。众多民宿选用进口品牌棉织品，赠送名牌酒和矿泉水，提供私厨定制美食。高品质竞争氛围可见一斑。这种知识和信息的流动，加速了先进管理理念、服务模式和技术的传播与应用，推动了整个民宿产业服务水平和竞争力的提升。产业集聚显著增强了嵊泗民宿产业的品牌影响力。众多高品质民宿和而不同的风格品质，形成了强大的品牌合力，吸引了国内外游客的广泛关注。游客在享受多样化住宿体验的同时，也对嵊泗县的旅游资源和海岛文化产生了深刻的印象。这种品牌效应不仅提升了嵊泗文旅的知名度和美誉度，还为当地的长期发展奠定了坚实的基础。此外，民宿产业的集聚发展对嵊泗经济增长的推动作用不可小觑。随着民宿产业的繁荣，相关产业链也得到了积极的拉动。旅游服务、餐饮、海钓、海上运动、手工艺品等行业迎来了新的发展机遇，创造了大量的就业机会。当地居民在享受家门口就业便利的同时，也获得了更高的收入水平和生活质量。

创新驱动，绿色发展

创新驱动始终是推动产业发展的不竭动力。嵊泗县在民宿产业的发展过程中，注重艺术创意，通过产品创新和服务创新来提升竞争力。产品创新方面，嵊泗县结合海岛特色和艺术设计，开发了一系列具有地方特色的民宿产品和服务。由以望境创意为代表的中国美术学院师生共同参与策划、规划、设计、营造以色彩为特色的东海五渔村沿海景观带线等5条美丽风景线，同时设计团队参与了花鸟岛、枸杞岛的景观、色彩和公共艺术创作，为民宿发展串联起"处处皆景、美美与共"全域景区化度假氛围。艺术具有普遍的社会性，它在具体的文化浸润下形成，是塑造社会的一种方法，推动社会良性发展。望境创意团队围绕海岛文化反映渔村的世界，将艺术设计与渔村的人文历史、自然景观紧密相连，将色彩和公共艺术的在地性、参与性呈现出来，展现海岛文化，抒发渔民的内心情感和地方精神，从而创造出具有家园意识和归属感的海岛景观，极大满足了Z世代消费者对于多样化和个性化的情感需求。同时，通过与其他旅游相关产业的融合发展，如海洋运动、摄影写生、渔家体验等，进一步增加了民宿服务的附加值和吸引力。

服务创新方面，嵊泗县积极引入先进技术来提升民宿产业的管理效率和服务水平。通过数字化改革，实现了民宿行业的智能化监管和运营，提高了服务质量和客户舒适度，发展了"离岛 e 宿"全生命周期平台、"嵊泗想念"码上游等应用场景，并将其上架"浙里办"，完成了终端一体机在全县 511 家民宿中的安装，并逐步推广应用。这一举措得到专业认可，"离岛 e 宿"入选全省数字文化系统第三批优秀应用。同时，艺科融合的经营理念指导民宿经营者更好地调整市场趋势和消费者偏好，为制定精准的运营策略提供了有力支持。嵊泗注重可持续发展的理念，在民宿产业的发展过程中，强调海洋保护和资源节约利用，推动绿色发展和循环经济。通过采用绿色能源、节能设备等措施来降低对环境的影响；同时加强废弃物的回收和处理工作，实现资源的有效利用和环境的可持续发展。这种注重生态友好和社会责任的发展模式为嵊泗民宿产业的长期向好提供机制保障。

应对挑战，政策赋能

嵊泗民宿业近年来经历了快速的增长，为当地旅游业注入了新的活力，成为地方绿色发展、创新增长的亮点。然而，在发展过程中，任何行业都可能会遇到一些问题和挑战，经营管理水平的参差不齐是亟待解决的问题，服务质量方面也存在设施尚不完善、卫生尚待提升、海上飞机尚未通航、服务尚需细化等问题。这些问题直接影响了游客的住宿体验和满意度，但嵊泗民宿业已经积极采取措施进行修正和完善，努力为游客提供更加优质的服务和体验。为了提升经营管理水平，嵊泗民宿业已经组织了一系列民宿管家培训课程，并引入了行业专家和顾问团队，为民宿经营者提供了全面的指导和支持。同时，民宿行业协会和合作组织的建立也加强了行业内部的交流和合作，共同推动了经营管理水平的提升。在市场竞争方面，嵊泗民宿业已经意识到差异化竞争策略的重要性。他们深入挖掘当地文化和资源特色，开发出了一系列具有独特魅力的民宿产品和服务，如主题民宿、体验式活动等，成功吸引了更多游客的关注和青睐。同时，通过互联网和社交媒体等渠道的品牌营销和推广，嵊泗民宿的知名度也得到了显著提升。旅居体验是民宿行业的核心竞争力之一。嵊泗民宿业在客户投诉、互动、激励过程中保持成长，持续进步。他们注重细节和用户体验，不断改善硬件设施和软件服务，努力为游客提供舒适安全的住宿环境和热情周到的服务。在政策支持和监管执法方面，嵊泗民宿业的诉求也得到了政府的积极响应；简化审批手续、降低准入门槛、提供税收优惠等，以支持民宿产业的健康发展；加强对民宿行业的监管和执法力度，维护了市场秩序和消费者权益；建立了良好的沟通机制，及时了解行业发展动态和市场需求变化，为政策制定提供了更加准确的依据。

在转型升级和飞速发展的时期，数智技术将成为必不可缺的核心驱动力，解决乡村文旅在建设、发展、融合、宣传和经营等方面遇到的阻碍与难题，助推乡村文旅朝着更加数字化、智慧化、沉浸化、网络化和个性化的方向发展。民宿运营是乡村文旅发展的重点板块，2023年中央一号文件提出实施乡村休闲旅游精品工程，推动乡村民宿提质升级。数智化平台建设正在为民宿提供更为精准便捷的智慧化、数字化信息服务，为进一步形成品牌化产业集群提供核心竞争力。数字技术赋能下，智慧家居的普及也让乡村民宿能够提供更加智慧化、高端化和个性化的服务。

嵊泗民宿业及文旅产业的蓬勃发展，是海洋经济的重要组成部分，尤其是在渔业经济相对匮乏、渔民就业相对紧张的背景下，是地方创生和经济振兴、人才振兴、组织振兴的有力见证。面对经营管理、市场竞争、服务质量和政策环境等多重考验，嵊泗民宿业展现出了顽强的生命力和无限的潜力。通过不断提升自身实力，它已经成为推动当地经济增长、传承文化血脉、活化社区生活的重要力量。嵊泗向海而兴、借海图强，以蓝海绘蓝图，在高质量发展中探索海岛共同富裕先行路径。

仙岛岱山：奔赴星辰大海

岱山位于浙江省舟山群岛中部，地处长江、钱塘江入海口，是全国十二个海岛县之一，为舟山市第二大岛，由岱山、衢山、大小长涂山、秀山、大鱼山等379个岛屿（其中住人岛屿29个）和256个海礁组成，素有"蓬莱仙岛""海上千岛湖"之美誉。岱山县区域总面积约5242平方千米，其中陆域面积326.5平方千米（其中岱山本岛面积119.3平方千米），是一个陆域小县、海洋大县，辖6镇1乡，户籍人口约18.2万人。岱山是海上丝绸之路的重要节点，对外交往、交流的中继站。

岱山有着风光宜人的海岛奇景。岱山海域辽阔，各个岛屿海岸港湾蜿蜒曲折，以其海瀚、滩美、礁奇、山秀，显示出山海奇观的特色。尤其是岱山岛，岛海相连，水天一色，风光旖旎，气象万千。唐代大诗人李白，一生好游名山大川，在他的《莹禅师房观山海图》中，曾记录了经过东海蓬莱时的印象："蓬壶来轩窗，瀛海入几案。烟涛争喷薄，岛屿相凌乱。"明清时期，就形成了"蓬莱十景"，吸引了不少文人墨客、社会名流前来览胜。"东海蓬莱岱山岛，神仙逍遥好地方"，岱山的山不高，最高的观音山也不到315米，但山不在高，有仙则灵。由于海上的水气蒸腾，常常会在岱山的山间形成云雾缭绕的景象，尽得山海神韵，其中"磨心晓雾""观音驾雾"最为有名。岱山兼有山海形胜，拥有众多秀丽、雄浑而独特的自然景观。山上铺就翠绿，海里涌动金色，岸边怪石嶙峋，近海沙滩平缓，海上突兀奇礁，空中时现海磁，"蓬莱仙岛"并非浪得虚名。近年来，岱山县围绕"串珠成链、功能集成、引领示范"主题，立足海岛资源特色，以乡村一二三产融合发展为核心，探索新时代海岛美丽乡村风景线建设模式，明确一个主题，形成四大示范，着力打造浙江省美丽乡村集成示范线、长三角海岛乡村休闲旅游目的地。

岱山有着源远流长的文化脉络。岱山历史悠久，据岛上出土文物考证，五千年前岛上已有人类繁衍生息。春秋战国时岱山为越国地界，秦汉至隋朝皆属会稽郡句章县。自唐开元二十六年（738年）始，一直以"蓬莱乡"命名。徐福东渡的足迹、秦皇求药的梦想，几千年的风云变幻为岱山岛留下了无数的传说与遗迹。2023年，岱山高亭镇北部发现了一处新石器时代遗址——姚家湾遗址，这大大丰富了舟山海洋文明的史前阶段线索脉络，助推岱山更好地守护海洋历史文脉。岱山非物质文化遗产资源灿若星河，截至目前，岱山共有国家级非物质文化遗产代表性项目2项、省级11项、市级33项、县级69项。岱山县积极探索非物质文化遗产与景区深度融合发展道路，以保护、传承、转化为关键举措，积极挖掘地方特色非物质文化遗产资源，丰富文化遗产利用业态，在非物质文化遗产与景区融合发展方面不断实践。如何以文塑旅、以旅彰文，让山海之姿与人文古韵完美结合，岱山交出了答卷。

东沙镇三面环山，一面濒海。清朝康熙年间，东沙更是著名渔港。船以千计，渔民数万，是中国唯一的海岛古渔镇。弄堂是古渔镇最有特色的建筑形态，是海岛居民最真实的生活空间。沿着青石板路，黑瓦白墙间，布庄或是银楼，酒坊或是米铺，店旗、门楣风骨依旧。手工船模、海洋剪纸、鱼骨塑画等一家家各具特色的非物质文化遗产店铺点缀其间，向人们展示着富有特色的"海味"文化。东沙古镇以"横街鱼市"为主要场景，依托非物质文化遗产，扩大弄堂节影响力，推出集海洋非物质文化遗产展示、传承、体验、休闲旅游、文化创意、产业推广等功能于一体的非物质文化遗产特色一条街。在每年7至10月的双休日有10余支非物质文化遗产项目民间表演团队、近百名非物质文化遗产传承人在东沙古渔镇各景点，以"旅游+民俗文化"形式进行展演，充分发挥海洋文化资源优势，开展庙会戏、舞花灯、说走书、演杂耍、扭秧歌、打花鼓、打腰鼓等活动，接待游客10余万人次。千百年前古渔镇的络绎繁华，恍若重现。

岱山蕴藏全域旅游的深度潜能

岱山人世世代代与海洋共生，在险象环生的海岛上生存繁衍。大海磨砺了海岛人的个性、品格和意志，淬炼出了刚毅果敢、嫉恶如仇的鲜明性格。倭井潭的三姐妹礁故事、东岳宫的抗英史迹，把不屈和顽强的大海之子的性格演绎得淋漓尽致。在岱山人文的熏陶下，岱山人民攻坚克难，负重前行，以自己平凡又不凡的行动构筑出时代的精神群像，用汗水和智慧创造出一个个"岱山"速度，处处闪烁着耀眼的人文荣光，使岱山实现了一系列的华丽蝶变。涌现出大量崇德向善、开放包容的岱山品格，砥砺奋进、敢为人先的岱山实践，群众积极探索、政府有序推进的岱山经验。岱山依托岱西镇传统盐业传承，办盐文化旅游节，引入文创、研学、养生、拓展训练等业态，围绕岱山谢洋祭海大典入围省二十四节气"芒种"契机，设立开晨捕鱼、抓蟹、漂流等特色活动，对渔歌、渔民号子、渔民画等非物质文化遗产进行活态保护；依托双合石壁文化小镇，通过举办石文化艺术节，讲述村庄历史故事，展示石文化典故传说，弘扬和保护优秀传统文化；依托海丰村农耕园、林家村葡萄园，举办稻田文化艺术节、葡萄游园节，展示海岛农耕文化；在鹿栏晴沙、上船跳、双合石壁等景区精心策划举办谢洋祭海、花生节、海蜇节等具有鲜明海洋特色的大型节庆活动。安澜阁岱山非物质文化遗产展示馆为旅客提供非物质文化遗产打卡点，常态化开设盐雕、渔绳结、布袋木偶戏、鱼骨塑画、渔民画、船模6家非物质文化遗产项目店铺，由项目代表性传承人、手工艺人现场进行作品创作、展示、展演、产品展销，游客也可在观看中参与体验互动，从而打造出集非物质文化遗产研学游、体验游等于一体的新型旅游业态，在传承中华优秀传统文化、延续乡村文脉的同时，也为旅游发展做出了积极贡献。

  我国旅游业的发展历程，就是以旅游业作为推进国家治理能力建设的重要工具、服务国家战略的过程。2016年9月，习近平总书记在宁夏考察时指出："发展全域旅游，路子是对的，要坚持走下去。"（文化和旅游部政府门户网站2019年9月25日）2016年11月，原国家旅游局公布第二批共238家创建"国家全域旅游示范区"名单。2017年3月，国务院总理在政府工作报告中提出，完善旅游设施和服务，大力发展乡村、休闲、全域旅游。全域旅游放大旅游业融合特征的先天优势，促进旅游业从封闭的自循环，向开放的"旅游+"转变。全域旅游的关键，在于全资源的整合、全产业的融合、全方位的服务、全社会的参与、全流程的保障。县域层面的全域旅游，已经成为全域旅游建设的核心内容。近年来，在全国县域旅游综合实力百强县榜单上，浙江接连占据榜首。这是厚积薄发的成果。

2005年,浙江全省旅游工作会议就提出,从旅游经济大省向旅游经济强省转变,并启动"十百千"工程,要创建10个旅游经济强县,重点培育100个旅游强镇和1000个特色旅游村。2016年,全国首个全域旅游创建工作现场会在桐庐举行。在探索全域旅游模式上,浙江很早就行动起来,而最初推动这项工作,正是以"县域"为基本单元。到2021年,浙江作为全国唯一的文旅促进共同富裕试点省,在推动县域旅游发展上又加速发力,通过文旅深度融合工程将25个县(市、区)列入省文旅产业融合试验区,并推进山区26县旅游高质量发展。

岱山,既有着山海相拥、通江达海的天然优势,也有着山海相依的资源禀赋、史海钩沉的人文基调,这都让文旅体养相辅相成,共生共赢,实现全域旅游功能与品质的双提升。

舟山开启海陆联通的跨海之旅

大大小小、星罗棋布的1390个岛屿、3306座岩礁,组成了舟山群岛。长期以来,舟山孤悬东海,随着社会经济的发展,仅仅依靠轮渡的弊端开始显现。大桥连岛、海陆联通成为舟山人心中越来越强烈的梦想。根据舟山群岛独特的地理情况,谋划和建设连岛工程是促进海岛发展的必经之路。

1999年5月跨海大桥建设拉开序幕,舟山市第一座跨海大桥——朱家尖海峡大桥建成通车,长2907米,主桥长290米,成为华东地区第一座特大型跨海大桥,开启舟山接壤大陆之旅。1999年9月26日,在国家有关部门和浙江省委、省政府的高度重视下,舟山大陆连岛工程这雄浑壮丽诗篇的第一章——岑港大桥正式动工。岑港大桥、响礁门大桥、桃夭门大桥三座桥被称作大陆连岛工程一期工程,总投资11亿元,于2006年1月1日建成通车。2005年2月,舟山大陆连岛工程的最为关键一环——西堠门大桥、金塘大桥两个特大跨海大桥项目由国家发展改革委分别核准立项全面开工,概算总投资100.6亿元。作为大陆连岛工程二期工程,这是舟山有史以来最大的基础设施建设项目。2009年12月25日,这个时间刻度精确地划分了舟山的两个时代——海岛时代与大桥时代。舟山跨海大桥的全线开通,5座大桥总长约为25公里,像一条银色的项链把岛屿串在一起，镶嵌碧波洋上。它实现了舟山从"孤岛"变"半岛"的蜕变，使舟山更紧密地融入了长三角一体化发展，更为舟山承接"新区"和"自由贸易试验区"等国家战略打下了良好的基础。从舟山本岛出发，经里钓山岛、富翅岛、册子岛、金塘岛，跨越5个水道和灰鳖洋，到达宁波镇海区的舟山大陆连岛工程，严格按高速公路标准建设，多座跨海大桥跨径位于世界前列，20项以上桥梁工程领域的科技成果达到国际领先水平。舟山本是千岛之城，每一座海岛都是一颗珍珠，而跨海大桥就像一条项链，串联起了这一颗颗东海珍珠，将舟山点缀在了浙江的版图上。大桥通车后，舟甬两地居民往来从两个多小时的车程缩短为不到一个小时，舟山经杭州湾南岸到达上海的车程也缩短为3个小时，舟山全面进入大桥时代。

岱山迎来舟岱大桥的共富通途

东海浩汤，当海平面撑起一座座桥梁，岱山的"大桥之梦"也璀璨发光。舟岱大桥2017年正式开工建设，建设时间超过4年，2000余人日夜奋战，创造了多项世界纪录。2021年12月29日，全长25.7公里的舟岱大桥正式通车。这条跨海大桥宛若一条矫健的巨龙，腾跃在东海灰鳖洋上，彻底结束了岱山岛"非舟楫不相往来"的历史。

舟岱大桥的竣工也意味着宁波舟山港主通道项目（简称主通道项目）全线建成通车。主通道项目主要由鱼山大桥、舟岱大桥、富翅门大桥及其接线组成，连接富翅岛、舟山本岛、长白岛、岱山岛、鱼山岛等5座岛屿，按双向4车道高速公路标准设计，设计时速100公里，全线设置5个互通和5个收费站，批复总概算163亿元，由浙江省交通集团主导投资建设，于2016年3月开工。其中，鱼山大桥、富翅门大桥分别于2018年12月、2019年9月建成。

舟岱大桥是迄今为止采用大直径超长钢管桩基础规模最大的跨海桥梁工程，桥梁主跨跨径创外海桥梁世界之最。作为连接舟山本岛与岱山岛的唯一海上通道，舟岱大桥彻底结束岱山人民自古以来出岛依靠渡船的方式，极大拉近了岱山与宁波的时空距离，出行时间由原来的1小时40分钟缩短到了1小时。宁波舟山港主通道携手舟山跨海大桥，架起了人民群众奔向共同富裕的通途，为浙江海洋强省建设、长三角一体化发展打开了新的空间。

而舟山世界级连岛工程还在继续延伸。宁波舟山港六横公路大桥二期工程项目由多座桥梁及连接线构成，全线主线桥梁全长17.76公里，其中特大桥长约16.88公里，包含双屿门特大桥和青龙门特大桥这两座世界级跨海大桥。项目建成后，将大幅改善舟山南翼群岛的对外交通条件，实现六横岛、佛渡岛、梅山岛三岛港区、产业联动发展。

岱山有着文旅体养的后发优势

岱山是浙江省级全域旅游示范县、十大海岛公园之一，更是集休闲旅游、康养度假、海洋运动于一体的长三角著名的海岛旅游目的地。鹿栏晴沙景区是国家3A级景区，沙滩北侧的山叫"鹿栏山"，山下一大片沙滩，故称"鹿栏晴沙"，全长3.6公里，号称"华东第一滩"，沙质细软，呈铁灰色，沙中有大量的石英，在阳光下会闪闪发光。每年七至九月，水温适宜，水质较清，因此又是海上、空中运动的好地方，诸如游泳、帆板、滑水、水上摩托、滑翔伞、动力伞、热气球等运动都可以在这儿进行。每年夏秋季节，国际运动风筝赛、沙滩高尔夫等赛事的举行，长三角乃至更远的游客云集于此，沙海之间呈现一派热闹的景象。东海郊野公园紧邻鹿栏晴沙景区，以"村落、山地、田园、草地、沙滩、海域"等核心资源构建独具特色的活力海岛休闲度假地，集科普、休闲、野趣、康养于一体，将海岛生活以一种新的消费模式与未来生活相连接。

作为国内唯一一场沿海岬而跑的马拉松比赛，首届岱山马拉松共吸引来自19个省、自治区、直辖市和来自美国、法国、日本等国家的2000名跑者参与，于2018年5月20日在鹿栏晴沙起跑。岱山马拉松打造了一场远离城市喧嚣、具有渔港文化和海岛风情的马拉松赛事，向跑者展现了岱山特有的沙滩、青山、岛礁、砾滩、海湾、绿道、海堤、原野等旖旎风光，让跑者在奔跑中一览藏山抱海的极致风景。岱马首秀告捷，踏出了坚实而有力的第一步，首届举办便荣获了中国田径协会"铜牌赛事"及"最美赛道特色赛事"称号。

岱马在前行的道路上始终不断思考。为借助马拉松呼吁更多父母在提升自我健康的同时关注亲子互动和家庭生活质量，岱马在2019年增设了"家庭跑"项目，并于当年成功升级为中国田径协会"银牌赛事"，同时入选浙江省重点培育品牌体育赛事名录库。2021年，岱马积极响应绿色环保发展理念，在赛前利用掌上科技助力赛事服务，借助小程序，向选手推出"电子赛事手册"，并鼓励选手使用电子版参赛手册，让环境保护融入马拉松文化。此外，为更好地契合岱山海岛花园的发展方向，促进体文旅融合发展，推出了一系列涵盖酒店、景区、专属旅游产品的赛事服务，为广大参赛选手打造一次度假式的跑马体验。2023年，赛事规模升级，岱马坚守初心，以一条优化升级的"全海岬赛道"擦亮岱马"全国唯一海岬马拉松"赛事品牌。同时，充分利用岱山文旅融合发展的有利契机，多措并举，精心策划并推出了"岱马体验官""岱马之夜"等一系列赛事配套活动。2024年，岱马结合地方非物质文化遗产特色，在赛道边轮番上演舟山锣鼓、打莲湘等非物质文化遗产演出，为参赛选手奉献了一场精彩的"非物质文化遗产盛宴"。在半程马拉松选手的完赛包中，组委会精心准备了"岱山三宝"和"岱山礼物"，希望这些充满意义伴手礼成为选手珍藏的岱山记忆。跑者不仅能够畅享奔跑的乐趣，还可以品味体育与人文交织的城市气质。

岱山海岬马拉松赛事已经举办了五次，岱马始终秉持以赛促旅，全方面输出"岱山文化"，讲好岱山故事，深化"海洋文化海岬风情马拉松"赛事品质，推动打造长三角重要的海岛休闲旅游目的地。岱马不仅仅是一场体育赛事，更是展现岱山城市各方面建设成果的舞台。岱马持续以高标准、高品质、高水平的办赛要求，为广大跑者呈现组织精细、安全有序、服务优良的马拉松赛事，助力全民健身深入开展，让赛事活动释放更大效能，将"流量"有效转化为发展的"增量"。

岱山不断打造海洋运动休闲岛。丰富场地设施供给，岱山全民健身中心建成投入使用，建成38公里骑行道，维护拓展登山步道18公里，嵌入式体育场地面积增加5000平方米，建成衢山樟木山多功能运动场。岱山开展多维赛事活动，立足滨海资源禀赋，举办海岬半程马拉松、第三届中国风筝板巡回赛岱山站、斯巴达勇士赛舟山站、岱山岛沙滩高尔夫球挑战赛等精品赛事，浙江省风筝帆板训练基地也落户岱山。多个赛事期间，多家规模酒店预订率达到100%，第三届中国风筝板巡回赛岱山站连续5天被中央五套报道，有力推动体旅融合发展。

岱山有着海岛现代化的崭新答卷

舟山是我国第四个也是首个以海洋经济为主题的国家级新区。2017年4月，国家在舟山设立浙江自贸试验区，重点探索以油气为核心的大宗商品投资便利化、贸易自由化。2023年，舟山聚焦油气全产业链等进行多项改革，已服务了全省32个省、市、自治区的3000多家油气会员企业。2023年，舟山港域油气吞吐量1.57亿吨、铁矿石1.84亿吨，均居全国第一。在全球经济增速放缓、国际油价起伏等多重因素叠加影响下，舟山船加油产业突出重围，持续呈现迅猛发展势头，稳居全国第一、全球第四大船加油港，舟山片区成为全国最活跃的油气产业发展高地和创新策源地。

岱山岛深水良港众多，是建造国际一流港口的理想选址，水深10米以上适宜开发建港的岸线126.6千米，占舟山市的近一半、全国的近十分之一。岱山海洋产业发展优势鲜明，经过多年发展，已形成石油化工、船舶工业、港航物流、海洋旅游、海洋渔业等富有特色的海洋产业。国家战略集聚，岱山已成为中国（浙江）自由贸易试验区舟山片区、舟山江海联运服务中心等国家战略新区的重要组成部分。自贸试验区舟山片区实施范围119.95平方千米，其中岱山76.4平方千米，占比达63.7%。鱼山岛打造国际一流的绿色石化基地，鼠浪湖岛打造全国最大的矿石中转贸易基地，黄泽山岛、双子山岛、衢山岛、小衢山岛打造以油气为核心的大宗商品储运贸易基地，秀山东锚地发展保税燃料油供应服务。

位于岱山县鱼山岛的舟山绿色石化基地，是全国首个、世界第二个离岛型的绿色石化基地。从一个鲜为人知、只有千人居住的小渔村到我国首个4000万吨级炼化一体化基地的诞生地，鱼山岛仅仅用了5年的时间。"大小鱼山气吐银，惯看楼阁起粼粼。"清代刘梦兰在《鱼山蜃楼》描写的鱼山岛海市蜃楼，如今变成现实。站在鱼山观景平台远眺，一座座大型炼化设备林立；多个原油、石化产品运输码头一字排开；"新时代大道"上的工程车、运输车川流不息，5年时间里，鱼山岛舟山绿色石化基地的原油加工量，已经从2019年的470万吨，增加到2023年的4370万吨；进出口总额从2019年的176.07亿元，增加到2023年的2123.3亿元。

近年来，岱山区块立足自身定位，紧盯"415X"赛道，以"链长+链主"机制打造产业链协同提升生态省级试点，走出了一条锻造海洋经济新质生产力的高质量发展之路。石化、船舶行业先后入选省级特色产业集群核心区、协同区，2023年全县规上工业增加值增速18.7%，位列全省第二；"415X"先进制造业集群规上营收超过2800亿元，位列全省第七；深化"亩均论英雄"改革相关做法入选全国典型案例。2024年，浙江自贸试验区舟山片区岱山区块再次夺得浙江制造业领域最高荣誉"浙江制造天工鼎"。

海，天池也，以纳百川者。海洋是开放自由的象征，带着包容万物、包含天下的胸怀和气质。海洋精神已经深深融入岱山的骨髓，海洋也成为岱山发展的优势和希望所在。风光旖旎，岛海相连；岁序更替，华章日新。

岱山正一步步走向未来。

//"仙岛岱山"评论 /

体育运动不仅是构建美好生活的重要一环，更是随着时代进步和社会需求的演变，成为人们追求身心健康、精神充实的显著标志。在当前社会主要矛盾转移的背景下，人们对美好生活的愿景已不再局限于基本的物质满足，而是愈发倾向于追求全方位的生活质量提升，其中就包括了体育运动带来的积极影响。岱山全域旅游资源丰富，亲子研学、浪漫旅居、休闲运动、康养度假、风情渔村等五条旅游线路的推出，进一步激活岱山海岛休闲旅游目的地的消费动能，为仙岛岱山融入长三角文旅一体化发展注入力量。在内卷加深的大都市，人们带着乡愁、怀旧和世外桃源的情结，向往着与自然和谐相处的休闲时光。乡村文化空间长期以来处于封闭性、传承性和稳定性的状态，而文化旅游使之打破往日宁静，增强了开放性、创造性甚至冲突性，从而由静态向动态变动，由单一向多元转型发展。岱山借力于区域一体化进程中庞大的市场机遇旨在通过高品质的文旅体养融合策略，促进全域旅游的转型升级，开启一条通往高质量发展的崭新路径。如今，共同富裕是高质量发展的目标，而文体旅养从对经济的拉动、文化的承载传播到身心的康养，都是对从"物质富裕"至"精神富有"的生动诠释。

非物质文化遗产的活态探索

非物质文化遗产，作为文化血脉中的瑰宝，不仅承载着历史的记忆，也蕴含着无限的创新潜能。岱山在非物质文化遗产传承的广度和深度上双向发力，通过构建非物质文化遗产特色数据库，切实推进非物质文化遗产记忆保护工程。岱山更进一步地将非物质文化遗产融入文体旅融合的探索中，让古老的文化遗产在新时代重焕光彩，为地方的可持续发展植入了独特的文化灵魂与经济动力，展现了文化自信与创新发展并行不悖的图景。

在"非物质文化遗产+旅游"的实践中，岱山匠心独运开创"东沙模式"，实现传统文化与特色小镇的完美结合，古镇摇身一变成为集商铺、表演、展览于一体的海洋文化主题街区，引领了古镇新生的潮流。此外通过将渔民号子、海洋非物质文化遗产游园会等传统技艺和节庆活动与旅游体验相结合，创造出一种深度参与的沉浸式文化体验，让旅游不再停留于表面的观光，而是深入到地方文化的肌理之中，体验海岛的独特韵味，这无疑是一种文化旅游的高级形态。保护和传承非物质文化遗产，增强了旅游的吸引力，提升了岱山的品牌认知度，实现了从文化资源到旅游资源的高效转化。

而在"非物质文化遗产+产业"的探索上，岱山更是展现了文化创新与经济发展的深度融合。通过渔民画衍生品、特色美食等的开发，不仅让传统技艺找到了新的生命表达，还创造出了具有地方特色的文化商品，开拓了市场，为地方产业增添了新的增长点。这一模式既解决了非物质文化遗产保护传承面临的资金难题，也为地方经济结构的转型升级提供了新路径，推动了文化产业与传统产业的交叉融合，实现了经济与文化的双赢。

岱山的非物质文化遗产活态保护和可持续发展的生动实践，证明了传统文化并非静态的遗产，而是可以与现代社会生活紧密相连，成为推动经济社会发展的重要驱动力。通过"非物质文化遗产+"战略，岱山激活了文化的内在生命力，更让其成为推动地方发展的软实力。这不仅是对文化自信的彰显，也是对文化自觉的实践，更是对文化力量的深刻诠释。

赛事品牌的引领驱动

马拉松运动这一全球性体育盛事，早已超越了单纯体育锻炼的范畴，演化为一种融合健康生活与多元文化价值的生活方式。尽管源自西方，马拉松所蕴含的挑战自我、超越极限、顽强拼搏、永不放弃的精神却与中华文明中"天行健，君子以自强不息"的哲理不谋而合。岱马作为文体旅融合的典范，扮演着推动区域发展与文化传承的双重角色。岱山不仅将马拉松赛事打造成了享誉四方的"赛事名片"，更以此为契机巧妙编织了一张多元赛事交织的体育旅游网，让赛事成为一次全方位的文化盛宴。海岬露营节、非物质文化遗产展示等配套活动让体育赛事不仅是体育精神的集中体现，更是一个精心策划的展示台，将岱山的自然风光与人文故事巧妙融合，为全球跑者打开了一扇通往海岛风光与历史文化的窗口，这样的体验超越了传统体育赛事，成为一种文化与旅游的深度探索之旅。这种设计策略，实质上是在塑造一种体验经济，通过赛事带动的不只是短时的消费，更是对岱山文化认同的长期投资，进而形成口碑传播，带动后续的旅游热潮。

岱山以打造"长三角独具魅力的海岛休闲度假基地"为目标，培育出一批项目主题明确、赛事特色鲜明、文化内涵深厚、群众基础广泛的体育休闲运动。体育赛事作为现代经济体系中的一股强劲动能，展现出独特的流量经济特性和广泛的综合经济提振作用。赛事筹办与举办期间能够汇聚大量的人流、物流、信息流和资金流，能够连接赛事观赏、体育教培、体育场馆等活动，触及体育用品、公共交通、文化体验、旅游住宿、餐饮购物等多个环节，形成完整的经济生态圈。这一系统性的助力相关产业发展纵向做深、横向做宽，带动城市经济可持续发展，形成以体育赛事为标签的"城市名片"。岱山以体育为媒，讲述着海岛的活力故事，让体育成为连接人心的桥梁。文体旅的深度融合，作为城市营销的新策略，极大提升了岱山的能见度，使之成为文体旅融合的示范地，为城市品牌赋予了新的内涵和价值，从而在城市竞争中独树一帜。岱马证明了体育赛事作为载体，通过创新服务和深挖地域特色，能成为推动文体旅融合发展的强大动力，为城市公共体育服务和城市能级提升打开新境界。

为了助力全民健身国家战略的推进和落实，岱山还积极打造海洋运动休闲岛，户外露营、研学旅游、山地自驾等新兴业态的蓬勃兴起，体育不再局限于赛事，而是融入了人们的日常，成为生活的一部分；文化与旅游也不再是静止的观赏，而是动态的体验，让每位游客都能成为岱山故事的参与者和传播者。全民健身公共服务体系的升级，是当代社会追求全民健康、促进社会福祉的重要一环。岱山的全民健身公共服务体系升级不仅要注重硬件设施的完善，更创新服务模式，结合地方特色，融入智慧元素，形成具有地域特色的全民健身生态，才能真正实现全民健康、全域繁荣的目标。

山海人文的美好生活

古有愚公移山，今有浙江连岛。浙江秉承干在实处，永无止境，走在前列要谋新篇，勇立潮头方显担当的精神使千岛架彩虹、天堑变通途。20世纪90年代起，浙江就开始规划舟山大陆连岛工程。随着舟岱大桥的飞架南北，舟山连岛高速公路总建设里程达到了74公里，跨越8个岛屿，拥有8座大桥，成为中国最长的连岛高速公路和规模最大的跨海桥梁群。大桥物理性地缩短了岱山与外界的距离，也为文体旅融合的进程铺设了高速通道，将海岛从相对封闭的地理劣势转变为开放的区域优势，使得人民出行更便捷、货物运输更快速、交通对海岛经济发展的辐射带动作用更强、世界级港口城市发展的溢出效应惠及范围更广、世界级连岛工程的经济社会效益更加凸显。人们在这座桥的引领下，涌向岱山，体验着海岛独有的风情与运动的乐趣，文体旅养的融合在这里找到了最生动的注脚。

"绿色"是岱山石化产业的鲜明底色，采用世界领先的绿色生产工艺技术，实现低能耗、高产出、低排放，岱山石化产业在追求经济效益的同时也守护了蓝天白云。岱山精准承接舟山绿色石化基地、浙江自贸区等国家战略项目的叠加赋能，通过"龙头带动、园区承载、链式聚集"的发展模式，充分发挥行业集聚优势，一企带一链，一链串一片，2023年岱山"炼油化工产业"入选"浙江制造"省级特色产业集群核心区。岱山绿色石化产业的崛起，不仅带动了地方经济的飞速发展，也吸引了众多上下游企业的集聚。众多龙头企业的加盟，不仅为岱山石化产业提供了强有力的支撑，也为当地创造了大量的就业机会。岱山聚焦海洋经济发展，依托"产、才、城"融合高水平助力海岛现代化建设。黄建钢教授认为海洋经济是人类经济发展的第四产业经济，既包含服务业，也包含工业、农业，形成海洋农业、海洋工业、海洋服务业。怎样让社会的知识、资本、人员、能力、时间都往海洋上面走？政府政策制定是重要的一环。及时做好政策宣传解读、责任分解和落地实施，推动政策精准滴灌、直达快享。

丰富的海洋旅游资源是岱山的禀赋，也是岱山发展全域旅游的底气。岱山的独特魅力在仙岛风光、体育赛事、人文风情、非物质文化遗产传承以及山海间的居处与美味中尽数呈现。海洋旅游不仅具有观光游览功能，还具有深度体验海洋文化、认识海洋环境、展示海洋科技的教育功能，更兼有独特的休闲度假、疗养康复、运动娱乐等健康增值功能。岱山海洋旅游开发多集中于滨海和水面区域，以显性的海洋观光、休闲和度假产品为主，但新时期海洋全域旅游产品与市场亟须创新与迭代升级，海滨避暑疗养、海浴康疗、帆船出海、邮轮旅游、海上运动、海洋文化体验等健康增值属性将不断升级迭代。岱山岛在传统旅游产品基础上，应实现海域内"滨海、海上、海面、水下、海底"等旅游资源的积极开发，丰富海上运动休闲、低空观光娱乐、海域自由潜水、海底探险猎奇、海岛旅游度假、休闲渔业观光、海洋文化体验等新型体验层次，大力挖掘和培育海洋牧场、滨海湿地及国家海洋公园等海洋旅游功能，以期不断推进岱山海洋全域旅游的健康可持续发展，在发展旅游业实现旅游收入增长的同时，优化提升生态环境，提高居民生活水平，引领"蓝色休闲"。

全域旅游不仅涵盖传统的旅游景点，还涉及一个区域内所有可供旅游利用的资源和服务。其目的在于通过全面规划和资源整合，促进旅游业与地方经济、文化和生态的协调发展。岱山通过以文化旅游业为核心，优化和升级区域内的独特非物质文化遗产、知名赛事、公共服务、文化氛围以及旅游生态和体制机制等社会经济资源，旨在实现地方与游客的共享、资源的有效整合以及产业的互动融合，从而推动经济、社会的协调发展。旅游经济在全域旅游中占据核心地位，其发展助推产业结构的优化和区域的繁荣。生态环境则是全域旅游发展的基础，健康的生态环境能显著提升旅游目的地的吸引力和竞争力。社会系统则代表全域旅游可持续发展的目标，岱山的实践表明，文旅生态发展为未来海岛地方创生提供了新方向，全域旅游成为推动地区经济和社会发展的新引擎。

托浩渺碧波与绵延岸线，休闲渔船悠然游弋，游艇海钓激情上演，而金宿、银宿的星罗棋布，让"面朝大海，春暖花开"的诗意生活触手可及，幻化为现实中的桃源梦境。岱山文体旅养深度融合不仅是一种产业布局的创新，也是一种生活态度的引领，更在于文化的挖掘与生活方式的倡导以及产业链的拓展。岱山以海纳百川的胸襟，汇聚了文化的韵味、运动的激情、旅游的魅力、康养的闲适，绘就了一幅生动的文体旅养融合的海岛画卷。远离车水马龙、喧嚣市井，东海一隅的岱山成为新时代"海上桃花源"，展现岱山的自然之美、人文之美、发展之美、时代之美。

第十章 台州篇

黄岩橘灯　点亮希望

新型帮扶共同体
新型产业共同体
新型治理共同体

与时俱进　共富方林

产权改革与激励机制
产业升级与运营前瞻
敢为善为与持续发展
福利制度与幸福未来

黄岩橘灯　　点亮希望

每一座城市都有其独特的文化特色，每一座城市都应该有一个属于自己的尊享名号。

黄岩的甜，是有渊源的。

黄岩的"绵甜"来自文脉绵长的历史底蕴。

黄岩素有"东南小邹鲁"的美誉。域内有中国道教"第二洞天"委羽山大有空明洞，北宋九峰瑞隆感应塔、唐宋沙埠青瓷窑址、保存完整的县学旧址孔庙、朱熹讲学处儒学名山翠屏山、石拱古桥五洞桥等古迹。

黄岩宋韵文化、咏橘文化、青瓷文化、儒释道文化源远流长，一座座书院、寺院、道观、宝塔，展示了儒、释、道文化的交融共存、交相辉映。

黄岩自古人文荟萃、文风鼎盛、人才辈出。自唐以来黄岩出过进士287人。古有南宋贤相杜范、史学大家赵师渊、一代大儒车若水、哲学名家黄绾、经史学者王棻等俊杰贤达；今有五四运动先驱周炳琳、"两弹一星"元勋陈芳允、革命书画家陈叔亮、经济学家张友仁、作曲名家黄准等志士名人。他们在历史长河中可谓灿若星辰，其功绩彪炳史册，令人高山仰止。

黄岩的"鲜甜"，来自瓜果飘香的丰饶物产。

"黄岩熟、台州足"。黄岩是全国首个粮食亩产跨"纲要"、首批超"双纲"的县。橘子是黄岩人心中的"第一甜"，是千百年来留在橘乡人民乃至国人舌尖味蕾上的永恒记忆。

黄岩蜜橘是"世界蜜橘之源"，至今已有1700多年栽培历史。自唐上元二年（675年）黄岩立县以来，就被列为朝廷贡品。黄岩蜜橘的品种好多，有本地早等180多个品种品系。1996年获得"中国蜜橘之乡"称号。后来，黄岩办起了柑橘旅游节，全景式演绎橘乡的独特魅力。

黄岩的"甘甜",来自共享和乐的民生画卷。

二十年来,黄岩把不断增强人民群众的获得感、安全感作为所有工作的出发点和落脚点,全力推进就业、养老、医疗、住房、教育等民生事业,为民办实事工作考核连续11年获全市第一。还建成区职教中心,不断新改扩建学校、幼儿园,创成省教育基本现代化区。探索建设康养联合体,构建普及普惠养老服务体系,建成区妇保院新院、福利中心、残疾人康复和托养中心、区医疗中心。一桩桩、一件件为百姓办的民生实事,让市民触手可及甜蜜。

公共服务优质共享让群众生活富裕富足,"平安黄岩"实现十六连创,捧回"平安一星金鼎"。148个"15分钟品质文化生活圈"在橘乡星罗棋布,中国人居环境范例——永宁公园风景如画。

华灯初上,官河古道两岸清风徐来、人头攒动,甜蜜的笑意写在每一个市民的脸上。民生优享战略让橘乡的老百姓实实在在感受到生活的"甘甜"。

黄岩的"醇甜",来自活力勃发的民营经济。

自古黄岩有"东南财赋地"一说。汉魏以降,黄岩就是重要的物流商埠、对外贸易的要地、海上丝绸之路的节点。

最近二十年来,黄岩以"工业强区"为重点,以"腾笼换鸟、凤凰涅槃"攻坚行动为主线,建成了智能模具小镇、建立黄岩"模具(塑料)产业大脑",永宁江科创带、台州梦创园、黄岩研创中心和官河古道元宇宙街区;办起永宁凤凰学院、设计创新中心;模具、塑料、电动车等主导产业不断发展壮大,智能制造、新材料、生物医药等新兴产业全力推进。

黄岩拥有模具、塑料、电动车、医化等七大支柱产业,被誉为中国模具之乡、塑料日用品之都、电动车及零部件产业基地,连续11年跻身全国综合实力百强区。

2023年,黄岩地区生产总值实现637.70亿元,比上年增长5.3%。2023年,全区城镇居民可支配收入73548元,农村居民可支配收入41229元,城乡收入比下降为1.78。经济社会各个领域持续沿着高质量发展的轨道前行。

黄岩的"心甜",来自永宁幸福中心的打造。

由清华大学与黄岩区共同打造的永宁幸福科学馆正式开馆,免费向广大市民开放。开馆当天,市民云集。

永宁幸福中心及第六届中国国际积极心理学大会选择落户黄岩,用积极心理学如何帮助黄岩人民提升幸福的能力。这不仅为幸福黄岩平添了一味"心甜",更将涌现出系列新的学术成果,从而有力促进个体、群体、社会"由心而治"的实践探索。黄岩将进一步深化校地合作,加快构建全域积极心理服务体系,乘势而上发展幸福产业,高水平打造更具"甜味"的幸福黄岩。

"甜"是黄岩的特色!这份甜,她从历史中走来,是当下百姓真实感受,更是未来创造幸福的持续动能!

黄岩的共富工坊,名叫"小橘灯",这是他们特有的"甜"。

台州市黄岩区西部"六乡一镇"地处长潭水库上游山区,山高路远,受交通区位、环保政策限制等因素制约导致发展滞后。

近年来,黄岩坚定不移实施生态共富西部振兴战略,主动破解农村资源闲置和城区季度用工矛盾,在2021年就尝试将绿色产业引回农村,通过党建引领匹配两端需求,促成企业、村居结对,建成全省首家共富工坊。

目前,黄岩区已累计建成共富工坊225家,帮助4822位村民实现就地就近就业,其中包括低收入农户317人,共发放工资总额7316万元,带动村集体增收645万元,并创新打造全省共享数字应用,助力台州发布全国首个共富工坊建设运行标准,绘就"农民增收、企业增效、集体增富"新图景。

为全域协作推进共同富裕,黄岩区聚焦低收入农户和留守妇女等特殊群体,实施"乡镇街道对口支援",推进东部街道无污染产业"工厂西扩",建设"小橘灯"共富工坊,采取入股分红和产销合作等模式,与困难群众建立利益联结机制,通过党建引领、产业引路、市场运作、多方共建等举措,把项目送到村、把岗位送到户、把技能送到人,构建"共富工坊"作业、邻里、数字、低碳、服务五大标配场景和培训、电商、体验、文化四大选配场景,打造幸福感、安全感、未来感兼具的乡村创富基本单元,实现乡村产业振兴、群众增收致富。

区乡两级党委强力统筹，整合闲置劳动力、农房、土地等要素，在最好点位建起最亮工坊，群众点赞"共富工坊就像黄岩的小橘灯，一盏一盏将西部点亮"。

他们打破行政区划界限和产业界别，依托党建联建机制统筹各方资源，有力驱动共富要素集聚工坊，共同组建强村公司，打出党建引领的"市场化改革＋集体经营"组合拳。如区城投集团旗下大环物业与高桥街道大埭村通过党建结对，共同成立环境服务公司，承接该街道4个物业服务项目，提供40多个固定就业岗位，实现净利润37万元，村集体分红10万元。

他们发挥商会、协会等两新党组织和乡贤优势，引导东部企业将无污染产业整链迁至西部农村，盘活村庄闲置土地或房屋建设共富工坊，实现把"项目送到村、岗位送到户"。全区共195家企业将工坊建到农村，如黄岩希乐工贸将杯盖生产线搬至宁溪镇上桧村，为30余名低收入农户和周边群众提供就业。如区交旅集团成立"小橘灯"运营管理公司，市场化运营工坊，量身定制打造共富产业。如与上郑乡10个沿溪村成立"红磐石"党建联建，打造摘星谷、黄岩山旅游综合体等19个共富项目，吸收劳动力1200人次，村集体年增收130万元、总经济收益逾1000万元。

他们先后出台《深化共富工坊建设扶持政策十五条》《明确共富工坊建设财政扶持政策兑现流程》等专项文件，通过建设、场租、物流、就业、保险等综合补贴形成全要素支撑。如针对工坊以老人为主、难以纳入工伤保险问题，政府出资统一为1400多名超龄农户投保团体意外伤害险，形成安全保障闭环。

他们先行开展工坊标准体系建设，统一视觉识别系统设计，建立"四力"星级评价模式，评出"三星"工坊30个，形成示范效应。制定共富工坊安全生产标准规范，严格开展安全培训和应急处置演练，以顶格标准确立消防规范，不断夯实工坊安全生产底座。

他们欣喜地看到这样一个现象，当盘活农村资源后，入坊企业运营成本显著降低，效益得到了明显提升，形成了良性循环。目前企业用工成本降低近20%，村集体经济年增收14%，59家工坊实现整转提升或产业优化。

他们利用数字赋能，实现一屏掌控。归纳提取各类工坊核心业务流，打造跨领域、跨层级"智慧大脑"，为工坊运行提供全过程算力支持。

他们有效依托"浙里办""浙政钉"及公共数据平台，全方位归集各类数据10.3万余条，按照"产业相宜、供需相配、资源相合"原则，开发智配算法模型，自动生成村企合作建议方案。他们以标准化、全流程思维，实现订单接收、生产安排、工资发放等环节全"上云"，对安全巡检、产品抽检等任务定人、定时、定量管理。综合运输距离、生产饱和度等因素，构建订单智派算法模型，放大带富效应。他们对农村剩余劳动力，特别是低收入群体进行一对一建档立卡、多维度画像建库，精准实施技能培训和岗位推送，动态跟踪培训就业、保险覆盖、工资发放等情况，以信息互通推动人岗互适。

众所周知，共富工坊不仅是致富创收物理空间，更是生态共富基本单元。我们进一步延伸内涵，拓展功能，将工坊打造成为民办实事的重要载体，实现既富口袋，更富脑袋。

他们将共富工坊作为培训基地，为百姓提供多样化技能、拓展多元化认知。如院桥镇新岙里工坊开设带货直播间，带动周边农民接触直播，使手机变成"新农具"，直播变为"新农活"，油菜花盛开时，周边村民纷纷直播美景并带货，单日吸引近10万人在线观看。

他们强化公共功能。以工坊为基础整合"小橘屋"暖心房、农村文化礼堂、党群服务中心等，打造乡村公共服务中心，"一站式"解决群众安居、增收、医疗、康养等需求。如宁溪镇五部村"橘光社区"，融合工坊、居家养老、康养护理、文体娱乐等功能，把群众闲暇时光从村口小卖部、大树下等搬到工坊里，让大家有事做、有话聊，邻里纽带更加紧密。

他们提升服务效能。吸收乡村党员干部、企业派驻人员等成立"红管家"团队，分别担任领航员、监督员、技术员等"八大员"，为工坊建设运营、村民就业提供"暖心"服务。目前"红管家"团队实现全覆盖，解决各类问题1300多个，工坊成为扎根基层的"智治桥头堡"。

以宁溪为例，看看共富路上那些闪耀的"小橘灯"，如何在黄岩点燃四方。

宁溪，旧称宁川，因黄岩溪上游急流至此方宁而得名，位于黄岩西部山区、长潭水库上游，是重要的生态功能区和市区西部的经济、文化、交通中心。镇域面积 88.54 平方公里，下辖 27 个行政村（居），人口 3.44 万人，是省级中心镇，曾获得全国环境优美乡镇、全国卫生镇、全国生态文明建设示范乡镇、浙江省扶贫开发工作成绩突出集体等称号。

宁溪镇历史悠久，人文荟萃，自唐朝开街立市以来，距今已有 1000 多年的历史，二月二灯会、"作铜锣"、传统糟烧酿制技艺已被列入省、市非物质文化遗传名录，有千年古镇、中国节日灯之乡和省民族民间艺术之乡的美誉。

宁溪现有产业集中在节日灯、塑料模具、酿造等行业。同时，宁溪也是抗战时期革命老区，历史名人和国民党抗战将领众多，有"小小宁溪街，108 条黄皮带"之称，民政部批准的著名抗战英烈台州 4 人，宁溪就有王禹九、王天祥 2 人。

近年来，宁溪镇坚守"发展"和"生态"两条底线，锚定西部山区人口集聚中心、商贸和社会服务中心、旅游集散中心发展目标，围绕农民共富、农业"双强"、乡村建设三条主跑道，努力为书写中国式现代化黄岩篇章提供宁溪实践。

宁溪镇以打造共同富裕乡镇样板为目标，创新"小橘灯"安居增收帮扶模式，建成全省首家镇级工坊服务中心，并联动小橘灯共富工坊、小橘屋、橘光乡村服务中心等，全力解决群众关心关注的热点、难点问题，让"小橘灯"点亮千万窗、温暖百姓家。其中共富工坊模式在全市推广，相关工作实践吸引了《人民日报》、新华社、《中国日报》《经济日报》、中国新闻网等多家国内主流媒体的重点关注，被推向全国乃至海外。

原来，宁溪镇所在的村，历年就有发包节日灯到户加工生产的传统。

2018 年 10 月，大苔村引进削菜花梗、烤糖等农产品加工工坊，小橘灯共富工坊雏形初显。

2021 年 2 月，第一家工坊在岭根村成立。3 月，宁溪镇召开专题动员会，全面开展"小橘灯"安居增收动员行动；同时发动镇村两级干部全员行动开展招商引资，根据村庄闲置土地、房屋以及闲置劳动力情况，筛选出大苔、五部等一批建设基础好、群众呼声强的村庄，对接希乐工贸、晨起餐饮等企业，建设产品加工线，优先吸纳低收入农户就业。

2021年3月起，宁溪镇下属各行政村（居）陆续开始建设共富工坊，截至目前已建成工坊22家，带动就业1000余人次，人均年增收超2万元，并提供低收入农户就业岗位200多个。

为加快共同富裕步伐，主动缩小城乡差距，宁溪镇全力发展"小橘灯"共富工坊建设，通过"联建帮富、支部领富、抱团创富、党员带富"等不同形态，全面激发镇、村、企及党员个人的造富潜能，蹚出了一条在发展受限的偏远山区，培育新产业、培养新农民、培塑新农村的实践路径。

采访中，现任宁溪镇党委委员、副镇长李露茜带着我们走进上桧村。这位扎根西部，长期活跃在带动西部共富第一线的女镇长，讲起共富工坊的故事，如数家珍。

自宁溪镇开启共富工坊的建设探索以来，镇里的同志紧密联系村吴家岙、大苔、快乐等村两委班子，党员干部开展跑腿招商、走访东部企业十余次场，相继推动希乐工贸、太空实业、明一慧水等市场主体在宁溪落户，建成了黄岩区首个"水经济"共富工坊。

"这项工作绝不是形象工程，而是为企业积极履行社会责任，投身乡村振兴事业，助推共同富裕搭建的一个平台。"在黄岩区委组织部举办的"共富工坊"推进会上，浙江希乐工贸有限公司人力资源行政事业部部长孙福良如是说。

"共富工坊"是件新鲜事，在项目雏形阶段没有人确定是否能办好，2020年12月起，在宁溪镇党委、政府和希乐公司党委党组的合力支持下，他就开始将希乐水杯大量加工订单带进西部大山里，带到乡村工坊里。

小橘灯共富工坊从无到有持续不断地得到发展，其中不乏这样那样的问题和困难需要协调与解决。孙福良始终没有忘记自己是一名共产党员，他严格要求自己，在企业与共富工坊的各项具体工作衔接中，他坚持做到有求必应、有问必答。工坊里工作人员中老人居多，有些老年人对产品的质量把握不够，对产品的装配细节理解起来较慢，他就一次又一次手把手地教他们如何操作，怎样注意产品的质量。

一次在对共富工坊产品加工的巡查中，他发现有些步骤确实烦琐，加上频繁地更换加工品种，老人紧赶慢赶做工，适应起来还是有些吃力，为了解决这一问题，他特意全面筹划、协调各方，专门挑选出量大且加工步骤单一的产品，送到工坊以便老人轻松加工，受到各工坊的一致好评，用他的话来说，就是"军人退伍不褪色"，他真的做到了言行一致。

在宁溪镇岭根村内的两间灰瓦木屋里，居住着已经四世同堂的牟家。男成员外出打工谋生，牟星星和牟星红两姐妹只能留在家带小孩、照看年迈重病的爷爷。家庭收入微薄，生活条件艰苦。

2021年，村里建成共富工坊，招引来杯盖组装生产线，两姐妹抓住家门口的就业机会，用双手创造财富。2022年，她们合力为家庭增收53000元，货源最多时人均月收入达5300元，她们一个劲赞扬"多亏工坊，给我们生活带来希望！"现在，家里欢声笑语多了，开始计划建新房子，日子越来越有盼头。

"小橘灯"共富工坊这件利民惠民的大好事，在持续更新中。

他们在前期先行先试的基础上，细化、优化小橘灯共富工坊的运维体系，通过建立企业名录、健全激励政策、规范工坊管理，制定《"小橘灯"共富工坊管理手册》，确保工坊制度化规范化、系统化运行，为"小橘灯"产业帮扶向全市推广，提供共富系统的可复制模板。

他们为探索"橘光社区"模式，赋能工坊常态长效，由党员主抓强工坊，建成全省首家镇级工坊服务中心。联动以党员为主的"红管家"开展跟踪服务，建设以工坊为核心的村镇"15分钟公共服务圈"，整合工坊、暖心房、党群服务中心等设施，打造新型乡村服务中心。

他们以发展为要，激发带富创富新动能，在推进来料加工、定向招工等传统类型山区共富工坊的基础上，积极做好创新发展文章，打造竞争力更强、辐射力更广的共富工坊2.0版本。

他们吸引龙头产业带动，将浙江大学田生科教授团队建设的绿色科创中心升级为未来橘园共富工坊,通过共享种植技术,帮助农户丰产丰收,现已带动周边新增柑橘种植面积近千亩。

"小橘灯"共富工坊,将长燃共富引擎,努力蹚出更具宁溪特色,更具有现实意义的产业共富新成果、新路径、新模式。

蓝天白云,溪水淙淙。

"小橘灯"的故事,在无限延绵。

黄岩的甜,与共富,系起平安结。

//"黄岩橘灯"评论/

黄岩"小橘灯",是浙江省台州市黄岩区独特而鲜明的共同富裕标志,它不仅象征着地区发展的希望,更是乡村振兴和共同富裕实践的生动体现。黄岩位于浙江黄金海岸线的中部,尽管受到交通和环境的制约,但并未因此停滞不前。相反,立足其深厚的橘乡文化,黄岩区勇于创新,提出了"小橘灯"共富工坊的构想,旨在以橘为媒,带动群众增收、集体增富、企业增效,实现共同富裕的美好愿景。这些工坊的成立,不仅为村民带来了稳定的收入,更为村集体带来了可观的增收。黄岩区在推动共富工坊建设的过程中,注重统筹协调和资源整合,坚持"宜工则工、宜农则农、宜建则建、宜改则改"的产业布局原则,充分利用村庄闲置土地或房屋建设"共富工坊"。这些工坊依据当地特色,各自发展适合的工业、农业或旅游业,使得每一个工坊都能各具特色、各尽所能,盏盏"小橘灯"点亮乡村共富路。

新型帮扶共同体

浙江省自2021年7月起实施"新型帮扶共同体"建设。构建由省级机关、事业单位、国有企业、金融机构、经济强县(市)以及民营企业共同组成,分别与山区26县全域结对帮扶新模式,旨在推动经济薄弱的山区跨越式高质量发展,为实现乡村振兴和共同富裕提供浙江示范。黄岩区"小橘灯"共富工坊超越了传统的驻村单向帮扶模式,通过融入"共同体"理念,成功构建了一种多元主体参与的组团式常态化帮扶机制。在这个"共同体"中,不仅汇聚了政府、企业、社会组织等多元力量,形成推动共同富裕的强大合力,为企业服务社会提供重要载体,为在地群众提供致富平台,而且将帮扶对象——经济相对薄弱的乡村和农户也纳入其中,与先富起来的地区和企业建立起紧密的互动联系。"小橘灯"共富工坊充分发挥这种"共同体"优势,通过整合分散在各部门的政策资源和各行业的优势,有效提升了帮扶工作的针对性和实效性。同时,工坊还注重激发乡村和农户的内生发展动力,通过提供技术支持、市场开拓、品牌建设等方面的帮助,引导他们积极参与到共同富裕的进程中来，对闲散劳动力加以专业培训，掌握必要的生产技能，最大限度地使欠发达、低收入地区群众在家门口就业通过双手勤劳致富，"人人有事做，家家有收入"的希冀成为现实。在这种双向互动、优势互补、互利共赢的发展新格局下，共富工坊不仅有效解决了经济薄弱区域及"后富"乡村的发展能力和发展动力问题，还为推动区域经济的均衡发展和社会的全面进步作出了积极贡献。

传统的驻村帮扶以党政机关部门帮扶为主，利用制度优势和党政机关所具有的强大政治动员能力在短期内汇聚大量资源，向经济薄弱区域及"后富"乡村"输血"，通过"运动式"推进，快速改善当地基础设施和公共服务，维系"输血式"发展。新型帮共体模式是一种社会广泛参与的开放式帮扶，特别是把民营企业作为帮扶主体纳入帮扶体系，发挥民营企业注重投资回报率、兼顾经济利润与社会责任的"逐利性""公益性"特点，推进产业发展和共同富裕。盈利是市场参与者的根本属性。以追逐利润和社会责任为基本使命的民营企业参与帮扶，使产业发展必然与当地实际紧密结合，尊重产业发展客观规律，从而使被帮扶乡村实现产业兴旺，"造血式"持续发展成为可能。黄岩区"小橘灯"共富工坊实现了"有为政府"与"有效市场"的有机结合，为乡村振兴和共同富裕注入了新的动力。传统帮扶模式往往由政府主导，以单向的"帮"为主，但这种方式往往面临资源分配不均、效率低下等问题。黄岩区"小橘灯"共富工坊打破了这一传统模式，城乡通过互动的良性循环更多发挥市场在资源配置中的决定性作用。作为新型帮扶模式的重要参与者，党政机关部门在黄岩区"小橘灯"共富工坊中发挥了关键作用。他们利用政策优势和动员能力，为工坊提供了全方位的服务和监管。这些服务不仅增强了企业的投资信心，也为乡村产业的发展提供了有力保障。同时，监管确保了以盈利为导向的企业经营行为符合地方乡村振兴战略要求和产业发展政策，实现了政府、市场和集体经济与村民的合作共赢、共同发展。

新型产业共同体

黄岩区在深入理解共同富裕的核心理念后，坚定地将目光投向了构建"产业共同体"，希望通过这一创新路径，推动乡村产业的持续激活与振兴。该区明确认识到，实现乡村振兴，必须让"农业强、农村美、农民富"的目标成为引领各项工作的灯塔。为此，发展黄岩乡村的特色优势产业无疑是关键所在。黄岩区"小橘灯"共富工坊便是这一理念的生动实践。工坊不仅致力于发掘和壮大乡村的特色产业，更注重产业的持久兴旺，确保每一分努力都能转化为实实在在的收益，让农民真切感受到共同富裕的温暖。为了实现这一目标，工坊采取了全新的帮扶模式，将"产业共同体"作为核心策略，通过它激发乡村产业的内生动力，进而带动整个乡村经济社会的全面振兴。通过基于资源利用效率和投资回报率的考量，黄岩区"小橘灯"共富工坊成功引导城市和经济强县的各类要素流向经济薄弱区域，也使得这些产业得以持续发展，为乡村经济注入了持久活力。具体运行机制是共富工坊积极引导城市的工商资本进入农村，通过资产整合开发、来样来料加工、现代农业生产等形式与当地的农民和乡村企业建立紧密的合作关系，共同构建一个互惠共赢的"产业共同体"。在这个共同体中，各方的资源和优势得以充分整合和优化配置，形成了一股强大的合力，推动乡村产业不断向前发展。工商资本的加入，为乡村带来了资金、技术和广阔的市场资源，为乡村产业的升级和转型提供了有力的支撑。而农民和农村企业则凭借对吾乡吾土的情感、闲置的集体资产、丰富的劳动力资源和独特的地方特色，为产业共同体提供了坚实的基础和无限的发展潜力。这种优势互补、协同发展的合作模式，不仅提升了乡村产业的经济效益，更为当地社会带来了显著的社会效益和生态效益，让乡村焕发出了新的生机与活力。

新型治理共同体

黄岩小橘灯新型治理共同体是一个以党建为引领，深度融合自治、德治与法治理念的先进社会治理模式。在这个共同体中，黄岩区在全省率先运用"共富工坊"应用，开发三大核心场景。这些场景以"小工坊"推动"大数治"，实现了工坊的迭代升级和健康发展，同时注重工坊的规范化运营和标准化管理，通过明确"红管家"团队的职责、强化标准化思维、实行云监管等方式，确保工坊的规范运行和高效产出。区委领导亲自挂帅，打破各种壁垒，统一调配企业、人才、资金和劳动力等资源，为工坊建设提供了全方位的支持。这种高位推动的方式，确保了工坊建设的顺利进行和资源的有效利用。同时，黄岩区还注重跨区域合作和创新实施全域联合建设，通过企业联村、干部连户等方式，有效地解决了农村空心化的问题；通过实行"集团运营"和"村企协作"等模式，进一步推动了工坊的规范化运营和效益最大化。通过创新自治机制，黄岩鼓励村民积极参与村集体事务，让每个人的声音都能被听见，每个人的意见都能得到尊重，及时回应群众关切，特别关注失业人员、年迈老人、回乡青年人以及低收入人群的生活改善与尊严维护。黄岩小橘灯新型治理共同体的实践，不仅具有现实的社会治理意义，更在悄然中催生出一种"普世价值"。她像印度"小额储蓄贷款银行"那样，从细微处着手，却能在宏观上产生巨大的正向效应。数据显示，截至目前，黄岩区已累计建成共富工坊 225 家，帮助 4822 位村民实现就地就近就业，其中包括低收入农户 317 人。目前共发放工资总额 7316 万元，带动村集体增收 645 万元。

黄岩"小橘灯"共富工坊是黄岩区实现共同富裕和乡村振兴的重要创新举措。通过引入绿色产能、布局全域产业、创新运营模式等方式，为当地村民带来了实实在在的福祉和收益。

黄岩小橘灯在取得显著成就的同时，也在快速推进中产生亟待改进的方面。由于部分村民对品质标准认知不足，导致产品在细节处理上难以达到市场的高标准；技能培训方面需要专业化、细致化的辅导；投入的资源与实际需求尚需进一步匹配，以提高整体收益。上述因素制约了员工技能的提升和企业的创新能力。在引进新兴产业以促进就业方面，黄岩小橘灯仍需加强努力。黄岩区在提升和创新的过程中及时关注到上述问题并针对性地予以破题，在追求乡村振兴和共同富裕的道路上，黄岩区小橘灯共富工坊不仅致力于推动乡村产业的发展，还积极探索将传统手工艺与现代装饰加工相结合的新路径和专业化人才引进及培育，促进乡村经济的多元化发展。"小橘灯"共富工坊以党建引领为抓手加强资源统筹，能够让百姓口袋鼓起来、村集体经济强起来、联建企业活起来，实现三方共赢。

浙江省到 2025 年推动高质量发展建设共同富裕示范区取得明显实质性进展，2035 年基本实现共同富裕，坚持围绕环境"美"、产业"旺"、活力"足"、风尚"好"、韵味"浓"、服务"优"、价值"高"、机制"强"，绘就共同富裕大场景下新时代美丽乡村新图景。黄岩区紧跟全省步伐，加快构建"千村引领、万村振兴、全域共富、城乡和美"的"千万工程"新画卷，推广"新型帮扶共同体"在浙江山区乃至全国范围的实践运用，推动"千万工程"在新时代新征程中更加直抵人心、继往开来。

与时俱进　共富方林

正值初夏，带着地方特色经济如何创生创新这个新命题，我们一行走进了台州路桥的方林村。

方林村的党委副书记林荣辉接受了访谈，在他的口中，方林村犹如一幅立体的山水画，展现在所有人的眼前，也让小乡村到汽车城的腾飞，有了答疑解惑的过程。

方林村是个小村，占地不到0.4平方公里，全村共有266户1136人，村设党委、下辖5个支部，共有党员109名。

改革开放前，村集体经济年年亏欠，人均收入仅147元，住的是矮木屋，走的是烂泥路，是出了名的借贷村。老百姓形象地把那时的方林称作"石路窟"，当时还流传着"嫁囡不嫁石路窟"的说法。

如今的方林村，家家住别墅，户户生态园。市场成交额超200亿元，村集体经济收入达到9500万元，人均纯收入超11.5万元。还建立了"吃粮村供应、看病全报销、养老有保障、股权有分红、慈善有基金"等26项村民福利保障。

早在2016年，方林村率先完成了经济合作社股改，首次量化3.3亿元，总股份1100股，每股30万元，完成了"资产变股权、农民当股东"的转变。

五年后的2020年，股权分配每人达49000元，发放总额5390万元，村里给村民的股权分配、福利和退休金就高达70000元，村民的获得感、幸福感、安全感、认同感全面提升。

2023年，方林村完成市场成交额235亿元，村集体经济收入达到9800万元，人均纯收入超12万元。村民的获得感、幸福感、安全感、认同感全面提升。

口袋富了不算富，脑袋富了才算富。富起来的方林村，在建设好、经营好村庄的同时，在带领村民精神富裕的道路上，成绩斐然。他们通过唱村歌、写村报、排村戏、演村晚、编村志等载体，实现了文艺赋能、文化润富。

为了共富共享，村里还每年投入100万元，设立方林公益基金，主要用于扶贫结对、防疫捐助、慈善捐款。多年来，方林村累计向各地扶贫结对慈善捐款上千万元。

方林村还以项目合作形式，带动周边村庄，如杨戴村、肖谢村、肖王村、洪洋村等村集体经济，每年增收几百万元，促进共同富裕。

林荣辉副书记说，方林村的成功之路，在方中华书记的带领下，主要做到了"五化两坚持"：

"两坚持"的第一个坚持，指的是坚持党的领导，走共同富裕道路。他们以坚持党建为引领，以"党建+"全面统筹方林发展，抓党建促发展，做好发展强党建，将党的各项共同富裕政策落到实处。第二个坚持，指的是坚持规划先行，一张村图绘到底。早在1994年，方林村邀请上海同济大学规划设计院制定了方林发展规划，按照住宅区、工业区、商业区、农业园区四大区块定位，一任接着一任干，经过多年努力，已全面完成规划建设。

他们的"五化"，指的是实现了产业多元化、村民福利化、治理科学化、村庄生态化、村民知识化。

实施"千万工程"的20年来，通过制度和规范治理，通过文化润富，不断提升村民的素质，方林村有了今天的好光景。

在经济发展的道路上，方林村的汽车城大名鼎鼎。

浙江方林汽车城成立于2002年，是一家以销售各大主流家用汽车为主的市场。营业面积7万平方米，总入驻商家53家，其中15家4S店，38个城市展厅，新能源品牌41家。2022年销售汽车5.8万辆，市场成交额104亿元，占全市总销量35%左右；占路桥区限上消费品零售总额的70%以上。

早在2013年，方林汽车城就收获了浙江省现代服务业集聚示范区的荣誉称号。

如今，依托台州路桥商贸中心的区位优势，方林汽车城已发展成为"全国青年文明号"、全国"小个专"创新试点企业、浙江省四星级文明规范市场、浙江省区域性重点市场、"浙江省工人先锋号"、台州市十大重点市场、路桥区 A 类市场，促进了台州乃至浙东南汽车市场的发展，带动了路桥及周边相关产业发展。方林汽车城也是省级服务业创新发展区的主阵地。

从一个浙江台州的小乡村，直到如今名扬四方的汽车城，方林汽车城能在市场大潮中脱颖而出，自有它独特的经营理念。

作为一家致力于为广大消费者提供高品质汽车和优质、便捷服务的企业，他们一直秉承着全心全意当好"店小二"，努力为企业发展做好服务的经营理念，坚持从客户需求出发，一如既往地探索推进路桥方林汽车产业创新发展区的新路子。

十多年来，他们始终秉承硬着头皮、厚着脸皮、磨破嘴皮、饿着肚皮、踏破脚皮的"五皮"招商精神，和情感上暖心、行动上贴心、措施上用心、机制上顺心、关系上无私心的"五心"留商理念，是方林汽车城良性发展的制胜"法宝"。

走进英式超跑路特斯中心，这是一个集展厅、销售、售后以及维修保养服务于一体的中心。

作为世界三大超跑品牌之一，路特斯一直致力于打造高性能跑车和赛车，屋里屋外没有任何花里胡哨的横幅标语，有的仅为路特斯专属的"黄""黑"色彩元素，搭配大尺寸落地玻璃，整个展厅是通透明亮的。

他们的代表车型有：Elise、Exige、Evora、Evija、Emira 等，除了传统燃油动力外，路特斯也开始涉足新能源领域，已推出纯电动超跑 Evija 和首款纯电 Hyper SUV 路特斯 Eletre。

走进保时捷中心，这是一家由奥地利引进的全外资企业，也是台州首家保时捷店。

这家店从开店的年销售量 500 台上升到现在的 1200 台。2023 年，台州保时捷中心投入 1000 万元美金，打造浙江南部的保时捷中心标杆。

保时捷中心全新睿镜展厅的建设，也标志着方林村汽车城拥有了全球最大的保时捷旗舰店。原来的保时捷展厅就成了易手车的展厅。

整个展厅空间被划分出了不同的主题模块，有展示全新车型和特别车型的"重点车展示区"，有代表保时捷电气化未来的"电动车展示区"，有极具保时捷创意的"配件展示区"和仪式感满满的新车交车区。这里不仅销售保时捷车型，它更像一个值得每个保时捷爱好者前来打卡、体验的地方。

2020 年初，在新冠疫情影响下，汽车行业步入寒冬。大变革时代，有挑战，也"藏匿"着可贵的机遇。

于是，2020 年，为抢抓新能源汽车转型发展的历史机遇，方林办成了一件大事——和特斯拉多次洽谈，将直营店开到方林汽车城，方林汽车城成为全国首个引进特斯拉的汽车市场。自引进以来，年交付车辆从最初的 10 余台攀升到现在的 5000 余台，同时也成了整个台州的交付中心。

我们可以看到，特斯拉新能源汽车爆发式增长，也加速了行业洗牌进程，为中国汽车品牌向上开辟了发展的新赛道。

方林汽车城凭借着独特的区位优势、政策优势叠加"人＋车＋生活＋文化＋数字＋金融＋党建"新时代七位一体的新型复合消费场景发展优势，引进了理想汽车的销售展厅。

2023 年，理想展厅还创造出当月最高销售汽车 300 多台的佳绩，整个店铺的数据更是拿到过全国第七、浙江第一的好成绩。

来自最新的消息，2023 年 12 月 30 日，理想汽车浙江最大零售中心在路桥方林汽车城开业。

地阔海冥，云水长和。理想汽车台州方林汽车城零售中心焕新开业。巅峰启程，期待与你共创理想生活，定格美好＃理想在浙里。

正像新闻上所描述的，方林汽车城，又进入了一个新里程。

小鹏汽车作为造车新势力之一，有满满的科技感，旗下有小鹏 G6、小鹏全新 P7i 超智能轿跑、小鹏 G9 超快充全智能 SUV、小鹏 P7 超长续航智能轿跑、小鹏 P5 百变舒适智能家轿，也是整个台州首家体验中心。

在汽车场，不仅有全系的试驾车，还配备了自营的超冲站，同时为满足市民快速补能的需求，还对其他品牌的新能源汽车开放充电。

随着众多造车新势力的入场和布局，新能源的赛道进入了激烈的"群雄混战"。

高合作为金桥集团在方林村汽车城开的第二家展厅，无不印证着汽车城拥有核心商圈庞大的消费客流和强大的消费势能。它是华人运通以共创这一全新方式，与相关方尤其是用户共同打造的全新豪华智能纯电品牌，致力于通过共创，建立人与世界之间的更为紧密的关系，创造"合"而不同的世界品牌愿景。

高合汽车在汽车城的落地，也一步开创了强强联合、优势互补、共同发展的新篇章和新局面。在方林村汽车城，可以看到高合的三款车型，HiPhi X、HiPhi Z、HiPhi Y。

在智能化时代，车机系统已成为衡量一款车智能化水平的重要标准，直接决定着用户的智能化体验。

华为问界凭借着遥遥领先的鸿蒙座舱，自 2022 年开业以来，月交付 60 余台。作为成长最快的高端新能源品牌，在华为的赋能下，华为问界正成为一个以"智能"为品牌标签的生态汽车品牌，引领智慧出行时代，主要有 M5 和 M7 系列。

在此之后，方林汽车城绘制发展新蓝图，积极强化资源配置，优化布局，聚链成群，共引进特斯拉、小鹏汽车、理想、吉利极星、华为 AITO、比亚迪王朝网和海洋网、广汽埃安、长城欧拉、五菱迷你、零跑汽车、哪吒汽车、极狐等新能源品牌 28 个，传统主流燃油品牌 25 个，外资企业保时捷更是追加了 1000 万美元，升级台州保时捷旗舰店，打造浙南保时捷中心。

与时俱进，是汽车城一直以来良性发展的又一制胜"法宝"。

他们深度切入"抖音、快手直播""云销售"、谋划一体化 APP 订单式等销售新模式。

2022 年以来，打造了 6 家橱窗式展厅以及开展了璀璨台州夜——方林汽车音乐广场系列活动。2023 年，路南首家肯德基方林汽车城店正式开业。

十多年来，方林汽车城延伸产业链条，完善配套设施，构建布局合理、业态齐全、功能完善、服务优质的汽车商贸服务业基地，方林汽车城在"聚""转""引""优"上下功夫，争做改革创新主力军。

十多年来，从省级路桥方林汽车产业服务集聚区升级为省级路桥方林现代服务业创新发展区，从低小散转型到中高端创新发展，从传统燃油车转型到新能源、燃油车协同创新发展，从传统来店单一销售模式转型到线上线下数字化创新发展，他们立足自身发展需要，实施三个创新，成功打造了三个重要窗口：台州精品汽车4S窗口、台州新能源汽车窗口、台州汽车诚信经营窗口。

未来的方林汽车城，将以提升文明规范市场的形象和质感为主要任务，打造一个"人+车+生活+文化+数字+金融+党建"的复合型汽车城。

//"共富方林"评论/

党的二十大报告指出,中国式现代化是全体人民共同富裕的现代化。全面推进乡村振兴,实现共同富裕,提升广大村民的获得感、幸福感、安全感,是浙江省台州市路桥区方林村一直以来的奋斗目标。经过改革开放 40 年的发展和"千万工程"20 年的深入实施,方林村坚持以党建为引领、以规划为导向,聚焦发展集体经济主旋律,因地制宜按类施策,发挥地方资源优势、发挥在地居民智慧潜能,秉承"基本保障靠集体,勤劳致富靠自己"的发展理念,按照乡村振兴战略总要求,在村级福利保障方面全面推行 26 项措施,让"家家住别墅,户户生态园"和"资产变股权,社员变股东"的口号成为现实,走出了一条富有特色又有核心竞争力的方林发展之路。2023 年方林汽车城市场与方林二手车市场成交额高达 237 亿元,村里集体经济收入超亿元,村民人均纯收入 12 万元,傲视众多明星村庄,方林村与时俱进,改革创新,建立新格局,发展新经济,培育新村民,彰显出以市场化手段激发农村活力和促进乡村振兴的韧性和伟力。

产权改革与激励机制

产权的清晰界定不仅是市场经济高效运行的基石,更是激发经济主体活力、促进资源优化配置的关键所在。方林村通过土地股份制等创新方式,实现了产权的重新配置和清晰界定。三次转型实现产业化和规模化,建设汽车城和二手车市场成为全国知名的汽车市场,带动周边村庄共同发展。产权的清晰界定能够显著降低交易成本。在方林村的改革之前,模糊的土地产权导致农民在土地流转、租赁等交易过程中面临诸多不确定性,增加了交易的成本和风险。而通过土地股份制改革,方林村明确了土地的权属关系,使得农民能够更加便捷地进行土地流转和租赁,降低了交易成本,提高了土地资源的利用效率。

产权改革有助于优化资源配置。在产权清晰的情况下,经济主体能够根据市场需求和自身条件,更加灵活地调整资源配置,实现资源的高效利用。

方林村的土地股份制改革，使得农民能够根据市场需求，将土地资源投入更具经济效益的产业中，如发展汽车市场等特色产业，从而实现了资源的优化配置和高效利用。

更为重要的是，产权改革通过激励机制的变革，成功地激发了农民的积极性。在传统的土地产权制度下，农民往往只能获得有限的土地收益，缺乏足够的激励去投入经济活动中。而方林村的土地股份制改革，让农民成为土地的价值占有者，能够分享到土地增值带来的收益，从而激发了他们的积极性，使他们更加愿意投入到经济活动中去。这种激励机制的变革，不仅提高了农民的收入水平，也推动了农村经济的持续发展。

产权改革还有助于提升农村基层治理水平。在产权清晰的情况下，村民能够更加积极地参与到村庄事务的管理中来，形成有效的监督机制，推动基层治理的民主化和规范化。方林村的改革实践表明，产权改革与基层治理的良性互动，能够为农村经济的发展提供坚实的制度保障。

产业升级与运营前瞻

方林村从传统农业向汽车市场的成功转型，是村庄自身发展史上的一次重大变革，更是产业结构优化与升级的鲜活案例，实现了从低附加值产业向高附加值产业的跃升。传统农业虽然为村庄提供了一定的生活基础，但由于其固有的低附加值特性，难以支撑起村庄经济的持续发展。而汽车市场作为现代服务业的重要组成部分，具有高附加值、高技术含量等特点，能够为村庄经济注入新的活力。方林村通过转型，成功地将经济重心从农业转向汽车市场，并不断丰富产业生态，实现了经济附加值的显著提升。

传统农业对劳动力的吸纳能力有限，而随着农业现代化进程的加速，农业劳动力过剩的问题日益凸显。方林村通过发展汽车市场，不仅吸引了外部资本和人才的流入，还为本地村民提供了更多的就业机会。不仅涵盖了汽车销售、物流、存储、维修等直接相关领域，顺势带动吃、住、行、游、购、娱服务业的发展，形成了多元化的产业格局。随着汽车市场的繁荣，村庄的基础设施得到了显著改善，商业氛围日益浓厚。这不仅提高了村民的生活水平，还吸引了更多的外部投资和游客，进一步推动了村庄经济的持续发展。转型带来的经济效益和社会效益相互促进，形成了良性的发展循环。方林村的转型正是顺应了这一趋势，通过从低附加值的农业向高附加值的现代服务业转变，实现了村庄经济的跨越式发展。

方林村的发展始终坚持市场导向，汽车产业从浙江方林汽车城到中高端二手车市场的领头羊，再到台州新能源汽车聚集的窗口，形成了规模效应。市场是资源配置的有效手段，而规模效应可以降低生产成本，提高市场竞争力。方林村的成功实践证明了这一点，通过集中资源发展特色产业，他们实现了经济的高效发展。

创新驱动与持续发展

方林村的发家史，可以说是一部不断创新、持续进步的现代乡村进化史。从传统的农业村落到现代化的汽车市场，再到前沿的新能源汽车产业布局，每一步跨越都凝聚着方林村人的创新智慧和创业勇气。在发展道路选择上，方林村的创新精神体现得尤为突出。面对传统农业发展的瓶颈，方林村敢为人先，勇于突破，将目光投向了更具市场潜力和发展前景的汽车市场。不仅需要敏锐的市场洞察力，更需要勇于创新的胆识和拼劲。正是这种前瞻性的产业抉择，为方林村的经济腾飞奠定了坚实的基础。

在新能源汽车产业的布局上，方林村再次展现了其敏锐的创新触觉。随着全球能源结构的转变和环保意识的提升，新能源汽车产业迎来了发展的黄金时期。方林村紧紧抓住这一历史机遇，通过引进先进技术、合作开发等方式，积极布局新能源汽车产业，为村庄的持续发展注入了新的活力。这种对新兴产业的敏锐把握和创新能力，无疑是方林村能够持续领跑的关键所在。

除了产业创新外，方林村在管理模式和制度建设上也同样体现了创新精神。面对日益复杂的经济环境和社会需求，方林村不断探索和创新管理模式，实现了从传统的家长式管理向现代化、民主化管理的转变。同时，在制度建设上，方林村注重与时俱进，为方林村的经济发展提供了坚实的制度保障和组织支撑。以法治、德治、自治、智治为乡村治理方式，积极发挥村委班子主观能动性，引导乡贤青年建设家乡，从经济、文化、社会、生态方面为方林发展贡献力量，形成多元互动、城乡融合的现代社区，使方林拥有完善的公共服务体系，形成美丽乡村人居环境和创业环境。方林村的创新精神并非一蹴而就，而是源自于村庄深厚的文化底蕴和持续的教育投入，注重培养村民的创新意识和开放思维。这种对教育的重视和创新文化的培育，为方林村的创新发展提供了源源不断的人才支撑和智力支持。

福利制度与幸福未来

在方林村的经济腾飞之路上，社会保障与福利制度的建设不仅为村民筑起了一道坚实的生活保障网，提升村民的主人翁责任感，洋溢着方林人的获得感和幸福感。方林村精心构建了一套全方位、多层次的社会保障体系：免费提供村民口粮，医疗全额报销，村民退休有保障，学生奖学金，兵役激励，立功有奖等一整套26项生命全周期的福利保障体系。不仅显著提高了方林村村民的生活水平，也为村庄的经济发展奠定了坚实的基础。村民们更加积极地投入各种经济活动中去，为村庄的持续发展贡献自己的力量，使得方林村成为一个团结、和谐、充满活力的社区。随着经济的持续增长和村庄规模的不断扩大，方林村将面临更多的发展机遇和挑战。而一个健全、完善的社会保障体系将为村庄提供稳定的社会环境，吸引更多的人才和资本流入，推动方林村经济持续、健康、快速发展。

方林村通过坚定的产业转型、持续的创新驱动和全面的社会保障，实现了从贫困到富裕的惊人跨越，荣获全国先进基层党组织、全国首批文明村、全国民主法治村、全国小康村、全国首批生态村、全国敬老模范村等15项国家级殊荣，成为远近闻名的明星村，吸引全国各地参观团队前来考察学习。曾经荣任三届全国人大代表、荣获"全国十大杰出村官"的方林村党委书记方中华带领村两委创造并巩固了"口袋富不算富，脑袋富了才算富""村民有项目，创业有平台""大胆试、勇敢拼、主动改、扎实干"的方林精神。以市场兴村走共同富裕道路，以产业带动周边村庄实现共同富裕，坚持"走出方林，发展方林"思路。与此同时，方林村在追求共同富裕的道路上依然面临着诸如资源分配、环境保护、人才引进等方面的困境；方林村整体环境与当前的富裕水平不相匹配，集中居住区也流露出岁月的痕迹，需要进行建筑景观的有机更新，以更好地呼应现代生活的需求；汽车城在功能上一直发挥着重要作用，仍然需要紧跟市场趋势，在新能源潮流中与时俱进，在获取客源模式上运用互联网技术、数字营销保持领先，营造现代时尚的新时代市场形象；要解决这些问题，方林村需要继续深化改革，优化产业结构，加大科技创新力度，提升居民生活品质与和美乡村建设。坚守共同富裕的美好初心，确保发展成果惠及每一位村民，真正实现全面、协调、可持续的发展。

振兴乡村最重要的方向在于整合资源、开发资源，继而使农民获得实实在在的收益，使农村公共服务建设日益完善。村集体带头人方中华带领村两委前瞻性地将低效使用的村城资产集中到村集体统一布局经营，在关键时刻拥抱新兴产业，实现"无中生有""点石成金"。乡村运营是如何挣钱的事，乡村治理是如何花钱的事，乡村运营与乡村治理互相影响、互相渗透。而实现整村运营的关键，是构建治理与运营的"双协同"合作关系，构建农村集体经济组织与市场服务主体收益分配、农村集体经济内部间的分配机制体系，各就其位、各得所需，各美其美、美美与共。方林村的改革实践，正是中国式现代化发展过程中党建引领、政府服务、政策支持的行政机制，村集体经济组织、生产要素、民主决策、公道人心的治理机制，乡村振兴的创新举措为保障村民财富的市场机制全面有机地联动起来，实现了方林村产业链的延长、价值链的提升、治理链的完善。

方林村持续奋进 40 年的发展史不仅是一个村庄的奋斗史，更是中国式现代化进程中乡村共同富裕的成长史。她向我们昭示了一个深刻的道理：共同富裕是全体人民的共同富裕，不是少数人的富裕，也不是整齐划一的平均主义。

苏村复苏："大樟树"的新生

家园重建与高效执行
经济重振与多元发展
文化重兴与乡土情怀
社会重构与地域新生

古堰画乡：以文润富的乡建之路

打造如画空间，乡村空间的规划升级
创造如画产业，乡村产业的提质向新
营造如画生态，乡村生活的品质再造

第十一章 丽水篇

苏村复苏："大樟树"的新生

遂昌，钱瓯之水发源地，仙霞山脉贯全境，是典型的"九山半水半分田"地貌。全县总面积 2539 平方公里，总人口 23 万人，辖 7 镇 11 乡 2 街道，是全国绿色发展百强县、国家生态文明建设示范县、省首批大花园示范县、省数字经济创新发展试验区。

遂昌是山川秀美、水韵灵动的生态福地。这里是浙江省重要的生态屏障地区，华东地区生物多样性关键区域之一，全县森林覆盖率达 83.59%，居全省前列，被誉为"浙南林海""江南绿海"，拥有华东地区几近唯一的原始森林——九龙山国家级自然保护区。

县域水质优良，城市地表水水质排名全省第二。空气质量极佳，全县 PM2.5 浓度均值 21μg/立方米，负氧离子高出世界清新空气标准 6 倍以上，被誉为"中国天然氧吧"。金矿公园、湖山温泉等旅游资源富集，拥有 4 个 4A 级景区、6 个 3A 级景区和大批高端民宿酒店。

遂昌是文脉深厚、历史悠久的人文圣地。在 1800 多年的建县史中，好川文化、汤显祖文化、红色文化、民俗文化灿若星河、异彩纷呈。明万历二十一年至二十六年（1593—1598），世界文化名人汤显祖任遂昌知县，在此写就不朽名著《牡丹亭》，他亲授的"遂昌昆曲十番""班春劝农"传承至今，分别被列入国家级非物质文化遗产名录和世界非物质文化遗产名录。

遂昌也是浙西南革命的摇篮，创造了浙西南革命史上关键的"四个第一"，刘英、粟裕率中国工农红军挺进师在此坚持三年游击战争，缔造了伟大的浙西南革命精神。

遂昌是万物开源、万象更新的创新高地。近年来，围绕迈向全省山区 26 县第一梯队、全市第一阵营的目标，全力做大做强"生态工业平台、数字科创平台、新型城镇化平台"三大发展主平台，深入推进工业复兴、科技赋能、交通建设、乡村振兴等"八大战役"，阿里云、网易、中电海康、晶盛机电等数字经济头部型企业纷纷落地"天工之城—数字绿谷"，金属制品、精细化工、新材料、高端装备制造等主导产业蓬勃发展，"最美生态、数字引领、跨越发展、向往生活"融合聚变的高质量发展新路径越走越宽。

迈向共同富裕美好社会新时代，遂昌县将模范践行浙西南革命精神，深入贯彻"八八战略"，全面厉行"丽水之干"，坚持实干至上、实绩实效，贯通穿透落实"发展第一要务"，高质量打造共同富裕"三大发展主平台"，奋力推进山区跨越式高质量发展，加快建设和美共富现代化遂昌家园，努力把遂昌建设成为山区人民的美好家园、全省人民的向往之地。

遂昌的王村口镇、高坪乡和北界镇的苏村，作为地方创生浙江道路的三个典型案例，书写了精彩华章。

遂昌的王村口镇，是一个革命老区。

王村口镇深度挖掘丰富的"红""古""绿"三色资源，用红色资源教化人，用古色资源吸引人，用绿色资源留住人，点燃了浙西南古镇发展的"红色引擎"，走出了一条"红古绿"融合发展的特色乡村振兴之路。

王村口镇传统文化底蕴深厚，拥有苏维埃政府旧址、师部旧址等23处革命遗址，红色文化是王村口最具特色的标签。

王村口镇围绕着"红古绿"，走出了一条乡村振兴的新路子。

红色是王村口镇的主色调。

2017年，王村口镇借鉴井冈山、南湖模式，深入挖掘本土的红色资源，率全市之先成立了浙西南培训中心，活态传承浙西南革命精神。

据王村口镇镇长张腾海介绍，建成的培训中心，创新性的试行政府监管、国资控股、市场运作模式，突出"培训层次多样化、课程开发专业化、教师队伍多元化、运作模式市场化"四大办学特色，精心设计了"重走红军路""夜袭白鹤尖"等10余项红色体验课程，全力营造了"沉浸式"的红色教学氛围。

截至2023年底，已累计接待各类培训班近2537期、19.3万余人次，产生培训效益约 5500 万元。

王村口镇积极打造华东地区最美的百里红军古道，沿途修缮、提升挺进师后方基地、上垟精神展陈馆、张麒麟烈士纪念碑等诸多红色遗存，建设驿站、宿营地等配套设施。

2021 年，在前期稳定的培训学员和经济收入的基础上，王村口镇着手建造全新的游客接待中心和研学培训基地，让红色研学更加数字化、智能化，游客沉浸式的红色体验得以丰富，大大提升红色古镇旅游服务接待的"吸"客和"留"客能力。项目每年增加研学培训人数 2 万人，带动直接经济收入超 1000 万元。

目前，王村口镇已创成国家级国防教育基地、国家生态产品价值实现机制示范乡镇、省旅游风情小镇、省首批 5A 级景区镇。

古，是王村口镇的别样精彩。

走进别具风情的"1935 文旅街区"，100 多米长的古街，从街容、街貌、业态，乃至用以购物消费的代金券"苏币"，都重现了 1935 年红军挺进师进入王村口时的情景。

几十家传统特色小店进驻了文旅街区，其中三分之二的经营者是当地村民。草鞋、竹篾、蓑衣、本土茶叶、自酿的红军酒、自制的红军茶……各种承载了红色记忆的老物件、老手艺百花齐放，让不少村民走上了致富新路。

当地政府介绍，为了鼓励和引导本地居民、社会资本参与文旅街区运营管理，镇里还专门成立了商会，出台了《文旅街区奖励扶持政策》。举办了妈祖文化节、红色 AR 定向赛、红军古道越野赛、九龙过江舞端阳、啤酒音乐节、慈孝"快闪"、红色文化旅游节等活动，展现小镇风情，丰富旅游体验。

2023 年，全镇旅游人数达到 21.1 万余人次，实现经济收入超 6200 万元。

绿，是王村口镇的原色。

王村口镇位于遂昌县西南部，地处国家级自然保护区九龙山的东麓，辖区总面积约 165 平方公里，森林覆盖率达到 87% 以上，境内河流地表水质常年保持一类标准，是名副其实的真山、真水、真生态。

走在王村口的古村落前,张镇长驻足介绍,为了补齐革命老区的发展短板,镇里以人居环境改造提升、5A 景区镇提升、绿色资源综合利用为抓手,谋划实施饮用水提标改造、集镇污水处理站、游客接待中心、研学培训基地、小镇客厅、关川水电站增效扩容等项目。

这些项目建成运行后,给革命老区的经济发展和群众生产生活带来了便利。

值得一提的是,项目收益将全部用于王村口镇的 13 个行政村集体经济发展和低收入农户生产生活补助。收益资金 70% 会用于 13 个行政村发展村集体经济,直接打入村集体账户,用于村集体经济发展项目和村集体经济公益事业支出,保证每个行政村不少于 10 万元,通过支持发展村集体经济"造血"功能的项目,不断壮大村集体经济。而剩余 30% 将用于王村口镇低收入农户的生产生活补助。

2023 年全镇在册低保低边人数为 258 户 389 人,预计人均增加 1000 元以上。

不论是阳光正灿烂,还是雨后初晴,山乡的风景分外清丽,空气里还飘荡着野草、花儿和茶叶的清香,让我们不时饱吸一口空气,仿佛武林高手,吸纳了山间精华一般的快意。

乡野丽景,就这样,不费一分一毫,彻底俘获了久居都市的人们焦躁不安的心神。

在那里,每年都有重温"入党誓词"的活动。

在那里,拜谒古村落,拜谒天后宫,踏察古廊桥,是每一个游人都会进行的。

在那里,找村里的老人们聊聊,逗手抱的娃儿笑,在集市里立此存照。又或者,买些手工农产品,回城后,一家一家分送过去,以此记录并没有消逝的乡村情结。

在那里,"红古绿"是他们的根与脉,做足山魂、水韵文章,是他们守望遂昌绿水青山的好家园。

王村口的风景,很美。

王村口的故事,更美。

选择在这样的地方，去组团疗休养，去红色旅游，也很美。

鲁迅先生曾在《再论雷峰塔的倒掉》一文中写过这样一句话："悲剧，将人生的有价值的东西毁灭给人看。"

同样，适用于我们今天更为美丽的苏村。

并不讳言地说，苏村的让全中国甚至全世界知晓，就是因为 2016 年 9 月 28 日发生的那场夺去 28 条鲜活生命的山体滑坡重大自然灾害。

2016 年，浙江人民还沉浸在成功举办 G20 盛会的喜悦里，而苏村发生的重大灾难，瞬间牵动着全国人民的心。上级领导、部队官兵、社会团体等救援力量火速驰援苏村，军民一心、干群齐心，连续奋战 29 个昼夜，人员轮流上，机械不停歇，取得了抢险救援的全面胜利。

公历 28 日，农历 28 号，下午 5：28，抢险历时 28 天，死亡人员 28 人，这看似巧合却见证壮怀激烈的数字，让苏村的名字，犹如印痕，刻录在每一个遂昌人、浙江人，乃至全国人民的心中。

苏村，是遂昌县北界镇的一个小山村，地处丽水、金华、衢州三市交界地带。222 省道与龙丽高速公路穿镇而过，交通便捷，素有"遂昌北大门"之称。

苏村地处遂昌的北面，位于桃源的中游，西至马戍口 11.6 公里，与龙游、金华交界。周围群山叠嶂，溪水淙淙，村中的小盆地形势开阔，桃源溪自东向西缓缓而过，苏洵后代的丰厚人文积淀，绿水青山的优质自然资源，让这座小山村在"九山半水半分田"的遂昌县城中独显风韵。

据史料考证，自苏氏太公苏允贞从四川眉山迁居浙江遂昌北乡桃源苏村之后，绵延近千年。（从苏氏家谱中可知：九十世，德谦、序。九十一世，永、洵。永字子遐，德谦子。廷试出身，除授处州司录事。时值徽钦北狩，康王南渡，眉颍之地，悉为元据。官殁括苍。子一，允贞。洵，字明允，号老泉。序之幼子也……）据记载，永公学博而敏，业精以勤。行端品正，谨始慎终。训子以义，有惠困穷。一生积德，百世高风。

"九十二世讳允贞，字元亨。永之子也。世称为九学士舍人。因父殁，奔丧来任，莫克西迁，后赘平昌桃源吕坡。吕氏延览地舆，建筑横陇，改号苏坡。传绪无疆，是为括苍桃源苏氏之鼻祖也。"意思就是说，苏允贞的父亲当时在丽水任处州司录，死于任上。允贞到丽水奔丧，无法回四川，后来入赘吕坡。这里特别要讲的就是苏永与苏洵的关系。原来，苏永是大哥，苏洵是小弟。最厉害的，莫过于苏东坡就是苏洵的长子，苏辙是苏洵的次子。苏家三子的故事，早已名动天下。我也就不一一赘述了。所以，苏村的来头，还是有点大的。当年，这里还有不少名胜古迹。单从毓秀亭、文昌阁、万成桥、福宰祠、永庆庙，以及洋野石桥、仙人踏石、寒泉龙井这些名字中，也可见一斑。而那首《破坛古迹》，读来更让人心生敬畏："飞石缘溪千万重，五丁巨手劈高峰。纪年当值元兴日，野客经过骇异踪。"

村内现有2处省级文物保护单位，分别为苏家大屋和苏氏家庙。苏村现有人口685人，耕地面积500亩，林地面积近万亩，2016年的人均收入为14380元，2023年的人均收入已达27800元，增幅近一倍。

一排排白墙黛瓦的苏村灾后民居，一共有18户，是进村后首先可以看到的。

这些明显带有处州风格的建筑，让江南的烟雨味道扑面而来。二楼半的实用新型农居，阳光房的闪亮登场，让所有人眼睛一亮，几乎所有来参观的人都会由衷发出："哇，房子造得好漂亮啊！"

是啊，值得骄傲的是，承担建设的遂昌城发公司，硬是日夜兼程，连续施工，革命加拼命，顺顺利利地让一度流泪伤心的受灾群众在春节前搬进了新居，过了一个幸福安康的新年。用苏村党支部书记华素萍的话说，"新的家带来了新的生活，苏村人的精神面貌也焕然一新"。

当年还能看到"感谢共产党"的横幅，虽然经风历雨失去了原有的正红亮色，但农户们仍然舍不得摘掉，仍然让它挂在他们的屋前，用这一份份朴素的情怀，表达一位位农人的感恩之心。

我们也可以看到，几乎每户农户的门前，都种满了花草。波斯菊、大丽菊、仙客来、山兰、一品红……次第开放，让春秋冬夏的五彩缤纷，定格了苏村的美不胜收。

苏村民居沿溪而建,"你妈妈喊你吃饭啦"这句红火过一阵的网络语,假如试着在苏村的溪头喊将起来,倒颇有些喜感的。

溪上有好几座桥,经过几年的正式修复,巨大滑坡体裸露在你面前,让你回想起那激情战斗、日夜抢险的岁月。

据《桃源苏坡宗谱》的村居图所记,村南部的高山有前山、高岭两处。两个小山岗,一个形似凤凰,村人称凤凰咀头;一个形似老虎,村人又称伏虎山。而著名的苏家大屋就在凤凰咀头的山前。苏家大屋的西部,则有一大片水田,人称"洋耶畈"。洋耶畈的南部为坑里源,坑水自南向北,汇入桃源溪。

苏氏宗祠在苏村的中心位置。这座始建于清朝,民国初年重建的宗祠就在村道的边上。

走进里面,三进五开间两厢式的结构,建筑面积有 619 平方米。而对面的苏家大屋,建于清末,坐南朝北,建筑面积 3133 平方米。苏家大屋有房百余间,大院共有三进,足有 20 间,天井 8 个,楼梯 6 条,前后边门 11 个。

正是因为有这样的规模,当时,部队的官兵一开始,就驻守在这里。日夜不休地抢险救援,一班换下,一班换上。累了,就在简易的棚子里眯会儿。至今,参与过苏村救援的人们,还记得那些读来令人热血沸腾的标语。

当然,从苏村保存完好并经精心修复的宗祠、戏台以及大量精美绝伦的石构件、木构件等,这些经久的建筑物,具有非常鲜明的"推进的"作用,能把"过去"带入"现在",从而使人们"现在"仍然能够体验到"过去",其所蕴含的非常深厚的人文底蕴,让苏村在遂昌众多的传统村落中脱颖而出。

苏村的遗址公园,惊世美丽又让人唏嘘不已。

那株平移了 10 多米的大樟树,依然屹立在苏村的中央。以静默的姿态,以沧桑的枝干,以郁葱的树叶,告诉我们这里曾经发生过的一切。

那块巨石制成的石钟上,时光已经凝固在 2016 年 9 月 28 日下午 5:28。

"人民利益高于一切"的牌子,竖在大山脚下。

意味着幸运的三叶草洒满了这连绵的山脚,藏语中意为幸福花、美好时光的格桑花开遍了山前屋后。

远处清清的溪水中，鸭子一排排地悠游着，仿佛听到了它们在欢唱。

原来让人心生恐惧的堰塞湖，如今成了坚固端实的大坝。

山崖上，在灾难中完全报废的车辆，是时为北界镇干部周瑞禄同志为劝离群众所用的车，犹如一台被上帝之手狠狠蹂躏过的铁疙瘩，鳞次栉比地横亘在我们面前。这犹如《后天》的惨烈片段，深深地震撼着我们哪怕再是坚定坚强，却也在大自然的狂啸中无能为力的心灵。

周根富烈士的故事，也流传在遂昌人民的心中。每每说起，不论是镇里的干部，还是村里的百姓，总会湿了眼眶。

警示亭前，"行合自然之道，敬存天地一心"的楹联，昭示着敬天爱人的朴素真理。

碑亭中，著名书法诗文家蔡云超先生于2016年11月6日撰并书的苏村碑记，又将苏村那一刻重新演绎给我们看。

遂昌苏村"9.28"自然灾害警示碑记

乌溪江群山蜿蜒，仙霞岭逶迤东来。夫遂昌者，金山林海，竹云树雾，川泽毓秀，人勤物厚。商贾会聚，古誉"仙县"。

丙申入夏，北界苏村，台风再虐，暴雨累旬。溪涧浊流奔涌，山体土质疏松。碎石崩析，天光难瞻。县镇预警联动，劝导紧急疏散。

公元二〇一六年九月二十八日傍晚五时许，天灾突至。地动山裂，河岳震荡。屋舍覆埋，家毁人亡。路桥坍塌，交通壅绝。苍山圯若烟云，家园倾如废土。山河悲摇，星汉泪洒。

灾情如天，惊动中央。省市县镇，迅速应对。全力救灾，措施果断。领导亲临，坐镇一线指挥。将士受命，抢救奋勇向前。救治防疫，安置避险，保障给养。人心相系，干群聚力。军民携手，重建家园。挽狂澜于危急，慰生者以纤微。父老动容，乡亲感念。

天灾无情，廿八位生命殒没；人间有义，数十幢新居已成。溪水长流，逝者堪慰；山仍青葱，生者可安。

今谨掇数言，以警示后人。对天地之敬畏，保护生态；与自然之共存，爱护家园。爱立碑于遗址，为来者以凭吊。是为记。

从民俗物产而言，遂昌苏村有高山茶叶、高山蔬菜和中蜂基地，这是作为一个美丽乡村的优势所在。

可以这样说，特别是这些遗迹的形象和遗址公园的迅速建成，再次勾起了我们对这份记忆的重现。场所、纪念物和类型这些概念，让我们一看到苏村的河道、山路、密林和古建筑，一看到这些集中建造的新民居以及散布于村落之中的民居，一看到军地指挥部、感恩广场、将军路和主题墙绘，看到山上的公墓，便想到了生者与死者，将那些不被遗忘的片段与新的开端联系起来，这也是苏村作为一个情感寄托地，让人心生怜惜和悲悯。

我们说，现代文明城市的建设与传统村落的历史文化，本身是联系在一起的。要让历史文化融入到现代，让优秀的历史人文传承至将来，我们欣喜地看到，修缮完整的苏氏宗祠和苏家大屋这些历史人文建筑，已与苏村的历史人文遗迹、灾后重建和农林产业创新，成为三个并驾齐驱的品牌，让苏村在浙江省的传统村落中迅速崭露头角。我们也有理由相信，苏村的跨越式发展，已迅速成为浙江传统村落保护与有机更新的新型典范村和样板村。

事实上，在全社会的大力关注下，广为人知的苏村灾后重建，严格按照"发扬大樟树精神、建设美丽幸福新苏村"的发展定位，仅用时三个月就完成了苏村、金钩两个灾后安置点建设和群众搬迁工作，创造了灾后重建的"遂昌速度"。

作为地质灾害的重建村，在县委、县政府的直接领导下，并得到来自广大部队指战员在苏村灾后的全力援助，新苏村在灾后民居安置房的建设上，在农林业的快速发展上，在警示教育基地和相关基础设施的建设上，集聚了来自全省各个部门以及社会各界爱心人士投注的大量人力、物力、财力。

经过数年的建设，总投资1亿多元的29个重建项目全部顺利施工，苏村从美丽乡村1.0版走向2.0版。

截至2023年12月，先后建成了焕然一新的遗址公园，包含有滑坡发生时侧移10多米仍然郁郁葱葱的大樟树以及纪念碑、纪念亭、纪念石、游步道等配套设施；

按照三级公路标准新建了一条长 1.56 公里，路基宽 8.5 米，路面宽 7 米的敞亮公路；

将村文化礼堂周边 22 栋房屋按照浙南民居风格进行了改造；

在苏家大屋门前建成了占地 2000 多平方米的感恩广场；

在安置小区旁建成了占地 228.51 平方米，总建筑面积 752.79 平方米的警示教育纪念馆；

将原村内小学改造成了集避灾安置、居家养老于一体的养老中心；

打造完成村庄主入口，设立了独具特色的村庄标志，对村口环境进行了美化绿化，在原苏村乡政府所在地建设了苏村 1983 乡村生活体验馆；

利用新建公路打造出了一条将军路，沿路包含有雕塑、墙绘等体现军民合力抢险救援的元素；

对村内省文物保护单位苏氏家庙进行了全面修缮翻新，结合"三苏"文化历史背景、苏家大屋打造了苏氏三贤宋词文化展陈馆，推出了苏氏三贤诗词赏析、诗词创作等体验式文化项目；

在完成村庄基础设施建设的基础上，积极开展苏村精神家园重建，先后完成苏氏家庙、苏家大屋家风家训上墙，创作苏村春歌，举办苏村春晚，将村规民约、核心价值观等内容进行了上墙宣传，苏村的文化底蕴和村风民俗得到广泛宣扬。

报告文学《苏村，醒了》，已于 2020 年正式出版发行。

特别是在共富道路上，苏村所在的北界镇，以生态精品农业为主导，持续推动产业升级，共落实中蜂产业等 10 个产业发展项目，先后投入 1380 万元，建成猕猴桃、红提、茄子、苦瓜生态果蔬基地 280 亩，搭建钢架大棚 7.5 万余平方米，解决了 500 多名村民的就业问题，增加农民收入约 400 万元；还建成登埠、苏村、王宅桥三个中蜂养殖基地，拥有中蜂 800 群。

2023 年，北界镇苏村共生产新鲜蔬菜、红美人等果蔬产品 60 万斤，实现产值 500 多万元。同时，还加强农产品与大超市的对接，与杭州世纪联华超市签订购销协议，实现了农产品"产供销"无缝对接。

苏村以采摘体验式水果产业和 3A 级景区村为驱动，充分利用苏村灾后重建资源，深化苏村党性教育基地，打响苏村党性教育基地品牌。2018 年，已成功创建省级 3A 景区村。

苏村作为王村口浙西南干部学院分院点和丽水市直机关党员活动基地，已成为干部培训、青少年研学、企业团建、军事夏令营等活动的重要参观点，年均吸引近万人次。

苏村，已成了一个著名的旅游和研学基地。

苏村人民，真正富起来了。

这座村落，已从知名走向了著名，也必将从著名走向更为璀璨的光明。

//"苏村复苏"评论/

自然灾害无时无刻不伴随着人类，种类和形式也在不断变化，人类在与灾害的共生环境中不断进步与发展。中国作为世界上最大的发展中国家，广袤的国土和多样的自然环境孕育了丰富的文化和生态系统，同时也面临着频繁的自然灾害挑战。

韧，柔而固也。韧性是一个国家或地区、社区通过自身能力以抵御、适应或吸收各类危险，并从其干扰中快速恢复的能力，包括保护和恢复其社会、经济、生态环境和基础设施。2002年，倡导地区可持续发展国际理事会将"韧性"概念引入城市与防灾领域，在全球掀起了韧性城市规划和实践的浪潮。2020年，"十四五"规划首次提出建设"韧性城市"。由城及乡，韧性乡村的建设也需逐步推进。灾后恢复重建是衡量一个地区经济发展水平、组织能力、治理能力的重要因素，也是有效提高防灾韧性、促进跨越式发展的重要手段之一。遂昌苏村灾后重建的历程表明，以社区为基础的创生过程，组织的引领和村民的归属感成为凝结起来的强大精神力量。灾后重建不仅仅是恢复至灾前的发展水平，更要"重建得更好"。

家园重建与高效执行

在苏村山体滑坡救援的28个日日夜夜，党员领导干部、人民子弟兵以绝对忠诚和责任担当，冲锋在前，始终坚守在抢险救援第一线，涌现出了以为转移群众牺牲的周根富同志为代表的基层好干部，社会各界也自发向灾区捐资捐物。执政为民的基本理念、民生为先的积极实践，成为恢复重建中最有效的社会动员，为科学、快速安置和重建奠定了坚实的基础。

遂昌以"发扬大樟树精神、建设美丽幸福新苏村"的发展定位，以坚韧不拔、自强不息的精神面貌仅用时三个月就完成苏村、金钩两个灾后安置点建设和群众搬迁工作，创造了灾后重建的"遂昌速度"。苏村安置点成功入选丽水市避让搬迁特色示范点，金钩安置点工程还荣获2017年度浙江省建设工程"钱江杯"奖。苏村在灾后重建的过程中，牢牢把握住自身特色，以建设历史文化村落保护利用重点村和省级美丽乡村示范村为契机，通过推进立面改造、弱电线整治、村庄绿化、景观小品等项目，实现了从废墟中重生的华丽蜕变。"遂昌速度"的背后，是地方政府的高效组织与协调能力，是党员干部和人民子弟兵的无私奉献与不懈努力，是社会各界的慷慨相助与鼎力支持。"遂昌速度"不仅仅是一个时间的概念，它更是一种迎难而上精神的体现，是地方政府与群众之间紧密合作、共克艰险的写照。

经济重振与多元发展

遂昌的灾后重建工作不仅针对灾害造成的直接破坏进行恢复建设，更对乡村发展进行了重新布局和更高层次的谋划。面对突如其来的自然灾害，苏村不仅迅速恢复了生产和生活的正常秩序，更是在短短几年内实现了经济结构的转型升级与产业的多元化发展。

为了拓宽村民的收入来源，苏村通过发展健康农业、乡村旅游、来料加工、民宿经济等多种富民产业，有效地增强了乡村经济的韧劲和多样性。苏村破崩坛农民专业合作社的成立，实现了从个体分散经营到联合发展的转变，变"单打独斗"为"抱团取暖"，增强了农户抵御市场风险的能力。此外，通过提供投资补贴等产业提升帮扶政策，有效降低了村民创业门槛，促进了如火龙果采摘等特色产业的快速发展。这些特色产业不仅成为当地居民的致富渠道，还有助于打造地方品牌，推动乡村经济的可持续发展。苏村以农旅融合的方式激活了发展新动能，先后发展3家农家乐，引进养生养老、研学等2家企业，建立"村＋企"合作模式，探索建立了便民服务、电商惠民、旅游接待于一体的一站式服务平台，极大地丰富了乡村的服务业态，提升了乡村的综合服务水平。2016年至2023年间，苏村农村居民可持续收入从14379元增长到22838元，村集体经济收入从9.85万元增长至27.75万元，分别增长了58.83%和181.73%。苏村的经验表明灾后重建不仅是恢复原有状态的过程，更是推动乡村转型升级的契机，引入多元化产业发展模式、增强村民主体性，可以有效激发乡村发展的内在动力。

文化重兴与乡土情怀

在灾后重建中，文化传承与保护的重要性超出了物质重建的范畴，触及到乡村社会文化脉络的维系与强化。苏村对苏氏宗祠、苏家大屋等历史建筑的精心修复，不仅是一次对实体遗产的修复行动，更是对乡村历史身份与文化连续性的再确认和再强化。苏村积极开展精神家园重建，创作苏村春歌，举办苏村晚会，将村规民约、核心价值观等内容进行了上墙宣传。村落共同体意识是传统村落生生不息的原因之一，家园意识、共同价值观将分散的村民凝聚成一个情感相依的共同体，需要共同的文化和精神诉求。在灾害发生后，更需要构建文化共同体让村民怀着对家园的热忱和期许共同参与家园建设。此外，在"三苏"文化底蕴的基础上，苏村创新性地推出了互动式文化体验项目，这种方式跳脱出传统静态保护的框架，通过参与者的互动与沉浸，使得文化遗产在当代社会中焕发新的生命力。做好存续发展当地的人文，保持生态的可持续性，满足人们对自我价值实现的需求。这种动态的文化传承策略，不仅加深了当地居民对本土文化的认同感和归属感，同时也为外来者提供了沉浸式的文化体验机会。

恢复重建过程中的文化传承与保护实践，涉及文化资源的挖掘、整合与创新利用，以及如何通过有效的文化策略来推动乡村的可持续发展。这不仅是一个物质重建的问题，更是一个文化再生与乡村精神重塑的过程。在布尔迪厄的文化资本理论中，乡村的文化资源可以被视为一种重要的资本形式，通过有效的传承与保护策略，这种资本可以被激活并转化为推动乡村发展的动力。正是这种内在动力促使苏村的村民激发出族群砥砺前进、重建家园的磅礴力量。苏村的实践通过文化项目的开发与推广，不仅提升了乡村的文化软实力，也为乡村经济的转型升级提供了新的路径。

社会重构与地域新生

灾难的发生不仅带来了生活的冲击，也造成了一定的心理危机。在灾难过后，许多受灾人群会经历一系列的心理反应，包括焦虑、恐惧、无助、悲伤等等。这些情绪是自然的应激反应，但长期无法缓解可能会影响个人的心理健康和家庭关系。灾后心理重建在保障受灾人群及应急援助人员的心理健康需求、心理障碍的防治方面成效显著。在苏村山体滑坡发生后，省卫生计生委指派专家团队赶赴遂昌，深入现场，对灾民和救灾战士进行集体心理辅导和个别心理治疗，为相关群众尽快告别阴影、恢复身心健康、投入正常生产生活发挥积极的作用。

王正攀教授提出，重特大自然灾害的恢复及其重建是一个"稳定—重建/重构—再稳定"的社会治理动态变迁过程。灾前时期，受灾地域处于常态运行状态；受灾时期，原有的一切被瞬间摧毁，幸存的人们生产、生活遇到困难，甚至还会倒退到混乱状态；灾后恢复建设时期，包括房屋、道路、伤员救治、心理修复、社会组织等物质重建和社会重建两大内容，这一时期可能耗费数年或数十年，取决于受灾地域的修复能力或恢复能力的大小，社会重构叠加在这一过程中；后重建时期，这一时期社会秩序和社会治理基本恢复，受灾地域经济社会发展恢复到灾前水平，但社会领域的重构仍在持续。灾后重建构建了新的地方形态、地方生活、地方生产，物理环境的美化提高了苏村居民的居住满意度，多元产业的蓬勃让苏村居民共享了发展红利，在地文化的重兴强化了苏村居民的认同感和归属感。激发居民内心需求，与家乡发展同频共振，产生强烈的家园意识和建设家乡的热情。灾后重建不仅让苏村居民的生活秩序得以恢复，更为他们提供了更好的生活方式和生态环境。

每一次的自然灾害应对，都是地方的时代大考，更是地方的浴火重生。灾后重建是检验地方政府应急响应救灾减灾能力的重大考验，是衡量干部群众团结奋斗、众志成城发展家园的重要标准。遂昌苏村创生的实践表明，灾害变成新跨越的起点，重建只是手段，发展才是目的。对比当年，如今的苏村环境变美、产业变强、群众变富，在涅槃中实现了新生，彰显了"干在实处永无止境、走在前列要谋新篇、勇立潮头方显担当"的浙江精神。正如地方创生的概念所表述的，建构与培育人与所在环境的相互关系，通过广泛且专注地培养地方品质，打造地方城市的共享价值、社区能力、跨领域合作，是韧性城市和活力社区的基础。苏村正逐步向着村美、民富、人和的新家园稳步迈进。

古堰画乡：以文润富的乡建之路

古堰画乡，顾名思义，除了画乡，重要的就是古堰。

这里有人类农耕水利文明活化石——通济堰，有为民族抗战作出卓越贡献的军工生产基地——浙江铁工厂，同时也是中国乡土画派的典型代表——丽水巴比松的发祥地，距离丽水市区23公里，是浙江八百里瓯江上璀璨的明珠，核心区面积3.91平方公里。

"古堰"指的是浙江省最古老的水利工程通济堰，南朝萧梁天监年间由詹、南两位司马主持建造，与都江堰齐名，2001年成为国家重点文物保护单位，2014年被列入首批世界灌溉工程遗产。

通济堰孕育了古老而灿烂的处州农耕文化，拥有两个世界之最（世界上最早的拱坝和水上立交桥）和六个千年文化（千年拱坝、千年古石涵、千年古碑刻群、千年农田水利法规、千年古樟群、千年堰头古村）。1500年来一直灌溉着碧湖平原6万亩良田。

"画乡"风光旖旎，突出的是古堰画乡的文化特色和发展定位，这里有瓯江流域最动人的诗画山水，更有致力于记录和展示画乡山水风貌、人文风情的艺术家和匠人。

古堰画乡山水秀美、人文荟萃，是一个集自然景观与历史文化于一体的休闲旅游度假中心。

古堰画乡所在的江，就是浙江省第二大江——瓯江，是浙南人民的母亲河。发源于庆元百山祖西北麓锅帽尖，自西向东流，贯穿整个浙南山区，流经丽水、温州，注入东海。瓯江干流长388公里，丽水境内长316公里，所以都说八百里瓯江，七百里在丽水，而且自然生态保留最完整、最美的一段就在古堰画乡。

瓯江自源头到入海口分为三段，分别是龙泉溪、大溪、瓯江，而古堰画乡正好处于龙泉溪和大溪的分界点上,右边松阴溪和左边龙泉溪在此交汇成为大溪,大溪流至青田与小溪交汇后称为瓯江。

这些船拉起白帆,在瓯江上撒网捕鱼便是最灵动的拍摄素材,2013年"俄罗斯最佳摄影师"普罗辛·弗拉基米尔参加"第十五届中国国际摄影艺术大展"行摄团时在丽水拍摄了一张《河流之上》(*On The River*),并在此次大展中斩获金奖,不仅如此,这张照片还在2013—2014年度的哈姆丹国际摄影大赛上荣获综合组一等奖,又在2014年希腊国际摄影展上赢得彩色开放组HPSC(希腊摄影学会)金牌,加上2015年锡耶纳国际摄影大赛的最佳摄影奖,这幅作品已经将四个国际摄影大赛的奖牌收入囊中。一张照片的频频获奖,也将浙江丽水的美景推向世界,当时各种报道纷纷冠上了"中国美景惊艳全球"的字眼。

到20世纪80年代的时候,大港头又被赋予了新的形态,瓯江江面宽阔,两岸自然生态保存完好,这种美和距离感是艺术家们最喜欢的。

20世纪80年代,本土很多画家看上这里的秀丽山水,他们借鉴了法国巴比松画派"走向自然、对景写生"的精神,一直坚持在这里写生创作,用画的形式来表现他们对家乡的热爱,对自然的尊崇,从而诞生了丽水巴比松画派,当时他们就住在大港头镇上为数不多的客栈里。

慢慢地,画家带画家,朋友带朋友,很快省内外的画家们就都知道了这个地方,到2000年的时候,在水一方写生基地成立,大港头成为中国第一批拥有写生基地的小镇之一,同年,中国美术学院写生基地在此挂牌。

近年来,古堰画乡通过举办首届古堰新韵小镇音乐节、首届中国写生大会,以及已经举办了六届的全国知名画家古堰画乡写生行等各类文化活动和展会,使古堰画乡周围凝聚了一个较大规模的艺术创作群体。

如今的"古堰画乡"不仅成为区域生态休闲度假中心,还成为知名的美术写生基地、创作基地、摄影基地,是我国著名美术写生基地和摄影创作基地。

如今,全国已有中国美术学院、中央美术学院等近300余家艺术院校和机构在此建立了写生基地,是浙江省文化产业建设示范点、中国著名美术写生基地和中国摄影之乡主要摄影创作基地,也是中国美术家协会在浙江的写生基地。

画乡大港头，还在 2016 年 10 月获得"首批中国特色小镇"称号。

这里有一条名叫"通坪码头"的艺术休闲街。通坪码头，画乡区块隶属大港头镇。站在码头上举目眺望，俨然一幅卓越的山水画卷，远景、中景、近景的布局，层次感、空间感都特别强，正是艺术家们追寻的，也是摄影的绝佳角度。

星空草坪位于古堰画乡通坪码头，在这里，清风和烈酒、音乐和星空交融，每当夜幕降临，看群星闪耀，享草木芬芳，让人仿若置身童话世界，感受自然的纯净和美好。

大港头古街，长 550 米，宽 3~5 米，大港头处于三溪交汇处，作为六邑要津，古时来往运输的人到这里后都会在此歇脚，有需求就会有市场，于是慢慢这里的配套服务设施也就跟着发展起来，形成了重要的港口重镇，这条沿江街道就成了最繁华的商业街，2005 年后这条古街由政府依据"立面改造、修旧如旧"的原则进行统一修复，现为油画、民宿、休闲、溪鱼馆、工艺品、农特产品等多元化特色产业聚集区，是一条艺术休闲古街。2023 年以来，古堰画乡每周在大樟树这里举办周末油画市集，拍卖油画作品。

整个 1 号艺术区块共 26295.4 平方米，计 39.44 亩，项目总投资 1.5 亿元。

区块位置大港头镇河边村，项目总建筑面积 35324.94 平方米，地上建筑面积 28924.94 平方米，整个 1 号艺术区块商业店面共 238 间，回租了 80 间左右用于业态引进，左右两边属于力美术馆物业，一楼都是绘画类作品展示区，二楼设置大师工作室、作品展示拍卖区、艺术酒店等。

前期，为了抓好"画"的产业，加快艺术产业集聚，积极谋划艺术区块建设，建设者不辞辛劳赴北京、福建等地展开艺境画苑入驻对象招引工作，陆续开展现场考察，同时积极开展 1 号、2 号地块私人物业回租工作。目前，一号艺术区块已基本完成招引工作，主要有个体户、油画企业和油画协会等三大类型。

截至 2023 年 12 月底，大部分企业和画廊已完成入驻并开业，目前画乡已有画廊和油画企业 100 余家，画家 90 多人。除此以外，还有展览馆和艺术酒店。

其中的力美术馆，是一家公益性的美术馆，展出的都是国内乃至国际知名画家的作品，同时也是艺术家交流的平台。

展馆会不定期举办各类重大展览，以画展的形式展现自己的美，不断促进文旅融合发展，谱写古堰画乡高质量绿色发展新篇章。力美术馆一楼和二楼墙壁的颜色分别指的是绿水青山，三楼的黄色指的是金山。

其中的博兰当代，也是一家艺术馆。2019年8月20日，博兰当代文化艺术馆正式开馆，作为古堰画乡1号艺术区成立以来最具国际范的艺术空间，这里展示了不少欧洲近现代艺术大师的作品。

博兰当代文化艺术馆的馆长历武军，是丽水莲都人，旅意华侨，书画收藏家，现为意大利中华诗书画艺术联合会执行会长、意大利博兰当代文化艺术中心艺术总监、米兰中国文化中心艺术总监、丽水市博兰文化艺术馆馆长。2000年前往意大利后，一直从事餐饮业和文化产业，在了解到丽水巴比松画派后，便萌生了将自己收藏的艺术作品带回家乡让更多人欣赏的想法。

历武军说："古堰画乡是我年轻时候读书的地方，本身对这个地方的环境非常喜欢，我希望艺术馆能给家乡的这些艺术家们创造一个很纯粹的艺术探讨与交流的空间，也希望这些优秀的作品能激发他们更多的创作灵感。"

博兰当代文化艺术馆的到来，弥补了古堰画乡缺乏高端艺术品特别是现、当代艺术品交易业态的短板，将作为主要业态引领古堰画乡景区文化艺术产业的建设与发展，吸引更多高端、优质业态的入驻。

古堰画乡，以风景秀丽而知名。

其中的樱花栈道是古堰画乡一道最靓的风景，樱花长廊占地7500多平方米，长250米，种植早晚樱花300多株，花期在3月到4月。

水上立交桥，是现在非常火的一处网红打卡点。它是世界上最早的水上立交桥，建于公元1111年，我们称之为石函。

早在北宋政和元年（即公元1111年），时任丽水知县王褆主持修建了这座水上立交桥，实现了立体交叉排水与交通相结合，使渠水、山水、行人各行其道，考虑得如此周到，在 900 多年前是个非常了不起的创造，比德国人于 2003 年建成的马格德堡水桥早了将近千年。

坐落在村口的古建筑，叫文昌阁，建于清嘉庆年间（1796—1820），距今已有 200 多年的历史了。

据堰头村族谱记载，在明清时期，堰头村文风昌盛，辉煌一时，有数十人取得功名，鼎盛时期连出了五名进士，故获准在此建立文昌阁，供奉掌管功名禄位的文昌帝君，寓意昌明儒学文化。

村中的这条街道就是历经千年的通济古道，这是往松阳遂昌方向的西道。

通济堰的主干渠两边郁郁葱葱的大樟树，是堰头村的先民们种下的，目前在村中两三百米的这段渠道两边共有十棵，每一棵的树龄都在 1000—1500 年之间。在丽水农村还流传这么一种说法："古樟树下走一走，人能活过九十九；古樟树下摸一摸，人能活过一百多"。

大樟树是古堰悠久历史的见证者，也是如今的网红摄影点。

古堰画乡，还有一座构建独特的节孝牌坊，牌坊里面原来是本村最大家族叶氏的宗祠，名为"追远堂"，如今只剩下祠堂门前这座牌坊。牌坊建于清朝嘉庆三年（1798 年），为三间四柱五楼式砖石仿木结构，上额有双龙饰边的"旌表"石牌，下额砖刻"节孝流芳"四字。

古民居建于清道光二十三年（1843 年），占地 552 平方米，三合院式。中堂后壁悬挂"懋德勤学"古匾，是清朝道光年间松阳县知县汤景和所题。现辟为二月原乡民宿。

南山映秀是村中唯一一座四周墙体均用砖砌的建筑，也是堰头村古民居中最有代表性的古建筑。

南山映秀是四合天井院民居。如今的"南山映秀"，是古堰画乡酒的线下体验店。这里的酒采用古法酿酒，其中以"金盆露"最为有名。"金盆露"在宋朝的时候，就被列为贡酒，根据明朝的《本草纲目》记载，是明朝七大名酒之一。除了世代流传的贡酒"金盆露"，还有同为古法酿造的低度花酒和果酒，深受顾客喜爱。这些特色农产品通过景区和游客，扩大了销路，打开了"两山"

转化的通道。

作为第六代传承人的酿酒师傅吕书斌，在40年间除了潜心酿造金盆露外，还以同样的"古法酿酒"工艺酿造了一系列更适合女性饮用的低度花果酒，在天猫旗舰店上销量极佳。

走在古堰画乡，可以看到溪流上的石坝，这是世界上最早的拱形堰坝——通济堰坝。

通济堰建于南朝萧梁天监四年，距今已有1500多年的历史。"通济堰"之名文献中最早见于北宋，北宋元祐八年（1093年）栝州知州关景晖的《丽水县通济堰詹南二司马庙记》："去县而西五十里，有堰曰'通济'，障松阳、遂昌两溪之水，引入堰渠……"。而在这之前，这被称为"白龙坝"，这就跟它的建造初期的传说有关了。

要在松阴溪上截流建坝，按当时的科技水平并非易事。说起通济堰的修建，这里还有一个美好的故事代代相传。

当年，两位司马和一班幕僚愁绪满怀地站立在松荫溪边叹息时，一位鹤发童颜的老人家指着溪面说："如果你遇到神异之物从溪流的哪里游过去，那里就是建坝的好地方。"两位司马看看江面，回头却发现老人家早已不见踪影，于是将信将疑地每天在溪边观察，功夫不负有心人，有一天，他们在正在岸边徘徊时，忽然脚边窜出一条白蛇，潇潇洒洒地下水，忽忽悠悠地向对岸游去，身后留下一道弧形痕迹。（因为蛇的体积和重量都比较小，为了抵抗流水的冲击力，所以先向上游，等游到中间了，蛇的体力也下降了，但是水的冲击力不变，所以又会被水往下冲，所以游过的是一条曲线。）受到白蛇启迪，两位司马恍然大悟：原来的坝址水流太急，且是直坝，经不起冲击。于是重新选择白蛇过溪处建坝，改平坝为拱形大坝，终于拦截成功。后来，人们把坝称为"白龙坝"。

古堰画乡旁，有一个保定村，著名的千年保定古窑址就位于其中，现在仍留存12处窑址，窑床为斜坡式的龙窑。保定窑属龙泉窑系窑址，始于南宋晚期，盛于元代，延至明代，现为丽水市级文物保护单位。古时保定是丽水通往上游五县的水陆咽喉，为"通济古道"要津，地理位置优越。历史上，松阴溪上游崇山峻岭，燃料充足；通济堰水利为窑业提供了必要的水源；村前紧临瓯江，顺流可达温州港，产品运销极为便利。保定村曾是元明时期瓯江流域的窑业中心，也为保定窑业发展提供了优越的自然条件。

保定窑址分布面积广阔，历史上保定村有古窑址 36 处，除 12 号窑为宋窑，曾产有黑瓷产品外，其余窑址的时代均属元、明，生产青瓷。保定窑主要烧制器形稍大的碗，也有少量的盘、小碟和高足杯。产品胎壁厚实，器底尤为粗重，胎色灰白，质地非常细腻。釉层尚厚，或青绿或青黄，少量接近豆青。

保定窑器心多印蒙古"八思巴文"，"八思巴文"是元代国师八思巴（藏语里意为"圣者"，是元世祖忽必烈的老师）创制的蒙古文字，因文字字形难以辨识，推广受到阻碍，所以"八思巴文"主要应用于官方文件、碑刻、印章和官方选用的器物上，由此可见保定窑在元代制瓷业中所占的重要位置。

近年来，古堰画乡注重培育文旅融合产业，重点发展文化创意、休闲养生、旅游康养等产业。在坚持艺术性与经济性相兼容的前提下，积极推进文化创意产业的发展，不仅做大"画"的产业，同时拓展为集油画创作、培训、交流、鉴赏、交易、会展于一体的全产业链。

古堰画乡开业后，越来越多的游客慕名而来，随之兴起的是老街上的各种业态，政府也越来越重视旅游开发、民宿产业的发展和市场的拓展。

特别是民宿经济作为生态旅游经济的新业态，古堰画乡作为一个集自然、历史、人文等优势的景点，自然成了许多有理想、有理念、有创新的创客首选。

//"古堰画乡"评论 /

古堰画乡，是八百里"瓯江山水诗路"最瑰丽的明珠，位于浙江省丽水市莲都区碧湖镇和大港头镇境内。古堰画乡以"丽水巴比松"油画 30 余年的发展历程为主轴、艺术空间为元素，以画为"媒"，塑造出了独具魅力的艺术文旅小镇。古堰古村、老林旧街、秀丽山川等古朴自然的江南古镇风貌，塑造了具有独特文化韵味的山水人文景观，成为"中国摄影之乡"创作基地、中国美术家协会写生基地。艺术生活化，生活艺术化，正在成为古堰画乡的现实景观。古堰画乡也是习近平总书记印象深刻并寄予美好期望的地方，同时也是"绿水青山就是金山银山"的诠释之地，将绿水青山的旅游价值充分发挥，绿水青山的艺术创作价值充分发扬，绿水青山中的东方美学充分演绎，绿水青山的乡村振兴充分激荡，是"丽水之干"的最好浸润。

当代艺术发生公共转向后，艺术家走进田野、介入乡村，艺术乡建行动逐渐在中国大地全面铺展。艺术乡建是中国探索新农村建设和城乡融合发展过程的重要环节，也是自上而下的"自觉"与自下而上的"自发"相结合的有益探索。在此过程中，需要充分发挥艺术家的创造性，整合现有文化资源，使乡村传统元素转换创新，用发展的逻辑与时代融合。十九年来，丽水莲都始终牢记习近平总书记重要嘱托，紧密围绕艺术小镇、创作小镇、旅游小镇"三镇合一"的发展定位，接力做好古堰画乡保护传承、活态利用、人文交流三篇文章，推动小镇生态、文态、业态、形态融合发展，聚力打造"诗画浙江""文化浙江"之典范、物质与精神双富裕的乡村振兴鲜活样板。古堰画乡并没有局限于旅游业的发展，而是打通了旅游、教育行业的经络，使旅游行业成为艺术教育设施的资本来源，艺术教育行业打造口碑，推动文化旅游发展。基于全域旅游实现"旅游 + 油画产业""旅游 + 民宿产业""旅游 + 养生农业""旅游 + 创客产业"的产业融合思路。这些源于古堰画乡的实践，牵动着整个丽水生态旅游绿色经济的发展。

打造如画空间，乡村空间的规划升级

"如画"是18世纪英国和欧洲园林艺术中的核心概念，同样也在美学领域占有举足轻重的地位。这一概念最初起源于绘画领域，主张以绘画的视角来审视自然，并通过艺术想象来完善自然的不足之处。随着时间的推移，"如画"逐渐演变成了一种独特的景观设计风格。在中国，"如画"这一术语常常被替换为"画意"，并在中国传统园林的构造中得到了广泛的应用。西方的"如画"更侧重于从自然中提炼美学价值，强调将画中的理想生活场景转化为现实的环境设计。相比之下，中国的"如画"或"画意"理念则更注重主体与自然之间的情感交融。它追求的是通过画面传达精神寄托和深远的意境，旨在为游赏者营造一个理想化的、充满意境的游览胜地。在这种理念下，营造园林不仅是一片美景，更是一种心灵的慰藉和人文的彰显。

将如画观念接入到乡村场景的营造中，如画本身实现了由美学向社会领域的拓展，对乡村中的环境、人口、活动要素进行合理规划，从生态、生产、生活三个广义的价值维度结构乡村发展，每个维度都有其目标，这种目标基于乡村经济、文化、生态的发展和实践。

"空间生产"以改造代替兴建，指向物理空间的激活，将建筑师引入地方开展工作，通过修缮、改造乡村或社区的废旧建筑并赋予其新的功能，创造适合当地使用的公共空间。景观似画的生态环境是构建乡村场景的首要层面，其核心在于通过精细化的环境规划和提升，为乡村带来全新的视觉魅力和吸引力。在这一进程中，深深植根于本土乡村文化的历史土壤，同时融入现代审美理念，对乡村的自然风貌和建筑格局进行精心设计和优化。

江南古堰，水岸共荣。先贤所留存的"物"的遗迹或许已经湮没在历史长河里，但是所遗存的文化和风骨的余脉仍然润泽着这片土地。古堰画乡在保护与发展中，始终尊重传统村落的自然肌理和历史文脉，深入挖掘油画文化、水利文化、农耕文化、港埠文化、摄影文化、瓯江文化等地方特色文化，传承鼓词、处州乱弹、闹河船、水上秋千等非物质文化遗产，情景交融、跨越时空的戏剧创作，挖掘背后的深厚底蕴、文化华彩和人生百态，成为情感共鸣的桥梁。推动传统文化创造性转化、创新性发展，让小镇成为八方来客向往的"诗和远方"。对于乡村的原住民而言，这样的生态环境不仅提升了他们的居住质量，更成为他们坚守故土、持续生产生活的坚实支撑。而对于外来游客来说，乡村所展现出的优美自然风光和深厚的乡土特色，无疑成为吸引他们探访并流连于乡村的强大磁力。这样的乡村，既是原乡人的温馨家园，也是旅乡人的心灵驿站，更是归乡人的安心之所。

创造如画产业，乡村产业的提质向新

山水吸引了艺术，艺术促进了文旅，文旅催生了新生活，新生活孵化了新产业。古堰画乡"作为产业的生活方式"正与当代乡建人左靖总结的乡村建设的"四个关系"——空间生产、文化生产、产品生产和关系生产不谋而合。"产品生产"是利用本地物质条件和文化资源，设计生产出可供销售的农业与文化产品，为当地产生经济效益，反哺各项在地工作。产品生产还可提升消费者对民间工艺的认知，加深外界对乡土世界的理解。古堰画乡的艺术作品要反映村庄里的世界，将艺术村落的人文历史、自然景观联系在一起，强调了人是自然的组成部分，将作品的在地性、社区参与性表现出来，艺术家在创作中满足地方群众的审美需求，发挥地方的文化精神，产生强烈的家园意识与环境依存的情感。主体融入画中的生产场景，是乡村场景构建的第二层面。通过提升农业生产技术和创新乡村产业结构，来增强乡村的经济实力，不仅承载了推动乡村就业的使命，为乡村居民提供更多元化、更有吸引力的职业选择。同时，对乡村的产业形态进行革新，通过增强乡村特色产业的互动性和表现力，来丰富游客的体验感受。古堰画乡坚持"以文带旅、以旅兴商、以商成文"产业发展理念，重点培育以"丽水巴比松"油画产业为主导，运动健身类、休闲娱乐类、康体疗养类、高端酒店类、夜游类等多种高品质、高质量产业共同发展的模式，以满足不同人群、不同时段、不同季节度假需求，推动"产学研居售"一体化发展。古堰画乡艺术中心的落成开放，使小镇具有公共空间的中心，同时拥有画乡精神的中心，成为庙堂般的存在。实践证明，不断拓宽"生态 +""文化 +""旅游 +"等产业的融合面，才能有效提升旅游的含金量，延长旅游的时间轴，形成以一业带百业、多产业互动发展的良性循环。

数字嵌入是助力全域旅游提档升级的"硬核驱动",古堰画乡着眼未来景区建设,紧紧围绕"数字赋能智慧景区"这一主题,对古堰画乡小镇进行实景三维建模,利用数字人、区块链、人工智能、裸眼 3D 技术线上增强应用场景,线下增强互动体验,营造沉浸式数字化的现场氛围。同时打造了古堰画乡集团运营可视化平台,实现对景区景观资源、自然环境、景区客流、停车管理、基础设施运维等关键指标和运营态势的动态监管、一屏掌控。努力践行数字化思维,积极探索信息化手段加速文旅融合发展、提升管理和服务水平的新路径、新方法,最大限度释放文化、旅游和科技的乘数效应,才能在数字化改革大潮中赢得市场和未来。这种创新型的产业模式不仅为乡村创造了更多的就业机会,还通过体验式、展示式等新型业态,有效地传承和展示了乡村的传统文化,实现了乡土文明的持续传承。

营造如画生态,乡村生活的品质再造

生活如画的人文场景,作为乡村场景构建的深层次体现,其核心在于通过提升乡村居民的生活品质,满足他们对美好生活的向往,并培育乡村内部的向心力与归属感。"文化生产"是承续空间生产的必要步骤,只有通过文化植入,才能使空间发挥效用。为实现这一目标,古堰画乡的人文场景着重于构建完善的公共文化服务体系、激发乡村文化的群众活力,以及建立有序的乡村文化治理机制。通过精心打造便捷舒适的生活服务圈,确保居民能够在乡村中享受到高质量的生活体验,从而描绘出一幅宁静和谐、邻里友善、文化交融的政经生态画卷。这种高品质的乡村生活方式不仅构成了乡村持续发展的内在驱动力,还为乡村凝聚了深厚的本土情感共识。学者唐冠华指出共识社区是人类群居生活的一种方式,它由一群出于各种原因自愿选择共同生活的人组成,共同创造了一种生活方式,它的存在意味着不同或相悖的思想、信念却在这个概念中得到尊重,并互相独立、动态平衡的存在。古堰画乡从丽水巴比松油画发祥地逐步成长为一个具有国际化视野、在全国有重要影响力的艺术创作、交流和展示平台,以艺术为媒,以文化搭台,在深化国际交流与合作中不断扩大"朋友圈",厚植文化自信的底气,增强中华文化的国际竞争力和影响力。生活如画的人文场景在乡村场景的整体构建中扮演着至关重要的角色，是实现乡村全面振兴与可持续发展的关键因素。通过营造空间优美、产业丰裕、人文浓郁，构建人类理想的生活场所，勾勒出乡情乡景乡愁乡民融合入画，展现田园牧歌式美好生活的乡村场景。

共同富裕表现为人民物质的富有，也表现为精神生活的富足，二者不可偏废。实现精神生活的共同富裕，就要求人们在公共文化供给和文化市场中，相对公平地获得精神文化资源和文化发展机会，体现在人民群众获得文化、参与文化、享受文化、文化发展机会上的丰富和均等。艺术乡建是物质与精神共富、城市与乡村共富的重要路径，它不仅是一场艺术实践运动，还内嵌了一种在地化的艺术教育模式。艺术人文教育强调艺术能力与人文精神的融合，以艺术促进社会变革和美好，使人民成为具有创造力、人文素养和社会责任感的时代新人。在人工智能时代，如何孕育、如何培养、如何发展我们的个人性，是艺术教育的根本任务。2022年5月，浙江省委宣传部、省乡村振兴局、省文联共同印发《关于开展"艺术乡建"助力共同富裕的指导意见》，提出通过开展"艺术乡建"引领乡村文化发展，以文艺因子激活乡村资源，赋能乡村产业，美化乡村环境，要在共同富裕中实现精神富有，在现代化先行中实现文化先行。2024年5月，浙江公布35个首批省级"艺术乡建"特色村，古堰画乡正是其中之一。在浙江，艺术乡建为艺术家和乡村回归者提供了一个重要平台，使他们的艺术创作和艺术行为从介入式、参与式向融合式、赋能式的递进转变，形成新时代乡村建设的新动力，促进乡村从"亮化洁化"到"和美乡村"，充分促进产业兴旺、生态宜居、治理有效、乡风文明、生活富裕的渐进实现，为新时代乡村共同体的全面发展提供自觉的地方创生和持续的精神力量。

古堰画乡，是个如诗如画的创新创业的艺术小镇，正是"如画的风景"的现实版，是一个文创的乡村，拥抱艺术工作者创作和生活；是一个宜居的乡村，提供更高水准的公共服务；是一个工作的乡村，实现稳定和普遍的就业；是一个受到保护的乡村，保证自然环境的改善和可持续性；是一个充满活力的乡村，让乡村的命运掌握在自己手里。这个愿景不仅体现了古堰画乡未来的建设目标，更是为中国和美乡村的建设路径提供了价值引领。

后记

乡村振兴战略的接续奋斗、久久为功，造就了万千美丽乡村，造福了万千农民群众，促进了美丽生态、美丽经济、美好生活有机融合，深刻地改变了乡村的发展理念、产业结构、公共服务、治理方式以及城乡关系，推动乡村全方位发展，让绿水青山"底色"更重，金山银山"成色"更足，共同富裕"本色"更亮。

新时代中国乡村振兴致力于赓续中华农耕文明，实现中国式现代化的乡村发展新篇章。新时代乡村共同体是将一个区域内的乡村作为一个整体，通过一个"共同联盟"，进行"共同规划""共同建设"和"共同运营"，从而打造出区域乡村的"共同品牌"，成为先富带动后富、实现多方共赢的三生融合发展共同体。实现乡村共同体的振兴必须以习近平生态文明思想为指导，走生态化的农业生产、发展道路，建设生态化的乡村文明、文化，最终实现农村经济社会的可持续发展，即实现农村的社会效益、经济效益以及生态效益的有机统一。我们提出"六大赋能路径"：发挥有为政府红利释放的政策赋能；激活有效市场发展转变的投资赋能；助推有机社会协同共生的营造赋能；建设有利产业孵化共享的运营赋能；构建有用资源全面振兴的数字赋能；探索有益价值情感共融的艺术赋能，建成公平正义、互惠高效、安全幸福、和谐美丽的新时代未来乡村命运共同体。

地方创生理念是指通过构建与培育人与地之间的关系，重塑地方活力，包括了人、文、地、产、景等多维度综合概念，强调依托地方力量和优势资源创造所在地区的自主性和持续性，是乡村振兴、城乡统筹和社区营造等社会行动进入到新时代的新理念和新实践，旨在吸引人才回流，促进乡村繁荣。广大青年设计人才、经营人才、管理人才、美育人才、品牌传播人才都是乡村振兴中的不可或缺的重要人才，在乡村振兴的五大目标中需要上述各类人才在不同的规划设计阶段、建设阶段、经营阶段、品牌传播阶段、治理管理阶段，在政策指引下将智慧才能与市场奥秘结合，最大限度地发掘、整合在地文化、历史遗存、自然禀赋、人力资源和产业特性。如此，拥有强有力的集体领导、领头羊成为重中之重，县、乡、村三级主要负责人的关键作用是最大限度地发挥上述人才的潜能，因地制宜、按类施策，把区域优势、人文优势、科技优势、产业优势加以充分融合。运用资本和市场力量撬动冰封板结的沉睡资源，把区域公共品牌的力量激发出来，把闲置民房空间利用起来，把地方非物质文化遗产资源活化开来，把地方原乡人、归乡人、新乡人、旅乡人、思乡人的激情点燃起来，把有利于三生融合的所有资源梳理激荡，激发地方乡村建设、运营的原始力量生生不息、星火燎原。

我们课题组通过精准定位、精心策划，围绕着浙江改革开放，特别是新世纪以来涌现的"两山"理论、山海协作、"千万工程"、特色小镇、飞地经济、基层治理、数字经济、未来社区、艺术乡建、集体经济、区域品牌、共富工坊、未来乡村、乡村运营、现代农业、灾后重建、浙商回归、青年进乡、国潮文化、文旅融合、新质生产力等24个案例，通过撰写长篇通讯和评论文章的形式从不同维度来剖析地方创生的发生过程、创生模式和互鉴意义，旨在提炼出一套既体现浙江创新精神又具备广泛适用价值的地方创生"方程式"。在此过程中，我们看到浙江的干部群众对中央政策的深刻理解、认真执行、精准落实，对新时代的文化、新时代的思想的创造性转化和创新性发展，正是他们走出了一条新时代地方创生的浙江道路。历时一年多的采访交流、研究撰稿，我们在山区海岛、田间地头、工厂企业等改革最前线，跟政策的制定者、地方的管理者、企业的创办者、乡间的耕耘者，以及有志于研究浙江现象的学者、记者、改革者进行了深入的交流研讨，见证了乡村运营、艺术乡建、乡村CEO、乡村自媒体等新探索群体中的青年人身上对乡村的热爱和回馈家乡的赤子情怀，同时也对他们回归乡土的满腔激情和建设成就深感激励与欣慰。

生动、深入的采写经历促使我们进一步思考和研究，持续地研讨撰写、总结审阅，逐步形成今天的丰厚成果。余伟忠主要负责选题策划、撰写评论以及最终统稿，俞宸亭主要负责主笔叙事文章以及协调研讨。著名"三农"问题专家顾益康老师、浙江省乡村建设促进会蒋文龙会长一直关注并指导课题进展，并在本书付梓之际拨冗作序，师长情深铭记于心。感谢课题联合单位中国美术学院城乡统筹综合研究院、浙江省人工智能学会的指导支持，感谢中国美术学院文创设计制造业协同创新中心的学术支持，感谢全省各地单位和个人对于课题的全力配合，感谢鲍力、陈波对于新时代乡村共同体理念的研究探讨。尤其是蔡云超、曹增节、胡惠君、徐军、许巧巧、杨亚敏、吴筱恬、董娅楠、金子琰、洪小贺、程东肖作为课题组成员先后参与了相关的采访、考察、整理、研讨、编辑、版式设计工作，每一位成员都倾注了热情与智慧为本书创意增色，在此一并致谢。

囿于作者水平，本书疏漏或偏失之处祈请见谅，并求教于大方之家。

责任编辑　　刘翠云
特约编辑　　吴筱恬　董娅楠
装帧设计　　金子琰
责任校对　　杨轩飞
责任印制　　张荣胜

图书在版编目（CIP）数据

地方创生的浙江道路 / 余伟忠，俞宸亭著. -- 杭州：中国美术学院出版社，2024.11. -- ISBN 978-7-5503-2979-9

Ⅰ．F327.55

中国国家版本馆CIP数据核字第20240FC886号

地方创生的浙江道路

余伟忠　俞宸亭　著

出 品 人：祝平凡
出版发行：中国美术学院出版社
地　　址：中国·杭州南山路218号　邮政编码：310002
网　　址：http://www.caapress.com
经　　销：全国新华书店
印　　刷：杭州捷派印务有限公司
版　　次：2024年11月第1版
印　　次：2024年11月第1次印刷
印　　张：26.5
开　　本：710mm×1000mm　1/16
字　　数：680千
印　　数：0001—2000
书　　号：ISBN 978-7-5503-2979-9
定　　价：108.00元